旅游管理专业应用型本科规划教材

Hotel Marketing

酒店市场营销

（第二版）

陈学清　徐勇　编著

清华大学出版社
北　京

内 容 简 介

多变的环境对酒店业提出了严峻的挑战，酒店经营者必须不断寻求新的市场机会，提供特色产品和服务，最大化顾客价值，提升顾客忠诚度，从而增强酒店竞争力。因此，树立正确的营销观念、制订科学的营销方案成为酒店获得持续竞争优势的重要保证。

本书在借鉴国内外新近营销理论的基础上，从中国具体国情出发，结合酒店业的特点，将营销学基本理论与酒店市场运行规律结合起来，采用理论和案例结合的方法，全面系统地阐述了酒店市场营销的基本原理、方法及应用。本书具有理论明晰、案例典型、实用性和可操作性强的特点。

本书可作为高等学校旅游和酒店管理类专业的教材，也可作为旅游、酒店及相关服务接待业人员的培训用书和从事营销管理工作的人员的指导用书。

图书在版编目（CIP）数据

酒店市场营销 / 陈学清，徐勇编著. —2版. —北京：清华大学出版社，2018（2021.8重印）
旅游管理专业应用型本科规划教材
ISBN 978-7-302-50964-6

I. ①酒… II. ①陈… ②徐… III. ①饭店-市场营销学-高等学校-教材 IV. ①F719.2

中国版本图书馆 CIP 数据核字（2018）第 188759 号

责任编辑：邓 婷
封面设计：刘 超
版式设计：楠竹文化
责任校对：赵丽杰
责任印制：从怀宇

出版发行：清华大学出版社
网 址：http://www.tup.com.cn，http://www.wqbook.com
地 址：北京清华大学学研大厦 A 座 邮 编：100084
社 总 机：010-62770175 邮 购：010-62786544
投稿与读者服务：010-62776969，c-service@tup.tsinghua.edu.cn
质量反馈：010-62772015，zhiliang@tup.tsinghua.edu.cn
课件下载：http://www.tup.com.cn，010-62788951-6066
印 装 者：大厂回族自治县彩虹印刷有限公司
经 销：全国新华书店
开 本：185mm×260mm 印 张：18.5 字 数：503 千字
版 次：2013 年 10 月第 1 版 2018 年 9 月第 2 版 印 次：2021 年 8 月第 7 次印刷
定 价：55.00 元

产品编号：079569-01

前 言

面对日趋激烈的竞争环境和不断攀升的客户期望，酒店经营者必须不断寻求新的市场机会，提供特色产品和服务，最大化顾客价值，提升顾客忠诚度，从而增强酒店竞争力。因此，树立正确的营销观念、制订科学的营销方案成为酒店获得持续竞争优势的重要保证。

酒店市场营销学是以市场营销学和服务营销学为理论基础，结合酒店服务业的特点，研究酒店营销规律的一门应用型学科。酒店市场营销是酒店经营活动的重要组成部分，是基于对顾客需求的研究，通过对酒店产品和服务的设计和传递所涉及的各种要素的构思、计划与执行来实现市场、社会、企业三者的利益目标的活动过程。目前，许多专家学者结合新形势下的新问题，致力于酒店市场营销的探索和研究，丰富和完善了相关理论体系，并为酒店营销实践提供了重要的理论基础。

本书在借鉴国内外研究新成果的基础上，从中国具体国情出发，结合酒店业特点，将营销学基本理论与酒店市场运行规律紧密结合起来，全面系统地阐述了酒店市场营销的基本原理、方法及应用。

全书分营销基础理论、营销战略分析、营销组合策略三篇共十一章。其中，上篇营销基础理论部分包括第一章，主要阐述市场营销的基本概念及营销观念的演变、酒店服务营销的基本特征和营销管理，为酒店进行具体营销实践奠定重要基础；中篇营销战略分析部分包括第二章、第三章、第四章、第五章和第六章，主要介绍酒店营销环境分析、旅游购买行为分析、酒店营销调研和市场预测的运用，以及在市场细分和目标市场定位基础上进行酒店营销战略的规划与管理，为酒店营销决策提供了相关技术支持；下篇营销组合策略部分包括第七章、第八章、第九章、第十章和第十一章，主要介绍基于酒店产品特点的各种酒店服务营销手段的综合运用，以及新时期酒店营销创新模式及其发展趋势，为酒店有效开展营销活动、实现营销目标提供方法的选择。

本书可作为高等学校旅游和酒店管理类专业的教材，也可作为旅游和酒店业相关从业人员的培训用书和从事营销管理工作的人员的指导用书。本书的主要特色有以下两方面。

1. *以服务营销理论体系为主线*

本书摒弃简单套用一般营销理论的方法，在国内外前沿服务营销理论研究成果的基础上，结合酒店业的服务性和综合性特征，系统阐述酒店市场营销基本原理和管理模式，体现酒店市场营销“服务导向和市场导向统一性”的特点。本书除了介绍酒店市场营销的相关概念、特点、原则及方法，还重点阐述了新环境下酒店营销创新的发展趋势，如内部营销、关系营销、体验营销、有形展示、绿色营销、合作营销、社会责任营销以及新媒体环境下的酒店网络营销等内容。书中所有阅读链接的资料均来自旅游、酒店服务接待行业的具体实践和案例分析。

2. *以“理论与实践并重”为指导思想*

根据酒店管理专业培养目标要求，本书注重对学生的营销观念、竞争与创新意识以及实践能力的培养。书中精心选择旅游酒店业最新服务营销案例，采用多种形式将其融入相关理论中。每章设有引入案例，并在每章结尾处给出引入案例解析，使读者结合具体实例更好地理解相关理论，具有较强的借鉴和启示作用。书中根据要求插入与主题紧密相关的阅读链接，以扩展读者的知识面，引发读者的学习兴趣，提高读者运用基本理论解决实际问题的能力。其中，阅读链接中的内容采用节选和编辑的方法整理而成，在“资料来源”和参考文献中做了标注。此外，为了加深读者对书中内容的理解，部分章节后以二维码的形式附加了延伸的阅读资料，供读者参考。

本书由陈学清和徐勇编著。其中，陈学清负责第一章、第七章、第八章、第九章、第十章和第十一章的撰写；徐勇负责第二章、第三章、第四章、第五章和第六章的撰写。全书由陈学清负责统稿和定稿。

我们在编写本书的过程中，借鉴和参考了国内外大量的相关资料，主要在参考文献中标明，在此特向所有作者表示谢意。由于编者水平有限，书中难免存在疏漏和不足之处，诚望读者不吝指教。

编　者

2018 年 3 月

目 录

上篇 营销基础理论

中篇 营销战略分析

下篇　营销组合策略

上篇

营销基础理论

第一章　酒店市场营销概论

本章目标

了解市场营销学的基本内涵、性质、研究对象以及发展过程；掌握市场营销观念的演进历程及其发展规律；了解酒店及其产品特点；重点理解酒店市场营销及其特征；重点掌握酒店市场营销组合及其要素。

引入案例

经济型酒店发力中高端市场①

近年来，随着经济型酒店利润率的下降，国内经济型酒店巨头都把目光聚集在中高端酒店市场，这其中包括华住酒店集团、首旅如家酒店集团、锦江酒店集团等，还包括国外知名饭店集团，如雅高、洲际等也进入该市场，甚至还有许多具有社群基础的品牌企业，如宜家和无印良品等也选择该市场，竞争非常激烈。

有关资料显示，国内经济型酒店市场上虽然竞争激烈，但仍然存在结构性供给不足，市场潜力可进一步挖掘。据2015年统计数据估算，过夜游客每晚住宿消费水平处于经济型酒店价格水准的游客规模超过12亿人天次。目前约1.5万家、140万间客房的经济型酒店规模尚不能满足一半需求，其他的需要低星级酒店、招待所、民宿、青年旅舍、旅馆以及农家乐等来补充。

思考：面临这样的市场状况，许多经济型酒店开始向中高端发力，试分析其原因。

第一节　市场营销基本理论

在日益激烈的市场竞争中，市场营销已经成为企业提升竞争力的重要武器。市场营销作为企业管理重要的指导思想和职能，从产生至今已有百年的历史，随着社会环境的变化，营销理念及方式都得到了发展和创新。企业管理者只有掌握市场营销的内涵及其运行规律，才能在多变的环境中提升市场竞争力，实现预期的经营目标。

① 杨宏浩. 向中高端延伸：经济型酒店集团的发展逻辑[N].中国旅游报，2017-01-19（A02）.

一、市场和市场营销

了解市场和市场营销的基本内涵是企业开展市场营销活动的基础。企业通过市场进行商品、劳务、资金、技术和信息的交换。市场不仅是企业生产经营的起点和终点，也是企业和顾客以及竞争者之间建立各种关系的平台和媒介。

（一）市场

从经济学角度看，市场因劳动分工导致需要与他人交换所需之物而产生，因此，市场是指供求双方在共同认可的一组条件下所进行的商品或劳务的交换活动，即商品交换中供求双方经济关系的集合。

市场因供求关系形成两种不同的市场态势，即卖方市场和买方市场。卖方市场是计划经济条件下的分配经济，体现供不应求的短缺经济状态，是生产者导向市场，卖方掌握市场主动权。买方市场则相反，是市场经济条件下的交换经济，体现供过于求的过剩经济状态，是顾客导向市场，买方具有市场的主动权。

市场营销学是市场经济条件下的买方营销学，其实质就是促进买卖双方的交换顺利进行的方法和途径。在买方市场条件下，卖方必须研究买方市场，以满足买方需求为中心开展经营活动，才能在竞争中取胜。因此，营销学的市场定义强调卖方是行业或企业，买方是市场（消费者或顾客），体现从行业或企业的角度来研究消费者需求的核心思想。

营销学认为，市场是由那些具有特定需要和欲望，而且愿意并能够通过交换来满足这种需要或欲望的现实和潜在顾客所构成。市场规模取决于具有这种需要及支付能力，并且愿意进行交换的人的数量。可见，市场是由人、购买欲望和购买能力三个基本要素构成的，缺一不可。

（二）市场营销

1. 企业与市场的关系

在组成市场的双方中，买方需要将起到关键性的作用，它决定着买卖双方交换关系的最终实现。企业通过与市场有效交换，在满足消费者需求的基础上，获得最大利润。

企业与市场的交换关系可以用两个层次的流程（见图 1-1）表示：内部流程和外部流程。内部流程体现买卖双方的交换关系，卖方（企业）将商品或劳务送达买方（市场），买方将货币返回到卖方；外部流程是促使交换生成的外动力，包括信息的沟通和反馈。

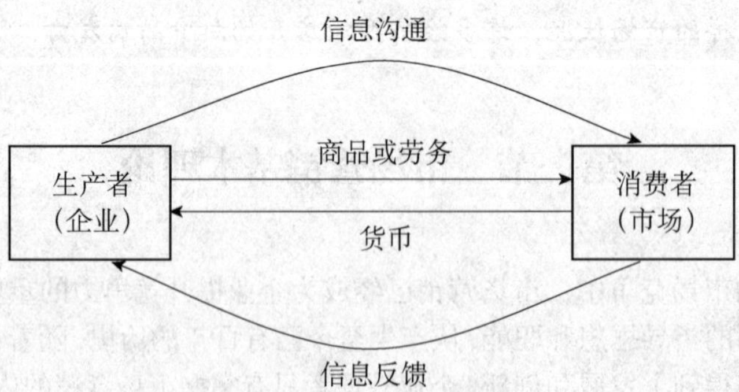

图 1-1　企业与市场的交换关系

2. 市场营销的内涵

在市场营销学的发展历程中，学者们从不同角度审视“市场营销”，并进行了各种阐释和界定，使得营销实践和理论得以迅速发展和完善。

营销学家菲利普·科特勒（Philip Kotler）提出市场营销的概念："市场营销是个人和集体通过创造并同他人交换产品和价值以获得其所需所欲之物的一种社会的管理过程。"他指出，市场营销是以满足人类各种需要和欲望为目的所进行的变潜在交换为现实交换的一切活动。美国市场营销协会（American Marketing Association，AMA）对市场营销的定义为："市场营销既是一种组织职能，也是为了组织自身及利益相关者的利益而创造、沟通、传递客户价值，管理客户关系的一系列过程。"英国特许营销学会对市场营销的定义则是："市场营销是负责识别、预测和满足顾客需要以达到组织的盈利目标的管理过程。"

结合以上各流派思想，概括起来，市场营销是在一系列动态环境因素影响下，旨在满足顾客需求，加速和促进产品和服务交换，以获得长期利润的一切个人和组织的活动。由此可见，市场营销具有共性，其共性体现在以下三方面。

（1）营销的主体既包括具有一定组织形式的法人，也包括自然人；既包括营利性组织，也包括非营利性组织，如政府、学校、医院、社会团体等。

（2）营销的核心是以满足对方需要和欲望为目的，变潜在需求为现实需求的市场交换过程，进而发展为建立、维持和巩固关系的社会过程和管理过程，以此获得长期收益。

（3）营销既是一种人或组织的行为或职能，更是一种观念和思想。营销不仅是推销、广告及宣传策划等具体活动，它还是一种经营思想，贯穿和指导企业全部的经营活动，体现了管理的市场导向特征。

二、市场营销学及其观念演变

市场营销学是适应现代市场经济高度发展而产生和发展起来的一门关于企业经营管理决策的科学。随着市场供求格局的改变，企业经营观念及方式发生了重大变革。

（一）市场营销学的研究对象及内容

市场营销学的研究对象是企业的营销活动及其规律性，即研究如何在满足消费者需求的基础上，有计划地组织整体市场营销活动并从中获得长期利润。

市场营销学的基本性质表现在以下几个方面。

（1）综合性和边缘性。市场营销学是一门建立在经济科学、行为科学、现代管理理论基础上，借鉴哲学、数学、社会学、心理学、系统学、统计学、信息学等学科的理论和方法，研究以客户为中心的企业市场营销活动的综合性和边缘性的科学。

（2）微观性和宏观性。市场营销学研究的主体涉及各种组织和个人，因此其研究范畴既包括企业行为研究为主的微观营销，也包括非营利性组织及其他宏观问题研究为主的宏观营销。

（3）应用性和实践性。市场营销学运用多种学科的研究方法，在实践中不断总结和完善，形成独特的理论体系和基本方法，对企业的营销实践具有极强的理论指导意义和应用价值。

市场营销研究的主要内容包括营销环境与市场分析、营销战略及策略制定、营销管理等，如图 1-2 所示。

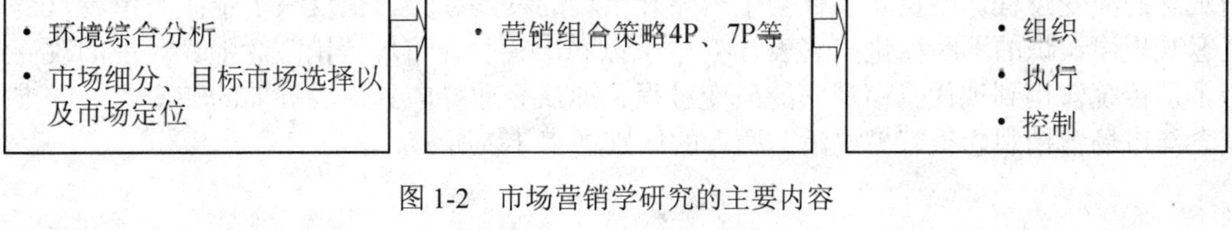

图 1-2　市场营销学研究的主要内容

（二）市场营销学的发展历程及营销观念的演进

市场营销学于 20 世纪初诞生于美国，随着世界经济的发展及全球化进程的推进，营销学理论得到不断完善和发展，形成适应不同经济阶段的营销观念，成为指导企业实践和发展的重要思想和方法。市场营销学的发展经历了萌芽、功能、成形、发展和扩展创新等五个阶段，如表 1-1 所示。

表 1-1　市场营销学及营销观念的演进过程

阶　段	背　景	市 场 状 况	企业营销观念（指导思想）
萌芽阶段（1900—1920 年）	1860 年，工业革命带来生产力的迅速提高，生产能力的增长速度超过市场需求的增长速度	虽然商品紧缺的供不应求状况得以缓解，但仍属卖方市场	生产观念：从企业条件出发，以扩大生产规模为主，口号是“企业生产什么，顾客就买什么”
功能阶段（1921—1945 年）	1929—1933 年世界经济危机和 1939—1945 年第二次世界大战的影响	同质化现象严重，商品积压、产品过剩，销售困难，市场出现供大于求的状况，直接影响企业的生存	产品观念：从企业能力出发，注重产品质量，口号是“我的产品好，买我的产品” 推销观念：注重宣传和促销，提出“我卖什么，你就买什么”口号
成形阶段（1946—1960 年）	第二次世界大战后，军事向民用工业转移，进一步加大供求矛盾；新科技的发展带来生产技术的变革和生产率的大幅提高	供大于求局面日益加剧，推销乏术，企业倒闭、失业等现象严重，引发“市场学革命”	市场营销观念：从满足市场需求出发，生产和经营相关产品和服务，从而实现企业的盈利目标。提出“消费者需要什么，我就生产什么”口号
发展阶段（1961—1980 年）	西方国家经济高速发展；现代科学技术从理论研究进入应用领域；经济快速发展对环境和社会利益的负面影响日趋明显	同质化的产品无法满足市场多样化、个性化的需求；企业营销道德缺失问题突出，引发新观念的提出	社会市场营销观念：提倡企业营销活动必须考虑整体消费者及社会的长远利益，将企业、消费者和全社会利益有机地结合起来，才是保证企业持续发展的关键
扩展创新阶段（1981 年至今）	世界经济全球化趋势显现，国际市场竞争更加激烈；西方国家经济迅猛发展，形成了世界性的经济结构，出现了跨国公司、连锁经营及联盟的经营模式，贸易壁垒出现；服务经济和信息经济的时代特征明显	新经济时代下，市场的多样化和差异化特征明显，企业营销面临更严峻的环境挑战，需要理论的创新	大市场营销观念：指出企业不应只是被动地适应外部环境，还应该影响企业的外部环境，使之有利于企业发展的战略思想 全球市场营销观念：强调企业营销效果的国际最优化，即按照最优化的原则，整合资源，以最低成本、最有效的营销方式去满足全球市场需要

企业的营销观念又被称为市场导向的经营观念，即企业营销活动的指导思想。企业营销观念的演变过程，既反映了社会生产力及市场的发展趋势，也反映了企业对市场营销发展客观规律认识的不断深化。从表 1-1 中可以看出，企业市场营销观念随着环境的改变经历了从传统营销到现代营销观念的演变过程，即从企业导向到市场导向的转变。其中推销观念与市场营销观念很容易混淆，两者的区别如表 1-2 所示。

表 1-2　推销观念与市场营销观念的区别

营销观念	起点	活动中心	手段	终点（目标）
推销观念	企业	产品	推销或促销	基于销售获利
市场营销观念	市场	顾客需要	整体营销活动	基于顾客满意获利

【阅读链接 1-1】营销近视症①

“营销近视症”（marketing myopia）是著名的市场营销专家、美国哈佛大学管理学院西奥多·李维特（Theodore Levitt）教授在 1960 年《哈佛商业评论》上发表的一篇论文中提出的一个理论。文章中提出，“营销近视症”是指企业管理者，特别是高层管理者，以产品为导向，过分关注产品的性能改进及技术质量，而忽视该产品的市场需求变化以及竞争状况，导致企业失去市场，陷入停滞甚至灭亡的困境，是一种追求短期目标，忽视长远利益的片面营销的病症。他认为，市场的饱和并不会导致企业的萎缩，造成企业萎缩的真正原因是营销者目光短浅，不能根据消费者的需求变化而改变营销策略。这一理论的提出在那个时代背景下极具创造性，为企业提供了具有战略视角的发展方向，得到广泛关注和认同。

第二节　酒店与酒店产品

现代酒店是在传统的接待设施基础上发展起来的，它与旅行社、旅游交通一起被称为旅游业的三大支柱。随着世界旅游业的发展和国际交往的增多，酒店在国民经济中扮演着日益重要的角色。酒店市场营销是市场营销学在酒店经营中的具体运用，也是酒店经营活动的重要组成部分。

一、酒店

伴随旅游业的兴起，为外出旅行者提供食宿等基本保证的住宿业得到迅猛的发展，也成为旅游产业链上一个不可缺少的重要组成部分。

对住宿的称谓有很多，反映了不同的服务对象及服务方式。hotel（酒店）一词源于拉丁文 hospes（意为接待客人的人或主人），后逐渐演变成 hospice（为旅行者提供住宿的地方）和 hospitality（热情好客的接待），更具体地描述了酒店和餐饮业以和蔼可亲的态度和行为迎接陌生人或客人的活动过程。

关于酒店的定义，研究者有不同的解释。被誉为“世界三大百科全书”②ABC 百科全书（the ABCs）均将酒店描述为在商业性的基础上向公众提供住宿、膳食及其他服务的设施和建筑物。中国国家旅游局将旅游饭店（tourist hotel）定义为：以间（套）夜为单位出租客房，以住宿服务为主，并提供商务、会议、休闲、度假等相应服务的住宿设施，按不同习惯可能也被称为宾馆、酒店、旅馆、旅社、宾舍、度假村、俱乐部、大厦、

① 菲利普·科特勒，约翰·T. 鲍文，詹姆斯·C. 麦肯斯. 旅游市场营销[M].6 版. 谢彦君，李淼，郭英，等，译. 北京：清华大学出版社，2017.

② 世界三大百科全书：《美国百科全书》（*Encyclopedia Americana*）、《不列颠百科全书》（*Encyclopedia Britannica*）和《科里尔百科全书》（*Collier's Encyclopedia*）。

中心等。[①]

综合以上定义，现代酒店应具备的基本条件有以下几方面。

（1）它是一个建筑物或诸多建筑物组成的接待设施和场所。

（2）它必须提供住宿设施，也能提供餐饮及其他服务。

（3）它的服务对象是公众，包括旅行者和社会公众。

（4）它是营利性组织，使用者需支付一定费用。

因此，酒店的定义是为满足旅游者需求而提供以住宿服务为主的设施和场所，是具有综合接待功能的服务企业。现代酒店由客房、餐厅、酒吧、商场，以及宴会、会议、通信、娱乐、健身等服务设施组成，通过住宿环境的装饰以及专业人员的服务来满足旅客在居住、饮食、娱乐社交以及舒适安全等方面的需要。酒店的核心功能是住宿服务，其他各种设施可以根据酒店目标市场、规模、等级等因素进行取舍，如有限服务酒店、全服务酒店等。

随着社会的进步和发展，“酒店”概念得到扩展，酒店设施服务和功能日趋多样和完善，差异化经营成为酒店的发展趋势。差异化经营着力点可以放在酒店环境、设计风格、文化、服务方式、产品配套、消费结构、信息化程度以及人性化、个性化、绿色环保方面，给客人提供不一样的消费体验。例如文化主题酒店、精品酒店、民宿、生活方式酒店等。

【阅读链接 1-2】酒店新业态——旅游民宿

2017 年 8 月 21 日，国家旅游局发布《旅游经营者处理投诉规范》（LB/T 063—2017）、《文化主题旅游饭店基本要求与评价》（LB/T 064—2017）、《旅游民宿基本要求与评价》（LB/T 065—2017）、《精品旅游饭店》（LB/T 066—2017）等 4 项行业标准，并于 2017 年 10 月 1 日起实施。

随着大众对休闲旅游需求的升级，一些小而美、小而特的住宿业态首先在云南、福建、浙江等地古镇、海岛、乡村出现，成为投资热点。具有多元化、特色化、个性化特征的旅游民宿，正在逐渐形成一种旅游住宿新业态。据不完全统计，目前全国有旅游民宿数万家。一些热门旅游民宿的创始人往往是从设计、传媒、互联网等其他行业跨界而来，有文化、有理想、有资金、有优质的资源，精于装修，但是缺乏专业服务和管理技术，有待完善。

《旅游民宿基本要求与评价》对旅游民宿的定义是：利用当地闲置资源，民宿主人参与接待，为游客提供体验当地自然、文化与生产生活方式的小型住宿设施。民宿单幢建筑客房数量应不超过 14 间（套）。《旅游民宿基本要求与评价》中将旅游民宿划分为金宿级、银宿级。金宿级为高等级，银宿级为普通等级。等级越高，表示接待设施与服务品质越高。

《旅游民宿基本要求与评价》提出旅游民宿五大评价原则，包括传递生活美学、追求产品创新、弘扬地方文化、引导绿色环保、实现共生共赢。

二、酒店产品

产品是能够用来满足人们需要或欲求的任何东西。产品不局限于物质实体，因此，从广义上讲，产品包括有形商品、无形服务、体验、地点、组织、信息、想法和人等。公司通过提供服务和产品，就可以创造、展现和推销某种体验。如迪士尼乐园、星巴克咖啡、诚品书店、地中海俱乐部等组织，根据不同市场需求，凭借特定环境和有形设施的设计和

① 《旅游饭店星级的划分与评定》（GB/T 14308—2010）

设置，将其产品以体验的形式呈现出来，形成鲜明的特色。

从酒店的定义看，酒店作为服务性企业，服务对象是外出旅行者和当地社会公众，酒店产品就是满足顾客需要的有形实体和无形服务组成的结合体，即借助于客房、餐厅、酒吧、商务中心、康乐及商场等有形要素，通过接待和服务等无形要素，为顾客提供舒适放松、安全、尊重等体验和感受。在这一活动中，酒店接待与服务的水平是影响酒店产品品质的重要因素，即无形服务要素是酒店产品中满足顾客需求的核心利益和价值。因此，酒店产品实质上是以无形服务为核心、以有形设备设施为辅助的服务性产品，也可以称为酒店服务。

酒店是顾客的“家外之家”。所谓家，是指人可以根据自己的习惯而放松的场所，作为家外之家的酒店应该令顾客感到温馨、安全和舒适。顾客对酒店的感受和评价不但受客房、餐饮、建筑和装饰等有形实体品质的影响，更重要的影响来源于员工的真诚热情的接待服务、安全尊重的氛围、互动和交流的氛围以及舒适方便的环境等无形服务的要素。

【阅读链接 1-3】顾客需求改变　酒店转型升级[①]

● 功能需求

顾客的功能需求是顾客入住酒店最起码的需求，一般体现为顾客对于酒店硬件产品提出的要求，即客人入住后对于住宿、餐饮等方面提出的要求，这是酒店之所以被称为“家外之家”的必要条件。酒店功能需求主要包括清洁、舒适、方便、安全等。

● 方式需求

服务是酒店产品的核心，也是酒店提供产品的方式和过程。酒店方式需求具体包括全天候、礼貌热情、标准高效、体贴周到等。

随着市场的日益成熟，“90 后”和“00 后”逐步成为消费主力，个性化、多元化需求趋势越来越明显，市场细分已经成为必然。近几年，无论是老牌经济型酒店，还是高端酒店都纷纷出招，向中端市场渗透，去配套酒店设施，精品酒店成为各大品牌争夺的焦点。君澜酒店集团的“君亭”、华住酒店集团的“全季”、铂涛酒店集团的“丽枫”、锦江酒店集团“锦江都城”等品牌成为备受消费者青睐的好去处。酒店发展方式发生了重大转折，给酒店转型发展提供为新的思路。

随着人们的消费观念、消费水平、生活理念、生活品质的不断提高，以及休闲、旅游产业的快速发展，未来的酒店必将追求客户体验度的提升、盈利能力的提高和健康稳定的发展。因此，酒店应着重于“互联网+酒店”智慧化酒店转型、个性化酒店定制、非标准酒店特色定位等。

第三节　酒店市场营销及其组合要素

酒店产品是服务性的产品，具有一般服务的基本特征和其本身特有的性质。酒店在经营管理过程中，应该以服务营销理论为基础，针对酒店服务的特殊性，展开具体有效的营销活动。

---

① 王文慧. 酒店营销新视野[M]. 北京：企业管理出版社，2012.；高建飞. 试论新形势下酒店转型升级策略[N]. 中国旅游报，2017-02-16.

一、服务营销理论

随着全球经济的快速发展，特别是服务业的发展和有形产品营销中服务贡献的增强，服务观念受到各行业的广泛重视，服务营销学已经逐步从市场营销学中独立出来，并形成新兴的学科领域。服务营销学以市场营销活动中的服务为研究对象，促使企业从传统的价格和质量竞争模式演化为现代的服务竞争，为企业创造差异化的竞争优势提供了强有力的支持。

（一）服务

1. 服务的内涵

相对于有形的实物产品而言，服务的界定和研究有其独特性。从 20 世纪 60 年代开始，随着服务经济的发展，服务的概念界定也不断得到完善，学者们从不同角度提出了服务的内涵和基本特征。

1960 年，美国市场营销协会的服务定义是："用于出售或者是同产品连在一起进行出售的活动、利益或满足感。"营销大师菲利普·科特勒的服务定义是："一方提供给另一方的不可感知且不导致任何所有权转移的活动或利益。"

从上述观点可以发现人们对服务定义的共识，如服务的无形性特征，非所有权转移，服务与有形产品是不可分割的一个整体，共同提供给顾客价值等。正如菲利普·科特勒提出的观点，任何产品都是有形产品和无形服务的统一体，两者缺一不可。产品的性质最终取决于能够提供给顾客核心价值的产品部分，即顾客利益来自产品的物质性，还是来自无形的活动。产品形态可分为四种形式：纯无形服务、附带产品的无形服务、附带服务的有形产品和纯有形产品。

2. 服务的特征

对服务的特征的研究是基于制造业有形产品而言的，无形服务和有形产品的主要区别如表 1-3 所示。

表 1-3　无形服务与有形产品的区别①

无 形 服 务	有 形 产 品
满足顾客需求，提供无形利益	满足顾客需求，提供有形价值
一种活动或过程	一种物体
无形、不可感知的	有形、可感知的
生产、传递和消费过程同时发生	生产、传递和消费过程分离
顾客参与生产过程	顾客不参与生产过程
差异化和多样化、异质	标准化、同质
无法存储	可以存储
暂时使用权转移	所有权转移

（1）服务的根本性特征——过程性。格罗鲁斯认为，服务是由某一活动或系列活动所构成的过程。在这一过程中，服务的生产过程与消费过程是同步的，通过服务提供者与顾客的互动，最终交付服务性产品的价值，满足各自的利益。因此，顾客对服务的价值感知不是结果，而是过程。

① 吴晓云. 服务营销管理[M]. 天津：天津大学出版社，2006.

（2）服务的一般性特征。服务的一般性特征包括无形性、生产消费的同时性、不可储存性、异质性和非所有权转移性等。

① 无形性。服务的价值体现在顾客对服务过程的心理和生理感知，是一种需求的满足。服务不同于有形产品的具体的实物，人们不能触摸或凭肉眼看见，因此顾客很难在购前预测和确认服务的品质，同时也很难在购后及时对服务质量做出客观的评价。如饭店的客人离店后，他们除了能出示一张收据之外别无他物。正如罗伯特・刘易斯（Robert C. Lewis）说过，购买服务的人可能"空手"离去，但他们绝不是"空头"而去[①]，他们可以拥有难忘的体验和记忆。

② 生产消费的同时性。在接待服务业中，服务者和顾客都参与到服务的过程中，通过提供和接受的互动过程，共同创造和传递服务价值。因此，服务的这一特性决定了人是服务的重要因素，顾客和雇员以及他们的直接接触构成了服务的组成部分。例如，用餐的客人满意度的影响因素不仅是食品的精美，还有员工的服务态度和应变能力，顾客对服务流程的了解状况，甚至还包括员工与顾客、顾客与顾客的互动关系状况等。

③ 不可储存性。服务的无形性和生产消费的同时性，使其不可能像有形产品那样储存起来以备未来出售。因此，服务在既定时间里没有被消费就会失去其价值，给企业带来损失，服务具有不可储存性和易损性。如飞机起飞时的空座，即没有销售出去的座位，航空公司当天的损失在起飞时就产生了，是不可能通过第二天弥补的。服务的不可储存性为加速服务产品的生产、扩大服务的规模提出了难题。因此，服务需求的调节和计划能力对于服务企业来说是至关重要的。

④ 异质性。服务不能像有形产品那样在面市之前可以通过质检环节保证产品质量的标准化，而服务的过程性特征使服务的最终价值和质量受制于更复杂多样的因素影响，特别是人的主观性因素的影响，因此服务具有异质性特征。从这点看，服务质量的管理较有形产品质量的管理更加复杂和困难。

⑤ 非所有权转移性。服务过程结束后，顾客获得体验和感受，而不是实物性的东西。因此服务不产生所有权的转移，顾客对服务的消费风险敏感度较高。以旅游为例，在景区，顾客得到了游览服务，感受到了美丽的景色，他们所带走的只是体验和感受，并没有任何所有权的转移。

（二）服务营销理论及其发展

服务营销思想萌发于20世纪50年代，直到20世纪80年代中期开始逐渐发展为市场营销理论体系的一个独立分支。该理论在20世纪90年代基本形成较为完善的体系，并被广泛使用。服务营销理论是专门研究服务业市场营销的普遍规律，即研究以服务业产品营销和有形产品营销中的服务要素为对象的一种营销活动的科学。

服务营销理论的主要研究内容从早期的服务特性的界定，以及服务特性对消费者购买行为的影响分析，到目前的服务质量、服务接触、顾客保留维系以及内部营销、关系营销和服务价值链等问题的研究。服务营销区别于一般营销观念的关键点在于"人"对服务性产品的特殊作用以及服务的过程性。由此，市场营销学家B. H. 布姆斯（B. H. Booms）和M. J. 比特纳（M. J. Bittner）将传统营销组合的4个要素（适用于制造业实体产品的传统营销组合4P，即产品、价格、渠道、促销）修改并扩充为7个，即产品（product）、价格（price）、渠道（place）、促销（promotion）、人员（people）、有形展示（physical evidence）、过程（process），简称7P。同时，克里斯汀・格罗鲁斯提出基于"人"的要素的服务营销三角形，阐明服务

① Robert C Lewis, Richard E. Centers Up on Your Computer, Marketing Leadership in Hospitality[M]. New York: Van Nostrand Reinhold, 1989.

过程中企业、员工、顾客三者的营销关系，如图 1-3 所示。

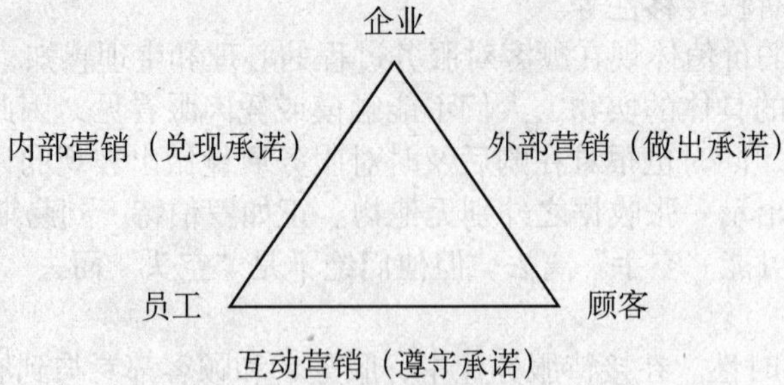

图 1-3　服务营销三角形①

二、酒店市场营销及其特征

20 世纪 60 年代以后，伴随着酒店业的快速发展和市场竞争的日益加剧，营销已经成为酒店获取竞争优势的主要手段。传统营销理论被直接应用于酒店业会存在许多局限和问题，因此，酒店营销思想和方法得到发展。

（一）酒店产品的特点

不同于诸如会计和保险等服务，酒店产品是一种特殊的服务产品，人的要素在服务传递过程中发挥着重要的作用。酒店服务的有效传递需要员工和顾客的参与和适合的环境，这种高接触的体系需要服务提供者雇用和训练具有良好个人沟通技巧的员工，了解顾客的喜好，在顾客附近控制氛围和环境，保持预期的服务质量（Richard Chase，1978）。

因此，酒店产品除了有一般服务的基本特征外，也有其特殊性，主要表现在以下几个方面。

（1）酒店产品的复杂性。在酒店商品交换中，酒店提供的产品与服务是满足市场需求的重要因素。与一般有形商品比较，酒店顾客的需求是复杂多样的，涉及住宿、饮食、商务、交通、购物、娱乐等诸方面，也包括依托于硬件设施条件上的软件服务和环境等。特别是顾客在住店期间遇到问题并提出要求时，酒店就要给予及时的处理和解决，如信息咨询、预订机票等辅助性服务和个性化较强的增值服务等，都有着重要的意义。因此，酒店产品具有覆盖面广、内容复杂的特点。

（2）酒店产品的综合性。客人对酒店质量的满意状态不是对某服务部门和服务环节的评价，而是对酒店服务整体的体验和感受的衡量，包括从客人与酒店预订部接触开始，到办理入住、住店期间消费、结账离开的全过程。酒店必须全面提高各部门的服务质量，为顾客提供满意的综合产品价值，树立酒店产品的整体形象。同时，酒店又是旅游价值链中的重要一环，在旅游者需求结构中，酒店担负着满足旅游者住宿、饮食和娱乐的任务。因此，酒店也是旅游产品中的组成部分，与其他旅游供给部门具有极强的关联性和互补性。如一个地区航空公司的接待能力不足必然导致饭店、游览景点的接待能力闲置和浪费。

（3）酒店产品的季节性和波动性。酒店顾客的需求极易受各种环境因素的影响，如政治、经济、社会、假日制度、生活方式以及自然因素等，表现出极强的季节性和波动性，淡旺季分明。因此，酒店市场调查和预测、酒店产品的优化配置和组合成为酒店适应多变的市场的重要手段。

（4）酒店产品的高固定成本。对于高固定成本的酒店企业而言，创造额外的销售量和

① 克里斯汀·格罗鲁斯. 服务管理与营销：基于顾客关系的管理策略[M].2 版. 韩经纶，译. 北京：电子工业出版社，2002.

边际销售量是经营的重点，因为高比例的边际销售量代表在没有额外成本或额外成本很小的情况下收益的增加。因此，与实体企业相比，酒店获利的主要途径是增加销售量，而不仅仅是降低成本。

（二）酒店市场营销的特征

酒店市场营销是通过对酒店产品所涉及的各种要素的构思、计划与执行，以实现旅游者、社会和企业三者利益目标为目的的活动过程。酒店市场营销要求酒店通过调研了解消费者的需求与欲望，结合自身实力与条件，确定目标市场，并针对目标市场消费者的需求展开一系列的活动，以满足顾客的需求，从而实现预期目标。

由于酒店产品的特殊性，酒店营销活动遵循服务营销的基本规律，也有其特殊性。

（1）重视无形服务的有形化。酒店服务的无形性特点给顾客带来购买风险，也加大了企业与潜在顾客进行有效沟通的难度。酒店营销活动应尽可能利用酒店产品中的有形要素，有效地向顾客传递具有说服力和值得信赖的有形证据，使无形服务有形化，坚定顾客的购买信心。

（2）注重“服务营销三角形”理论的运用。生产和消费的同时性特点使“人”成为酒店营销的重要因素。与实体产品不同，酒店产品过程性特点使服务人员、顾客以及他们之间的相互关系都成为酒店产品的组成部分。对于顾客来说，产品质量的好坏在于他们从消费者中获得的产品价值能否满足预期的愿望，所以每个参与服务过程的主体和要素都将影响产品的最终质量。因此，酒店企业应该使用“服务营销三角形”理论，即内部营销、外部营销和互动营销有机结合和综合运用，保证服务质量，增强顾客对产品的满意度和忠诚度。

“外部营销”是连接企业与旅游者市场的桥梁，是酒店在满足顾客需求的基础上实现企业预期目标的一系列对外经营活动。而“内部营销”则体现酒店将雇员作为产品一部分予以管理的经营思想，“只有满意的员工，才有满意的顾客”的观念进一步强调了员工的态度和能力对提高服务质量和顾客满意度将起主导性作用。同时，酒店企业也应重视接待服务过程中员工与顾客之间互动关系的管理，即“互动营销”。这种互动关系包括员工与顾客之间、顾客与顾客之间的关系，通常被称为“关键事件”（critical incident）或“真实瞬间”（moment of truth）[①]。互动过程管理的有效性直接影响企业营销效果。

【阅读链接 1-4】服务接触点是赢取客户的关键[②]

客人入住酒店不仅仅是为了宽大舒适的床铺和淋漓畅快的热水浴，更是为了酒店带给他们的一种服务体验。这种体验是否美好，则是要靠酒店员工来实现的。服务接触点指的就是酒店员工与客人之间的一个互动点，在这个点上，酒店通过员工的服务将企业的形象传递给顾客。设想如果客人在酒店里问路，服务生不只指明方向，而且还亲自陪同到达，这样的接触点必定是令客人满意的。

詹·卡尔森在 1981 年创造了“关键时刻”这一词语，并通过一系列的管理手段，让“关键时刻”成为客人满意而难忘的时刻。卡尔森认为，“关键时刻”就是顾客与北欧航空公司的职员面对面相互交流的时刻，这个时刻决定了公司未来的成败。

---

① 菲利普·科特勒，约翰·T. 鲍文，詹姆斯·C. 麦肯斯. 旅游市场营销[M]. 4 版. 谢彦君，译. 大连：东北财经大学出版社，2006.

② 金涛. 服务接触点是赢取客户的关键[N].江南游报，2006-10-12.

美国饭店伙伴管理公司根据卡尔森的观点，研究并确定了顾客逗留酒店期间通常会有39个关键时刻。为了不断创新关键时刻的服务，他们将39个关键时刻分别排列在一个被称为“跳舞的顾客游戏”的棋盘上，用游戏来训练员工对关键服务点的程序和诀窍的掌握和运用。他们把39个关键点的每个接触看作是一次服务机会，饭店员工可以利用这些机会为客人创造一个良好的服务体验，使客人有宾至如归的感觉。

要做到员工与顾客的接触点能够完美无瑕，酒店必须：招聘到乐意服务的员工；将酒店的服务宗旨反复灌输给员工；不断培训员工在关键服务接触点的服务技能；将酒店的组织结构扁平化，授权一线员工可以做主。可以说，当员工与客人之间的接触点是良性互动的时候，员工就如同一张活名片，为酒店树立了良好的形象，也就是说，当客人认同了员工这张活名片，也就认同了酒店。

（3）关注生产能力和需求管理。酒店产品的特殊性使供需矛盾比较突出，如何调整生产能力、有效进行需求管理成为酒店营销管理的关键。一方面是酒店生产能力的供给管理。虽然酒店供给能力是相对固定的，短期内很难改变，但仍然可以通过对供给的管理来适应需求的波动。例如，饭店可以在需求高峰期临时雇用兼职员工以扩大接待能力，但应在保证服务质量的前提下。反之，则实行减员或减少其他开支，更积极的做法是在此期间开发会议旅游等非季节性产品。此外，饭店可以鼓励顾客参与服务过程，采取自助服务的方式，以扩大服务的供给，如自助餐等。另一方面是酒店需求规模与结构的管理。在市场调研和预测的基础上，做好淡旺季需求的引导和调节工作，保证最佳运行规模。如酒店最佳开房率不一定是100%，只有对酒店客房进行维修保养的动态化管理，才能在保证服务质量的前提下，提供顾客最佳满意状态。酒店需求规模与结构管理是对酒店产品或功能性设施进行均衡利用的过程。

（4）注重酒店接待过程服务质量管理。由于“人”的要素对酒店产品的生产过程影响很大，即便是同一个员工提供的同一种服务，也会因为服务的接受者的主观判断而出现明显的质量差异。由此可见，酒店产品的异质性使酒店对服务质量的一致性管理难度很大。酒店服务质量的好坏取决于顾客对产品及服务的感知和评价，包括服务产品设计及其操作规程的技术质量，也包括符合目标市场需求的市场质量的评价。在此基础上，企业应该强调营销目标和过程的统一，对营销效果进行动态管理和有效的控制。

酒店提升服务质量的根本途径，就是在保证标准化服务的技术质量的基础上，提供顾客满意和忠诚的个性化服务的市场质量，两者缺一不可。一方面，酒店为了减小服务质量的不稳定程度，对服务某个环节采取机器取代人工操作等，以提高标准化服务的程度；另一方面，积极探求满足旅游者个性化、多样化需求的个性化服务，提升顾客忠诚度。产品制造商的质量目标是“零缺陷”，而酒店服务企业的质量目标是“零顾客流失”。①

（5）重视关系营销与顾客忠诚的契合。酒店通过有效的关系管理，可以减少服务性产品的市场风险，建立顾客的“忠诚”，降低营销成本，改善市场供需状况以及建立企业良好的社会形象，以此获得长期利润。在酒店关系营销中，企业与顾客、员工与顾客之间的关系管理是核心，而其他层次的关系管理则是基础和条件，顾客关系管理是酒店关系营销的重点。

酒店的服务活动就是接待。接待被理解为包括主人和顾客在内的一种人与人的关系②。酒店应在充分了解顾客消费的情感需求的基础上，通过接待规定和好客行为，把顾客或陌

① 菲利普·科特勒，约翰·T. 鲍文，詹姆斯·C. 麦肯斯. 旅游市场营销[M]. 4版. 谢彦君，译. 大连：东北财经大学出版社，2006.

② Abraham Pizam, Haemoon Oh. 饭店业市场营销[M]. 依留华，译. 天津：南开大学出版社，2011.

生人变为朋友的方式欢迎和接待顾客，传递接待经历，从而形成和谐友好的主客关系，建立一个忠诚的顾客基础。酒店只有意识到主客关系的互动在接待服务过程中的重要作用，才能通过服务质量的独特性获得真正的竞争优势。

【阅读链接 1-5】酒店忠诚计划：精明者的游戏[①]

关于酒店忠诚计划的吸引力有多高，支持者着迷于这些计划所带来的客房升级与免费住宿，以及背后所代表的商务与社会层级地位；冷漠者则批评这些卡片令曾经精明的旅人对价格变得愚钝，对酒店的过失亦过分宽容。根据顾问机构 BDRC Continental 的调查，在亚太区至少有 54%的旅行者是酒店忠诚计划的成员，而在商务旅行者中，十个人中有四个是某个酒店忠诚计划的精英级别会员。

作为全球拥有 2 800 万名会员的酒店忠诚计划——希尔顿全球现时在中国却仅有 9 万名会员，这固然归因于这家大型酒店集团此前对中国市场兴趣不足，但也从另一方面说明了希尔顿在中国吸纳忠诚消费者的潜力——要知道，中国商务旅行者有 69%加入了酒店忠诚计划，比例称冠亚太。不足一年前，另一家大型酒店集团香格里拉国际饭店管理有限公司亦在中国宣布对其忠诚计划——贵宾金环会进行升级，成为全球首个对住店和非住店客人同时开放的忠诚计划。万豪国际亦在 2011 年选择于亚太区升级其忠诚计划——万豪礼赏，为当地的所有级别会员提供免费上网服务。按照 BDRC Continental 的数据，这三家酒店的忠诚计划在亚太区商务旅行者的认知度排名中分别名列前三位，这三个计划亦同样吸引了最高比例的商务旅行者参与。

BDRC Continental 的调查显示，2011 年有 64%的亚太区酒店忠诚计划会员回应称，他们选择下榻酒店的决定会受忠诚计划的影响，尽管这一比例自 2009 年和 2010 年分别有一定程度的下滑,但这至少表明仍然有 2/3 的会员的购买决策印证了忠诚计划的经典理论——会员消费者平均花费水平超过非会员，而且能显著降低商家的营销成本。

（6）差异化竞争是关键。差异化竞争战略是指企业凭借自身各种优势，根据旅游者的不同需求，向目标市场提供各种区别于现有竞争对手的特色产品和服务的经营模式。随着旅游市场的不断发展和成熟，塑造并保持企业的竞争优势成为企业追逐的主要目标，差异化竞争战略是获得这种竞争优势的重要途径。

为实现差异化竞争战略目标，酒店应该对服务过程进行差异化营销，即充分利用自身优势，对服务人员、有形环境展示、品牌形象、服务流程及销售渠道等方面进行差异化设计和管理，形成一套完整的差异化竞争体系，从而实现企业的营销目标。如航空公司采取旅行中提供休息的特殊房间、食品定做、空对地电话服务以及常客计划等；饭店通过计算机设计独特入住流程，为客人提供方便和惊喜等。差异化的服务很容易被竞争对手模仿和抄袭。因此，酒店要根据市场需求变化及趋势，不断创新服务产品，进行动态营销，增强企业竞争力。

【阅读链接 1-6】顶级野奢酒店：与山川湖海、日月星辰为伴[②]

山川湖海，日月星辰，大自然的鬼斧神工能塑造出任何人造景观都难以企及的狂野之

① Derek Ching. 酒店忠诚计划：精明者的游戏[J]. 21 世纪商业评论，2012（2）.

② 顶级野奢酒店：与山川湖海、日月星辰为伴. 酒店人公众号，2018-04-12.

美。“野奢酒店”恰巧提供了这样一种绝妙的体验：不仅能让人与自然零距离浸入式接触——“野”（wild），还能享受顶级舒适的豪华服务——“奢”（luxury），哪怕是荒凉的地带，也能让客人在山野之间有远超常规生活的巅峰体验。野奢酒店，改变了酒店行业关于奢华的定义。

近年来，国内也诞生了一批小众又私密的“野奢”酒店，成为打造极致生活品质和独特旅行体验的先行者。

● 浮云度假酒店（四川阿坝藏族羌族自治州）

酒店位于海拔 2 700 米、有着“小牛背上”之称的浮云牧场。春夏时节，野花张扬，高低起伏掩埋其中。站在山顶，触手可及的云像一片海，与天相连，让人自觉像一只蜉蝣，自在不受束缚，很有欧洲牧场的感觉，于是便有了“浮云牧场”这个名字。

营地有 12 顶双层防风帐篷，配有电热毯、取暖器和加厚的毛毯来保暖，帐篷内有两张床。另有 6 间独栋别墅，36 平方米室内空间，以及 40 多平方米的小院子。室内配有地暖、蓝牙音箱、科勒的卫浴和英国小众天然有机的备品。酒店的休闲设施有牧场、露天泳池、儿童乐园，可以安排爬山、古式羌绣、羌笛手作、ATV 越野等特色活动。

● 格拉丹帐篷营地（云南丽江）

在格拉丹草原，一望无际的辽阔绿色，开阔的高山草甸风光，原始森林和丹霞奇观，漫山的杜鹃花海和丹霞丛峰交相辉映，没有钢筋水泥墙，没有喧嚣人群，寥寥几顶帐篷散落在草原之上。入夜，纯净的天空可以欣赏到闪烁的繁星。漫空苍穹下，点点繁星触手可及，令人一瞬间沉醉在自然的美景下。格拉丹帐篷营地有 17 顶帐篷，每个平均享有超过 8 000 平方米的私家草甸，配备舒适的卫浴设施、小冰箱、暖气、手机座音响、电话、保险箱、吹风机、热水壶等。客房具有抗风、抗雨、防雪、防噪声的功能，配备防紫外线双层玻璃。73 平方米和 84 平方米的帐篷中增加了代表当地彝族起居文化的火塘元素和一个阳光休闲书房。

三、酒店市场营销组合

20 世纪 50 年代，杰罗姆·麦卡锡（Jerome McCarthy，1960）提出营销组合 4P 理论，即产品（product）、价格（price）、渠道（place）和促销（promotion）。罗伯特·劳特伯恩（1990）提出了 4C 新理念，即顾客价值（customer value）、顾客成本（customer cost）、便利（convenience）、沟通（communication）。4C 强调了营销组合的顾客导向性，是对传统 4P 的补充和完善。

酒店营销组合是酒店根据营销战略，对营销过程中的各种构成要素进行配置和系统化管理的活动。根据酒店产品的特点，酒店营销组合是以服务营销理论为核心的 7P 理论（Booms，Bitner，1981）的具体应用，包括 4P，也包括人员（people）、有形展示（physical evidence）和过程（process）。为体现顾客导向的组合特征，酒店营销组合中采用“4P-4C”组合模式。

（一）产品-顾客价值（product-customer value）

酒店生产产品的目的就是通过向顾客提供满足需求的产品和服务，在保证顾客获得最大利益的基础上，实现企业盈利的目标。在酒店产品和服务的传递中，接待与被接待的关系是一种经济关系。从某种意义看，顾客不是客人，客人与酒店之间是对等的经济关系。顾客付出货币等要素，获得酒店提供的产品利益，包括产品、服务、人员和形象等，双方通过交换实现各自的利益。因此，酒店的“产品-顾客价值”策略，必须在充分了解顾客需求的基础上，进行产品和服务的内容和传递过程设计，研究各影响因素，包括种类、质量、特色、展示、品牌、支持系统以及辅助系统等，保证顾客价值最大化。

【阅读链接 1-7】顾客价值理论①

顾客价值（customer value，VC）理论研究是随着市场竞争的加剧，在相关理论总结和完善的基础上而发展的。早在 1954 年，彼得·德鲁克（Peter Drucker）就指出，顾客购买和消费的绝不是产品，而是价值。泽丝曼尔（Zeithaml）在 1988 年首先从顾客角度提出了顾客感知价值理论，将顾客感知价值定义为：顾客所能感知到的利得与其在获取产品或服务中所付出的成本进行权衡后对产品或服务效用的整体评价。顾客价值理论的创新之处就在于企业真正站在顾客的角度上来看待产品和服务的价值，这种价值不是由企业决定的，而是由顾客决定的。

自 20 世纪 70 年代以来，营销学者不断地探索顺应形势变化的新的市场营销理论和方法，从最初以产品为中心单纯注重产品质量，到“以顾客为导向”争取顾客的满意与忠诚，直到 20 世纪 90 年代顾客价值概念的提出，将市场营销理论推向了一个全新的高度。菲利普·科特勒（1990）是从顾客让渡价值和顾客满意的角度来阐述顾客价值的。其研究的前提是：顾客将从那些他们认为提供最高认知价值的公司购买产品。所谓顾客让渡价值，是指总顾客价值与总顾客成本之差。总顾客价值就是顾客从某一特定产品或服务中获得的一系列利益，它包括产品价值、服务价值、人员价值和形象价值等。顾客总成本是指顾客为了购买产品或服务而付出的一系列成本，包括货币成本、时间成本、精神成本和体力成本。顾客是价值最大化的追求者，在购买产品时，总希望用最低的成本获得最大的收益，以使自己的需要得到最大限度的满足。

（二）价格-顾客成本（price-customer cost）

价格是酒店产品的价值表现。从企业角度，价格是产品和服务的收费标准，包括经营成本和企业利润两个部分。从顾客角度，价格也是顾客价值和利益的体现。顾客对产品和服务的认知价格或价值影响着顾客购买意愿和满意度。根据顾客价值理论，顾客付出的价格是一个整体的概念，包括货币要素和非货币要素，如寻找和评价可供选择产品或服务所用的时间、地点和精力，这些都形成顾客获得满意产品和服务的同时必须付出的成本，即顾客成本。因此，酒店的“价格-顾客成本”策略，应该考虑顾客成本和价格水平的关系，建立顾客导向的定价目标。

（三）渠道-便利（place-convenience）

营销组合渠道要素包括产品或服务的分配和运销，为最终顾客提供便利的购买和消费。与有形商品渠道相比，酒店服务渠道有其特殊性。酒店渠道的便利不仅指地理位置和交通条件，也是为顾客创造消费环境，如可视程度、照明效果、店内通道、指示导引以及各类接待服务的方便程度等。由于酒店产品具有生产消费的同时性和不可储存性等特点，顾客向生产场地移动和直接参与生产过程成为实现交换的前提条件。因此，为向目标市场提供便利的渠道服务，地点的选择成为酒店渠道策略研究的重点。例如，经济型酒店设置往往选择临近购物场所或其他有吸引力的人口密度较大的地区；商务型酒店选择交通便利的城

① 菲利普·科特勒，约翰·T. 鲍文，詹姆斯·C. 麦肯斯. 旅游市场营销[M]. 4 版. 谢彦君，译. 大连：东北财经大学出版社，2006.

市商业中心；度假酒店选择景点或城市周边休闲区域等。

（四）促销-沟通（promotion-communication）

组合中的促销因素包括所有与销售产品或服务有关的销售方式和手段的综合运用。酒店促销的是一段服务的经历，包括有形和无形要素。顾客购买酒店的产品和服务，对酒店的评估多依赖于有形证据，而无形服务大多来自顾客的个人需求的满足和感受。因此，酒店促销的有效性取决于与顾客沟通的效果。酒店促销工具除了广告、互联网、直接营销、移动媒体、营业推广、专题活动、公共关系、人员推销等销售方式，还包括优质服务、口碑、主客互动关系、有形证据等酒店特有的销售方式。

（五）人员（people）

人员是指作为服务提供者的员工和参与到服务过程中的顾客。员工和顾客都是酒店服务产品的重要组成部分，也是影响服务质量的直接因素。酒店营销组合中，人员要素相对其他要素具有不可控制性，较为特殊。对酒店服务质量的评价主要来源于顾客对服务过程和效果的总体感受。服务过程质量的好坏直接取决于员工的服务状态好坏和水平高低。因此，一方面，酒店应该采用内部营销策略，通过满意的员工创造和维护忠诚顾客；另一方面，酒店应合理引导和管理顾客间的互动关系，从而提高服务质量。

【阅读链接 1-8】成功的服务补救 信任是前提[①]

服务补救是在服务失败或出现错误的情况下，对顾客的不满和抱怨所做出的一种即时和主动性的补救反应，其目的是维持并增进与不满意顾客的关系，重新建立顾客满意和忠诚。服务行业本身的特殊性决定了其很难杜绝“服务失败”的发生，但有相当数量的酒店没能很好地利用“服务失败”所带来的补救和改进机会，不能不说是一件令人遗憾的事。

案例：一公司项目组一行 7 人入住某市四星级酒店。第 3 天晚餐后客人王先生回房准备工作时，发现笔记本电脑显示器右端的铰链折断。因客人整个白天都在公司，中途没有返回酒店。在排除了己方人员造成损坏的可能性后，王先生随即向前台投诉。酒店方负责人回复此事酒店无责，客人自负后果。

案例中，该酒店虽自称坚持“顾客至上、服务第一”的宗旨，但事件处理过程中，却始终怀疑客人蓄意用已破损的电脑“敲竹杠”。表面上是避免了 1 000 元的经济损失，维护了酒店的信誉，但事实却是顾客对酒店失望，导致忠诚顾客流失。

首先，酒店应明确顾客与企业是利益共同体，建立信任，在顾客满意的基础上寻求企业的发展。如果认为两者的利益是根本冲突的，以怀疑一切的态度来对待顾客抱怨，甚至处处“防范”顾客，就会从根本上疏远顾客。其次，酒店应尽快调查事情真相，主动承担应有的责任。最后，酒店应探究服务失败的根源，改善服务过程。

虽然有研究发现，补救后获得的顾客满意对顾客忠诚有更大的贡献，但服务补救归根到底是一种“有错改之”的矫正性措施，不仅酒店为此付出高昂的直接成本，而且因为大多数不满意的客人会选择沉默，转而成为其他酒店的客户。所以，服务补救的最终目的还在于改善酒店的整个服务体系，防止类似的事件再度发生。

① 刘筱筱. 服务补救与长远利益[N]. 中国旅游报，2006-03-22.

（六）有形展示（physical evidence）

无形服务有形化是克服酒店服务无形性局限的重要手段。有形展示要素包括服务运营的非物质环境和用于宣传产品和服务的有形证据。酒店顾客购买的产品的核心利益是愉悦的体验和感受，非可见的实物产品，具有购买风险。因此，酒店不能仅依赖于广告和营业推广等销售方式，还应将无形服务通过多种有形的线索和证据展示出来，以此增强顾客对产品和服务的认知和理解，坚定购买信心，促成现实的购买。

（七）过程（process）

服务过程是酒店服务产生、传递和交付等一系列活动的组成，是影响酒店服务产品质量的关键因素。在营销组合中，酒店服务的过程要素包括服务生产的设计、程序、机制、活动流程和与顾客之间的接触与互动等方面内容。相对其他组合要素，服务过程的差异化更易形成酒店不可复制的竞争优势，越来越多的酒店通过供应循环、特许政策、支付政策和运行机制等服务传递系统进行创新，形成酒店特色化经营，为持续发展奠定基础。如麦当劳和万豪酒店通过使他们的服务传递过程标准化来达到在整个运营中提供持续服务的目的；又如航空公司和汽车租赁公司也通过计算机预订系统和存货控制系统使它们的运营标准化。

【阅读链接 1-9】“SOP”真的不合时宜了吗[①]

酒店标准服务流程的制定与实施是酒店管理的基础性工作。酒店标准服务流程，在业界又被称为 SOP（standard operation procedure），被西方称为“酒店管理的圣经”，对于酒店提升服务质量起到过非常重要的作用。

随着互联网时代的到来、顾客消费行为的转变等环境变化，有人认为劳动力成本的红利消失，组织架构和人员岗位编制已经发生或即将发生变化，组织架构逐渐向扁平化发展，专人专岗开始向一人多岗方向发展，这个管理方式已经不合时宜。酒店标准服务流程作为优质服务的基础和服务水准的保证，不会因环境变化而失去其意义，只要与时俱进，做出创新，并且认识到根本问题，它还将发挥其重要作用。

优化标准服务流程将是一项不断持续的工作。特别是对于形而上学的、机械的、不符合经营管理需求的那些 SOP，需要与时俱进。每家酒店的设计思路和硬件不同，SOP 必须也要有不同才能满足顾客需要。洲际酒店集团根据旗下的酒店遭遇顾客投诉的普遍问题，选取一家志愿者酒店进行调研，逐渐帮其改进 SOP，从而提升顾客的体验满意度，然后在旗下其他的酒店推广执行。例如，针对普遍存在的早晨就餐以及结账等候时间太长的问题，酒店需要从设计餐厅动线进行分析，通过若干个环节的改变，可提高速度 2 分钟，从而达到减少投诉和提高顾客满意度的目的。

酒店企业正在逐步进入扁平化管理模式的快速发展时代，传统的 SOP 无疑是创新改革这一切的良好基石，因为 SOP 有其原本强大的功能作用，特别是对初入酒店行业的新人们。

酒店营销组合以系统论思想为指导，寻求企业营销整体效果最优化。它具有以下特征：

（1）可控性。营销组合中的具体手段都是企业根据市场的需要的变化以及自身资源条件而确定的，是企业可以控制的因素。

（2）动态性。企业营销组合随市场环境因素的变化而变化，任何手段的改变都形成一

① 战晓倩. 酒店标准服务流程的困境与对策[J]. 旅游纵览，2017（4）.

个新的组合，以适应新的环境和竞争，所以，营销组合具有动态性。

（3）多层次性。营销组合是一个复合结构，组合中每个因素都包含若干次级因素，经搭配和组合形成多层次的整体营销框架，为特定目标服务。

（4）整体性。旅游营销组合的作用不是每个因素功效的简单叠加，而是在各因素有机结合和协同基础上所产生的系统整体作用。因此，企业营销效益的优劣，很大程度上取决于市场营销组合策略的整体优劣。

引入案例解析

近年来，经济型酒店盈利水平在下降，而且每间可供房收入亦逐年下降。经营欠佳背后，是经济型酒店不得不面对的巨大成本压力。上海社科院旅游研究中心主任王大悟分析，近年来，新开业经济型酒店的平均投资额增长了18%，物业租赁成本平均上涨29%，店长平均年薪上涨24%，而营收增幅则仅为11%，企业利润空间进一步压缩，目前平均利润率仅为10%～20%。

现阶段，利用规模化的发展来提升利润已经行不通了。挑剔的、追求体验的消费者逐渐厌倦千店一面的经济型酒店。对此，经济型酒店转型在即，不仅要在产品、服务、发展模式上转型，还包括整体经营的转型。

虽然国内经济型酒店市场仍有其发展空间，但经济型酒店集团在发展到一定规模后向中高端延伸是其必然的战略选择。对于一家经济型酒店集团来说，越过高速成长阶段后，其增速放缓，为避免被收购或走向衰落，就要向中高端酒店进行延伸发展。

一方面，这是满足客户动态多元需求的需要。经济型酒店集团在发展过程中积累了大量会员，这些会员处于不同消费情境，如出差、旅行或度假，会选择不同档次和类型的酒店。这些会员随着经济能力的加强、社会地位的提升以及家庭生命周期的演化，其需求会发生变化。向中高端酒店延伸，可为会员或消费者提供更多选择，满足他们不同情境、不同阶段的消费需求，从而可以提升消费者对集团的黏性和忠诚度，更大限度地挖掘消费者价值。

另一方面，经济型酒店集团以规模制胜，其价值模式是通过规模的扩张实现规模经济效益。扩张到一定规模后，边际效应递减，业绩增长出现拐点，投资回报率下降，向中高端延伸必将成为其新的战略选择。中高端品牌为其开辟新的成长空间，可发挥范围经济效应，实现集团资源共享和资源利用最大化，并促成更大的规模经济效应，特别是在集团采购、人员培训、财务和预订等管理系统的使用、品牌传播等方面。

应该注意的问题是，经济型酒店向中高端酒店市场的延伸难度较大。低端酒店与中高端酒店在价值观、文化基因、运营管理理念和模式上都有较大差异。通俗一点说，中高端酒店品牌讲究“出身”，“出身”并不高端的酒店集团贸然去收购高端品牌，会使其显得与其身份不匹配，并非有钱就能算数。

因此，从经济型酒店进入中高端酒店领域的酒店集团，除了改一个与其发展战略和雄心相匹配的名称，还必须敦实自身实力，消除和摆脱低端的印象，以新的形象面世。一方面，在打造好中端品牌的基础上，寻找好的被高端品牌并购的机会；另一方面，可成立独立的高端品牌运营中心，组建专业团队，专注于打造细分领域的高端品牌。当然，折中的办法也许不失为一个选择，例如先收购一个国内非著名高端品牌，这一做法在国内敏感度可能相对低一些，借此进入高端领域，伺机并购更知名的品牌。

鉴于目前国际国内酒店领域的合纵连横态势，中小规模的酒店集团不进则退，甚至稍不留神就有消失的危险。除了不断向中高端酒店领域拓展以巩固和加强其市场地位外，可以尝试跨越边界，进入非标准住宿领域，例如收购短租或度假租赁公司。

本章小结

市场营销就是在一系列动态环境因素影响下，旨在满足顾客需求的基础上，加速和促进产品和服务交换，以获得长期利润的一切个人和组织的活动。市场营销学的研究对象是企业的营销活动及其规律性，即研究如何在满足消费者需求的基础上，有计划地组织整体市场营销活动，并从中获得长期利润。市场营销研究的主要内容包括营销环境与市场分析、营销战略及策略制定、营销管理等。随着营销理论的不断完善，营销观念的演变经历了生产观念、产品观念、推销观念、市场营销观念、社会市场营销观念、大市场营销观念和全球市场营销观念等过程。

酒店产品的实质是以无形服务为核心、有形设备设施为辅助的服务性产品。酒店产品具有一般服务的基本特征，同时也具有一定的特殊性，主要表现在以下四个方面：酒店产品的复杂性；酒店产品的综合性；酒店产品的季节性与波动性；酒店产品的高固定成本等特点。酒店市场营销是指旅游企业及其相关组织机构通过对旅游产品所涉及的各种要素的构思、计划与执行，以实现旅游者、社会和企业三者利益目标为目的的活动过程。酒店市场营销的基本特征：重视无形服务的有形化；注重“服务营销三角形”理论的运用；关注生产能力和需求管理；注重酒店接待过程服务质量管理；重视关系营销与顾客忠诚的契合；差异化竞争是关键。

问题与讨论

1. 简述市场营销的含义。为什么说营销既是企业的一种职能，又是一种经营思想?
2. 辨析营销、促销与推销的概念及其相互关系。
3. 简述服务营销的特点，并说明服务营销与一般营销的区别。
4. 简述社会市场营销的基本含义，并说明酒店绿色营销的重要意义。
5. 试分析新旧营销观念的区别。如何正确看待不同社会阶段的营销观念?
6. 酒店产品服务性的特点给管理带来哪些挑战？如何克服这些挑战带来的问题?
7. 简述酒店营销组合的主要内容和基本特征。
8. 选择一家熟悉的旅游企业（饭店或航空公司等），讨论其常客计划的内容及对提高顾客忠诚度的意义。

中篇
营销战略分析

第二章　酒店营销环境

本章目标

通过本章学习，读者应了解酒店营销环境及其特点，掌握酒店营销微观环境和宏观环境的构成要素，掌握酒店营销环境的分析方法，为酒店市场营销的学习和实践奠定基础。

引入案例

人工智能给酒店带来多少想象空间①

国务院印发了《新一代人工智能发展规划》(国发〔2017〕35号)，人工智能的发展也将迎来新的机遇。出于提高客人入住体验、降低人工成本、提高工作效率的考虑，现在已有不少酒店张开双臂拥抱人工智能。但人工智能可以给酒店带来的想象空间不止这些，它还可以帮助酒店节能降耗、进行精细化管理，乃至创新产品等。

如今，机器人已成为人工智能的代言人。希尔顿酒店在2016年和IBM Watson合作测试了机器人前台；喜达屋旗下的Aloft(雅乐轩)品牌已开始用机器人Botlr为客房递东西；洲际旗下的皇冠假日酒店也有类似功能的机器人。海航酒店集团旗下有7家酒店开始使用智能机器人开展服务。这款智能机器人的服务更加全面，它可以为客人房间运送物品，如浴巾、吹风机、儿童用品、客房用餐等。这款机器人可以和客人简单聊天，日常问好，讨论天气，引领有需要的宾客前往公共区域卫生间、会议室、健身房等场所。此外，这款机器人还能顺路插播一下酒店的各种活动和促销。据介绍，这款机器人有望在该集团旗下所有酒店全面部署。

“全国已经有200多家酒店在使用机器人服务，已经超越世界上任何一个国家的应用数量。”中国智慧酒店联盟秘书长、新新人类酒店机器人科技公司创办人荀亮介绍，随着服务型机器人和人工智能技术的不断突破与应用，酒店行业作为服务业劳动力较密集的代表领域，将成为服务型机器人进军的重点行业。现阶段服务型机器人进入酒店主要是为酒店增添亮点，为客人带来新鲜的体验感。

荀亮介绍，服务型机器人目前能够应用在酒店领域的主要包括迎宾引导机器人、自助入住机器人、客房情感机器人、自主运送物品机器人、安防巡更机器人、商品售卖机器人、自助行李存取机器人、餐厅服务机器人等十余个工作岗位的机器人。每款机器人都有着独特的工作技能来胜任不同的工作岗位需求。

在线旅游企业也在推进人工智能与酒店业的结合。携程宣布，其客服机器人能在平均一

---

① 郭旗. 人工智能给酒店带来多少想象空间[N]. 中国旅游报，2017-09-07.

秒到两秒时间内回复消费者提出来的关于酒店预订等方面的“入门问题”，已累计服务超过1亿人次。人工客服也从重复性咨询中解放出来，进而能够为消费者提供更加高质量的服务。

阿里巴巴集团旗下旅行品牌飞猪宣布在杭州西溪天堂打造“人工智能酒店”。目前，西溪西轩酒店的部分客房可以通过屋内的智能音箱“天猫精灵X1”用语音实现对窗帘、灯具、电视等设备的控制，还能够直接呼叫酒店客房服务。

思考：什么是酒店市场营销环境？机器人、人工智能的引入对于酒店营销有何影响？机器人的普及得益于科技的进步，除此之外，还有哪些因素会促进或者阻碍人工智能在酒店业的应用？

知彼知己，百战不殆；不知彼而知己，一胜一负；不知彼不知己，每战必殆。

——《孙子·谋攻》

无论是新建酒店，还是现有酒店企业的经营，都以获取最大化的利润作为其经营的最终目标，而获取利润的前提是把酒店产品与服务销售出去。

建立和经营一家酒店都需要了解该酒店所处的环境，分析酒店所处的宏观和微观市场营销环境，这是酒店营销人员的首要工作，对于酒店企业实现经营目标和获取相应的市场地位具有重要作用。

第一节　酒店市场营销环境概述

一、酒店市场营销环境的含义

营销环境由营销以外的那些能够影响与目标顾客建立与维持成功关系的营销管理能力的参与者和各种力量所组成，营销环境同时提供机会和威胁[①]。市场营销环境是存在于企业营销系统外部的不可控制的因素和力量，这些因素和力量是影响企业营销活动及目标实现的外部条件[②]。

酒店市场营销环境是指酒店企业在其市场营销部门以外，影响其发展及其与目标顾客保持成功交换关系的各种参与者和因素，这些力量一般具有不可控制或不易控制的特点，能够同时给酒店提供发展机会和威胁。

酒店市场营销活动受其内外部可控与不可控因素的综合影响。因此，本质上来说，酒店市场营销活动就是努力使其可控制的内部因素同不可控制的外部因素相适应的过程，是在特定时空条件下进行的，这一特定时空条件就是酒店市场营销环境，是酒店的生存空间。

二、酒店市场营销环境的构成

酒店市场营销环境包含广泛而复杂的内容，包含与酒店市场营销活动相关的所有内外部因素与条件，不同的因素对同一家酒店的市场营销活动的影响和制约不尽相同，同样的因素对不同酒店的市场营销活动的影响和制约也不完全一致。

酒店市场营销环境泛指所有制约酒店营销决策和实施的内部和外部因素的总和，包括微观营销环境和宏观营销环境。微观营销环境是指与酒店紧密相关，并能直接影响其营销

① 菲利普·科特勒. 市场营销学原理[M]. 2版. 何志毅，译. 北京：机械工业出版社，2010.

② 吴健安. 市场营销学[M]. 4版. 北京：高等教育出版社，2011.

能力和效率的各种参与者，包括酒店的供应商、营销中介、顾客、竞争者、社会公众和能够影响酒店营销决策的内部各相关部门；宏观营销环境是指能够通过影响酒店微观营销环境而间接影响酒店营销能力和效率的巨大社会力量，包括人口环境、经济环境、自然环境、科学技术环境、政治法律环境、社会文化环境等各个方面，如图 2-1 所示。微观营销环境直接影响和制约酒店的市场营销活动，宏观营销环境主要以微观营销环境为中介间接影响和制约企业的市场营销活动。

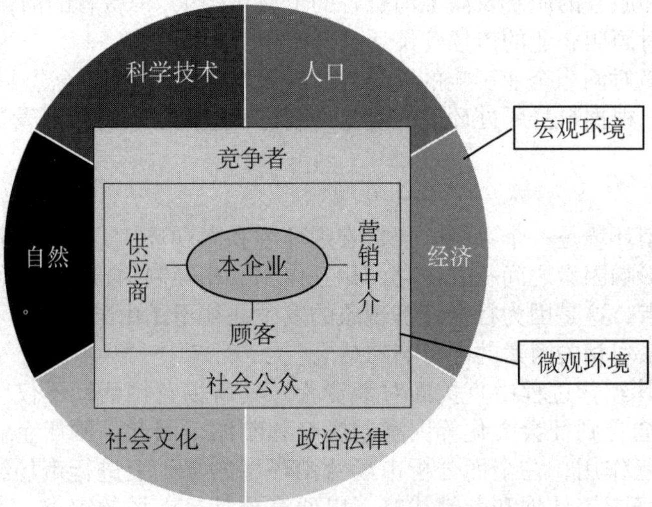

图 2-1 酒店市场营销环境的构成

酒店对其内外部自然的、社会的、经济的条件具有较强的依赖性，从而导致酒店企业对所面临的营销环境变化的反应更加深刻，酒店所面对的诸多环境力量经常处于变化之中，许多酒店会由于营销环境变化的突然性变动而形成巨大冲击波。

营销环境的变化，既有可能给酒店带来可资利用的市场机会，也可能给酒店带来一定的环境威胁。酒店企业研究市场营销环境的目的，就是通过市场营销环境分析，找到酒店受到哪些方面的挑战和威胁，面临着怎样的发展机遇，以便更好地满足消费和指导消费，进而提高酒店的竞争力和规避风险的能力。

三、酒店市场营销环境的特点

（一）客观性

酒店企业从事市场营销活动，必须面对各种各样的环境条件，也必然会受到各种各样环境因素的制约和影响，这些环境因素既有宏观的，也有微观的，都是客观存在的因素，不以酒店经营者的个人意志为转移。

同时，酒店企业又是旅游产业的重要组成部分，在旅游六要素——食、住、行、游、购、娱中占据前两个要素，而旅游产业是一个依赖性和关联性很强的产业，酒店企业也不例外。因此，酒店企业必定是在特定的社会经济和其他外界环境条件下经营和发展的，酒店企业经营者必须清醒地认识到这一点，并做好充分的思想准备工作，以便随时应付酒店所面临的各种环境的挑战。

（二）差异性

酒店市场营销环境的差异性表现在两个方面：一是不同的酒店会受到不同环境因素的

影响和制约；二是相同的环境因素对不同的酒店企业的影响也不相同。

不同的国家、民族、地区之间在经济、社会、政治、法律、自然、技术等各个方面存在着广泛的差异性，从而形成各具特色的、个性化的需求。在我国，酒店企业所面对的市场营销环境发生了很大的变化：一是国家产业政策的调整，国家明确提出把旅游业培育成国民经济的战略性支柱产业，这种产业结构的变化对酒店企业的市场营销活动产生了决定性的影响；二是消费倾向的转变，我国消费者过去追求物质产品的数量化，现在消费主流则转向追求产品和服务的质量及满足消费者的个性化需求，消费者的消费心理越来越成熟，消费倾向的转变对酒店企业的市场营销活动会产生直接的影响。

市场营销环境对酒店企业影响的差异性，导致酒店企业在其经营过程中，必须以自身资源禀赋为基础，根据自身所处环境的变化，制订相应的营销计划和营销战略。

（三）相关性

酒店市场营销环境是一个系统，包括宏观环境和微观环境，由多个影响因素构成。在这个系统中各个影响因素之间相互依存、相互作用、相互制约，从而使酒店市场营销环境具有相关性的特点，这是因为社会经济现象的发生往往不是由某一个单一的因素所能决定的，而是受到一系列相关因素共同影响的结果。

酒店企业在其经营过程中直接面对消费者，其市场营销活动不仅会受到经济因素的影响和制约，更会受到社会文化等因素的影响和制约。因此，酒店企业必须充分注意各种因素之间的相互作用，在全面分析市场营销环境的基础上进行市场细分，确定目标市场，进而制订市场营销计划和营销战略，以便充分满足市场的需求。例如，酒店门市价格不但受市场供求关系的影响，还会受到季节性、科技进步、财政政策、投融资政策等的影响。

（四）变化性

酒店企业所面对的市场营销环境随着科学技术、交通、通信等因素的发展而不断发展变化。例如，互联网的出现和应用，在丰富酒店经营手段的同时，可以使顾客获得更加简便的预订和住宿服务，顾客的需求也越来越多样化和个性化，酒店企业之间的竞争也越来越激烈。

酒店所面对的市场营销环境因素的变化存在差异，有的因素变化快一些，有的因素变化慢一些，有的因素变化大一些，而有的因素变化则小一些。一般来说，经济、科技等因素的变化相对较快、较大，进而对酒店企业市场营销活动的影响相对较短且跳跃性较大；而社会文化、人口、自然等因素的变化相对较慢、较小，进而对酒店企业市场营销活动的影响具有长期且比较稳定的特征。因此，酒店企业必须不断地调整和修正自身的营销计划和营销战略，以适应市场营销环境的变化，抓住市场机会，规避市场威胁，保持并扩大市场份额。

（五）双重性

酒店市场营销环境的双重性，是指营销环境既能给酒店的市场营销活动提供市场机会，使其在经营中具有一定的竞争优势，同时营销环境中又有不利于酒店市场营销的因素，会给酒店企业的经营带来困扰，从而对其市场地位构成威胁，即市场机会与环境威胁并存。

“祸兮福之所倚，福兮祸之所伏。”《老子》第五十八章中的这句话正是酒店市场营销环境双重性的最佳写照。营销环境的改变对于一家酒店来说是市场机会，对于另一家酒店来说就可能成为环境威胁，反之亦然。酒店企业在其经营过程中，需要密切注意市场营销环境的发展变化，做到趋利避害，从而获得更好的经营成果。

（六）可影响性

营销环境的客观性，导致酒店市场营销环境对于酒店营销活动的影响具有强制性和不可控性，决定了酒店企业不可能从根本上去控制营销环境的变化，但是酒店企业可以通过对企业内部要素的调整与控制，对外部营销环境施加影响，最终促使某些环境要素向有利于酒店经营的方向转化。

现代营销学认为，企业经营成败的关键在于企业能否适应不断变化的市场营销环境，"适者生存"不仅是自然界的法则，也是企业营销活动的法则，酒店市场营销活动也不例外。面对不可控的外部市场营销环境，酒店企业可以积极发挥营销人员的主观能动性，预测、分析和发现营销环境变化的趋势、特点，结合自身资源禀赋情况，及时甚至超前采取相应的营销措施，以适应市场营销环境的变化。

【讨论】2022 年冬奥会对于北京和张家口酒店业的影响

2015 年 7 月 31 日 17 时 57 分，国际奥委会第 128 次全会在吉隆坡举行，投票选出 2022 年冬奥会举办城市，经过 85 位国际奥委会委员的投票，北京以 44∶40 击败对手阿拉木图，赢得 2022 年第 24 届冬季奥林匹克运动会的举办权。

北京和张家口携手获得第 24 届冬奥会的主办资格，深刻地影响着两个城市酒店业的市场营销环境，给酒店业的发展提供了快速发展的机遇。

结合酒店市场营销环境的构成与特点，深入讨论冬奥会申办成功给北京和张家口酒店业带来了什么样的市场机会？对于中国其他城市的酒店业有何影响？

第二节 酒店市场微观环境

酒店市场微观环境，又叫作作业环境或直接营销环境，是指那些与酒店企业紧密相连，能够直接与酒店进行交流和沟通，并影响酒店为顾客提供服务的能力的机构或个人，包括供应商、营销中介、顾客、竞争者、社会公众和企业自身，这些微观环境因素是可以通过企业的努力加以影响并改善的。

酒店市场营销活动的目的，是通过向目标市场提供有吸引力的产品和服务，创造顾客价值和顾客满意，从而建立酒店同顾客间的关系，这一目的能否达成，不仅取决于酒店市场营销活动的成效，还取决于酒店微观环境的其他要素，如供应商、营销中介、顾客、竞争者、社会公众和企业自身，如图 2-2 所示。

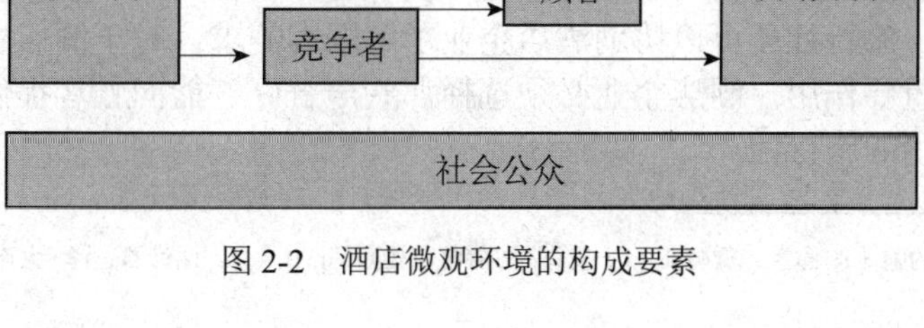

图 2-2 酒店微观环境的构成要素

一、供应商

酒店的供应商是指那些向酒店企业及其竞争者提供日常经营活动所需资源的企业和个人，他们提供的资源包括原材料、能源、设备、劳务、布草、备品、资金等。

供应商对酒店企业的市场营销活动有着直接的影响，并制约酒店营销计划的制订和实施，供应商对酒店市场营销活动的影响主要表现在三个方面：第一，供货的及时性与稳定性；第二，提供资源的质量水平；第三，提供资源的价格变动。供应商是否能够及时地为酒店提供成本低廉而又符合质量要求的资源，直接影响酒店为顾客提供的产品和服务的质量与成本，从而影响酒店企业的获利能力。

酒店企业的经营需要其供应商连续、及时地提供其所需要的各种资源，以保证为顾客提供产品和服务的时效性和服务质量的稳定性。另外，供应商提供的资源的质量和价格直接影响到酒店产品和服务质量及成本，因而酒店企业在选取供应商时必须注意供应商的供货质量和价格。酒店企业既要与主要的供应商建立长期的信用关系，又要避免供应商的单一化，从而导致受制于人。

【阅读链接 2-1】供应商对酒店供给的影响[①]

假设一家餐馆的经理要在周末推出一道活龙虾特色菜。打电话给海产品供应商，他答应为这次周末促销提供 200 只活龙虾。星期五早晨，这位供应商打来电话，说从波士顿运来的龙虾缺货，要到星期六上午才能到货。经理不得不寻找别的供货渠道，否则已经预订的客人在周五晚上就会大失所望。

再如，假设牛排与啤酒餐馆要在菜单上增加扇贝一类的海产品菜肴。公司管理人员用了六个月时间来完善这道扇贝菜肴。就在引入市场期间，扇贝的价格上涨了一倍。餐馆发现不得不提高价格，而这个价格水平很可能是顾客不愿支付的，于是项目流产了。可见，营销管理必须对供应是否能得到保证和供应成本的变化给予关注。

二、营销中介

酒店市场营销微观环境中的营销中介是指为酒店融通资金、销售产品和服务给最终顾客提供各种营销服务的机构，包括中间商、营销服务机构、金融中介机构等。

（一）中间商

中间商是协助酒店寻找消费者或直接与消费者进行交易的商业企业，酒店企业的中间商主要包括旅行社、在线网络服务商、交通运输服务企业等。

旅行社是指以营利为目的，招徕、接待旅游者并为旅游者安排食宿等有偿服务活动的企业，同时为旅游者代办各种相关手续。旅行社是旅游产品供应商与消费者之间的纽带和桥梁，承担着组合旅游产品（包括酒店所提供的住宿、餐饮等相关产品和服务），并向消费者推介和销售的职能。旅行社对于酒店企业寻找顾客并销售产品和服务给最终顾客具有重要的作用，同时，旅行社还可以协助酒店企业了解顾客需求，对于酒店企业改善产品和提高服务质量也有重要作用。酒店企业必须选择那些声誉好、能向顾客提供所承诺的产品并支付酒店服务费用的旅行社。

① 菲利普·科特勒，约翰·T. 鲍文，詹姆斯·C. 麦肯斯. 旅游市场营销[M]. 4 版. 谢彦君，译. 大连：东北财经大学出版社，2006.

互联网的应用极大地改变了企业的经营环境和运营方式，一方面，酒店企业可以通过互联网加强与供应商和顾客之间的联系，互通信息，以至部分抛开以传统业务为主的中间商而直接与顾客市场交易活动，如在线预订与网络营销，从而提高酒店经营的现代化；另一方面，以携程、去哪儿（携程持有去哪儿45%的股权）、同城艺龙、途牛、飞猪等为代表的在线网络服务商的蓬勃发展，给酒店企业寻找顾客并销售产品和服务给最终顾客、获取消费者信息提供了一个新的选择，他们所提供的旅游咨询、在线预订和支付服务，可以更好地加强酒店与零散顾客（包括各类商务、公务顾客）之间的联系，并为其提供更个性化的服务。

交通运输服务企业也可以为酒店企业提供中介预订和推广服务，在消费者消费相关交通运输服务过程中，帮助酒店企业进行促销并进行预订，从而扩大酒店企业的服务受众群体。

（二）营销服务机构

营销服务机构是指为酒店企业提供市场调研、市场定位、市场推广、营销咨询等方面营销服务的企业，包括市场调研公司、广告公司、传媒机构及市场营销咨询公司等。

营销服务机构为酒店企业提供市场营销相关的服务，在服务质量、服务价格和创造性等方面会存在较大差异，酒店企业要选择那些符合自身需要、人员素质比较高、口碑好的营销服务机构。

（三）金融中介机构

酒店企业的金融中介主要包括银行、信贷公司、保险公司等能够提供资金融通或保险的各种金融机构，以及为酒店企业 IPO[①]提供辅导、承销、包销等金融服务的证券公司和投资银行等。

酒店企业在一定的情况下会需要金融中介机构提供融通资金的服务，因而其市场营销活动就会因贷款成本的上升或信贷来源的限制而受到严重的影响。因此，酒店企业必须与一些金融中介机构建立起密切的关系。但是，酒店企业必须谨慎行事，而不能盲目屈从于金融中介机构不切实际的扩张欲望。

【阅读链接 2-2】可口可乐与万代公司[②]

可口可乐公司与万代公司达成一项为期10年的协议，这使得可口可乐成为万代快餐店唯一的软饮料提供商。在这笔买卖中，可口可乐提供给万代的不只是软饮料，它还承诺向万代提供强有力的营销支持。

除了软饮料之外，可口可乐公司还向万代公司提供了一个由50人组成的跨部门团队，他们负责研究万代公司经营中所具有的优点。在联合营销活动中，可口可乐还在资金上对万代公司予以支持。比这些更为丰厚的是，可口可乐向合作者提供海量的顾客调查。合作者可以获得可口可乐关于消费者外出就餐习惯的内部调研资料。可口可乐还研究了免下车购餐通道内菜单牌的设计，更好地了解到什么样的版面、字体、字号、颜色和图案能够吸引顾客购买更多的食品和饮料。

---

① initial public offering，简称 IPO，首次公开发行，即股份公司首次向社会公众公开招股，目前已经上市的酒店类公司包括锦江股份、华天酒店、金陵饭店、首旅酒店和东方宾馆等。

② 菲利普·科特勒，约翰·T. 鲍文，詹姆斯·C. 麦肯斯. 旅游市场营销[M]. 4版. 谢彦君，译. 大连：东北财经大学出版社，2006.

营销中介对酒店企业的市场营销活动影响重大，又是酒店企业产品和服务销售中的一个重要环节，所以如何选择营销中介事关重大，关系到酒店营销计划的成败。酒店市场营销人员应全面、深入地调查、分析营销中介的发展趋势，做好营销中介的选择、评估和管理工作。

三、顾客

顾客是酒店企业产品和服务的最终消费者，是酒店产品的直接购买者或使用者，是酒店市场营销的出发点和归宿，是酒店企业最重要的环境因素，既可以是组织，也可以是个人。

根据顾客的购买动机，顾客市场可以分为消费者市场、生产者市场、中间商市场、政府市场和国际市场五种类型，如图 2-3 所示。

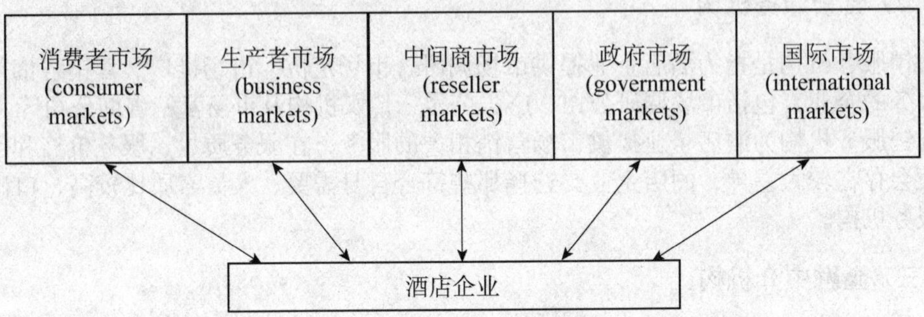

图 2-3　酒店顾客的市场类型

消费者市场由个人和家庭组成，他们购买酒店产品和服务的目的是个人消费；生产者市场由为了商务、差旅而购买的企业构成，他们购买酒店产品和服务的目的是企业经营并最终获取利润；中间商市场由为了转卖来获取利润而购买的批发商和零售商构成，一般是指旅行社；政府市场由为了履行政府职责而进行购买的各级政府机构构成；国际市场由国外的购买者构成，包括国外的消费者、生产者、中间商和政府机构。

上述五种市场类型的顾客在消费需求与消费方式上各有自己的特征，酒店企业的目标顾客可以是这五种市场中的一种或几种，酒店的营销人员需要对各类型顾客的需求特点和购买行为进行深入认真的研究。

根据购买行为的主体，上述五种类型的顾客又可以划分为两大类，即个体购买者和组织购买者。个体购买者是指购买决策由个人或家庭做出，购买的目的是满足个人或家庭的物质和精神需要的顾客，一般称为散客；组织购买者是指购买决策由企业、政府机关、事业单位等团体组织做出，购买目的是开展业务、奖励员工或行政事务。

散客人数众多，市场分散，构成复杂，年龄、性别、职业、偏好、受教育程度、个人习惯等差异较大，酒店企业需要有针对性地开展市场营销活动。与此同时，散客往往具有购买频率高、缺乏专业知识等特点，因此，比较容易接受酒店企业的宣传，从而付诸购买行动。组织购买者数量少，购买规模大，其购买是为公而不是为私，费用由组织承担，与散客相比，组织购买者需求价格弹性较小，但更为关注产品与服务的质量。

四、竞争者

竞争者有广义和狭义两个层次，对于酒店企业来说，广义的竞争者是多方面的，凡是与酒店企业之间存在利益争夺关系的其他经济主体都可以称为酒店的竞争者，如酒店上游的供应商和下游的旅行社与酒店企业之间的关系都是竞争者；狭义的竞争者是指那些与酒店企业提供的产品与服务类似，并且所服务的目标顾客也相似的其他企业。

依据美国市场营销学家菲利普·科特勒的观点，竞争者可以分为四种类型：一是愿望竞争者，二是平行竞争者，三是产品形式竞争者，四是品牌竞争者。

愿望竞争者是指提供不同产品或服务以满足消费者的各种不同需求，与酒店企业争夺同一顾客购买力的所有其他企业。例如，一个消费者花费一万元进行旅游消费，他所面临的选择就是在食、住、行、游、购、娱等方面如何进行消费分配，这时酒店提供的产品和服务与旅游交通、旅游购物、游览观光、旅游娱乐等产品或服务之间就存在竞争关系，从而成为愿望竞争者。

平行竞争者又称普通竞争者、类别竞争者或属类竞争者，是指提供不同种类的产品或以不同的方法满足购买者相同需求的竞争者，反映的是满足同一消费需求的不同产品之间的替代性。例如，同样可以满足消费者食、住方面的需求，星级酒店与青年旅社、小餐馆、农家乐等企业之间就存在竞争关系，从而成为平行竞争者。

产品形式竞争者是指提供同一种类但不同型号的产品或不同标准服务的竞争者。如星级酒店中的一星级酒店、二星级酒店、三星级酒店、四星级酒店、五星级酒店，就构成产品形式竞争者。

品牌竞争者是指提供同种产品或服务但品牌不同，以满足购买者的某种愿望的竞争者。例如，同是五星级酒店，香格里拉、富丽华、万豪、凯越、希尔顿之间就构成品牌竞争者；再如，同是经济型酒店，如家、汉庭、速 8、宜必思、锦江、7 天之间就构成品牌竞争者。

对于酒店企业来说，后两类竞争者是本行业的竞争者，也是与酒店企业之间竞争最直接、最激烈的竞争者，是酒店企业分析研究微观环境时必须密切注意的竞争者。

五、社会公众

公众是指对酒店企业实现其市场营销目标的能力有实际或潜在的利害关系或影响力的团体或个人。酒店企业所面临的公众主要有以下七种。

（一）金融公众

金融公众是指影响酒店企业融资能力的金融机构，如银行、投资公司、证券经纪公司、保险公司、股东等。金融公众与金融中介的最大区别就是，金融中介直接为酒店企业提供融通资金、保险、IPO 等服务，而金融公众的范围则大得多，所有能够影响酒店企业融资能力的金融机构都是金融公众，包括股东在内。

（二）媒介公众

媒介公众是指传递新闻、特写等的公众，包括报社、杂志社、广播电台、电视台等大众传播媒介，它们对酒店企业形象的建立及声誉具有举足轻重的作用。

（三）政府公众

政府公众是指负责管理酒店企业营销活动的有关政府机构。酒店企业在制订营销计划时，应充分考虑政府的政策，研究政府颁布的有关法规和条例。

（四）社团公众

社团公众又称民间公众，是指保护消费者权益的组织、环保组织及其他群众团体等。

酒店企业的营销部门或公共关系部门，必须密切注意并及时处理来自社团公众的批评和意见。

（五）社区公众

社区公众又称地方公众，是指酒店企业所在地附近的居民和社区团体。酒店企业保持和社区的良好关系，为地方的发展做出贡献，会受到社区居民和社区团体的好评，社区公众的口碑会帮酒店树立良好的企业形象，对酒店企业市场营销活动产生积极影响。

（六）一般公众

一般公众是指上述各种公众之外的社会公众。一般公众虽然不会有组织地对酒店企业采取行动，但企业形象会影响他们的惠顾。

（七）内部公众

内部公众是指企业内部的公众，包括董事会、经理、企业职工。

所有这些社会公众，均对酒店企业的市场营销活动有着直接或间接的影响，处理好与广大公众的关系，是酒店企业营销管理的一项极其重要的任务。

六、企业自身

企业自身包括市场营销管理部门、其他职能部门和最高管理层。酒店企业为开展市场营销活动，必须依赖于各部门的配合和支持，即必须进行接待、餐饮、住宿、财务、市场营销、安全保卫、工程维护、人力资源等业务活动。

酒店内部各个部门之间的协作是否默契，直接关系到酒店市场营销活动的顺利与否。市场营销管理部门必须与酒店最高管理层及各个职能部门紧密合作，营销决策必须与最高管理层的战略和计划保持一致，同时需要得到各个职能部门的协作和支持，各个部门必须加强联系、沟通和协调。只有这样，酒店企业的市场营销活动才能成功。

第三节　酒店市场宏观环境

酒店市场宏观环境又称间接营销环境，是指酒店企业运营的外部大环境，是通过影响微观环境来影响酒店企业营销能力和效率的一系列巨大的社会力量，包括政治法律环境、经济环境、社会文化环境、人口环境、科学技术环境和自然环境等因素，如图 2-4 所示。

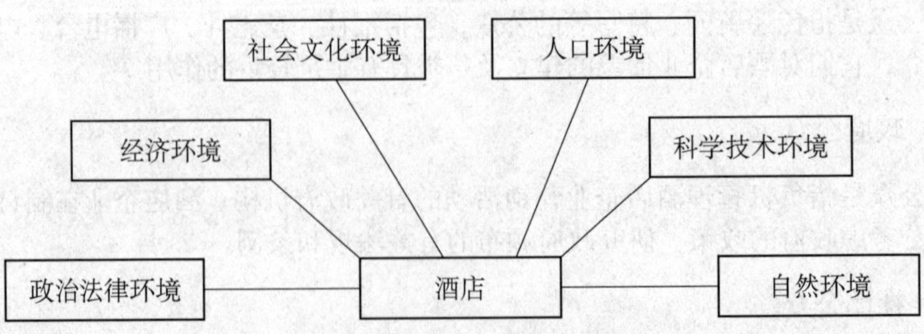

图 2-4　酒店宏观环境的构成要素

宏观环境对于酒店企业来说，既不可控制，又不可影响，但它对酒店企业市场营销活动的成功起着十分重要的作用。宏观环境既给酒店企业发展提供机遇，也带来威胁，酒店企业必须根据宏观环境各因素及其变化趋势制订自己的营销计划与营销策略，以实现酒店的市场营销目标。

一、政治法律环境

政治与法律是影响酒店企业市场营销活动的重要的宏观环境因素，任何社会制度下，酒店企业的市场营销活动都会受到政治法律环境的强制与约束。政治因素调节酒店企业市场营销活动的方向，法律因素则规定酒店企业市场营销活动及其行为的准则，政治与法律相互联系，共同影响酒店企业的市场营销活动。

（一）政治环境

政治环境是指酒店企业市场营销活动的外部政治形势和状况以及国家的方针和政策，分为国内政治环境和国际政治环境，包括政治体制、政党制度、方针政策、政策的稳定性、政府的廉洁与效率、国际关系等。

国内政局稳定可以为酒店企业顺利开展市场营销活动提供环境保障，如果政局动荡、瞬息万变，必然会给酒店企业的市场营销活动带来较大的风险。例如，受中东战争、两伊战争、海湾战争、伊拉克战争和叙利亚局势动荡等政治因素的影响，中东大部分地区的旅游业和酒店接待起伏不定，受到较大影响；又如，2011 年的“9 · 11”事件、埃及与利比亚的政局动荡、泰国的红衫军游行等都对当地的旅游业和酒店接待产生了较大的影响。为了恢复到事件前的水平，当地的酒店企业都在市场营销活动上付出了更大的努力。

除此之外，一个国家的政治体制、政党制度、方针政策、政策的稳定性以及与他国之间关系的好坏等，都会对本国旅游业（国内旅游和入境旅游）和酒店接待（含国内接待和接待入境顾客）产生影响，这种影响可以是正向的市场机会，也可以是负向的市场威胁。

【阅读链接 2-3】黄金周国内旅游收入 5 836 亿元①

据国家旅游局数据中心综合测算，国庆加中秋“超级黄金周”期间，全国共接待国内游客 7.05 亿人次，实现国内旅游收入 5 836 亿元，按可比口径前 7 天与 2016 年同比计算，分别增长 11.9%和 13.9%。另据商务部监测，10 月 1 日至 8 日，全国零售和餐饮企业实现销售额约 1.5 万亿元，日均销售额比 2016 年“十一”黄金周增长 10.3%。

【阅读链接 2-4】明知黄金周旅游又贵又累，为何大家还趋之若鹜②

转眼国庆中秋 8 天长假就要结束，而繁忙的黄金周也终于告一段落。早在国庆黄金周之前，就有人在朋友圈晒出一组图片，把黄金周出行难的现状提前全面描述了一遍：1 号看高速堵车，2 号看景区排队，3 号看酒店涨价，4 号、5 号看游客被宰，6 号看高速再堵，7 号看游客进不了城、回不了家。

① 新华社. 黄金周国内旅游收入 5 836 亿元[EB/OL].（2017-10-09）[2018-03-03]. http://www.gov.cn/xinwen/2017-10/09/content_5230254.htm#1.

② 蚂蚁虫. 明知黄金周旅游又贵又累，为何大家还趋之若鹜[EB/OL].（2017-10-07）[2018-03-03]. http://it.sohu.com/20171007/n516416859.shtml.

果不其然，实际情况几乎按此脚本发展。1号各地的新闻都是自驾游遭遇高速大堵车，虎门大桥居然堵了整整24小时，有人体力不支当场晕厥。2号的新闻则是出门看景成了看人，一些景区甚至人多到了连4G信号都不够用的地步。诸如此类的消息，层出不穷。

【讨论】结合上述材料和实际情况，深入讨论我国休假制度改革对于旅游业与酒店接待的影响。

（二）法律环境

法律环境是指国家或地方政府颁布的法律、法规、法令和条例等，是对参与酒店接待市场交易的法律主体所应享有的权利和承担的义务的法律规范，对酒店市场消费需求的形成和实现具有不可忽视的调节作用，而这些法律或规定都是在酒店企业的控制范围之外的。

二、经济环境

市场由购买力和人组成，消费者的实际购买力取决于收入、价格、储蓄、负债、信贷等因素。经济环境是指影响消费者购买力和消费方式、影响酒店企业市场营销方式与规模的经济因素，主要包括经济收入、消费结构、经济发展状况、货币汇率等因素。

（一）经济收入

（1）宏观经济收入。国内生产总值（gross domestic product，GDP）是指一个按市场价格计算的，反映在一定时期（如一年、一季）内，一国（或地区）常住单位生产活动最终成果的总量指标，即一个国家或地区在某一时期生产的按市场价格核算的最终产品（包括有形产品与无形服务）的市场价值的总和。

从酒店企业市场营销的角度来说，一个国家的GDP可以反映该国市场总需求的规模。一般情况下，一国的GDP越高，其市场总需求越高，市场越活跃，无论是个人还是组织，因公和因私出游的人次就越多，从而用于酒店消费的支出也就越多。当然，与GDP相比，人均GDP更能反映一个国家或地区需求的强度。

（2）个人收入。个人收入是指一个国家的所有个人、家庭和私人非营利性机构，在一定时期（通常是一年）内从各种来源所得到的全部收入，包括工资、福利、退休金、利息、租金、利润、社会保险、赠予等所有现金收入和实物收入的总和。

消费者的购买力来自个人收入，但并不是每个消费者都把全部收入用来消费，因而个人收入只是反映购买力高低的一个重要尺度，而个人可支配收入才是决定消费者购买力的决定性因素。个人可支配收入是指在个人收入中扣除社会保险金和个人所得税负担后所得的余额，构成消费者的实际购买力，可以分为消费和储蓄两部分（个人投资是由储蓄转化的）。

可任意支配收入是指在个人可支配收入中扣除衣食住行等生活必需消费支出外，可以自由支配的收入。可任意支配收入主要用于满足消费者基本生活必需以外的开支，通常用于购买耐用消费品、奢侈品、储蓄、投资、旅游等非生活必需品，是消费需求中最活跃的因素，因而是酒店企业开展市场营销活动所要考虑的主要对象。

（二）消费结构

消费结构是指总消费中用于购买各种产品和服务的支出占总支出的比例。微观消费结构是指消费者个人或家庭总消费中用于购买各种产品和服务的支出占其总支出的比例；宏观消费结构是指一个国家或地区居民总消费中用于购买各种产品和服务的支出占总消费的比例。

德国统计学家恩格尔根据经验数据提出了恩格尔定律，即一个家庭收入越少，家庭收入中或家庭总支出中用来购买食物的支出所占的比例就越大，随着家庭收入的增加，家庭收入中或家庭支出中用来购买食物的支出的比例将会下降。

恩格尔系数是根据恩格尔定律计算得出来的比例数，可以用来衡量宏观（国家或地区）或微观（家庭）的富裕程度。根据联合国粮食及农业组织提出的标准，恩格尔系数在59%以上为贫困，50%～59%为温饱，40%～50%为小康，30%～40%为富裕，低于30%为最富裕[①]。只有在恩格尔系数足够小，家庭有能力购买生活必需品以外的娱乐及奢华耐用品时，人们才会选择旅游消费（含酒店消费）。

【阅读链接2-5】恩格尔系数首次降至30%以下[②]

在2018年3月15日的新闻发布会上，新闻发言人、国民经济综合统计司副司长毛盛勇介绍：2017年中国城乡居民的恩格尔系数下降到29.3%，比2012年回落了3.7个百分点，是新中国成立以来城乡居民恩格尔系数首次下降到30%以下。

很长一段时间，我国居民恩格尔系数徘徊在50%上下，多数家庭的开销大头集中在“吃”上，而恩格尔系数的下降意味着人们已有较多“闲钱”投向旅游、保健与文化娱乐、升级消费、多元发展。人们有了更多条件吃得安全、穿得时尚、住得舒适、行得便捷。

（三）经济发展状况

酒店企业的市场营销活动会受到国家或地区的宏观经济发展状况的制约。经济发展水平不同，居民的收入不同，顾客对酒店产品和服务的需求不同，从而在一定程度上影响酒店企业的市场营销活动。一般情况下，针对经济发展水平较高地区的消费者开展市场营销活动，更偏重于品质竞争，而不是价格竞争。

宏观经济发展状况还会影响到酒店企业和消费者的预期，当经济发展比较健康，经济增长比较稳定而持续时，预期比较乐观，消费者用于旅游消费的支出就会增加，从而酒店消费的支出也相应增加，酒店企业在相同预期下则会加大营销投入的力度，提供更多的产品和服务或者提供质量更高的产品和服务。反之，当宏观经济发展状况较差时，酒店企业和消费者的预期则比较悲观，消费者的支出会减少，酒店企业则更倾向于提供更加有针对性的、适合消费者个性化需求的产品和服务，同时展开有针对性的市场营销活动。

【阅读链接2-6】住宿经济受益“一带一路”[③]

“一带一路”所涉及的国内省、自治区、直辖市大致可分为4个板块：沿海地区，东北3省，西北6省、自治区，西南地区。报告显示，在游客住宿选择上，上海依然居于首位，其次为北京、广州两地。同时，前十之中，还包括成都、杭州、三亚、重庆、西安、深圳以及厦门。

数据显示，2016年，新疆、陕西、甘肃、宁夏等西北6省、自治区的旅游住宿业快速发力，全年入住游客人次比2015年增长48%，其中，陕西、甘肃增长最快，分别为53%

① 张守锋. 从恩格尔系数的变动看我国居民消费结构的变化[J]. 大众科技，2006（2）：191-192.

② 恩格尔系数首次降至30%以下，这样影响你的生活[EB/OL].（2018-03-16）[2018-06-20]. http://news.cnfol.com/guandianpinglun/20180316/26151683.shtml.

③ 李玲. 住宿经济受益“一带一路”[N]. 中国旅游报，2017-10-26（A01）.

和 50%。对此，携程酒店专家分析认为，随着古丝路文化传播的持续加速，更多人选择去西北地区游玩，这加速了当地酒店业的建设和发展；而新酒店的落成也反哺旅游业，吸引更多旅客前往。

报告显示，入住酒店的选择上“一带一路”沿海地区与内陆地区有比较大的差异。沿海地区高星级酒店的入住占比在 50%左右，低星级酒店的入住占比约为 25%，而入住民宿客栈的占比约为 18%。内陆地区高星级酒店的入住占比约为 30%，民宿客栈的入住占比接近 3 成，同时低星级酒店的入住占比约为 36%。

业内人士分析认为，由于沿海地区经济较为发达，酒店及本身的配套设施相对内陆地区更为领先，造成入住酒店的旅客对于体验的要求较高，拉高了高星级酒店的整体入住需求。而且，目的地当地的消费水平也是造成差异化的重要原因之一。

（四）货币汇率

货币汇率反映不同国家货币之间的比价，对国际旅游需求的变化有重要的影响，汇率的变化对于接待入境旅游者的涉外酒店有较大的影响。

在以本国货币标示的价格未变的情况下，汇率变动会导致以外币计算的价格上升或下降，进而影响到国际游客对于酒店产品和服务需求的改变。汇率的变化不会直接影响到一国涉外酒店顾客的需求，但是会影响到国际游客需求在不同国家涉外酒店之间的分配。

三、社会文化环境

文化是经过长时期发展，在特定的群体中所形成的共有的价值观念、道德规范、习俗习惯、审美观念等的复合体。这些文化因素对消费者的需求和购买行为的影响是很重要的。文化环境所蕴含的因素主要有社会阶层、家庭结构、风俗习惯、宗教信仰、价值观念、消费习俗、审美观念等。

在酒店企业面临的宏观环境中，社会文化环境比较特殊，它不像其他环境因素那样显而易见、易于理解，却又无时不在地深刻影响着酒店的市场营销活动。无视社会文化环境的市场营销活动必然会处于被动或归于失败。社会文化环境主要包括家庭结构、社会阶层、宗教信仰与相关群体等。

（一）家庭结构

家庭是社会的一个基本单元，是消费的基本单位，影响或决定家庭成员的大部分决定。家庭结构有两种形式：核心家庭与扩大家庭。核心家庭中包括父母和未婚的子女；扩大家庭常常几代同堂，家庭规模较大。家庭结构形式的区别主要是由经济原因造成的，国家愈穷，家庭规模愈大。

购买者家庭成员对购买者的购买行为的影响最强烈，尤其是配偶和子女对一个人的购买行为的影响最为直接。一般来说，针对家庭促销的对象主要是核心家庭。家庭是对消费者的需求影响较深的一个因素，人或多或少都会受到家庭对消费行为的影响。例如，孩子非常渴望去迪士尼乐园玩，那么这个家庭的父母就会考虑在条件允许时带上孩子去迪士尼乐园游玩（距离较远的消费者，就有可能选择在迪士尼乐园附近的酒店住宿）。

（二）社会阶层

社会阶层是根据消费者个人或家庭相似的价值观、生活方式、职业、收入水平、受教育程度等所划分出的一种相对稳定的社会圈子。

社会阶层是一种购买力的社会表现，同一社会阶层的人基本上具有相似的购买力和购买行为，人们通常购买某些具有地位标志的商品来表明他们的社会地位，如出门乘坐商务舱或头等舱、入住五星级酒店；而不同社会阶层的人往往具有不同的价值观念和生活方式，因而具有不同的购买力和消费行为。在某些情况下，社会阶层甚至比购买力更能决定消费者购买商品质量和数额的大小。因此，酒店市场营销人员有必要弄清楚自己酒店所提供的产品或服务是否有变成某种地位标志的可能性，以便有针对性地采用相应的市场营销策略。

（三）宗教信仰

世界上许多国家和民族都有自己的宗教信仰，其中影响较大的有伊斯兰教、佛教、基督教、天主教等。

宗教信仰直接影响消费者的生活习惯、风俗和消费行为。宗教的发源地是信徒朝拜的圣地，从而成为宗教旅游的重要目的地。例如，位于沙特阿拉伯的麦加和麦地那是伊斯兰教的圣地，与耶路撒冷[1]并称伊斯兰教三大圣地，每年都会吸引大量的信徒前来朝觐。

大量信徒和宗教旅游者的涌入，会给宗教旅游目的地的接待住宿业带来发展机遇和巨大的接待压力，对于酒店企业的市场营销活动产生重要的影响，对这类顾客进行营销就必须考虑他们的宗教信仰。

（四）相关群体

相关群体是指能够影响消费者的态度、消费行为和价值观念等的群体，如亲戚、朋友、同学、同事、邻居等。

受羊群效应、示范效应、攀比心理、从众心理等的影响，消费者在与相关群体的接触、交往过程中，会潜移默化地影响他人或受他人影响，从而逐渐将相关群体的规范和行为作为自己的行为准绳，或者个人的消费行为、消费方式成为相关群体效仿的对象，从而形成一致的消费需求特征。

除了家庭结构、社会阶层、宗教信仰与相关群体等影响因素之外，一个国家或地区的社会教育水平与个人受教育程度、语言文字、民风民俗、价值观念等因素也会对消费者的消费行为和酒店企业的市场营销活动产生影响。

不同的社会文化环境会使消费者的消费行为和消费方式产生较大的差异，形成不同的喜好与禁忌，这就要求酒店企业在针对不同的目标市场开展市场营销活动时，必须认真分析潜在消费者所处的社会文化环境，从而开展有针对性的市场营销，满足顾客的需求和欲望。

四、人口环境

人口的多少直接决定市场的潜在容量，人口越多，市场规模就越大。而人口的年龄结构、地理分布、婚姻状况、出生率、死亡率、人口密度、人口流动性及文化教育等人口统计特征都会对市场格局产生深刻影响，并直接影响酒店企业的市场营销活动。

对酒店企业而言，影响其市场营销活动的人口环境主要包括人口总量、人口结构与人口分布。

（一）人口总量

在其他条件一定的情况下，人口的多少决定市场容量，即人口总量与市场容量、消费需求成正比。第二次世界大战结束时，世界人口仅25亿，2017年已达75亿，庞大的人口

① 耶路撒冷——犹太教、基督教和伊斯兰教三大宗教的圣地。

基数使得消费剧增，旅游者绝对数大幅度增加，人们用于酒店的消费支出也不断上升。

在收入水平接近的情况下，人口总量就是决定需求总量的关键因素，人口总量越多，因公因私出行的人越多，需要酒店提供住宿和餐饮等产品和服务的消费者越多，反之酒店消费则会比较少。但是，如果经济发展水平不同，则不能进行此类比较，经济发展水平比较低的国家和地区，对于酒店产品和服务的消费需求要低于经济发展水平比较高的国家和地区。

（二）人口结构

人口结构是指不同特征的人口数量占人口总量的比例。对于酒店市场营销来说，主要的人口结构因素包括年龄结构、性别结构和职业结构。

1. 年龄结构

年龄结构是指各年龄段人口数量占人口总量的比例。对于酒店企业来说，其接待的顾客以成年人为主，未成年人一般不需要占床位，消费率太低。另外，未成年人的数量也比较少，不是市场主流，也不可能成为酒店营销的目标。不同年龄段的消费者具有不同的消费特征，这就需要酒店营销人员在定位目标市场的前提下，根据目标顾客的年龄结构特征采取针对性的营销措施。

2. 性别结构

经过多年的妇女解放、男女平等运动，世界各国妇女学习与工作的机会大大增加，女性的社会地位不断提高。在我国，党和政府非常重视保障妇女权利，积极促进妇女就业，加强培训，支持和帮助妇女提高就业水平，妇女在整个经济系统中获得了更多的就业机会。随着妇女经济地位的提升，女性旅游者的数量越来越多，酒店企业营销人员需要注意女性顾客的消费需求与消费特征，提供适合女性特点的产品和服务。

3. 职业结构

职业不同的消费者出行的机会不同，需要酒店产品和服务的机会也就不同，并且其购买能力也不同。例如，企业市场营销人员出差的可能性明显高于教师、技术人员、农民等。同时，不同的职业意味着不同的经济收入水平和支付能力，出游意愿也会不同。酒店企业的市场营销活动应该针对不同的职业群体的消费能力和消费特征采用相应的营销措施。

（三）人口分布

人口分布是指人口的城乡分别。受文化背景、经济收入等的影响，城乡居民的消费行为之间存在较大的差异。

城市居民相对受教育程度较高，思想比较开放，接受的信息量大，对于新生事物一般持积极、开放的态度，消费观念比较超前，而农村居民消费观念比较保守，对于新生事物的接受一般要慢一些。酒店企业需要注意到消费行为的城乡差别，并相应地调整营销策略。

五、科学技术环境

“科技是第一生产力。”作为市场营销环境的一部分，科技环境不仅直接影响酒店企业的内部运营，同时还与其他环境因素相互作用，尤其与经济环境、文化环境的关系更为紧密，如新技术革命，既给企业的市场营销创造了机会，同时也造成了威胁。

科学技术的一个重要作用就是改变消费者的行为习惯，推动营销方式的变革，尤其是当今互联网技术的发展正在缩短世界的距离，给酒店市场营销带来了机遇和挑战。

科学技术的进步使得企业可以通过新的生产方法、新的生产工艺或者新材料，生产出高质量、高性能的产品或全新的产品，从而提高竞争能力。科技的进步为酒店企业的市场营销提供了先进的技术手段。例如，为酒店企业运营服务的高新技术——酒店信息管理系统、中央预订系统、信用卡技术的改进、顾客数据库系统的应用等，提高了酒店企业的经营效率，降低了经营成本，从而提高了酒店的综合效益。

新技术的出现也使酒店企业面临挑战。通常情况下，技术进步会使社会对产品和服务的需求发生重大变化。社会对企业产品和服务的需求量与科技发展水平呈正相关，即科技发展水平越高，对酒店的消费需求就越大。电子商务的发展使得酒店企业面临一个共同的挑战——市场的全面开放。借助网络，信息的容量和传递的速度以几何级数递增，不断地消除酒店内部、酒店企业之间的界限，甚至是国家之间的界限，迫使酒店企业不得不面对全球的开放和竞争的挑战。在此背景下，网络预订、虚拟客房、遥感技术与 360° 全景虚拟漫游等高新技术在酒店的运用越来越广泛；同时，人工智能（autifical intelligence，AI）、云计算、大数据以及以支付宝、微信、云闪付等为代表的电子支付方式的逐渐普及，既对酒店的发展提出了挑战，又为酒店的营销创造了机遇。

【阅读链接 2-7】高新科技赋能住宿业创新①

科技改变生活，也在改变着住宿业。大到国际知名品牌的酒店集团，小到本土的一家小小民宿，都在高新技术的应用方面进行着不懈的试验和探索。

客房越来越“智能”

如果说在酒店大堂、客房装置一些高新科技设备，如果说让客人自助办理入住登记手续、用手机 App 选房和开启房门、在房间内和机器人聊天、感受窗帘自动拉开等已不是什么新鲜事，那么，利用物联网打造智能客房可以算是一个新尝试。近日，雅高酒店集团就用物联网技术推出了新型的智能概念客房。

据了解，雅高的智能概念房内置了一款平板电脑和谷歌的 Google Home 语音助理，客人可以通过这两者中的任意一个控制客房内的各种设施，如照明、电视和窗帘等。客房内的其他功能配置包括：Dodow 照明装置，这种小型装置的工作原理类似于节拍器，会周期性地调整照明的亮度，帮助游客入睡；Dreem Headband，是一种利用生物反馈和神经调节来提升睡眠质量的可穿戴设备；LED 照明系统，可以感测宾客活动并自动控制灯光，让宾客半夜起床时无须在黑暗中摸索电灯的开关；Sen-sorwake 闹钟，会在提醒客人起床的同时，为他们模拟咖啡、茶等其他让人放松的气味。

除了以上智能设备外，该客房的电视也可以 180°转向，确保宾客可以在房间内的任何一个位置观看。目前这种概念客房处在早期测试阶段，雅高酒店集团相关负责人表示，雅高将通过为客人免费提供平板电脑并加入声控系统来控制室内设施。

希尔顿酒店集团也已计划在 2018 年开始推进互联网客房的部署。目前集团已经在其中一家酒店进行测试，住客可以通过移动端 Hilton Honors 应用个性化和控制灯光、温度等客房设备。

中国本土企业首旅如家酒店集团也已与场景智能化服务商 72 变合作，在酒店智能房间、智能公区、智能小镇等方面进行探索。据悉，首旅如家酒店集团正尝试引入智能健康、智能娱乐、智能商务、智能环境管理等多种智能设备，VR（virtual reality，虚拟现实）动感单车、智能睡眠枕、智能空气净化设备等都有望配置在智能客房中。

移动端沟通成时尚

基于客人从计算机端移向移动端的消费习惯变化，香格里拉、四季等国际品牌酒店集

① 陈静. 高新科技赋能住宿业创新[N]. 中国旅游报，2018-02-22（A01）.

团都致力于在移动端“精耕细作”，通过智能手机上的软件搭建与客人的便捷沟通平台。

香格里拉酒店集团近期宣布推出全新升级版的手机应用程序。该程序的主要功能是根据顾客意见调查结果而设计，包括轻松便捷的客房预订、手机办理入住/退房手续、贵宾金环会账户管理和奖励兑换。较之前的应用程序，此款移动端的App界面更为简单易用，开辟了企业客户价格预订板块、可按名称或目的地搜寻酒店、附实时地图和目的地信息、可通过“一键通”即时联络香格里拉酒店的当地订房中心等功能。四季酒店集团已于前段时间上线了最新的移动端聊天功能，客人拿起手机就可以像和亲朋好友聊天一般，以短消息来往的形式与酒店工作人员保持实时沟通联络。目前通过四季酒店官方 App、Facebook Messenger聊天应用、微信和短信中的任何一种方式，客人就可以咨询酒店信息、告知入住需求喜好、管理餐饮娱乐预订、呼叫客房服务、进行离店后沟通联络等。如果客人外语不好，四季酒店官方App还能针对包含中文在内的100多种语言进行实时互译，解决沟通中的障碍。

特色体验是目标

华住酒店集团在IT方面的投入已持续多年，其孵化的IT企业盟广信息推出易掌柜、易客房、易支付、易发票“四大发明”，使酒店从前台入住到后台客房的管理都借由移动化App和智能设备来完成。以快速自助入住设备“易掌柜”（easy check-in/out）为例，覆盖前台从预订、选房、公安身份信息核实、房卡领取等一系列全业务场景。

“无论北京的夜空有没有乌云，也无论刮风下雨、四季变换，在我们的院子里，客人夜晚都能看到繁星点点的星空。”在北京簋街附近新开业的易忆四合院民宿内，经营者正在用VRS（虚拟现实空间技术）为客人营造身临其境的场景空间。其利用沉浸式裸眼3D技术对酒店房间的天花板、一面墙或窗体进行虚拟现实场景的改造，为客人营造如住在海底，时不时有鲸鱼游在身侧，如置身海滩，时不时有海浪拍打过来等身临其境的场景。北京东方圣达酒店董事长、易忆四合院民宿执行董事长刘平说，四合院在场景上做了娱乐化，客人不需要带上VR眼镜就能身临其境，而且背后的场景还可以根据需要不断撤换。“该技术推动和加速了住宿空间场景化的变革，在提升每位旅行者体验的同时，也让这家民宿有了特色。”刘平说。无论是产品还是服务，住宿企业一直在探索如何拥抱科技，为其赋上更多的特色与不同。

业界人士指出，科技在住宿业的应用，不仅刷新了住客的体验，也拓展了企业的运营空间。未来，人工智能有望入场取代大量原本机械重复的酒店工作，可释放更多的人力为住客提供更个性化、更细致的增值服务。

六、自然环境

自然环境是指自然形成的各种自然因素——阳光、水、空气、土壤、岩石、植物、动物等的综合，是人类和其他一切生物赖以生存和发展的物质基础。人与自然环境相互依存、相互影响，共同构建了自然界的生态平衡。

自然生态是脆弱的，随着消费者对这一特性越来越关注，酒店企业在其日常经营和市场营销活动中也需要密切注意自然环境问题。例如，在建设和日常运营中，采用无污染或少污染的设施设备，以减少对生态环境的破坏；为加强自然环境保护、减少环境污染，对住店顾客加强环境保护教育、倡导节约用水、不随意使用一次性物品等。

在当今越来越关注生态保护与可持续发展的社会环境下，即使酒店不是以绿色酒店为主题，也应该努力承担保护环境的社会责任，建设环境友好型酒店，在顾客心目中树立良好形象，从而提高酒店竞争力。

【阅读链接 2-8】绿色消费走进上海酒店业[①]

20 世纪 90 年代中期，绿色饭店理念传入我国，2004 年年初，中国旅游饭店协会开始制定绿色饭店认证标准。2005 年，中国旅游饭店业协会发出了建设节约型宾馆的倡议。在全国能源紧张的情况下，保护资源、减少污染是建设节约型社会的一种趋势，而作为旅游产业之一的酒店业加入绿色环保、节能行列中也是势在必行。上海旅游业积极响应中国旅游饭店业协会发出的建设节约型宾馆的倡议，注重培育消费者的环保意识，倡导绿色消费，逐渐形成文明节约的行为模式。国际实践证明，在酒店中强化绿色管理，最终将达到企业与社会的双赢。

“一次性”浪费

为响应市政府的节能号召，上海各大酒店都尽可能地在“节和减”上采取措施，然而在这一过程中也遭到了一些人的反对，特别是在对待客房一次性用品上。由于受传统习惯的影响，很多客人对取消或是减少客房一次性用品都表示不能理解。在他们看来，星级宾馆就是要为客人提供最豪华、最完善的服务。

酒店为重视环保，取消提供客房一次性用品，这在国外，特别是欧美一些国家早已不是稀奇事，但是目前在国内还是很难做到，因为酒店提供“六小件”似乎早已约定俗成。同时，还有业内人士认为，作为顶尖的酒店品牌，客房用品是一种身份的象征，许多顾客就是看中这一点才来的，如果减少或取消这些客房用品供应，势必会给一些客人造成“不完美”的印象，导致失去一部分客源，酒店怎能“因小失大”？

然而，有专家曾算过这样一笔账：目前上海的星级酒店使用的一次性用品大多由上海厂家生产，每件 1.1～1.7 元，按进货均价每件 1.4 元计算，一家 300 间客房规模的星级酒店，每年花在一次性用品上的成本约 30 万元。而且，一次性用品存在严重的浪费现象。例如，一块净重 30 克的香皂，客人每次只使用五分之一左右，由于大量团队客人及散客在酒店停留时间仅一天，剩余的五分之四在清扫房间时只能换掉。这种情况约占总数的 80%，其他一次性卫生用品的使用情况也大致如此。

据统计，随着近几年来宾馆、酒店数量的不断增多，每年为了处置这些被酒店丢弃的“六小件”，环卫部门就要投入百万元。上海一年丢弃的宾馆“六小件”的总重量超过 1 814 吨。宾馆的“六小件”不仅增加了垃圾分类的难度，还使清扫劳动量增大。

让空调更节能

目前在酒店行业中存在两个突出的环保节能问题。首先是空调用电消耗大量能源，在整个能耗中占了大头，很多酒店的空调设备不够先进，达不到节能标准；而有些知名酒店尽管引进了先进设备，但仍存在很大调节空间。不少酒店认为，在测试与安装新设备的过程中，必然涉及停电维护等具体问题，这样会影响酒店的正常营业。其次在照明上浪费严重，不少酒店白天照样在大堂开着大灯，十分浪费。由于目前酒店在使用节能设备时存在不少问题，有些酒店的能源消耗支出不到总支出成本的 10%，所以，酒店工作人员的节能意识非常薄弱，造成能源利用率低下。

对此，上海市旅游委先后组织本市部分高星级酒店总经理专门就环保、节能、创建绿色酒店等主题进行了研讨座谈，在行业内倡导绿色消费，保护生态环境和合理使用酒店资源，创建绿色酒店。

上海市旅游委副主任道书明指出，为了促进经济社会可持续发展，酒店一定要加强环保意识，在经营各环节中节约资源，提高资源利用率，减少浪费，争创绿色饭店，积极投

---

① 王泠一，朱颖. 绿色消费走进上海酒店业[N]. 文汇报，2005-11-28（013）.

入节约型社会的建设中。关于取消或减少一次性客房用品的摆放问题，他认为，政府倡导这项工作，酒店可根据自己的经营理念及客源市场的不同，采取不同模式。针对夏季用电高峰，各酒店除重大外事活动和大型活动可适当放宽空调室内温度外，必须按照市政府的有关规定，严格执行夏季空调室内温度不低于26℃。

节能“总动员”

目前本市已有20家饭店获得了ISO 14000环境管理体系认证。同时，节约能源、减少污染、引导绿色消费的活动已在酒店行业内积极展开。有的酒店制定“绿色环保、节能高效、遵纪守法、持续发展”的长效管理方针，除严格执行市政府规定，在今夏高温期间将空调温度设定在26℃外，还关闭了未营业区的中央空调机，对当天没有接待任务的会议厅、餐厅的空调设备及时关闭。

为了节约水资源，减少洗涤物污染，本市高星级酒店中已有约83%在客房和卫生间内放置“绿色环保卡”，提示客人可多次使用床单、毛巾等客房布草件，以减少洗涤次数，让客人一起参与环保节能。

在取消或减少客房一次性用品的摆放方面，目前上海酒店业已取得了共识，认为这样做对保护资源、减少污染、杜绝浪费、爱护环境是一个非常必要的举措，是建设节约型社会的一种趋势。但是在具体实施的过程中，考虑到目前国内外消费者的消费习惯，还需要有一个引导的过程，当前要注重培育消费者的环保意识，倡导绿色消费，逐渐形成文明节约的行为模式。

针对上海酒店业工作人员和社会大众节能意识薄弱的问题，政府部门应与行业协会沟通，对相关人员进行节能意识的强化培训，逐步推广各种有效的节能手段和技术，推动酒店业采取有效的节能措施。

第四节　酒店营销环境分析

酒店在了解市场营销环境及其构成要素的基础上，需要采取一定的方法分析市场营销环境，从而制定有针对性的市场营销战略。对于酒店市场营销环境的分析有两种方式：一种就是按照酒店市场营销的微观环境和宏观环境的要素逐一进行分析，然后综合形成酒店市场营销环境分析报告和结论；另一种就是采用成型的专门模型或分析方法，常用的有波特五力分析模型、PEST（political，economic，sociological，technological，政治、经济、社会、技术）分析和 SWOT（strengths，weaknesses，opportunities，threats，优势、劣势、机会、威胁）分析。

本节内容就是探讨波特五力分析模型、PEST 分析和 SWOT 分析三种酒店市场营销环境分析的模型或方法，其中，波特五力分析模型是分析酒店市场微观环境的方法，PEST 分析是分析酒店市场宏观环境的方法，SWOT 分析则是微观与宏观相结合的分析方法。

一、波特五力分析模型①

波特五力分析模型又称波特竞争力模型、波特五力分析法，由哈佛大学教授迈克尔·波特（Michael Porter）于20世纪80年代初提出，主要用于行业（产业）内竞争环境和竞争强度的分析，对企业战略制定产生了全球性的深远影响。波特五力分析模型将大量

① 根据美国哈佛大学教授迈克尔·波特所著《竞争战略》（陈小悦译，华夏出版社，1997）第2～28页整理编写。

不同的因素汇集在一个简便的模型中，以此分析一个酒店的基本竞争态势。

影响行业内竞争的五种力量分别是：供应商的讨价还价能力、顾客的讨价还价能力、潜在竞争者的进入能力、替代品的替代能力、现有竞争者的竞争能力，如图 2-5 所示。五种力量反映出这样一个事实——酒店企业的竞争大大超越了现有参与者的范围，顾客、供应商、替代品和潜在竞争者都是酒店的“竞争对手”（营销中介和社会公众则对行业竞争产生正向或负向的影响，但不属于五力分析法的研究范畴），这种广义的竞争可以称为“拓展竞争”。

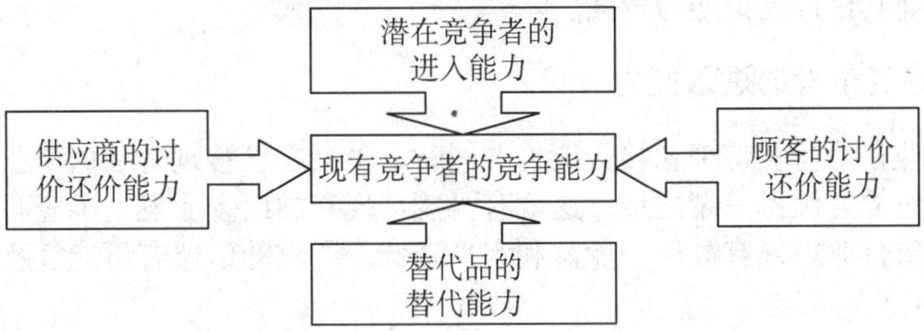

图 2-5　波特五力分析模型

这五种力量的不同组合变化决定酒店产业竞争的强度，并最终影响行业利润率，最强的一种或几种力量占据着统治地位，并且从战略形成的观点来看起着关键性作用。例如，假设一家酒店不受潜在进入者的威胁并处于很强的市场地位，如果它面临一个先进的、低成本的替代品，该酒店仍将只能获得比较低的收益；即便没有替代品出现也不存在进入者威胁，现有竞争者们的激烈竞争也将限制潜在收益。

（一）供应商的讨价还价能力

供应商主要通过提高投入要素价格与降低单位价值质量的能力来影响酒店企业的盈利能力与服务竞争力。供应商力量的强弱主要取决于他们所提供给酒店的是什么投入要素，当供应商所提供的投入要素价值构成了酒店产品与服务总成本的较大比例，对酒店产品生产过程非常重要，或者严重影响酒店产品与服务的质量时，供应商对于酒店的潜在讨价还价力量就大大增强。

一般来说，满足以下三个条件的供应商会具有比较强大的讨价还价力量。

（1）供应商所在行业为一些具有比较稳固的市场地位而不受市场激烈竞争困扰的企业所控制，其产品的买主很多，以至于每一单个买主都不可能成为供应商的重要客户。

（2）不同供应商的产品各具特色，以至于买主难以转换或转换成本太高，或者很难找到可与供应商产品相竞争的替代品。

（3）供应商能够方便地实行前向联合或一体化，而买主难以进行后向联合或一体化。

酒店企业的供应商向酒店提供的产品以布草、备品、菜品原材料等为主，大多属于低值易耗品，相比于酒店产品和服务的价值，其成本普遍较低。不满足上述三个条件中的任何一个，导致酒店供应商的讨价还价能力相对较弱，差别是不同供应商的讨价还价能力不同。

（二）顾客的讨价还价能力

顾客主要通过压价与要求提供较高的产品或服务质量的能力来影响酒店企业的盈利能力。一般来说，满足以下四个条件的顾客可能具有较强的讨价还价力量。

（1）顾客的总数较少，而每位顾客的购买量较大，占了卖方销售量的很大比例。

（2）卖方行业由大量相对来说规模较小的企业所组成。

（3）顾客所购买的基本上是一种标准化产品，同时向多个卖主购买产品在经济上也完全可行。

（4）顾客有能力实行后向一体化，而卖主不可能实行前向一体化。

酒店企业的顾客主要分为两大类，即散客和组织顾客。散客的数量很大，但每位顾客的购买量很小，偶尔才会购买酒店类产品和服务，因而其讨价还价能力较弱；组织顾客包括旅行社、航空公司、工商事业单位和政府机关等，这类顾客通常能够满足上述一条甚至多条要件，因而其讨价还价能力较强。

（三）潜在竞争者的进入能力

新酒店企业在给行业带来新接待能力的同时，也会在已被现有酒店企业瓜分完毕的市场中争夺市场份额并赢得一席之地，这就有可能与现有酒店企业发生供应商与市场份额的竞争，最终导致行业中现有酒店企业盈利水平降低，严重的话还有可能危及行业内已有的酒店企业的生存。

潜在竞争者进入的威胁的严重程度取决于两方面——进入障碍大小与预期现有企业对于进入者的反应情况。酒店行业的进入障碍主要包括规模经济、产品与服务差异、资本需要、转换成本、销售渠道开拓、政府行为与政策、不受规模支配的成本劣势（如学习与经验曲线效应）、地理环境等方面；预期现有企业对进入者的反应情况，主要是采取报复行动的可能性，它取决于有关酒店的财力情况、报复记录、固定资产规模、行业增长速度等。

总之，新酒店企业进入可能性的大小，取决于潜在进入者主观估计进入所能带来的预期利益、所需花费的代价与所要承担的风险三者的相对大小情况。

（四）替代品的替代能力

两个处于同行业或不同行业中的企业，可能会由于所生产的产品互为替代品而产生相互竞争行为。对于酒店企业来说，能够提供替代品的企业是指所有能够提供餐饮与住宿接待能力的企业，其中包括提供单一接待能力的企业，如酒楼、餐馆、酒吧、家庭旅馆、农家乐等。

源自替代品的竞争会以各种形式影响行业中现有企业的竞争战略。第一，现有酒店企业门市价以及获利潜力的提高，将由于存在能被顾客方便接受的替代品而受到限制；第二，由于替代品生产者的侵入，现有酒店企业必须提高产品与服务质量，或者通过降低成本来降低价格，或者使其产品与服务更具特色，否则其出租率与利润增长的目标就有可能无法完成；第三，源自替代品生产者的竞争强度，受顾客转换成本高低的影响。总之，替代品价格越低、质量越好、用户转换成本越低，其所能产生的竞争压力就越强。

（五）现有竞争者的竞争能力

行业中的大部分企业的利益都是紧密联系在一起的。作为企业总体战略一部分的各企业竞争战略，其目标都在于使得自己的企业获得相对于竞争对手的优势，所以，在实施中就必然会产生冲突与对抗现象，这些冲突与对抗就构成了现有企业之间的竞争。现有企业之间的竞争常常表现在价格、广告、产品介绍、售后服务等方面，其竞争强度与许多因素有关。

一般来说，出现下述几种情况意味着行业中现有企业之间的竞争加剧：第一，行业进入障碍较低，势均力敌的竞争对手较多，竞争参与者范围广泛；第二，市场趋于成熟，需求增长缓慢；第三，竞争者企图采用降价等手段促销；第四，竞争者提供几乎相同的产品或服务，用户转换成本很低；第五，一个战略行动如果取得成功，其收入相当可观；第六，行业外部实力强大的公司在接收了行业中实力薄弱的企业后，发起进攻性行动，结果使得刚被接收的企业成为市场的主要竞争者；第七，退出障碍较高，即退出竞争要比继续参与竞争代价更高。在这里，退出障碍主要受经济、战略、感情以及社会政治关系等方面的影响，具体包括资产的专用性、退出的固定费用、战略上的相互牵制、情绪上的难以接受、政府和社会的各种限制等。

酒店行业普遍具有进入障碍低而退出障碍较高、产品或服务同质化严重且易于模仿、用户转换成本很低、降价促销是主要促销手段之一等特征，从而导致同类型、同档次酒店企业间的竞争十分激烈，即使是不同类型、不同档次的酒店企业之间也存在一定竞争。

根据上面对于五种竞争力量的讨论，为了对付这五种力量，酒店企业可以采取的措施是：尽可能地将自身的经营与竞争力量隔绝开来，努力从自身利益需要出发影响行业竞争规则，先占领有利的市场地位，再发起进攻性竞争行动，以增强自己的市场地位与竞争实力。

二、PEST 分析

PEST 分析是用来分析酒店企业市场营销的宏观环境的一种方法，是指对政治（political）、经济（economic）、社会（sociological）和技术（technological）这四大类影响企业的外部环境要素进行分析，如图 2-6 所示。

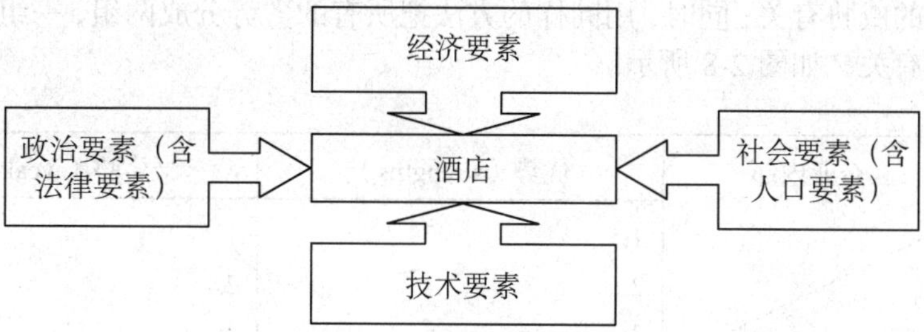

图 2-6　PEST 分析要素

PEST 分析对应的是酒店市场营销的宏观环境分析，即分析宏观环境六要素——政治法律环境、经济环境、社会文化环境、人口环境、科学技术环境和自然环境中的前五项环境要素，具体各要素所包含的内容详见第三节相关内容。

在 PEST 分析的基础上还有一些变形，如 SLEPT 分析（sociological，legal，economic，political，technological，社会、法律、经济、政治、技术）、SPENT 分析（sociological，political，economic，natural，technological，社会、政治、经济、自然、技术）等，都是围绕宏观环境分析展开的，只不过侧重点不同而已。

三、SWOT 分析

SWOT 分析也称道斯矩阵、态势分析法，是市场营销中常用的一种基础性环境分析方法，把企业内外环境所形成的优势（strengths）、劣势（weaknesses）、机会（opportunities）、威胁（threats，有人称为风险）结合起来进行比较客观的分析，如图 2-7 所示，以制定适合企业自身内部条件与实际情况的营销战略。

机会

与竞争对手比较

优势S	机会O
1. 2. 3.	1. 2. 3.
劣势W	威胁T
1. 2. 3.	1. 2. 3.

宏观环境因素

威胁

图 2-7　SWOT 分析

SWOT 分析可以将酒店企业内外部条件、宏微观因素进行概括和综合分析，是一种把企业自身条件与其所处的微观环境和宏观环境有机结合起来进行分析的有效方法。优势与劣势分析主要是着眼于企业自身的情况及其与竞争对手的比较，而机会和威胁分析将注意力放在酒店外部环境的变化及其对酒店企业的可能影响上。

在充分分析酒店企业的优势、劣势、机会与威胁的基础上，需要把所有的内部因素（优势和劣势）集中在一起，然后用外部的力量来对这些因素进行评估，并制定相应的营销战略，即把分析所得出的所有优势分成两组，一组与宏观环境和行业中潜在的机会有关，另一组则与潜在的威胁有关；同时，用同样的方法把所有的劣势分成两组，一组与机会有关，另一组与威胁有关，如图 2-8 所示。

企业内部 / 宏观环境	优势（strengths）	劣势（weaknesses）
	1. 2. 3.	1. 2. 3.
机会（opportunities）	SO 战略	WO 战略
1. 2. 3.	利用优势和机会	改进劣势和利用机会
威胁（threats）	ST 战略	WT 战略
1. 2. 3.	利用优势和消除威胁	消除劣势和威胁

图 2-8　SWOT 分析与酒店战略

酒店进行 SWOT 分析，首先关注的是企业自身，关注本酒店内部条件及其与竞争对手相比较的优势和劣势，然后再分析环境中的机会和威胁。而事实上，酒店企业在制定竞争战略与竞争策略的时候，首先应该关注的是市场和外部环境，然后再分析企业自身，并根据企业的优势判断企业是否能够把握机会，以及是否能够规避环境威胁，由此 OTSW 分析法也就产生了。

OTSW 分析法也被称为倒 SWOT 分析法，其分析顺序与 SWOT 分析法恰好相反，先分析环境带给酒店企业的机会和威胁，再分析酒店企业的优势和劣势，在实践中有时更具有实用性。

引入案例解析

酒店市场营销环境是指在酒店企业市场营销部门以外，影响酒店企业发展及其与目标顾客保持成功交换关系的各种参与者和因素。这些力量一般具有不可控制或不易控制的特点，能够同时给酒店提供发展机会和威胁。

酒店市场营销活动会受到酒店企业内外部可控因素与不可控因素的综合影响。酒店市场营销活动就是努力使其可控制的内部因素同不可控制的外部因素相适应，必须在特定时空条件——酒店市场营销环境下进行。

酒店市场营销环境包括微观营销环境和宏观营销环境。微观营销环境是指与酒店紧密相关并能直接影响其营销能力和效率的各种参与者，包括供应商、营销中介、顾客、竞争者、社会公众和企业自身；宏观营销环境是指能够通过影响酒店微观营销环境而间接影响酒店营销能力和效率的巨大社会力量，包括人口环境、经济环境、自然环境、科学技术环境、政治法律环境、社会文化环境等。

机器人、人工智能的引入，以及云计算、手机支付的普及，对于酒店的发展与营销活动来说，既是机遇又是挑战。任何酒店的营销活动都会受到微观营销环境与宏观营销环境的制约，微观营销环境直接影响和制约其市场营销活动，宏观营销环境则通过微观营销环境为中介间接影响和制约企业的市场营销活动。

机器人、人工智能、云计算、手机支付等高新科技的发展与运用，从宏观环境来说，既是经济、社会发展的结果，又是科学技术发展的必然结果；从微观环境来说，既是供应商、营销中介的要求，又是酒店应对竞争和满足顾客需要的必要手段，同时也是酒店开展营销活动、吸引客源的噱头。

酒店的营销活动对其内外部自然的、社会的、经济的条件具有较强的依赖性，从而导致其对所面临的营销环境变化的反应更加深刻。科技的进步有利于酒店开展营销活动，除此之外，有些因素也会促进或者阻碍人工智能在酒店业的应用。例如，高新科技手段的应用可以提高效率、减少失误、降低成本，会受到业主、供应商、中介以及部分顾客的欢迎。又如，机器人、人工智能等的运用，会替代部分人工，但还会导致顾客与员工之间的沟通与反馈缺失，这些则会导致员工、工会（西方国家）与部分顾客的抵制。除了前述可能性外，不同国家政治、法律、文化、社会环境不同，经济发展水平不同，对于高新科技手段在酒店的应用也会出现截然不同的态度。

营销环境的变化，既有可能给酒店带来可资利用的市场机会，也可能带来一定的环境威胁。这就要求酒店企业通过市场营销环境分析，找到面临的挑战、威胁及发展机遇，以便更好地满足消费和指导消费，进而提高酒店的竞争力和规避风险的能力。

本章小结

所谓“知彼知己，百战不殆”，酒店企业进行市场营销也必须做到知彼知己，这里的知彼就是认识、分析酒店企业所处的营销环境。

酒店市场营销环境是指在酒店企业市场营销部门以外，影响其发展及其与日标顾客保持成功交换关系的各种参与者和因素，这些力量一般具有不可控制或不易控制的特点，能够同时给酒店提供发展机会和威胁。

酒店市场营销环境泛指所有制约酒店营销决策和实施的内部因素和外部因素的

总和，包括微观营销环境和宏观营销环境。酒店市场营销环境具有客观性、差异性、相关性、变化性、双重性和可影响性的特点。

微观营销环境是指与酒店企业紧密相关并能直接影响其营销能力和效率的各种参与者，包括酒店的供应商、营销中介、顾客、竞争者、社会公众和企业自身；宏观营销环境是指能够通过影响酒店微观营销环境而间接影响酒店营销能力和效率的巨大社会力量，包括人口环境、经济环境、自然环境、科学技术环境、政治法律环境、社会文化环境等各个方面。微观营销环境直接影响和制约酒店的市场营销活动，宏观营销环境主要以微观营销环境为中介间接影响和制约企业的市场营销活动。

在了解酒店市场营销环境及其构成要素的基础上，需要采取一定的方法分析市场营销环境，从而制定有针对性的市场营销战略。对于酒店市场营销环境的分析有两种方式：一种就是按照酒店市场营销的微观环境和宏观环境的要素逐一进行分析，然后综合形成酒店市场营销环境分析报告和结论；另一种就是采用成型的专门模型或分析方法，常用的有波特五力分析模型、PEST 分析和 SWOT 分析。

波特五力分析模型又称波特竞争力模型、波特五力分析法，是分析酒店市场微观环境的方法，这种方法认为影响行业内竞争的五种力量分别是：供应商的讨价还价能力、顾客的讨价还价能力、潜在竞争者的进入能力、替代品的替代能力、现有竞争者的竞争能力。

PEST 分析是用来分析酒店企业市场营销的宏观环境的一种方法，是指对政治（political）、经济（economic）、社会（sociological）和技术（technological）这四大类影响企业的主要外部环境因素进行分析。在 PEST 分析的基础上还有一些变形，如 SLEPT 分析、SPENT 分析等，都是围绕宏观环境分析展开的，只不过侧重点不同而已。

SWOT 分析（优势 strengths、劣势 weaknesses、机会 opportunities、威胁 threats）可以将酒店企业内外部条件、宏微观因素进行概括和综合分析，是一种把企业自身条件与其所处的微观环境和宏观环境有机结合起来进行分析的有效方法。优势与劣势分析主要是着眼于企业自身的情况及其与竞争对手的比较，而机会与威胁分析将注意力放在酒店外部环境的变化及其对酒店企业的可能影响上。

问题与讨论

1. 什么是酒店市场营销环境?
2. 请举例说明酒店市场营销环境的特点。
3. 酒店市场营销微观环境包括哪些要素?
4. 酒店市场营销宏观环境包括哪些要素?
5. 选择一家酒店为样本，分析其市场营销环境。
6. 酒店市场营销环境分析的波特五力分析模型、PEST 分析与 SWOT 分析分别是指什么？如何进行分析?
7. 酒店市场营销环境分析的波特五力分析模型、PEST 分析与 SWOT 分析能否结合在一起运用？如何用？试举例分析。

延伸阅读资料

2-1 《旅游法》：整顿行业乱象的“清道夫”

2-2 欧元事件

2-3 武汉经济型酒店的五力模型分析

2-4 我国休闲产业发展的 PEST 分析

2-5 我国经济型酒店发展 SWOT 分析

第三章　旅游购买行为分析

本章目标

了解旅游购买行为的含义与分类，理解旅游购买行为分析的意义与制约因素，理解旅游购买行为模型、购买决策的特点、购买决策参与者的角色，掌握影响旅游购买行为的因素，并能熟练运用理论分析现实中的旅游购买行为，为酒店市场营销的学习和实践奠定基础。

引入案例

都是菜单惹的祸①

袁先生的女儿报名参加了某旅行社举办的旅行结婚活动，被安排在旅游景区当地的某星级酒店举办婚宴。由于酒店餐厅面积有限，有一桌只好设在靠近餐厅的301号包间。当一道象征吉祥平安的汤菜“太平燕”上桌时，按照当地习俗必须燃放鞭炮，然后一对新人要到各桌敬酒。然而，鞭炮声响过一阵之后，301号包间仍然不见“太平燕”。

“服务员，我们这桌没有‘太平燕’，这是怎么回事？”一位长者询问看台服务员。

服务员看完工作台上的菜单，不慌不忙地说：“你们这桌本来就没有订‘太平燕’这道菜。”

“不对，婚宴必有‘太平燕’！”

“没有听说你们这桌是婚宴，隔壁302号包间才是婚宴啊。”

“我们是大厅里正在举办婚礼的主人袁先生的客人，怎么不是婚宴呢？”那位年长者质疑道。随后他起身离开包间去找婚宴主人袁先生。袁先生看完服务员递来的菜单，赶紧向包间的客人解释：“酒店上错菜了。我们订的菜金是4 300元，有龙虾、鲍鱼、海参、象鼻蚌和佛跳墙等高档菜，还有婚宴必不可少的‘太平燕’和‘早生贵子汤’，而这桌显然是家常菜。对不起了。”

得到消息，餐厅马经理立刻赶到301号包间，她自知上错菜责任重大，赶紧向客人道歉。

原来，301号包间确实是婚宴，错的却是原本接待散客的302号包间的菜单误发到了301号包间。而302号包间客人只要求按2 000元标准“和菜”（即由酒店配菜），菜单上的菜品绝大多数是家常菜，有淡水虾、芋头番鸭汤、土豆烧牛肉、糖醋鲫鱼、炒猪肝、炒田螺、海蛎豆腐汤、时令果蔬以及主食等，最贵的也就是“迷你佛跳墙”了。

马经理立即要求后厨为301号包间补上原定的几道高档菜，以及“太平燕”和“早生

① 陈文生. 岂止是“菜单惹的祸”[N]. 中国旅游报，2017-08-24（A02）.

贵子汤”，事态暂时得以平息。

不过，袁先生并没有原谅酒店。婚宴结束结账时，袁先生不但要求免去 301 号包间的菜金，还要求酒店按该桌菜金的 3 倍赔偿其精神损失。也许是马经理的权限所致，他没有答应袁先生的要求，纠纷陷入僵局。

后来，袁先生拨打了当地晚报热线，引来记者采访。在记者建议下，双方同意听取律师意见。记者当场电话联系一位知名的律师朋友。律师认为：酒店婚宴上错菜或服务有瑕疵疏漏，法律上并没有明确界定赔偿标准。不过，考虑到婚礼是人生大事，建议除了退还菜金和道歉外，酒店应从消费者精神损失角度给予一定的赔偿，而消费者也应体谅酒店经营困难，不宜提出过高要求。至于赔偿额度多少，由双方协商解决。

最后，在晚报记者的调解下，酒店除了免去该桌菜金、进行道歉以外，还向该桌每位客人赠送了一张价值一百多元的自助餐券。

至此，双方纠纷算是解决了。马经理刚刚松了一口气，收银台又有麻烦事。原来，马经理发现 302 号包间上的是 301 号包间的菜之后，马上通知 302 号包间改按原菜单上菜，已吃过的高档菜按成本价收费。即便如此，302 号包间的客人还是要比当初 2 000 元的标准多支付 1 000 多元。302 号包间的客人拒绝支付，理由是上错菜是酒店的责任，凭什么要我多付钱？最后，马经理只好向客人认错并同意客人按 2 000 元的标准支付菜金。

此次工作失误给酒店造成了近 8 000 元的经济损失，主要责任人马经理免不了受罚。马经理事后感叹道：“都是菜单惹的祸啊。”

思考：什么是旅游购买行为？旅游购买行为受哪些因素影响？本案例中都涉及了哪些影响旅游购买行为的因素？马经理的处理会如何影响顾客的再次旅游购买行为？如果你是本案例中的马经理，遇到此类情况会如何处理？

第一节 旅游购买行为概述

一、旅游购买行为的含义及发展趋势

（一）旅游购买行为的含义

旅游购买行为贯穿整个旅游过程的始终，对于旅游者完成旅游活动，满足自身各种需要具有重要的意义，可以说，如果没有旅游购买行为，旅游活动就无法展开。

所谓旅游购买行为，是指旅游者如何做出购买决策，为了满足旅游活动中的各种需要，购买和使用旅游产品（含有形产品和无形服务），并通过与旅游产品和服务人员的互动体验来完成整个旅游活动的行动过程。

清晰地理解旅游购买行为的含义，包含以下三个方面的内容。

1. 旅游购买行为的消费对象为旅游产品

与一般意义上的普通产品不同，旅游产品是一个综合性概念而不是单体概念，是旅游者在旅游活动过程中为满足自身各种需要所购买的有形产品与无形服务的总和，即食、住、行、游、购、娱及其他产品和服务的综合。

2. 旅游购买行为的完成涉及旅游互动或旅游体验

近年来，风靡全球的各大主题公园以及主题酒店都是为顾客提供旅游体验、完成旅游互动的成功典范，如奥兰多、东京、巴黎、上海迪士尼乐园，又如西班牙萨鲁的冒险家乐园、加拿大的奇幻乐园、德国鲁斯特的欧洲主题乐园、中国香港的海洋公园等，旅游者在

这些主题公园所设计的环境中，通过各种旅游互动得到各自所期望的或者远超预期的体验，刺激了顾客的购买行为和再次购买行为。

【阅读链接 3-1】主题乐园带热亲子酒店①

携程相关专家介绍，2016 年暑期预订至今，以“亲子”等相关内容为标签搜索并预订相关酒店的用户较 2015 年暑期增长 3 倍有余。“暑期本来就是亲子游的好时节，政策的利好为未来亲子酒店的发展提供了相当大的空间。”

为此，携程借助地区热度、搜索频次、酒店品质、用户人次等维度的计算，评选出了境内外十大热门亲子酒店目的地。境外前十名中，东京位列第一，其次是首尔。携程相关负责人表示，东京迪士尼、首尔乐天世界等地区的酒店非常注重亲子房和亲子设施的开发。

在境内亲子酒店目的地中，上海迪士尼的开园直接提高了申城亲子酒店的整体热度。此外，广州、珠海两地的长隆景区依旧有十足的人气，分列榜单第二位、第四位。“国内的乐园分布非常广，这也促使境内亲子酒店的分布比较平均，像常州、青岛的亲子酒店就有不错的市场。”

3. 旅游购买行为是高层次的精神需求

相对于日常消费品来说，旅游消费产品具有内涵丰富、档次较高和非生活必需品的特点，通过旅游购买行为，旅游者可以放松身心、陶冶情操、增长见闻、开阔视野，这些都说明了旅游购买行为的高层次性。

（二）旅游购买行为的发展趋势

随着社会、经济、科技的不断发展和生产力水平的不断提高，旅游者借助网络、App 等各种工具和渠道，消费经验日益丰富，消费心理日趋成熟，旅游购买行为也逐步理性化。

旅游购买行为的发展趋势如表 3-1 所示。

表 3-1　旅游购买行为的发展趋势

发展趋势	起　　因	实　　例
消费心理日趋成熟	消费市场已由卖方市场转入买方市场，一方面消费者的选择机会明显增加，另一方面为了规避购买风险，消费者也会想方设法事先了解产品信息，消费过程中的自主“学习”意识明显增强，消费者变得越来越内行和自信	消费者可通过电视专题节目、旅游广告等获取更多旅游信息；移动互联使消费者的信息搜寻能力大大增强
消费需求趋于个性化	由于消费者选择信息和学习信息的方式越来越先进和多样化，其获得消费信息的能力不断增强，消费者可寻求的自主消费空间也在不断扩大，消费者需求个性化开始凸显	商品紧缺时期是从众消费，商品过剩及互联网时代则流行“私人定制”的个性化消费
决策方式借助新技术	高新技术的不断涌现和日渐普及使得消费者尽享科技带来的方便与快捷，尤其是在消费决策方式上，移动互联技术使人们之间的信息交流变得没有阻隔	聋哑人可以通过手机短信进行自由交流

资料来源：舒伯阳. 旅游市场营销案例实训[M]. 北京：清华大学出版社，2015.

① 张宇. 暑期高档酒店、亲子酒店热销[N]. 中国旅游报，2016-08-25（A01）.

二、旅游购买行为分析的意义

（一）旅游购买行为分析是为了深刻认识市场

现代市场营销理论的基石是市场导向和客户导向，以实现消费者满意为目标。因此，了解旅游消费者的需要，分析旅游购买行为，根据顾客的利益诉求设计旅游产品，进而满足目标市场的需要，是旅游活动的出发点。

酒店企业通过旅游购买行为分析，可以认识目标市场的需求、偏好、消费习惯、支付能力，以及影响购买的因素等，进而选择合适的标准进行市场细分，定位合适的目标市场。酒店企业在旅游购买行为分析的基础上，结合对企业自身资源、市场条件和市场发展趋势的分析，选择有利的市场机会，做出恰当的市场决策——深度挖掘已有产品的内涵或者开发更新换代产品。

（二）旅游购买行为分析是制定营销规划的基础①

市场细分是制定大多数营销策略的基础。企业细分市场的目的，是为了找到适合进入的目标市场，并根据目标市场的需求特点制订有针对性的营销方案，使目标市场消费者的独特需求得到更充分的满足。

旅游营销人员只有了解旅游产品在目标消费者心目中的位置，了解其产品和品牌是如何被旅游者认知的，了解影响旅游者购买的因素及旅游者的购买模式或规律，才能制定有效的营销策略。

同时，旅游营销人员通过对旅游者购后行为的进一步分析，可以得到一些宝贵的反馈信息，从而进行旅游营销活动的修正，进而增强旅游营销活动的针对性和实效性。旅游购买行为分析与旅游营销活动的关系如图 3-1 所示。

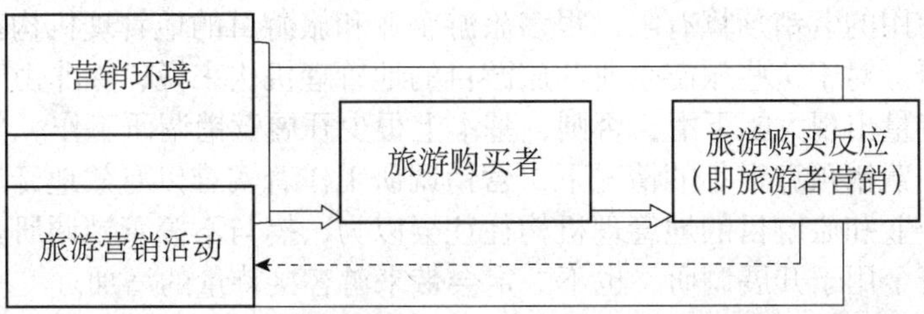

图 3-1　旅游购买行为分析与旅游营销活动的关系

三、旅游购买行为分析的制约因素

通常情况下，除了新设立的旅游企业和刚开发的旅游目的地之外，其他经营主体的市场营销部门或机构都对自身客源的旅游购买行为有某种程度的了解和认识。

多年积累的营业数据和市场调研数据，足以保证旅游企业和旅游目的地管理机构对旅游者的旅游购买行为进行分析，从某种程度上了解和认识可能影响旅游购买行为的宏观与微观因素。但现实情况往往是，很少有旅游组织愿意不断地跟踪分析旅游者的旅游购买行为及其变化，之所以如此有多方面的原因，我们可以将这些原因归纳为影响旅游购买行为分析的制约因素，比较重要的制约因素包括如下三个②。

① 胡亚光，胡建华. 旅游市场营销学[M]. 北京：旅游教育出版社，2015.

② 李天元，曲颖. 旅游市场营销[M]. 北京：中国人民大学出版社，2013.

（一）思想意识的制约

思想意识的制约，首先表现在：不少旅游经营者都以为，自己每天都在与顾客打交道，当然能够了解自己顾客的情况，因而似乎没有必要再去专门组织力量开展消费者调研。这种情况在中小型旅游企业中尤其常见。

思想意识的制约的另一种比较常见的表现是：不少旅游组织和旅游企业都以为利用已有的第二手资料做些研究已经足够了。因此，他们在开展消费者调研方面，只凭借自己的有关营业记录和日常工作中的观察，从来不去组织开展正式的第一手调研。然而问题是，随着外部经营环境中的情况变化，第二手资料或数据很容易失去其价值。换言之，对于眼下的市场营销工作来说，数年前收集的资料或数据有可能已经过时，因而不能够作为今天营销决策的可靠依据。

（二）技术难度的制约

消费者调研工作的开展，尤其是调查消费者的购买动机和购买过程，不仅耗资费时，而且其中不少工作的开展都有一定的难度。例如，如何才能发现顾客之所想？在对顾客的购买动机开展调查方面，调查结果所反映的究竟是消费者的真实意图，还是仅为一些肤浅的回答？

总之，在调查消费者的态度和购买动机方面，调研人员只有通过对调查对象的作答情况进行认真解析，才能获得真正有意义的信息。然而，现实问题是，一方面开展这类调研时需要有专门的技术，另一方面很多旅游组织和旅游企业对于这方面的工作并不专业，因而开展起来会有一定的难度。

（三）经费预算的制约

由于可供使用的营销预算有限，很多旅游企业和旅游目的地管理机构都无力拨专款去开展正式的调研。对于这些旅游企业和旅游目的地管理机构来说，除非由于某种危机的出现致使游客接待量出现大幅下滑，否则，基本上很少开展营销调研工作。

事实上，在营销预算很小的情况下，营销调研工作着实难以有效地开展。正是由于这一背景，旅游企业和旅游目的地管理机构往往会以为，搞与不搞营销调研其实结果都差不多，即使投入资金用于开展调研，也不一定会带来游客接待量的增加。

四、旅游购买行为的分类

旅游者在现实的购买活动中，受个人、家庭、文化、社会、经济、环境等多种因素的影响，会表现出各种不同类型的旅游购买行为。

（一）根据购买目标的确定程度进行分类

根据旅游者购买目标的确定程度，旅游购买行为可以分为确定型旅游购买行为、半确定型旅游购买行为和不确定型旅游购买行为三种类型。

1. 确定型旅游购买行为

确定型旅游购买行为是指，在购买之前，旅游者对于准备购买的旅游产品有明确的目标和具体要求，在实际选择旅游产品时，不会花费太多的时间去比较和选择，营销人员的介绍、推荐、促销一般都不会对顾客产生影响。

确定型旅游购买行为中所购买的产品，通常都是价格适中的、消费者经常购买的旅游产品，有时也会受到某些特定因素的影响导致购买行为的确定性。例如，对于利用假期进行亲子游的家庭来说，如果孩子出于某种原因非要到北京旅游，参观天安门、故宫、长城等景点，在这种情况下，该家庭在目的地选择和景区景点的选择上就属于确定型旅游购买行为。

对于确定型旅游购买行为，旅游营销人员应在旅游产品的品质、服务质量与产品价格保持稳定的情况下，重点在产品特色与促销方面做文章，如对于大量购买或者提前足够长时间预订的消费者，给予一定的价格折扣、赠送小礼品或者赠送自费项目，以此来稳定和吸引更多的旅游者。

2. 半确定型旅游购买行为

半确定型旅游购买行为是指，在购买之前，旅游者对于准备购买的旅游产品没有比较明确的目标和要求，但是有大致的购买意向，在实际选择旅游产品时，需要花费一定时间进行比较和选择，营销人员的介绍、推荐、促销会对顾客产生较大的影响。

对于半确定型旅游购买行为中要购买的产品，旅游者需要搜集各方面的信息，辅助决策，以此来降低可能会发生的购买风险。例如，一对新婚夫妇准备到欧洲进行蜜月旅游，由于欧洲旅游对于这对夫妻来说属于较为昂贵的产品，而且语言不通导致他们也不可能进行自由行，只能跟团旅游。在这种情况下，他们需要通过网络或者实地走访旅行社，搜集欧洲旅游产品的价格、线路设计、时间安排，以及旅行社的信誉，从中选择合适的产品，这种购买行为就属于半确定型旅游购买行为。

对于半确定型旅游购买行为，旅游营销人员应在保证旅游产品的品质、服务质量的情况下，设计沟通方案，注重与旅游者之间的沟通，通过沟通强化消费者对产品的认知，进而坚定旅游者的购买决心。半确定型的旅游者是旅游企业和旅游目的地管理机构应该关注的重点对象，需要通过多种促销手段进行招徕。

3. 不确定型旅游购买行为

不确定型旅游购买行为是指，在购买之前，旅游者对于是否购买没有明确的目标，购买行为具有随机性，可能看了很多、咨询了很多但不会购买，也有可能只是一次随机性的推荐，消费者就直接购买了。

例如，有一对新婚夫妇，婚前两人就计划利用婚假到欧洲旅游，并且两人分别走访咨询了多家旅行社，了解各家产品的行程安排、出行日期、价格、签证安排等相关事宜，前后比较了月余也没最终决定购买哪家的产品。一次偶然的机会，中国青年旅行社向女方推荐了泰国旅游线路产品。经过工作人员的一番介绍，妻子当场拍板，购买了泰国旅游线路产品，这就是典型的不确定型旅游购买行为。

旅游者在购买价格相对较为昂贵而自身又不太熟悉的旅游产品时，需要通过网络、App、广告、促销人员等渠道获取相关信息，在这种情况下，就比较容易出现大的随机性，进行不确定型购买，或者叫冲动消费。针对不确定型购买行为，需要旅游企业和旅游目的地管理机构充分利用科技手段和各种宣传渠道，把旅游产品的真实信息传播出去；而旅游营销人员则需要熟悉消费者的心理特征，积极主动地做好宣传、推介与服务工作，吸引消费者购买。

（二）根据旅游者性格特征的不同进行分类

性格特征的差异会导致旅游者购买行为间的差异，根据旅游者的性格特征的不同，可以将旅游购买行为分为习惯型、理智型、冲动型、经济型、想象型和不定型六种类型。

1. 习惯型旅游购买行为

习惯型消费者一般都根据个人消费习惯购买商品，不会轻易更换厂家、品牌甚至是购物地点。尽管旅游产品不同于普通商品，但是同样存在类似的消费者。习惯型旅游者在购买旅游产品时，会根据过去的经验和消费习惯，选择同一旅游企业的同类旅游产品，没有特殊情况，不会尝试新产品。

2. 理智型旅游购买行为

理智型旅游购买行为是指，在购买之前，旅游者会通过各种渠道搜集旅游产品的相关信息，并进行比较和分析；在购买时冷静、理智，能够很好地控制个人情绪，一般不受外界信息的影响。

3. 冲动型旅游购买行为

冲动型消费者，在购买商品时表现得理智不足，易受外部刺激的影响冲动消费，喜欢新奇商品，购物单凭个人好恶，而不考虑产品本身的效用，有时购后会后悔，但后续依然会冲动消费。

冲动型旅游购买行为是指，旅游者容易受到广告、促销等外在因素的影响，冲动地购买旅游产品。对于追求长期利益的旅游企业来说，在加强宣传促销的同时，还要努力做好产品，让冲动购买后的旅游者能够感到物有所值、物超所值，进而重复购买。

4. 经济型旅游购买行为

经济型旅游购买行为是指，旅游者在购买旅游产品时，特别重视产品价格，相对而言，价格以外的因素，如住宿标准、团餐标准、航班时间等，则很少考虑。

5. 想象型旅游购买行为

采取这种购买行为的旅游者往往情感丰富且具有丰富的想象力，在购买前后会运用自己丰富的想象力展开想象，赋予旅游产品某种特定的价值或意义。

6. 不定型旅游购买行为

不定型旅游者在购买旅游产品时，通常没有明确的偏好和目标，一般表现为“随遇而买”——遇到自己觉得对的就买了。

尽管不定型旅游者表现得较为随意，看似受到外部刺激的影响才做出购买决策和行为，但却不同于冲动型旅游购买行为。不定型旅游者对于自己的需求有明确的认知，只是对于用来满足需求的产品没有明确的目标和要求，只要能满足自己的需求即可；而冲动型旅游者则对于自己的需求认知不够，购买的更多的是看上去似乎“很美”但往往没有太大效用的产品。

（三）根据旅游者购买兴趣的不同进行分类①

根据旅游者购买兴趣的不同，旅游购买行为可以分为情调型、节日型、时尚型和娱乐型四种类型。

1. 情调型旅游购买行为

情调型旅游购买行为，是指旅游者根据旅游产品或旅游服务的情调而做出购买决策和购买行为。这类旅游者一般较为关注旅游产品的环境格局，如购物、进餐、娱乐环境中不同的建筑风格、装饰布局及色调、声音、温度、气味等渲染的独特情调。

这类旅游者一般经济实力较强，追求新奇、浪漫的感觉，对于感兴趣的旅游产品不惜高价享用。例如，一些青年人选择新婚旅游——海底婚礼这一单项旅游项目，就是一种情调型消费。

2. 节日型旅游购买行为

节日型旅游购买行为，是指旅游者的消费兴趣在节假日期间集中而明显地表露出来的购买行为。近年来，我国由于实行双休日和元旦、清明、五一、端午、中秋小长假，以及十一、春节长假制度，假日经济的繁荣引发了旅游消费热潮，出游人数明显高于以前。而且，受海外节日影响，情人节、母亲节、圣诞节等节日里，旅游者的热情也高于往常。

① 胡亚光，胡建华. 旅游市场营销学[M]. 北京：旅游教育出版社，2015.

3. 时尚型旅游购买行为

时尚型旅游购买行为，是指旅游者受社会风气及流行消费的影响而导致的购买行为。这类旅游者的兴趣反映在社会的趋势消费或特殊性消费上，他们追求新奇时髦、标新立异。近年来兴起的我国西部探险旅游热吸引了众多青年学生，就是时尚型消费的一种反映。

4. 娱乐型旅游购买行为

娱乐型旅游购买行为，是指旅游者在物质生活基本满足后，倾向于精神生活享受的购买行为。旅游者购买旅游产品的目的主要是休闲放松、调节情绪、丰富精神生活。在实际购买活动中，大多数旅游消费者属于这种类型。

【阅读链接 3-2】十一黄金周旅游市场呈现新特点①

十一黄金周刚刚过去，2017 年国庆相逢中秋，十一黄金周假期长达 8 天。据国家旅游局数据中心综合测算，仅 10 月 7 日，全国共接待国内游客 0.42 亿人次，同比增长 17.6%；实现国内旅游收入 329 亿元，同比增长 14.8%。

相较于前几年，2017 年的十一黄金周旅游业呈现出一些新特点值得关注。

第一，红色旅游表现抢眼。

2017 年是建军 90 周年，7 月 30 日，习近平主席在朱日和基地阅兵。同日，《人民日报》推出了特别策划的“穿上军装”，风靡微信朋友圈，从而使得 2017 年的红色旅游表现抢眼。据媒体报道，10 月 1—2 日，重庆红岩联线所属红岩革命纪念馆、重庆歌乐山烈士陵园、中国民主党派历史陈列馆及其所属革命遗址群，共接待游客逾 14 万人。作为红色旅游大省，江西省 10 月 1—6 日累计接待游客 5 392.41 万人次，同比增长 10.23%；旅游收入达 326.87 亿元，同比增长 22.41%。

第二，深度游成了 2017 年十一黄金周旅游的热门词汇。

所谓“深度游”，简言之，是指不同于传统的观光性旅游，它必须以足够的时间和精力，深入某项主题旅游之中去，对某项专题或某一目的地进行深入的观察与了解。前些年，旅游业刚刚兴起，大家假期去旅游主要是报旅行团，旅行团旅游是一种“走马观花、浮光掠影”式的旅游方式，基本上是“上车睡觉，下车看庙，对着镜头笑一笑”的初级观光模式。而随着经济的发展以及私家车的兴起，跟团旅游越来越满足不了旅游者的需求，深度旅游成为中国游客，特别是中高收入阶层出境游的新选择。大家去旅游需要的是远离城市喧嚣，要深刻体会文化遗韵和民俗渊源，追求对自然美景和艺术风格的切身体验或对生存方式和生命本质的大胆探索。

以新疆为例，数据显示，十一黄金周前四天，新疆累计接待游客 481.1 万人次，同比增长 20.23%。旅行社传统的报团游与往年相比下降了 30%左右，游客自由行或定制游的游客大幅度增加，占比达到 40%左右。

第三，手机 App 预订下单更加明显。

当前，我国移动互联网和智能手机的发展程度已经达到全球领先，国庆长假也成为“手机上的黄金周”。《2017 国庆旅游趋势报告：谁在支撑全球最大规模旅游黄金周》显示，有超过 70%的在线旅游者通过 App 而不是网站下单。如果加上机票、酒店、火车票、门票，比例则更高。除了预订，在行程中旅游者也通过 App 随时购买当地旅游产品或者查询求助。目前，携程 App 累计下载量已经达到 30 亿。可以说，移动互联网和智能手机的发展促进

① 十一黄金周旅游业呈四大特点[EB/OL]. [2018-03-03]. http://news.hexun.com/2017-10-10/191149887.html；十一黄金周全国旅游人次 7.1 亿，出境游市场“火力全开”，全家出游成主流[EB/OL]. [2018-03-03]. http://news.163.com/17/1009/12/D0AA4PC4000187VG.html.

了 App 下单，同样，对旅游的需求也促进了移动互联网和智能手机的进一步发展。

第四，全家出游成主流。

2017 年十一黄金周与中秋节重叠，形成长达 8 天的“加长版”黄金周。面对来之不易的黄金假期，许多消费者按捺不住放飞的心情，纷纷走出家门，开启度假生活。

假期难得，旅游行程自然要安排得满满当当。途牛旅游网监测数据显示，27%的游客出游时长在 5～7 天，23%的游客出游时长在 7～9 天，17%的游客出游时长超过 9 天。从数据结果来看，出游时长超过 5 天的用户接近七成，而出游时长超过 8 天的用户更是达到四成。出境、国内长线旅游市场繁荣。

途牛旅游网预订数据显示，选择 10 月 1 日开启度假模式的用户最多，当日出游人次占假期总出游人次的 17%。此外，也有不少游客将出游日期提前或延后，为避开景区“人海”而选择错峰出游，其中，选择在 9 月 29 日至 9 月 30 日提前出游的游客占比达到 21%，选择 10 月 9 日以后再出游的客人占比也达到 9%，整个黄金周出游热潮将一直持续至 10 月 13 日左右。

从十一黄金周出游人的平均年龄来看，26~35 岁的年轻人成为国庆出游主力，占比约为 49%。许多游客在出游过程中同时扮演“爹妈”和“儿女”的角色，全家出游成为国庆长假游的主流方式。除此之外，途牛旅游网调研数据显示，因国庆节和 9 月开学季相隔较近，也有不少刚入学的大一新生选择国庆不回家，与刚结识的同学一同出游以加深感情。

第五，出境游“火力全开”，海上赏月受青睐。

世界各目的地国家签证中心新增，更多海外直航开通，全球各国为中国游客到访体验进行改善优化，人民币兑美元汇率走高等，这些利好加之国庆中秋喜相逢形成的“超级黄金周”，使得出境游迎来小高峰。途牛旅游网监测数据显示，2017 年十一期间选择出境游的游客人次占比近三分之一。

途牛旅游网监测数据显示，2017 年十一黄金周出境长线游热门目的地国家前十名包括美国、加拿大、澳大利亚、法国、埃及、德国、阿联酋、俄罗斯、土耳其、芬兰。“枫情美加”的秋色成功吸引消费者前往，成为 2017 年国庆出境长线游目的地冠亚军。出境短线方向，2017 年十一最热门目的地国家前十名分别为泰国、日本、印度尼西亚、新加坡、柬埔寨、越南、马来西亚、斯里兰卡、尼泊尔、菲律宾。虽然从排名来看，出境短线目的地较往年未发生明显的变化，但在玩法上却与暑期有较大差别。普吉岛、巴厘岛、长滩岛等海岛成为国庆期间游客休闲度假的好去处。

此外，10 月 4 日恰逢中秋节，在出游旅途中过中秋、赏月成为假日出行的新亮点。而乘坐邮轮体验“海上生明月”的美好意境受到越来越多游客的青睐。从 2017 年十一邮轮预订情况来看，邮轮客群仍以家庭为主，在邮轮上吃喝玩乐，享受假期带来的天伦之乐，成为老少皆宜的休闲度假方式。从邮轮航线的选择上看，华东、华北港口出发的客人仍以日本航线为主，而华南方向出发的客人则更青睐东南亚航线，少部分客人选择更奢华的欧美远洋航线。

在购物消费方面，2017 年国庆黄金周名副其实地掀起了一场“黄金”抢购热，随着国际金价将在短期内持续处于下跌态势，趁此机会为新年、婚庆等重要节点购买珠宝、首饰类商品的用户不在少数。从出游目的地来看，泰国、斯里兰卡、南非等成为游客“剁手”最猛的旅游目的地。

第六，国内主题玩法受热捧，周边游假日末尾强势上扬。

与境外旅游市场相比，2017 年十一黄金周国内旅游市场呈现出“主题分明”的特点，世界遗产、影视、美食主题游成为国内游客的主要诉求。从十一黄金周国内长线游热门目的地看，人气最旺的十大目的地为丽江、三亚、北京、杭州、厦门、成都、西安、桂林、重庆、西宁。

北京以优美的人文历史景观进入排行榜前三，大量游客通过参观天安门、故宫、万里长城等景点来表达心中对祖国生日到来的喜悦。此外，2017 年《白鹿原》《那年花开月正圆》等具有陕北风味的电视剧在国内荧屏热播，进一步催热了由西安、咸阳、延安以及华山景区所组成的西北游线路。

从出游时间来看，10 月 1—3 日是国庆黄金周国内长线游出游高峰期，这三天出游的游客人次约占“超级黄金周”国内长线游总人次的 56%。在出游天数选择上，4～5 天的国内长线游行程仍是主流选择，出游人次占比为 53%；而剩余 3 成左右的游客则更愿意选择 6～8 天的国内长线游深度玩法。

第二节 旅游购买的决策

一、旅游购买行为模型

旅游购买行为模型是对旅游购买行为和过程的简单概括，是一种易于理解、意义明确、有组织的描述。旅游购买行为模型不仅列出了购买行为与购买行为的影响因素等系统关键要素，还表明了这些要素之间的互动关系。

旅游购买行为模型已被多位学者研究、应用和修正，现存的模型有很多，旅游消费行为学科中多有介绍，本书中仅介绍两种相对简化但比较著名且应用较为广泛的模型——科特勒的行为选择模型和米德尔顿的“刺激-反应”购买行为模型。

（一）科特勒的行为选择模型

旅游营销组织与营销人员在制定营销策略之前，需要首先分析旅游购买行为，这样，制定的营销策略才能有的放矢。

在市场规模较小时，营销人员可以在日常销售行为中通过观察来分析和研究旅游购买行为，但是，随着市场规模的日益扩大，营销的决策者逐渐失去了直接接触旅游者的机会，不得不越来越多地依赖市场调研。

研究旅游购买行为需要从六个方面入手，如表 3-2 所示。

表 3-2 旅游购买行为的认识框架

旅游市场的构成	购买者与购买决策的参与者
旅游者购买什么	购买对象
旅游者为何购买	购买目的
旅游者怎么购买、买多少	购买行动
旅游者何时购买	购买时间
旅游者何地购买	购买地点

菲利普·科特勒认为，购买行为的反应不仅要受到营销刺激的影响，还会受到外部刺激的影响。心理学学派的研究成果显示，旅游购头行为的动机是一种内部心理活动，是一种看不见、摸不着的“黑箱”。

科特勒的行为选择模型如图 3-2 所示，就是建立在购买黑箱的基础上的，外部刺激因素经过购买行为黑箱后，表现为外在的旅游购买行为。

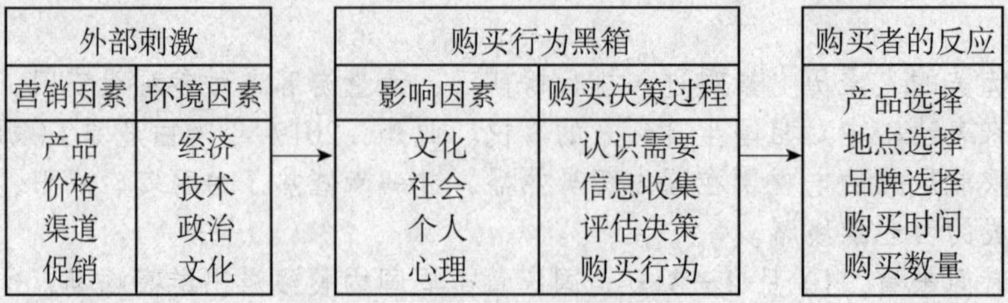

图 3-2　科特勒的行为选择模型

从科特勒的行为选择模型可以看出，具有潜在需求的旅游者首先受到营销因素和环境因素等外部刺激的影响，从而产生旅游购买意向，而不同的旅游者对于外界刺激会基于特定的影响因素和决策方式的不同，做出不同的购买反应。

上述分析表明，旅游购买行为的全过程，实质上就是旅游者在旅游企业营销的可控因素（产品、价格、渠道、促销）与不可控的外部因素（经济、技术、政治、文化）等的刺激下，促使旅游者产生旅游的心理活动，并在旅游动机的支配下，做出旅游决策的旅游购买行为反应。

（二）米德尔顿的“刺激-反应”购买行为模型①

米德尔顿（Middleton）在 1988 年提出了一个相对简化的旅游购买者行为模型，他将其命名为“刺激-反应”购买行为模型，如图 3-3 所示。

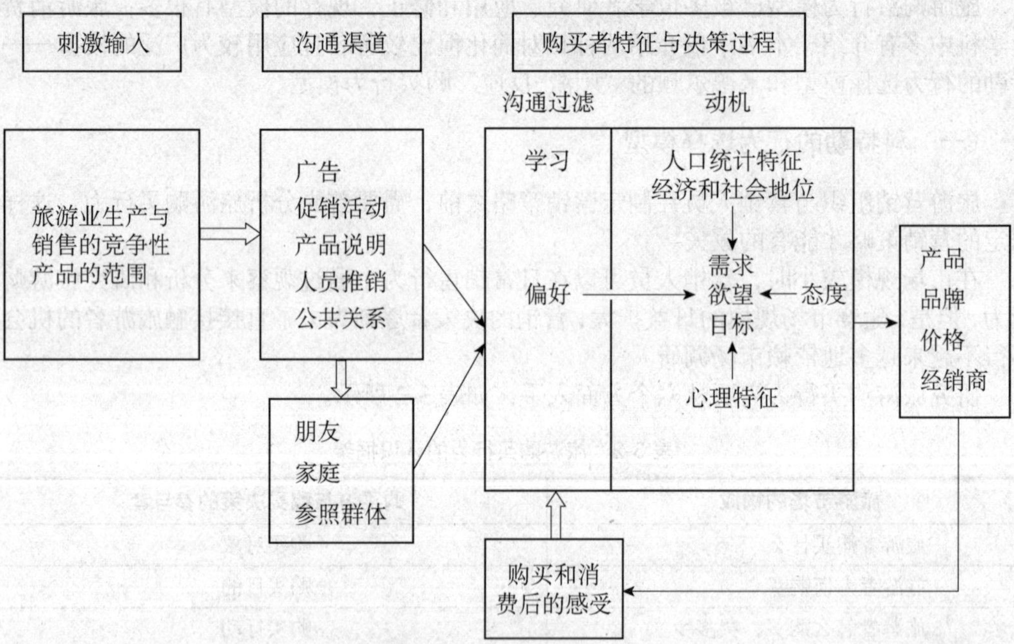

图 3-3　米德尔顿的“刺激-反应”购买行为模型

图 3-3 中有四个交互作用的组成部分，核心部分是“购买者特征与决策过程”，其中包括动机。前两个部分为输入因子，它们中的大部分都能被市场部经理掌控。而最后一部分代表着购买行为输出，作者意识到在购买过程中，朋友与参照群体的重要性。研究表明，来自家人、朋友和同事的建议能够极大地影响购买决策。

① 匹赞姆. 旅游消费者行为研究[M]. 舒伯阳，译. 大连：东北财经大学出版社，2005.

米德尔顿将动机视为购买行为中弥合了感知需求和购买决策之间差距的动态过程。他强调购买行动直接与动机相关联并反过来与购买者特征相联系。同时，米德尔顿将产品满意看作是强有力影响未来购买行为的手段，并在他的模型中将购后行为和决策过程联系起来。

二、旅游购买决策的特点

旅游购买行为是一个非常复杂的行为，其购买决策也具有比较鲜明的特点。了解、认识这些特点对于理解旅游购买行为模型和分析旅游购买行为具有重要的意义。

（一）旅游购买决策的目的性

消费者的旅游购买行为具有鲜明的目的性特征，旅游购买决策本身带有极强的目的性，就是为了实现自己和（或）家人的一个或若干个目标，例如，可能包括娱乐、度假、康体、公务、朝圣、社交、修学、购物、享受等目标中的一个或几个。

一旦旅游者确定了旅游购买决策的目标，就会围绕目标进行计划、选择、安排和执行，这就是旅游购买决策活动的目的性。

（二）旅游购买决策的过程性

旅游购买决策是旅游者在宏观营销环境与微观营销环境因素的刺激下，受个人、社会、文化、心理等因素的影响，产生需求，形成旅游动机，进而确定旅游购买目标，设计旅游购买行动计划方案，付诸行动，购买后的旅游体验与消费经验反馈又会影响下一次的旅游购买决策（重复购买、修订后再购买、拒绝购买）。因此，旅游购买决策是一个完整的闭路循环过程。

（三）旅游购买决策的自主性

消费者的旅游购买决策通常都是个体自主实现的。尽管营销环境与其他外部因素会对旅游者的购买行为产生很大的影响，但是只要旅游主体是具有完全民事行为能力的人，其旅游购买行为就是其主观需求与意愿的外在表现。

作为符合经济学假定的理性人，消费者的旅游购买决策就是由其个人单独、自主做出的。随着经济收入和消费水平的不断提高，旅游购买决策的自主性特点将越来越明显。

（四）旅游购买决策的复杂性

旅游购买决策的复杂性主要体现在以下三个方面。

1. 旅游购买决策内容的复杂性

旅游者在做出购买决策前，需要通过分析、对比，确定购买对象、购买目的、购买行动、购买时间、购买地点（见表 3-2），以及品牌、价格等内容。因此，旅游购买决策的内容是非常复杂的。

2. 旅游购买决策影响因素的复杂性

旅游购买决策会受到多种因素的影响，具体包括旅游者的个人因素（年龄、家庭生命周期阶段、职业、健康状况、生活方式、个性与自我观念）、心理因素（动机、知觉、学习、信念与态度）、社会因素（社会阶层、参照群体、家庭、角色与地位）、文化因素（文化、亚文化）。除此之外，旅游者所处的空间地理环境和经济环境等因素，如旅游产品价格、旅游企业的信誉和服务水平等，也会对旅游购买决策产生影响。这些影响因素之间相互作用，会对旅游购买决策的内容、方式及结果产生复杂、不确定的影响。

3. 旅游购买决策过程的复杂性

旅游购买决策是大脑复杂思维活动的产物。旅游者在做决策时，不仅需要开展包括感觉、知觉、记忆等在内的一系列心理活动，还必须进行分析、计算、推理、判断等一系列复杂的思维活动，从而确定旅游购买决策的各项内容，分析各个影响因素，计算旅游购买行为的各项费用支出与可能带来的各种收益。

（五）旅游购买决策的可变性

旅游购买决策的各种影响因素，会随着时间、地点、环境的变化不断发生变化。因此，旅游者在实施旅游购买过程中，由于受到收入水平、购买习惯、消费心理、家庭环境等影响因素变化的影响，其旅游购买决策也会发生改变。

三、旅游购买决策的参与者

旅游购买决策是一个极为复杂的过程，但购买决策的参与者具有一定的共性。

做出一项旅游购买决策的可能是一个人，也可能是多个人；可能是男人，也可能是女人；可能是成年人，也可能是未成年人；可能是家人、朋友等相互熟悉的人，也可能是陌生人。但是，无论是谁来做决策，参与者在旅游购买决策过程中所承担的角色只有以下五种情况。

（一）发起者

发起者（initiator）又称为提议者，其在旅游购买决策中所承担的角色是提议进行一次旅游购买，该提议大到一次外出旅游，小到旅游活动中的交通、住宿、餐饮，甚至是某一件旅游纪念品的购买。

旅游购买决策的发起者，既可以是孩子，也可以是孩子的父母、学校的老师、同学等，甚至有可能是旅游营销人员。如果发起者是家庭成员之一，那么除了发起提议之外，发起者通常还是负责旅游信息收集的人。

（二）影响者

影响者（influencer）所承担的角色是在旅游目的地、交通、住宿等方面提供建议，并收集相关信息，其建议往往对旅游购买决策有一定的影响。

与旅游购买决策的发起者一样，影响者既可以是熟悉的人，也可以是陌生人。例如，孩子可能会说："爸爸妈妈，如果这次期末考试我拿到年级第一，你们就奖励我去上海迪士尼乐园玩，好吗？"此时，孩子既是发起者又是影响者；另外，营销人员的介绍和网友写的旅游攻略也会影响旅游购买决策。

（三）决策者

决策者（policy maker）是最终做出购买决策的人，承担这一角色的人通常是家庭中的权威人物，并掌握家庭的财政大权。例如，旅游购买的决策者很有可能是一个家庭的女主人或者男主人（当然，在民主的家庭，可能是全家协商或投票决定；对于单身人士来说，决策者就是旅游者个人）。

（四）购买者

购买者（purchaser）是最终购买决策的执行人，负责出面与相关旅游企业进行联络和预订，通常是家庭中时间相对比较充裕和自由的人，或者是体力比较好的人，因为购买者一般扮演的是为决策者“跑腿”的人。

（五）使用者

使用者（user）是旅游活动中外出旅游或度假的人，即旅游产品的实际消费者。

旅游购买决策是一个极为复杂的过程，尤其是以家庭为单位出游的情况，整个购买决策的过程会变得更加复杂。在购买前、购买中和购买后的整个过程中，每个家庭成员都有可能同时扮演多个角色。例如，一个家庭准备在寒假出游，经过信息收集和分析、讨论，决定在上海迪士尼乐园和广州长隆旅游度假区之间二选一。此时，孩子可能是发起者和影响者，妈妈则可能是发起者、影响者和决策者，爸爸则可能是影响者和购买者，全家人都是使用者（在决策制定过程中，亲戚朋友、营销人员和网友都可能成为影响者）。

四、旅游购买的决策过程①

一般来讲，消费者对旅游产品的购买决策过程大同小异，整个购买过程大体上可以划分为六个阶段，如图 3-4 所示。

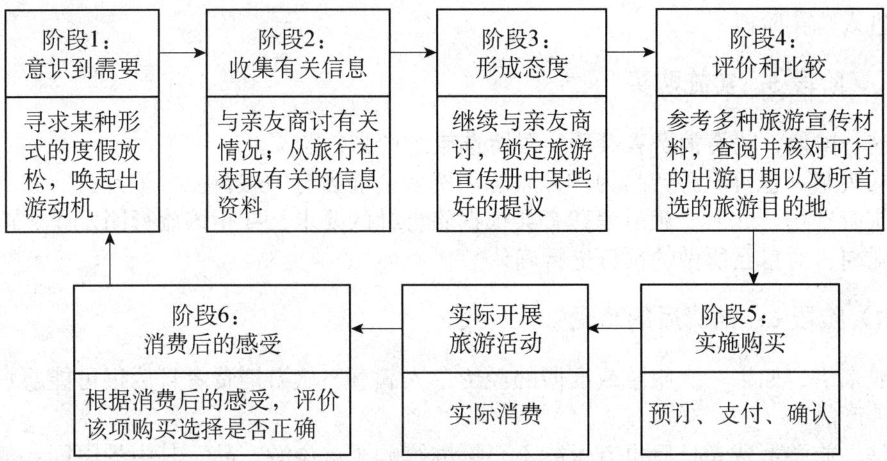

图 3-4　旅游购买的一般决策过程

（一）阶段 1：意识到需要

消费者在考虑外出旅游之前，首先须唤起自己的潜在动机，或者说首先必须具备打算借助外出旅游去消除或缓解身心紧张的心理意愿。

但是，即使有了外出旅游的意愿，某些抑制性因素也可能会同时存在，如缺少可用于外出旅游的闲暇时间，或者有某些其他类型的度假方式可供考虑等。这些抑制性因素的存在，有可能会导致出游计划的拖延，甚至有可能会终止对有关信息的收集。

因此，在这一阶段，人们的出游计划通常还比较模糊，对于自己所感兴趣的旅游日的地或旅游产品仅有一些有限的了解。

---

① 李天元，曲颖. 旅游市场营销[M]. 北京：中国人民大学出版社，2013.

（二）阶段 2：收集有关信息

在这一阶段中，旅游消费者希望通过对有关信息的收集，评价相关目的地有可能提供的利益。

由于可满足自己需要的旅游目的地有很多，因而这一阶段的信息收集工作有可能会涉及若干同类的旅游目的地。

（三）阶段 3：形成态度

旅游消费者对于自己所拟购买的旅游产品或所拟选择的旅游目的地持何种态度，既取决于从阶段 2 中所获得的信息，同时也取决于该项购买是属于高风险性的购买还是低风险性的购买。

通过咨询他人、核对信息、参考先前的经验等工作的开展，旅游消费者要么强化自己对该项购买的原有态度，要么改变对该项购买的原有态度。

（四）阶段 4：评价和比较

在这一阶段，旅游消费者会对可供选择的若干同类目的地或同类旅游产品进行详细的比较，从而逐渐做出自己的倾向性选择。

在这一过程中，他们会确定若干项可据以选择的标准，如价格、便利程度、他人的推荐意见等。只有进展到这一阶段时，旅游消费者才会认真考虑某一旅游目的地或某一旅游产品所提供的利益是否与自己的需要相匹配。如果认为这两者匹配得当，旅游消费者则会接下去进入购买阶段。

（五）阶段 5：实施购买

在这一阶段，旅游消费者会落实对所选旅游产品的购买。

以购买某一包价旅游产品为例，旅游消费者会前去有关旅行社办理预订，并支付所需缴纳的旅游费用。此后，旅游消费者会根据旅行社的要求，在距该旅行团发团之前的某一规定期限内，对自己所做的预订进行确认。

（六）阶段 6：消费后的感受

一般来讲，如果一次旅游或度假的经历令人满意，旅游消费者日后很可能愿意再次购买该旅游产品。

但是，旅游消费者日后也有可能不会再继续购买该旅游产品，其中的原因一般涉及两种情况：一种情况是，本次旅游或度假体验的实际情况与消费者的事先预期不相符；另一种情况是，虽然本次旅游或度假体验的实际情况与消费者的事先预期基本相符，但消费者可能会认为，与之相比，其他某一同类产品似乎更具吸引力。

不论是上述哪一种原因，都会致使消费者对日后继续购买该旅游产品产生顾虑。对于旅游消费者所持有的这种感受或顾虑，有些研究中称之为认知冲突（cognitive dissonance）。

无论旅游者的旅游感受如何，其购买后的旅游体验与消费经验反馈都会影响下一次的旅游购买决策（重复购买、修订后再购买、拒绝购买），从而形成一个完整的闭路循环过程。

第三节　旅游购买行为的影响因素①

旅游购买行为会受到多种因素的影响，概括起来包括旅游者的自身因素（个人因素、心理因素）和外部决定因素（社会因素、文化因素），如图 3-5 所示。

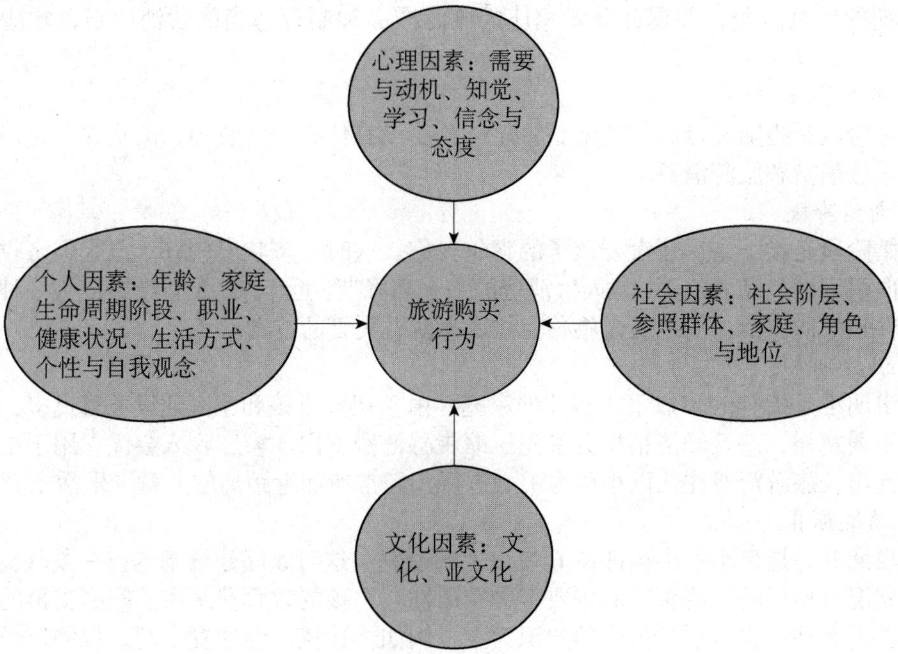

图 3-5　影响旅游购买行为的因素

一、个人因素

旅游者的购买决策受个人特征的影响，如年龄、家庭生命周期阶段、职业、健康状况、生活方式、个性与自我观念等。

（一）年龄

年龄一般可以分为儿童、少年、青年、中年、老年五大类。年龄的差异使旅游者在生理和心理状况、收入及购买经验等方面产生差别，因此，不同旅游者在选择旅游产品的种类、品牌，以及在旅游过程中的购买行为也会有很大差别。但处于同一年龄阶段的人，其购买行为会呈现某一方面的共性。

一般来讲，儿童、少年喜欢“好玩”；年轻人喜欢新鲜，刺激性、冒险性较强，倾向于体力消耗较大的旅游活动，同时他们在旅游购买过程中会更多地受到参照群体的影响；中年人在旅游购买时则更加理智，更具计划性，购买行为很少像年轻人那样冲动，同时旅游产品的经济性和实用性是其关注的重点；老年人则倾向于选择节奏舒缓、舒适且体力消耗小的旅游活动。旅游企业在经营过程中，应针对不同年龄段设计相应的营销组合，以迎合

① 胡亚光，胡建华. 旅游市场营销学[M]. 北京：旅游教育出版社，2015.

各类人群的需求，促进购买行为的完成。

（二）家庭生命周期阶段

家庭生命周期阶段对个人及家庭的旅游购买行为有很大影响。家庭生命周期，是指一个新的家庭从成立到此家庭消失的全部过程。

根据家庭状况将家庭分为以下几个阶段，根据各阶段的财务收支情况，处在每一阶段上的家庭都有自己的购买行为特点。旅游营销人员只有明确自己的目标市场处于家庭生命周期的什么阶段，并据此开发相应的旅游产品和制订适当的营销计划，才能取得营销成功。

1. 单身阶段

单身阶段是指随父母居住的未婚青年，几乎没有什么经济负担，消费观念超前，有较多的娱乐性消费和旅游消费。

2. 新婚阶段

新婚阶段是指结婚后还没要孩子的青年夫妇。这时经济状况较好，家庭经济收入会较多地投向耐用消费品的购买，是人生消费的一个高峰期。近年来，旅行结婚成为一种时尚，前往条件较好的旅游目的地观光旅游往往成为新婚夫妻的首选。

3. 满巢期Ⅰ

满巢期Ⅰ是指有 6 岁以下小孩儿的家庭。由于抚育小孩和家庭建设项目过多，大多家庭经济不太宽裕，一旦经济拮据会首先压缩旅游消费支出。家庭收入会优先用于小孩抚育方面的支出，旅游消费往往以小孩为中心进行，经常参加近距离的儿童游乐活动。

4. 满巢期Ⅱ

满巢期Ⅱ是指最小的小孩都在 6 岁以上的家庭。这时家庭建设基本告一段落，大多家庭经济状况有所好转，购买产品主要考虑实用性。小孩的教育费用占了家庭支出的较大比重，旅游消费往往也以增长孩子的知识为主。例如，让孩子参加夏令营，带领孩子进行增长见识的观光旅游成为首选。

5. 满巢期Ⅲ

满巢期Ⅲ是指夫妇年龄在中年以上，孩子已经成年，但尚未离家的家庭。由于孩子的经济逐步走向独立，家庭经济状况有较大的改善，因此有较多的可自由支配的货币投入旅游消费，但由于家庭成员都在工作，故旅游消费又会因为闲暇时间过少而受到限制。

6. 空巢期

空巢期是指家庭中子女已成人离家居住，夫妇年纪较大的家庭。在未退休时家庭经济收入较好，而退休后家庭的收入有所减少。一般来说，处于该阶段，尽管家庭总收入有所减少，但可自由支配的收入却相对增加，因为住房和耐用消费品已经购置，如果夫妻双方都已经退休，则进入了有钱又有闲的旅游黄金年龄段。由于夫妻双方健康状况尚可，此阶段是人生旅游的高峰，同时由于时间比较自由，往往选择旅游淡季出行。

7. 鳏寡期

鳏寡期是指丧偶后的单身老人家庭。年龄的增加、个人收入的减少、健康状况的下降，使得家庭用于旅游消费的支出会下降并趋于停止，同时会增加较多的医疗保健方面的需求。即使有旅游消费支出也将从观光旅游等行走较多的旅游消费，转为选择相对静止的休闲度假旅游，旅游往往结伴而行，喜欢参加专门为老年人组织的旅行团。随着老龄化社会的到来，如何针对老年人的特点开发新型的旅游产品并满足其需求，将是旅游企业面临的新课题，也是可加以利用的巨大的市场机会。

（三）职业

一个人的职业很大程度上决定了这个人在社会结构中所处的地位。职业既在很大程度上决定了一个人的收入水平，也决定了一个人闲暇时间的多少及其分配情况。

闲暇时间是实现旅游消费不可缺少的因素。例如，教师职业具有较长的闲暇时间且都集中在寒暑假，具备较多的出游时间。此外，职业本身意味着购买者的工作性质和生活经历，不同职业的人由于工作性质可能会促使其选择不同的旅游产品。例如，工作繁杂程度高、人际交往频繁、工作任务重的就业者倾向于选择放松型的休闲度假旅游。

（四）健康状况

任何旅游活动都需要耗费一定的体力和精力。因此，旅游者的身体健康状况就成为旅游购买行为的直接影响因素。

身患重病的人很难进行旅游活动，而健康状况不佳者也只能在体力允许的范围内选择旅程较短、耗时较少的旅游项目。健康状况不同，旅游者对交通工具、住宿设施及饮食要求也有很大的差异，并且生理健康状况也会影响到旅游者的心理状况，从而间接影响到旅游者的购买行为。

（五）生活方式

生活方式，是指一个人在生活方面所表现出的兴趣、观念及参加的活动。它对消费行为的影响是显而易见的。有些人虽然出身于同一社会阶层，来自同一文化环境，具有相似的个性，但却有不同的生活方式。

例如，一项调查显示，购买包价旅游产品的旅游者和购买自由行旅游产品的旅游者在生活方式上是不同的。购买包价旅游产品的旅游者都“更热衷于社会交往，为人热情，把度假当成放松的方式”；而购买自由行旅游产品的旅游者往往更自信、更喜欢独处。

（六）个性与自我观念

个性，在心理学中也称为人格特质，它是指一个人独特的心理特征。个性促使个人对周围环境有持续一致的反应。购买者的自我观念或自我形象，是指个人的自我认知，它与旅游者的个性息息相关。

有关个性类型的论述很多，目前较为典型的是著名心理学家莱格关于外向型个性和内向型个性的划分。一般来说，外向型个性的人性格开朗、活泼，易于流露自己的情感，独立性强，不拘小节，喜欢同人交往；而内向型个性的人沉静，小心谨慎，不爱交际。不同个性的旅游者会表现出不同的旅游行为，如表 3-3 所示。

表 3-3 内向型和外向型旅游者的旅游行为

内 向 型	外 向 型
选择喜欢或熟悉的旅游目的地	选择非旅游区
喜欢旅游地的一般活动	喜欢获得新鲜经历和享受新的喜悦
选择晒日光浴和游乐场所	喜欢新奇、不寻常的旅游场所
低活动量	高活动量
喜欢驾车前往旅游景点	喜欢乘飞机去旅游景点
喜欢正规的旅游设施，如设备齐全的旅馆、家庭式饭店和旅游商店	要求一般或较好的旅馆，不一定要高级宾馆，不喜欢专门的旅游商店

续表

内 向 型	外 向 型
喜欢家庭氛围和熟悉的娱乐活动，不喜欢外国气氛，要准备齐全的旅行袋	愿意接触异国文化和居民，旅游的安排只包括最基本的项目（交通工具和住宿）
要准备好齐全的旅行袋，全部日程都事先安排妥当	交通的安排只包括最基本的项目，留有较大的余地和灵活性

自我观念，也就是自我形象，是指消费者在心目中把自己看成怎样一个人、怎样一种形象，或者企图让别人把自己看成什么样的人。一般认为，自我形象是真实的自我、理想中的自我和别人眼中的自我的三者结合体。

这也是营销人员应关注的重要因素。消费者在购买商品时，如果认为该商品与自己的形象相一致，往往就会决定购买，与自己的形象不相称，就会拒绝购买。例如，那些自认为外向型性格的人，对观光游览类的慢节奏的旅游产品就不会感兴趣，而会青睐潜水、滑雪等休闲探险类的旅游产品。通常，消费者是把购买行为作为表现自我形象的重要方式。因此，旅游者一般会选择符合或能改善其自我形象的产品或品牌。这就要求旅游企业设计出符合目标顾客自我形象的产品和品牌形象。

二、文化因素

文化，一般是指人类在社会发展过程中所创造的物质财富和精神财富的总和。消费过程本身也是一种文化现象，所以，文化对旅游购买行为具有强烈和广泛的影响。从文化因素分析旅游购买行为时，可从文化和亚文化两方面入手。

（一）文化

文化，是决定人们欲望和行为的最基本的因素。它由基本的价值观、认知系统、欲望和行为所构成。这些是一个人从社会当中不断习得的。

每个人都在一定的社会文化环境中成长，通过家庭和其他主要机构的社会化过程学到和形成了基本的文化观念。它几乎存在于人类思想和行为的每一方面。

首先，文化的产生和存在可以指导消费者的学习和社会行为，从而为消费者提供目标、方向和选择标准。例如，文化决定了旅游者吃什么、如何旅游、到哪里旅游和住在哪里等问题。

其次，文化的渗透性可以在新的区域中创造出新的需求来。例如，圣诞节期间，我国旅游宾馆、饭店推出的吸引国内外旅游者的圣诞大餐。

最后，文化是动态的，会随着环境的改变而改变。旅游营销人员应该努力识别出文化的变化趋势，力求根据文化特点设计出一些新的能被市场接受的旅游产品和服务。例如，由于在文化上出现一种更加关注健康和保养的趋势，许多饭店都增设了健身房或健身俱乐部。有的则与当地的健身俱乐部达成协议，以使顾客能够利用其健身设施。在饮食上出现的更加注意清淡口味和天然食品的趋势，则使餐馆的菜单设计发生了很大变化。新餐馆的设计也反映了素雅、简洁的居室装修风格和潮流趋势。

（二）亚文化

每一种文化都包含着更小的文化群体。他们是建立在共同经验和相同环境基础上并具有相同价值体系的人群，即亚文化群体。他们所持有的价值观念与其所属的更大社会群体有较大的出入。亚文化群体的成员对特定的诸如饮食、服装、生活习惯等有极大的偏好。它又可以分为以下几种类型。

1. 民族亚文化群

除了少数单一民族国家外，大多数国家都存在不同的民族。每个民族在漫长的历史过程中形成了各自独特的风俗习惯、文化传统、生活观念和审美观念。有些民族还拥有自己的语言文字，有独特的教育体系和教育方式。这些不同的特点都将导致各民族在旅游需求和购买行为等方面的差异性。

2. 宗教亚文化群

宗教是人类社会发展到一定阶段的历史文化现象。每个国家都存在不同的宗教。不同的宗教群体，具有不同的文化倾向、习俗和禁忌。这些宗教信仰者在信仰、生活方式、习俗、审美观、价值观以及禁忌等方面存在区别，进而导致旅游需求和购买行为的差异。

3. 地理亚文化群

不同的地理区域、气候和人口密度，导致旅游者在风俗习惯、生活方式、品位和爱好等方面存在差异。这些也必然会影响各地区旅游者的购买行为。

4. 种族亚文化群

白种人、黑种人、黄种人等，都属于不同的种族。一个国家可能有不同的种族，而不同的种族又有不同的生活习惯和文化传统。不同种族之间也同样具有旅游需求和购买行为的差异性。

亚文化是与主流文化相对的。由于亚文化是直接作用或影响人们生存的社会心理环境，其影响力往往比主文化更大。它能赋予人一种可以辨别的身份和属于某一群体或集体的特殊精神风貌和气质。

【阅读链接 3-3】大品牌营销钟情亚文化①

亚文化就是相对于大众文化而言的小众文化，它是非主流、局部的文化现象，拥有自己独特的价值与观念。当亚文化达到一定规模而影响到主流文化时，主流文化就试图消灭它。方法有两种，第一种是政治手段制裁，第二种最为常见，即采用经济手段收编它，让它被商业模式同化，变成流行文化，加快该亚文化生命周期的同时，也去掉它的独特性。而品牌亚文化营销就是品牌借助亚文化的势能来宣传自己，也是将亚文化进行商品化的过程。

句句扎心，没错你就是我们伙的人了

随着《中国有嘻哈》的热播，大把流量被引入嘻哈界，Adidas Originals 看准时机，与之前就因《Made in China》大火的海尔兄弟（Higher Brothers）合作，不仅推出联名款 NMD，更是成为其新 MV《Nomadic》的强势赞助方。Adidas Originals 与嘻哈界的这次联姻，不仅体现品牌对街头时尚的定义、对原创的推崇，也因借势营销为新款的推出赚足流量和关注眼球。

《中国有嘻哈》的火爆程度，让马云都沉不住气了，邀请欧阳靖演绎支付宝首支 MV《无束缚》。阿迪达斯联手《中国有嘻哈》不过是软广植入加平台赞助。相比之下，支付宝确实要豪气很多，直接请嘻哈明星为支付宝量身打造 MV，这种 freestyle（即兴说唱）的宣传很强势。

① 搜狐财经. 亚文化有毒又上瘾，大品牌营销为何要钟情[EB/OL]. （2017-08-07）[2018-03-08]. http://www.sohu.com/a/162859859_160576.

前面两个例子，或深入或浅出，但都只是与现有亚文化合作，而小米用创造实现了亚文化的臣服。

小米向来是宠粉狂魔，其拍摄的《100 个梦想的赞助商》微电影，主要目的就是为感谢那最初的 100 位内测用户，以及一路支持陪伴它的粉丝们。微电影让人泪目，莫名产生想要一辈子死心塌地陪伴它的冲动。把品牌做成明星，将用户变成粉丝，小米通过参与感营销，成功把品牌理念打造成一种发烧友文化。

你是走错场了吗，还是过来挑事儿

看过了八面玲珑借势亚文化的品牌营销后，再来看看那些自寻死路，不知道文案策划者的脑子当时在想什么的品牌广告！

比克钢笔为庆祝南非国家妇女节而专门发布一则广告，本来初衷是很好的，可是文案出现大 bug（漏洞）。“像男人一样思考？！”女权主义者纷纷表示受到严重的性别歧视。瞬间铺天盖地的抨击接踵而至。当然，比克钢笔真的是跟女权有缘，这已经不是第一次事故了，早前推出女性专用钢笔也引发类似危机。

中了亚文化的毒，更 high 啦

当一个品牌将它所要表达的个性寄托在一群特定人身上，那么品牌的人格化就自然更加鲜明具体，这会赋予品牌与消费者之间更强的沟通能力。因此，好的亚文化广告，不会是一个推销员，更像是一个战士、朋友在诉说你的内心。

没错，你就是我要找的人

在市场不断细分的今天，想要让品牌覆盖所有阶级、所有群体是不可能的，只有寻找到目标受众才有可能引爆品牌，实现有效传播。亚文化群体，具有极高的共同性，是一个成型的兴趣社群，品牌如果能拿下或引爆某个亚文化群体，则直接避免了寻找目标消费者的成本和消费者范围过大过小的问题。

这个群体容易炸呀

亚文化具有的强烈个性，是青年人所崇拜的，借助亚文化宣传品牌理念，反对社会对这个群体的偏见，表达自己的坚持，往往能够直接引起与年轻人的情绪共鸣。在让亚文化群体产生“你懂我”这种感受后，就会容易让群体成为这个品牌的粉丝。

爱你更懂你，说的就是我

品牌需要知道亚文化的一些禁忌、行话、内涵，才能更好打入内部。例如，女权提倡男女平等，讨厌男女区别对待，尤其禁忌歌颂男权社会。但是比克非要特别制造女性钢笔，还告诉女人像男人一样思考，区隔男女并且赞扬男性智慧，步步踩雷。彩虹是对同性恋的爱称，彩虹糖以此为媒介，打出支持同性恋游行的广告，既体现自身品牌，又与亚文化群体站在同一战线。

与其跪舔你，不如创造一个他

当品牌成为一种信仰，消费者成为粉丝，亚文化也就产生了。小米的 slogan（广告语）是“为发烧而生”，其背后是具有极客精神的亚文化群体。小米手机的成功在于，它对核心消费者（即米粉）的培养和维护，如小米手机通过拍摄《100 个梦想的赞助商》微电影来表达对粉丝的感恩，既赋予品牌人格化，又加强用户体验。与同业手机用户相比，小米大肆宠粉一方面增强了自身品牌粉丝的自豪感，另一方面也加强了这个亚文化群体的归属感。

三、心理因素

影响旅游购买行为的心理因素，主要包括需要与动机、知觉、学习、信念与态度。

（一）需要与动机

人的一切活动，包括购买行为都是为了满足自身某种需要。人的需要是多方面的，有生理、心理方面的，也有社会方面的。一种尚未满足的需要会使人产生内心的紧张或不适，当个体的需要达到一定的强度，并且存在一定的外在刺激时，就会产生动机，如图 3-6 所示。

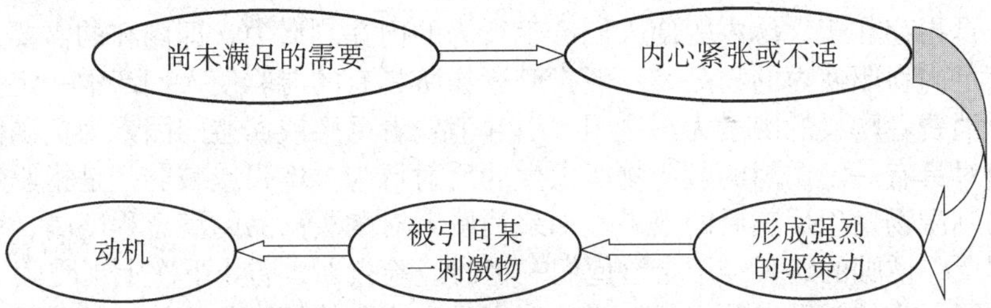

图 3-6 动机的产生过程

因此，动机是一种推动人们为达到特定目的而采取行动的迫切需要，是行动的直接原因。购买动机是引起人们购买行为的原动力。当促发一个人有意旅游，以及到何处去、做何种旅游的内在驱动力产生时，就产生了旅游动机。旅游动机可以分为以下几种类型：观光旅游动机、度假旅游动机、文化旅游动机、社会关系旅游动机、经济型旅游动机、会议型旅游动机和特种旅游动机等。

旅游动机具有模糊性、复杂性、变化性、内隐性、冲突性等特点。旅游营销人员要时时跟进旅游市场，抓住主要的旅游动机，运用营销手段将潜在消费者模糊的动机明朗化，促进旅游购买。

（二）知觉

知觉是感觉刺激变成有意义的个人经验的一种历程，简言之，知觉就是理解了的感觉。消费者在购买商品之前，必须对商品有一个从感觉到知觉的认知过程。消费者通过五种感官（视、听、嗅、味、触）形成对某一商品个别属性的反应，这就是感觉。随着感觉的深入，消费者将感觉到的材料通过大脑进行综合分析，对商品的各种属性进行理解、整理，得到知觉。消费者通常根据自己所认为的“事实”而不是客观事实购买旅游产品。因此，旅游营销人员可以通过有效引导潜在消费者感觉和知觉的方式，使自己的旅游产品和服务在他们心中占据性价比优势和形象优势。

（三）学习

人类的行为有些是本能的、与生俱来的，但大多数行为（包括购买行为）则是从后天经验中得来的，即通过学习、实践得来的。

所谓学习，是指旅游消费者在购买和使用商品的实践中，逐步获得和积累经验，并根据经验调整购买行为的过程。

旅游娱乐本身就是一种习惯，刺激可能是由于长期不断的工作所带来的紧张，而这些人知道旅游可以减少这种紧张的情绪。只要这个“刺激-反应”行为能带来满意的报偿，他们就会继续旅游并成为习惯。学习的模式如图 3-7 所示。

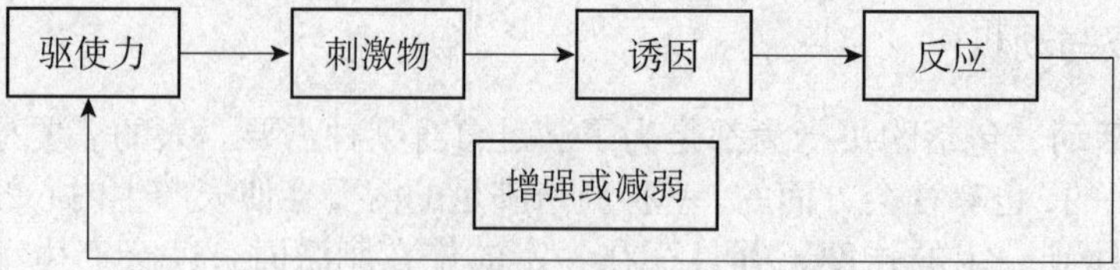

图 3-7 学习的模式

驱使力是指存在于人体内驱使人们产生行为的内在刺激力，即内在的需要。刺激物，是指可以满足内在驱使力的物品，一般指刺激物所具有的能驱使人们产生一定行为的外在刺激（吸引消费者购买的因素为正诱因，引起消费者反感或回避的因素为负诱因）。反应，是指驱使力对具有一定诱因的刺激物所发生的反射行为。增强或减弱，是指驱使力对具有一定诱因的刺激物发生反应后的效果。如果消费者对购买商品的满意程度高，就会形成重复购买；相反，诱骗的购买经历会给他们一定的经验教训，防止下次上当受骗。

旅游购买行为的学习过程也是一样，当产品和服务能够满足旅游者的需要时，旅游者就倾向于再次购买。此外，接触信息的过程也是学习的过程。旅游购买者可以通过旅行社营销人员或周围的朋友、家庭成员及自学的方式来获取旅游产品信息，所以保证高效、畅通的信息渠道将会对旅游者的购买行为产生很大的影响。例如，饭店应该帮助顾客了解其设施和服务项目及其标准。

（四）信念与态度

人们通过行动和学习来建立自己的信念和态度。这些信念和态度反过来又会影响其购买行为。信念，是指一个人对事物的描述性的看法。例如，一位顾客可能会认为香格里拉饭店在相同价位的饭店中属于设备最好、人员最专业的饭店。这些看法也许建立在真实的知识、意见和信仰的基础上，也许掺杂感情的成分。因此，不同的信念可导致人们产生不同的态度。例如，旅游者对知名旅游企业的产品可以放心选购，而对不熟悉的新产品则犹豫观望、疑虑重重，很难做出决定。

人们几乎对任何事物都怀有某种态度。态度是指一个人对某种客观事物或观念比较一贯的评价、感觉和倾向。态度将人们置于一个对事物有好恶感和趋避心理的思维框架中。例如，一个具有“生命在于运动”态度的人较为倾向于进行体育休闲活动，态度很难改变。一个人的各种态度是与某个模式相匹配的，要改变其中一种态度，可能要牵动很多。对于旅游企业来说，生产那些符合现存态度的产品要比改变人们对产品的态度容易得多。

值得注意的是，儿童时期培养起来的态度常常影响成年后的购买行为，如迪士尼和麦当劳都把儿童看作终身顾客。他们专门为儿童设计了许多诱人的餐点和设施，以引发他们的兴趣。可喜的是，一些旅游企业也开始注意到儿童市场的未来潜力。他们发现儿童项目获利颇丰，而且还能培养未来的顾客。例如，美国的汽船温泉滑雪度假饭店专门向 6 个月到 15 岁的少年儿童提供各种活动项目。当然，在各种活动中要特别强调安全和有趣。

【阅读链接 3-4】不能减免的 1 块钱[①]

某日，一位酒店总经理在咖啡厅请朋友喝咖啡，点了 4 杯咖啡，结账时显示 201 元。因为没带卡，只能用现金结账，这位总经理跟收银员说：“能不能把 1 块钱免了只收 200 元，钱找散了也不好放。”收银员以收银系统无法减免、老板没有授权为由拒绝了。

① 李鹏辉. 不能减免的 1 块钱[N]. 中国旅游报，2016-12-08（A02）.

这位总经理心想：就因为这 1 块钱，服务员处理得不灵活，我对这家咖啡厅的经营不看好，这家咖啡厅将失去我这样的客户。

回到酒店后，该总经理也反思自己的酒店经营管理，交代财务部经理检查酒店产品价格是不是容易出现 1～4 元的小额尾数，服务人员如何处理类似情况，以及酒店是否也会因为这小额尾数流失客人。

经财务部调查，客房、自助餐、休闲、娱乐等产品的价格绝大部分都是整数，不容易产生 1～4 元的小额尾数。容易产生小额尾数的是中餐厅的零点。

在中餐厅消费，转账、刷卡、支付宝支付的客人大部分不会在意 1～4 元的小额尾数；而以现金结账的客人当尾数超过 5 元时，也很少提出减免。对于少数提出减免 1～4 元尾数的客人，酒店服务人员多以系统生成，无法更改，不能减免，以及没有权限等理由拒绝客人。而面对拒绝，不少客人表示：酒店经营太“不灵活”了。

这位酒店总经理随后对酒店产品价格、系统设置、人员权限等方面进行了调整。

四、社会因素

旅游者购买行为也受一些社会因素的影响，其中包括旅游者的社会阶层、参照群体、家庭、角色和地位等。由于社会因素能在很大程度上影响人们的反应，所以，旅游企业在制定营销策略时必须对其予以考虑。

（一）社会阶层

几乎每个社会都有某种形式的社会等级结构。在现代社会中，社会阶层是根据人的地位、声望、职业、收入、财产及生活方式等因素划分而形成的较为持久稳定的群体层次。

由于同一社会阶层的人的行为具有较大的相似性，所以处于同一阶层的旅游者，其购买行为也表现出较大的一致性。他们倾向于选择相同种类的产品及品牌，对旅游企业的营销活动也有基本一致的反应。

一般而言，社会阶层较高的人更加自信和开放，愿意接受外界的新鲜事物，对旅游有基本相同的积极态度，也更愿意购买一些无形的历史、文化、艺术产品；而社会阶层较低的人一般相对封闭，对外界不感兴趣，不愿意冒险，并且认为外部世界比较凶险，不愿意旅游，而更愿意把收入花在购买家用电器、住房等耐用品上或存储在银行中。

【阅读链接 3-5】美国社会阶层的划分及各阶层消费特点①

● 上上层（不到 1%）

上上层继承大量遗产，多是出身显赫的达官贵人。他们捐巨款给慈善机构，不时举行并参加社交舞会，拥有一座以上的宅第，送孩子就读最好的学校。这些人是珠宝、古玩、住宅和度假用品的主要消费群体。他们的采购和穿着常较保守，不喜欢炫耀自己。这一阶层人数很少，当其消费决策向下扩散时，往往作为其他阶层的参照群体，并作为他们模仿的榜样。

● 上下层（2%左右）

上下层的人由于他们在职业和业务方面能力非凡，因而拥有高薪和大量财产，他们常

---

① 中华文本库. 美国社会阶层的划分及各阶层消费特点[EB/OL]. [2018-03-08]. http://www.chinadmd.com/file/3ezu6rivv3itzevictrutsos_3.html.

常来自中产阶级，对社会活动和公共事业颇为积极，喜欢为自己的孩子采购一些与其地位相称的产品，诸如昂贵的住宅、学校、游艇、游泳池和汽车等。他们中有些是暴发户，摆阔、挥霍浪费的消费形式是为了给低于他们这个阶层的人留下印象，这一阶层的人的志向在于被接纳入上上层，但其子女达到的可能性比他们本人要大。

● 中上层（占 12%）

这一阶层既无高贵的家庭出身，又无多少财产，他们关心的是“职业前途”，已获得了像自由职业者、独立的企业家以及公司经理等职位，他们注重教育，希望其子女成为自由职业者或是管理技术方面的人员，以免落入比自己低的阶层。这个阶层的人善于构思和接触“高级文化”，参加各种社会组织，有高度的公德心。他们是优良住宅、衣服、家具和家用器具的最适宜的消费群体，同时他们也追求家庭布置，以招待朋友和同事。

● 中间层（32%）

中间层是中等收入的白领和蓝领工人，他们居住在“城市中较好的一侧”，并且力图“干一些与身份相符的事”。他们通常购买“赶潮流”的产品。25%的人拥有进口汽车，其中大部分重看时尚，追求“一种良好品牌”，其理想居住条件是“在城市中较好一侧”，有个“好邻居”的“一所好住宅”，还要有“好的学校”。中间层认为有必要为他们的子女在“值得的见识”方面花较多的钱，要求他们的子女接受大学教育。

● 劳动阶层（38%）

劳动阶层包括中等收入的蓝领和那些过着“劳动阶层生活方式”的人，而不论他们的收入多高、学校背景及职业怎样。劳动阶层主要依靠亲朋好友在经济上和道义上的援助，依靠他们介绍就业机会，购物听从他们的忠告，困难时期依靠他们的帮助。度假对于劳动阶层来说，指的是“待在城里”，“外出”指的是到湖边去，或常去开车不到两个小时车程的地方。劳动阶层仍然保持着明显的性别分工和陈旧习惯，他们偏好的汽车包括标准型号或较大型号的汽车，对国内外的小型汽车不大问津。

● 下上层（9%）

下上层的工作与财富无缘，虽然他们的生活水平刚好在贫困线之上，他们无时不在追求较高的阶层，却干着那些无技能的劳动，工资低得可怜。下上层往往缺少教育，虽然他们几乎落到贫困线上，但他们千方百计“表现出一副严格自律的形象”，并“努力保持清洁”。

● 下下层（7%）

下下层与财富不沾边，一看就知道贫穷不堪，常常失业或干“最肮脏的工作”，他们对寻找工作不感兴趣，长期依靠公众或慈善机构救济。他们的住宅是“破的”，衣着是“不协调的”等。

（二）参照群体

所谓参照群体，是指对个人的态度、意见和观点有直接影响的群体。人们的生活方式和偏好不是天生的。对消费者生活方式和偏好有影响的各种社会关系就是参照群体。

参照群体一般包括以下几类：一是主要群体，也称紧密型成员团体，即与消费者个人关系密切、接触频繁、影响最大的团体，如家庭、朋友、同学、邻居等；二是次要群体，也称松散型团体，即与消费者关系一般、接触不太密切、不保持持续交互影响的群体，如家教组织、行为协会、学生会等；三是崇拜性群体，也称渴望团体，即渴望成为团体中的一员，仰慕此类团体成员的名望、地位，狂热效仿其消费模式与购买行为，这类团体的成员一般为社会名流，如影星、歌星、体育明星、政界要人、学术名流等；此外，与崇拜性群体相对应的隔离性群体的价值观和行为，是个人所不能接受的群体，如流氓帮派等。

参照群体对旅游购买行为的影响是潜移默化的，他们为成员提供某一特定的消费模式，并运用群体力量影响消费者的购买态度及对旅游产品的选择。

参照群体主要通过以下三种方式影响旅游者的购买行为。

第一，参照群体给人们带来新的行为和生活方式。例如，社会阶层较高的旅游者崇尚休闲度假的旅游习惯，这将引导我国的旅游方式逐渐从观光旅游向休闲度假方式转变。

第二，参照群体影响人们的态度和自我观念。这主要体现在旅游的“口碑效应”上。旅游者在进行旅游决策时，如果周边的亲朋好友对选择的旅游目的地评价高，即出现正的“口碑效应”。这样旅游者也会认为亲朋好友推荐的旅游目的地值得一游。若亲朋好友的评价很低，即出现负的“口碑效应”，则旅游者也会认为这样的旅游目的地很差，不值得去旅游。

第三，参照群体还会使旅游者在选择旅游产品、品牌和经销商时产生某种趋同的压力。例如，某办公室里的全体职员计划十一黄金周一起到桂林旅游，如果某职员本身不太愿意出游，但是迫于集体出游的压力，担心脱离集体，最终还是会选择跟大家一起出游。

（三）家庭

家庭是社会组织中的一个基本单位，也是旅游者最基本的参照群体之一，对旅游购买行为影响甚大。其中，家庭的规模和类型对旅游购买行为的影响最大。

根据家庭成员数量的不同，一般将家庭分为夫妻家庭、核心家庭、主干家庭和联合家庭四种。夫妻家庭是指由“丈夫”和“妻子”两个人组成的家庭；核心家庭是指由“夫妻”及其孩子组成的家庭；主干家庭主要指作为主干成员的“夫妻”与父母和孩子生活在一起，此类家庭最少由 5 位成员组成；联合家庭是指家庭中有“四世同堂”或子女成家后依然与父母共同生活在一起组成的家庭联合。

不同类型的家庭在旅游行为、旅游支付能力、旅游内容选择、旅游闲暇时间的统一上皆有很大的不同。一般规模大的家庭由于人多事杂、时间难统一等问题而不易组织全家旅游活动，而小规模家庭则刚好相反，易于全家出游。

（四）角色与地位

角色是一个人周围的人期望其履行的各种活动。个人在一个群体中的位置可以根据他们所扮演的角色和所处的地位来界定。儿子或女儿、妻子或丈夫、经理或职员都是最普通的角色。

每一种角色都会影响到购买行为。例如，一个人是某俱乐部的负责人，如果他认为俱乐部的活动应该节俭的话，那么，他在给俱乐部预订宴会时就会更关注价格。同样一个人，在给公司预订宴会时则会更重视细节和质量，而不是价格。在这种情况下，个人的角色对购买行为的影响就非常显著。

每个角色都代表着一定的社会地位。这一地位反映了社会总体上对该角色的尊重程度。人们通常选择能显示自己社会地位的产品。例如，一个商务旅游者要是遇到他想乘坐的航班已经卖出所有头等舱座位时会感觉很沮丧。这位旅游者只好被迫购买经济舱。当问他坐经济舱关注什么时，他主要关心自己会被他所认识的人看到他蜷缩在经济舱里，不知人家会做何感想。他似乎并不真的介意经济舱所提供的服务水平稍差一点或座位空间稍小一些。

引入案例解析

所谓旅游购买行为，是指旅游者如何做出购买决策，为了满足旅游活动中的各种需要，购买和使用旅游产品（含有形产品和无形服务），并通过与旅游产品和服务人员的互动体验来完成整个旅游活动的行动过程。旅游购买行为的消费对象为旅游产品，旅游购买行为的完成涉及旅游互动或旅游体验，旅游购买行为是高层次的精神需求。

旅游购买行为会受到多种因素的影响，概括起来包括旅游者的自身因素（个人因素、心理因素）和外部决定因素（社会因素、文化因素）：影响旅游购买行为的个人因素，包括年龄、家庭生命周期阶段、职业、健康状况、生活方式、个性和自我观念等；心理因素，包括需要与动机、知觉、学习、信念与态度等；社会因素，包括旅游者的社会阶层、参照群体、家庭、角色和地位等；文化因素，包括文化和亚文化。

在本案例中，因为是婚宴，参加婚宴的顾客文化背景相同，包括年龄、职业等在内的个人因素方面差异也不大，所涉及的影响旅游购买行为的因素主要是心理因素中的需要、知觉、学习及信念与态度，以及社会因素中的社会阶层与参照群体等。

马经理在得知事实真相后，赶紧向客人道歉并采取了补救措施，给 301 号包间补上原定的几道高档菜，以及“太平燕”和“早生贵子汤”，事态暂时得以平息。但是在后续处理过程中的处理导致酒店与顾客间的纠纷陷入僵局，在记者与律师的介入与调解下，纠纷才得以解决；在 302 号包间的处理上，也有欠妥当之处。这次事件的处理，不仅造成了酒店的经济损失，还会对部分客人的购后评价产生影响，尽管在调解下双方达成了一致，但毕竟过错在酒店一方，而酒店在处理问题时又不够爽快，这一定会对部分顾客进行酒店产品的购后评价产生负面影响，对其再次购买酒店产品产生不良影响。

毕竟错在酒店一方，是管理不当、准备工作不到位、过程巡视检查缺失导致的。如果我是本案例中的经理，不管权限够不够，在面对客人时我代表的就是酒店，顾客会认为我的所作所为就是酒店的意思。为了挽回形象，除道歉并采取补救措施外，我会积极与顾客协商解决办法，在能够接受的范围内答应顾客的要求。因为，酒店是服务性行业，只有精益求精，不断提高服务质量，做到让顾客满意，才能有市场和效益，一旦给顾客留下负面印象，就会影响到顾客的购后评价和再次购买行为决策，到时候损失就不是 8 000 元，而可能是几倍甚至更高的损失。

本章小结

1. 所谓旅游购买行为，是指旅游者如何做出购买决策，为了满足旅游活动中的各种需要，购买和使用旅游产品（含有形产品和无形服务），并通过与旅游产品和服务人员的互动体验来完成整个旅游活动的行动过程。旅游购买行为的消费对象为旅游产品，旅游购买行为的完成涉及旅游互动或旅游体验，旅游购买行为是高层次的精神需求。

2. 旅游购买行为分析是旅游活动的出发点，是为了深刻认识市场，是制定营销规划的基础，具有重要的意义；但是也存在影响旅游购买行为分析的制约因素，包括思想意识的制约、技术难度的制约和经费预算的制约。

3. 在现实的购买活动中，有各种不同类型的旅游购买行为：根据旅游者购买目标的确定性程度，可以将旅游购买行为分为确定型旅游购买行为、半确定型旅游购买行为和不确定型旅游购买行为三种类型；根据旅游者的性格特征的不同，可以将旅游购买行为分为习惯型、理智型、冲动型、经济型、想象型和不定型六种类型；根据旅游者购买兴趣的不同，可以将旅游购买行为分为情调型、节日型、时尚型和娱乐型四种类型。

4. 旅游购买行为模型是对旅游购买行为和过程的简单概括，是一种易于理解的、意义明确的、有组织的描述。旅游购买行为模型不仅列出了购买行为与购买行为的影响因素等系统关键要素，还表明了这些要素之间的互动关系。比较著名且应用较为广泛的有两种模型——科特勒的行为选择模型和米德尔顿的“刺激-反应”购买行为模型。

5. 旅游购买行为是一个非常复杂的行为，其购买决策也具有比较鲜明的特点：目的性、过程性、自主性、复杂性、可变性。

6. 旅游购买决策是一个极为复杂的过程，但购买决策的参与者具有一定的共性。无论是谁来做决策，参与者在旅游购买决策过程中所承担的角色只有五种情况：发起者又称为提议者、影响者、决策者、购买者、使用者。在以家庭为单位出游的情况下，购买前、购买中和购买后的整个过程中，每个家庭成员都有可能同时扮演多个角色。

7. 消费者对旅游产品的购买决策过程大同小异，整个购买过程大体上可以划分为六个阶段：意识到需要、收集有关信息、形成态度、评价和比较、实施购买、消费后的感受。

8. 旅游购买行为会受到多种因素的影响，概括起来包括旅游者的自身因素（个人因素、心理因素）和外部决定因素（社会因素、文化因素）。

9. 影响旅游购买行为的旅游者自身因素包括：个人因素，如年龄、家庭生命周期阶段、职业、健康状况、生活方式、个性与自我观念等；心理因素，如需要与动机、知觉、学习、信念与态度等。

10. 影响旅游购买行为的外部决定因素包括：社会因素，如旅游者的社会阶层、参照群体、家庭、角色和地位等；文化因素，如文化和亚文化。

问题与讨论

1. 什么是旅游购买行为？如何理解旅游购买行为？

2. 举例说明旅游购买行为的意义与制约因素。

3. 旅游购买行为都有哪些类型？举例说明酒店企业的顾客购买行为能否采用同样的标准进行分类。

4. 站在顾客的角度，分别以科特勒的行为选择模型和米德尔顿的“刺激-反应”购买行为模型进行分析，说明你如何选择一家合适的酒店。

5. 分析说明旅游购买行为决策的特点。

6. 以你们家曾经的或即将进行的一次旅游活动为例，说明不同家庭成员在购买决策过程中分别承担和扮演了哪些角色。

7. 简要说明题 6 中的旅游购买决策过程。

8. 每个家庭成员在扮演题 6 中的不同角色并参与旅游购买决策过程时，受到了哪些因素的影响？

第四章　酒店营销调研和市场预测

本章目标

了解酒店营销信息的分类，理解并掌握酒店营销信息系统及其构成，掌握酒店营销调研的内容、过程和方法，掌握酒店市场预测的程序和方法，为酒店市场营销的学习和实践奠定基础。

引入案例

独辟蹊径“卖空气”[①]

每位进入上海粤海酒店行政楼层的客人一出电梯就能见到一块电子显示屏，上面清晰地标注着：室外PM2.5——120，空气质量——轻度污染；室内PM2.5——30，空气质量——优。上海粤海酒店总经理徐彬指着大屏幕上跳动的数字说：“这室外的指数是上海实时发布的空气质量指数，室内的是上海一家本地研究空气治理的公司做24小时监测的数据。通过一年多的测试与技术改造，我们已经将部分客房内的PM2.5成功控制在50以下，做到了客房内空气优等级别。”徐彬透露，2017年，粤海酒店内标挂“纯净空间”的客房将达到130间。此外，上海粤海酒店已经成功申请成为全国首家“纯净空间”注册商标的酒店。

粤海酒店集团旗下的上海粤海酒店于2004年开业，按照高端酒店标准建造，拥有328间客房。开业后，因地处上海虹口区北部，毗邻宝山，在上海钢铁生意红火时，粤海酒店的各类会议常年应接不暇，酒店常处于满房状态。但近年来由于受外部经济形势影响，钢材生意一落千丈。“我们60%的生意一下子不见了。”粤海酒店市场营销总监虞芝华说。

怎么办？酒店经营必须突围，大家开始头脑风暴。

比硬件，粤海酒店没有很大优势。从酒店开业起一直在粤海工作的房务总监陈赛娟感受很深：“近几年，上海新开业的酒店如雨后春笋，特别是一些国际品牌酒店一个比一个有实力，酒店设施一家比一家奢华。”

比服务，尽管基本保留了1∶1的人房比，可以达到人性化和个性化服务，但随着劳动力成本不断攀升，受硬件设施以及酒店客房售价不能无限上涨所限，与其他酒店拼服务，粤海酒店并没有太大的优势。

比价格，公关策划部经理陈依认为，不远处就有一家四星级酒店，价格战一旦开打，必然是两败俱伤，斗低价不是出路。

“酒店客房可否‘卖空气’？”这一念头在徐彬眼前一闪而过。在人们饱受雾霾困扰的当下，酒店将净化空气质量作为卖点，不失为一条转型的新路。

---

① 丁宁. 独辟蹊径“卖空气”上海粤海“纯净客房”走俏[N]. 中国旅游报，2017-03-30（A02）.

决策班子认识统一后，一个专门的项目班子搭建了起来，大家分头行动：有的去网上搜资料，找案例；有的去联系相关设备供应商，寻求最佳性价比；有的开始策划如何吸引消费市场的目光的文案。

由于是一次创新，所以在实施过程中，大家难免有些“拿不准”。“我们建设‘纯净空间’，对标该是谁？有同事认为，空气过滤有不少方法，包括在每间客房放一个空气净化器，成本低，样子直观。但是，这类容易模仿的产品推出后，我们的竞争优势能保持多久？”徐彬将目光定格在竞争的门槛。“我们一定要对标国际，抢占竞争的制高点。”她特意请来了香港理工大学空气质量实验室著名的专家教授，直接参与酒店空气质量系统的改造与研究。

有了知名专家学者的参与，粤海的“纯净空间”项目吸引了国际巨头的注意。韩国三星集团在粤海酒店建设了空气质量全自动控制的“样板房”，做到了恒温、恒湿、恒氧。

“我们做了实验，一间客房内 PM2.5 达到 500，只要启动这套空气质量控制系统，30 分钟内可以将 PM2.5 降低到 30 以内，达到最优的级别。”陈赛娟说。

目前，安装了三星空气质量控制系统的套房已经成为粤海酒店的“明星”客房。多家公司的董事长隔上一段时间要来住上几天，说需要在此“洗洗肺”“吸吸氧”。“这‘明星’客房也成为多名乒乓球世界冠军的指定入住客房。”徐彬总经理补充道。

在酒店业竞争激烈的情况下，粤海酒店也积极在节能减排上下功夫。上海虹口区旅游协会负责人介绍，粤海酒店是上海虹口区旅游协会饭店业分会的会长单位，在区旅游局和协会的支持下，不仅在节能减排、节能降耗方面做得不错，而且在屋顶立体绿化工作上也带了好头。现在粤海致力于提升室内空气质量，相关部门都给予了支持。

要么不做，要做就做最好的。“我们之所以采用中央空调净化系统而不采用单体型的空气净化器，是因为后者功率明显不足。之前经过测试，我们发现当一位客人在客房打开单体型的空气净化器时空气可以达标，但客房门多开几次，或房间多几个人后，后劲就不足了，无法将 PM2.5 控制在规定值以下。我们搞创新不能搞噱头、摆花架子。所以我们选择了中央空调净化系统。”作为项目实施负责人的陈赛娟说道。

为了比选设备供应商，粤海请来了多家设备供应商，请他们各自构建了“样板房”，在不断实测中选择最佳合作伙伴。最终中标的是一家采用美国技术的供应商。

有了“纯净空间”客房，粤海的市场营销也有了新利器，给酒店经营带来了新气象。“我们纯净客房的价格将比原来提高 50 元，预计销售房每夜增加 20%。”虞芝华说道。

在业绩不断提升的喜报中，徐彬再次陷入了沉思。此刻，她想到的是如何将企业的先发优势转变成行业的领先优势。她让同事们到国家专利局申请注册商标，通过查证和公示，由于是全国范围内首次申请，粤海以室内空气质量为内容的“纯净空间”获得了住宿业、餐饮业、养老业等六大类的注册商标，成为沪上“酒店卖空气”的吃螃蟹的第一人。

思考：如何界定酒店营销调研与市场预测？为什么酒店需要营销调研与市场预测？本案例中都采用了哪些调查方法？如果你是本案例中的粤海酒店新任总经理，遇到此类情况你会如何做？

第一节 酒店营销信息系统

一、酒店营销信息

（一）酒店营销信息的含义

所谓信息，就是各种相互联系的客观事物，在运动变化中通过一定的传递形式而揭示的一切有特征性内容的总称。信息具有客观性、可传递性、广泛性、与载体的不可分性、价值性、可压缩性等。

酒店营销信息，是酒店企业市场营销环境（含微观营销环境和宏观营销环境）各要素和企业内部条件发展变化和特征的真实反映，是反映它们的实际状况、特性、相关关系的各种消息、资料、数据和情报等的总称。

（二）酒店营销信息的分类

按照不同的分类标准，酒店营销信息可被划分为各种不同的类型。酒店营销信息常见的分类标准及类别主要有以下几种。

1. 按照信息的来源分类

按照信息的来源，酒店营销信息可分为外部营销环境信息和内部营销条件信息。

外部营销环境信息，主要来源于酒店企业外部的宏观环境和微观环境。其中，酒店企业外部的宏观环境，如所有酒店企业都必须面对的客源地和酒店所在地的GDP、人均可支配收入、消费结构、经济发展前景以及物价、货币汇率等经济环境信息，国际国内政治环境与外交政策等政治环境信息，与酒店企业设立、经营相关的法律法规等法律环境信息，宗教信仰、生活习惯、价值观、审美观等社会文化环境信息，现代科学技术的发展现状、发展趋势及其对酒店企业的影响等科学技术环境信息，人口数量、人口结构与人口分布等人口统计环境信息，自然环境与生态保护、可持续发展政策等自然环境信息。酒店企业外部的微观环境，主要是酒店企业所处产业和行业自身的信息，如酒店产业政策、酒店企业目标市场顾客、酒店供应商、营销中介、竞争者（包括行业内竞争者、潜在竞争者）及替代品的竞争威胁等。

内部营销条件信息，主要来源于酒店企业内部，包括酒店企业资产状况方面的信息、酒店企业组织管理状况方面的信息、酒店企业内部营销组合状况的信息等。其中，酒店企业资产状况方面的信息，包括酒店企业的人力、物力、财力、资源、产品或服务等。酒店企业组织管理状况方面的信息，主要是指酒店企业在计划、组织、领导、控制等企业管理基本职能方面的信息，包括企业战略计划的制订和执行情况、企业组织结构的素质、管理者决策的有效性、领导者的综合素质、企业管理制度与企业文化等。

2. 按照信息的加工程度分类

按照信息的加工程度，酒店营销信息可分为原始信息和经过加工的信息。

原始信息，即在酒店企业营销活动过程中，对各项活动所做的直接记载和真实反映，是通过实地调查而获得的第一手信息。

经过加工的信息，是依据原始信息整理、统计、分析所得的第二手信息，即通常所说的二手资料，包括各种公开出版的信息及未公开出版的内部资料等。

3. 按照信息的流向分类

按照信息的流向，酒店营销信息可分为横向信息和纵向信息。

横向信息，是产业之间、行业之间、酒店企业之间相互提供的交流信息。

纵向信息，按照信息流向的不同，可分为自上而下的信息和自下而上的信息。自上而下的信息，包括政府行政管理各部门下发的各种相关信息，集团总公司下达给酒店的各种指令信息，以及酒店企业内部管理层给各部门、各部门给员工下达的各种信息等。自下而上的信息，包括下属调查部门的汇报、下属单位的报告和报表等。

4. 按照信息发布的时间分类

按照信息发布的时间，酒店营销信息可分为历史的信息和现实的信息。

历史的信息，是指过去发生的信息，是对过去酒店市场的某些方面进行的描述和记录。

现实的信息，是指目前正在发挥作用的信息。

【阅读链接 4-1】酒店如何从点评数据中掘金[①]

近年来，在线点评已经成为客户消费行为中重要的决策依据，这也让不少用户在线点评的热情不断升温。对酒店而言，能否读懂点评里蕴含的信息并加以利用，也是至关重要的。近日，北京众荟信息技术股份有限公司（以下简称众荟信息）相关负责人在接受采访时告诉记者，他们在对四川、陕西、河南、海南等地的酒店行业的线上口碑点评发展趋势进行分析后发现，旅游城市点评量增长迅速，家庭亲子客人占比突出；高星级酒店点评量、好评率双重上升；低星级酒店设施改善明显，有些区域酒店噪声和异味问题得到缓解。

如今，酒店对点评的管理已不再仅仅局限于及时回复好评、处理差评。酒店可以通过鼓励消费者对好的入住体验留下点评，让点评和酒店回复都成为酒店营销的双利剑。“现在酒店逐渐开始对点评内容进行更深入的分析，甚至针对不同人群的点评进行分类分析，寻找不同出行目的的消费者关注的服务点的差异化和需求的满意程度差异化，提供个性化服务，通过不断优化自身的服务，提升酒店的品牌力和竞争力，进而提高收益。”该负责人说。

据了解，在旅游出行消费群体中，家庭亲子游客人的点评比例持续上升。众荟信息相关负责人分析，这与酒店推出的家庭亲子套餐密不可分，同时，好的个性化服务也给客人留下了深刻的印象。此外，在公开渠道与大家分享感受的“体验帖”也为酒店口碑带来很好的宣传作用。“除了家庭组合，朋友一同出游的消费者也开始乐于在线上分享入住体验。2017 年 1—6 月，这两类消费者的点评量在全国范围内都增长迅速，增长率分别为 74.4% 和 63.1%，明显高于其他出行人群。”

随着大众休闲旅游消费持续发展，游客追求消费体验所带来的消费能力提高，也成为酒店不可错失的机遇。有业界人士分析，酒店要想抓住这样的机遇，首先要全方位分析主流渠道的点评数据，定位自己酒店的消费者满意度。分析的维度包括：与同星级相比，其获得的满意度处于所在城市的什么位置，是否低于平均值；从消费者的角度分析自己的优势和劣势分别表现在哪些维度上，需要制定什么规则改进，改进后如何通过数据来做反馈结果等。

“酒店可以对点评内容及消费者表达的情感分解为不同的服务点，并将所有服务点聚合成餐饮、服务、价格、设施、卫生、位置六大维度做综合量化分析。这样可以让其提高竞争力的计划不再笼统地停留在提高服务质量、培训员工微笑服务、提高菜品质量等难以量化考核的宏观层面，而是将定性的考核指标转化为定量考核指标。”众荟信息相关负责人举例道。如通过对酒店子维度的表扬率分析，以及与竞争对手的对比，酒店能够清晰地找到目标客户更关注哪些方面的质量和满意度，哪些措施实施之后能够让酒店在竞争中占据有利形势。再如，酒店要提高服务质量，先要分析现阶段自身服务的问题是什么，是因为前台员工的服务不够亲切，还是客房服务的响应速度不够快？就算酒店设施较老，但消费者关注的到底是设施的陈旧程度，还是设施的整洁程度？开业时间差不多的竞争对手，在此维度上又比自己的酒店有哪些优劣势？有针对性地采取改进措施，可以在目标时间内更有效地提高点评分数和酒店的口碑力。

进入数据智能时代，酒店可以利用的数据当然绝不只有点评数据，包括用户在搜索预订平台上的搜索、浏览、预订等行为数据；酒店的预订、平均房价等运营数据，消费偏好数据，酒店会员数据；等等，这些都可以为酒店所利用。

① 王玮. 酒店如何从点评数据中掘金[N]. 中国旅游报，2017-09-07（A01）.

二、酒店营销信息系统

（一）酒店营销信息系统的含义

在定义酒店营销信息系统之前，需要先回答的问题是：何谓营销信息系统？

1. 营销信息系统

学者们从不同角度对营销信息系统进行过界定。

伯里恩提出，营销信息系统是一个由人、机器和程序组成的有机结构的互为影响的复合体，它从公司内部和外部收集信息，并产生有序的相关信息流，从而为营销管理决策提供依据。

考克斯提出，营销信息系统是通过经常性、有计划地收集、分析和提供信息，为营销决策提供服务的一组程序和方法。

科特勒认为，营销信息系统是一个由人、机器和程序组成的连续的和互为影响的结构，用以收集、挑选、分析、评估和分配恰当、及时和准确的信息，供营销决策者用于其营销计划的改进、执行和控制。

相比较而言，科特勒对营销信息系统的界定更为全面和准确。

2. 酒店营销信息系统

考虑到酒店产品和服务的特性，酒店营销信息系统是指酒店企业内部由酒店营销人员、信息处理机器设备以及运作程序构成的连续的、相互影响的系统，这一系统准确而及时地收集、分析、选择、存储并传输酒店营销信息，使酒店营销决策人员更好地管理营销活动。

由该定义可以看出，酒店营销信息系统的任务是准确而及时地收集、分析、选择、存储并传输酒店营销信息；其存在的目的是为酒店营销决策人员提供决策依据。

（二）酒店营销信息系统的作用

1. 可以解决酒店营销信息存在的问题

酒店企业的外部营销环境和内部营销条件等营销信息，为制定酒店营销决策提供了基础和保证。然而在酒店企业的实际经营管理中，酒店营销管理人员分析酒店市场营销环境以后，酒店营销信息自身和信息量经常会出现一些问题。

如酒店营销信息自身存在含糊、数据不准确等问题，信息量太少、太多，有效信息过少等。如果酒店营销信息量太少，则决策时缺乏足够的依据；信息量太大，则会增加决策成本，从而影响决策；有效信息过少，也会使决策者无所适从。

为解决酒店营销信息存在的问题、真正发挥营销信息的作用，酒店企业需要通过一套科学的信息管理方法来收集、整理和分析信息，也就是建立完整的酒店营销信息系统。

2. 可以及时、准确地处理酒店营销信息

酒店营销信息处理涉及多个环节，如搜集、整理、分析等，而这些环节的工作大都是由酒店营销人员去执行的。酒店营销人员在搜集信息的过程中，不可避免地存在各种问题。另外，各种酒店市场营销资料由酒店环境流向酒店营销人员，酒店营销人员需要将这些信息加以转换，然后将分析报告递交管理人员。由于人为因素，转换信息并形成报告可能需要较长时间，极易出现问题，而酒店营销信息系统可以及时、准确地解决这些问题。

3. 可以提高信息的使用价值

传统的信息传递形式是单向且无序进行的，这使得信息传递的时间较长、信息传递的渠道不畅和信息的失真率较高。

酒店营销信息系统中，信息来源与信息系统之间采取双向沟通形式，在时间有限的情况下能最大限度地收集信息；能在最短的时间内最大面积地传播信息。这使得酒店企业对市场的反应能力大大提高，有利于酒店企业采取标准、统一的行动，有利于企业进行信息集中管理，尤其是有利于企业内部筛选、检索和甄别信息。

（三）酒店营销信息系统的构成

酒店企业的营销信息系统由四个子系统组成：内部报告系统（internal report system）、营销情报系统（marketing intelligence system）、营销调研系统（marketing research system）和营销分析系统（marketing analysis system），如图 4-1 所示。

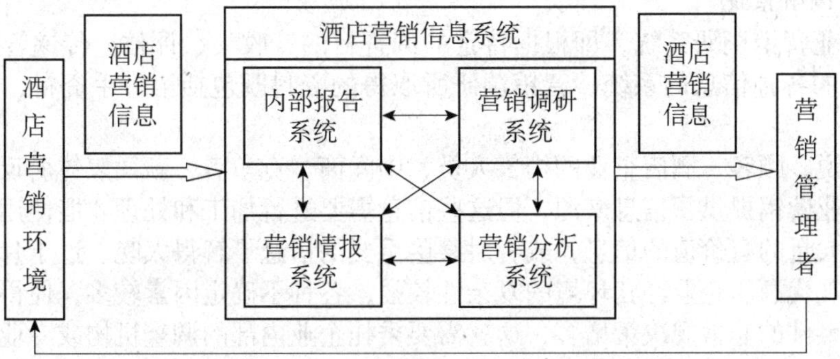

图 4-1 酒店营销信息系统的构成

酒店营销信息系统，处于酒店营销环境和营销管理者之间，该系统内部的子系统从酒店企业的内外部营销环境中收集各种营销信息，这些经过酒店营销信息系统加工之后的信息，再传输给酒店营销决策人员，作为营销决策的依据。

1. 内部报告系统

酒店企业内部报告系统，是酒店营销信息系统中最基本的系统，主要向酒店营销人员报告各部门与营销活动有关的运作情况，如企业内部会计系统、预订系统等。酒店企业的内部报告系统由企业各部门协作建立，如财务部、人力资源部、营销部、房务部、餐饮部等，相互定期或不定期地报告与彼此运作有关的特定信息。

通过分析这些信息，酒店企业能够及时分析运营情况并发现存在的问题。如饭店的营销部门，就会定期收到特定报告期内收入、出租率的报告，来自财务部门的部门利润率、营销费用等报告，来自预订部及前台的预订、入住及重要客户情况等信息。

2. 营销情报系统

酒店企业营销情报系统，是酒店营销决策人员获取日常有关营销环境及营销活动进展的各种信息的来源，该系统可以为他们提供目前外部正在发生的情况的各种信息，如政治状况、经济水平、酒店顾客消费行为特征与发展趋势、竞争对手的战略选择与更新等。营销情报系统与内部报告系统的区别在于，内部报告系统的观察对象为酒店企业内部，而酒店企业营销情报系统的观察对象为酒店企业外部环境信息。

酒店企业营销情报系统的信息来源主要包括顾客、酒店企业的销售人员、中间商、竞争者、新闻媒体等。随着个性化酒店市场的兴起和发展，顾客会产生各种各样的个性化需求。当顾客向酒店企业咨询现有的酒店产品或服务，以及提出个性化服务项目预订时，酒店企业即可捕捉到相应的信息。由于酒店企业的销售人员直接和顾客接触，能够了解到潜在顾客对酒店的需求和现实顾客对酒店产品和服务的态度，对酒店企业也非常有用。如果某酒店企业通过中间商（如旅行社）进行销售，则应重视中间商所反馈的市场信息。与此同时，酒店企业也应关注其竞争对手的表现，或许从竞争对手的市场反应中也可捕获相关的营销情报。对于外部营销环境状况的了解，酒店营销决策人员除了依靠自己了解、获取信息外，还应通过其他手段提高获取信息的数量和质量。酒店营销决策人员应制定专门的制度并培训销售人员向自己报告营销环境及营销活动的发展变化，使销售人员了解营销决策必需的信息，并建立良好的制度，使他们及时撰写报告或将信息输入酒店营销信息系统。

根据酒店产品和服务的特性，酒店企业应该建立服务档案系统，以收集住店顾客资料、顾客的投诉与建议、中间商的要求等，为酒店营销情报系统提供客观、真实、及时的信息，提高酒店市场营销活动的效力。

3. 营销调研系统

酒店企业营销调研系统，即根据特定的调查目的，收集、评估、传递管理人员制定决策所必需的各种信息的系统。营销调研所取得的资料既包括第一手资料，也包括第二手资料。

相对来说，顾客、酒店企业的销售人员、中间商、竞争者、新闻媒体所反馈的信息，都为酒店企业营销提供了信息来源，但这些信息需要进行加工和处理才能使用，并且非常有可能漏掉大量的有价值的信息，或者对某些重要的信息了解得太晚、过于片面或失真。与此同时，现代酒店企业经营环境的复杂性较强，各种不确定因素较多，使得酒店市场决策中对突发事件的非常规决策增多，这就需要委托企业内部的调查机构或专业的市场调查机构来处理。

4. 营销分析系统

酒店企业通过系统的营销调研活动，取得了大量的营销信息，为了从已经收集到的信息及情报中进一步选择决策所需要的信息，还可以专门建立营销分析系统。

酒店企业营销分析系统由营销信息和分析技术构成。酒店营销分析常用的技术主要包括统计库和模型库两个部分。统计库是从已获取的信息数据中提取有意义的信息的统计方法的集合，其中最常用的统计方法是计算综合指标（绝对数、相对数以及平均数）、指数法、相关分析、因素分析、聚类分析等。模型库是用以帮助营销人员更好地进行决策而应用的模型的集合体。目前多数企业有专门的模型库进行不同的变量间的分析。

内部报告系统、营销情报系统、营销调研系统和营销分析系统不是孤立的，它们相互沟通、相关影响，构成完整的酒店营销信息系统，四个系统相互配合，才能确保酒店获取的营销信息的准确性、客观性、时效性、全面性、适用性和经济性，才有助于酒店企业制订合理的市场营销计划。

第二节　酒店营销调研

一、酒店营销调研的定义与作用

营销调研是一个系统工程，是一种管理工具。运用营销调研的目的在于解决市场营销的问题，其最终呈现形式为调查资料和调查结果。

（一）酒店营销调研的定义

根据营销调研的概念，结合酒店企业经营管理的特点，酒店营销调研的定义为：酒店营销调研，是指根据市场营销的需要，运用科学的方法，有计划、有目的、系统地搜集、整理、分析酒店企业营销活动的有关信息和资料，撰写调查报告，为酒店企业营销管理者正确决策提供科学依据的活动。

（二）酒店营销调研的作用

在国外，酒店企业和政府部门都非常重视酒店营销调研工作。而我国酒店企业对酒店营销调研的意识相对比较薄弱，这可能是没有充分认识到酒店营销调研的作用所致。酒店营销调研的作用，主要表现在以下几个方面。

（1）充实和完善酒店营销信息系统。面对复杂多变的酒店营销环境，酒店营销信息系统需要大量的信息，并对这些信息不断更新和完善。酒店营销调研，尤其是持续、系统的调研，能够获取大量有价值的信息，这些信息为酒店营销信息系统增加了信息量，充实和完善了酒店营销信息系统。

（2）了解酒店市场和发展态势。通过营销调研，酒店企业可以及时了解酒店市场发展态势，掌握酒店营销环境、酒店市场供求等相关信息，从而发现有利于酒店企业发展的机会。这是因为，市场是瞬息万变的，作为管理工具之一的营销调研，强调酒店企业在整个营销过程中都要时刻关注市场动向，把握市场机会，发现酒店市场营销中的问题，改进企业的营销活动，不断、更好地满足顾客的个性化需求，并有针对性地开展市场营销活动。

（3）营销调研是酒店企业决策的前提和基础。酒店企业决策的制定，应以酒店营销调研所获得的数据和资料为前提和基础。这是因为，酒店营销调研获得信息的方式，与其他获取信息的方式相比，更为科学和有效。从酒店营销调研分析提出解决问题的办法，可以为公司制订产品计划、营销目标，决定分销渠道，制定营销价格，采取促进销售策略和检查经营成果，提供科学依据；营销决策的贯彻执行中，酒店营销调研结果可以为调整计划提供依据，起到检验和矫正的作用。

二、酒店营销调研的内容①

酒店市场调研既然是酒店经营决策的前提和基础，它涉及的范围自然就不能局限于酒店市场，而必须贯穿于营销管理的全过程。也就是说，从发现、判断市场机会，到计划、执行、控制以及信息反馈，都是酒店市场营销调研的范围。

（一）酒店市场需求和变化趋势

酒店应收集客源地信息资料，如国家经济政策、人口构成收入水平等，测定市场的潜在需求和现实需求的总量，预测市场变化趋势。这类研究主要使用定量分析方法，力求准确地判明市场前景，为调整经营结构和营销策略指明方向。

（二）酒店竞争情况

竞争情况是直接影响酒店营销的不可控因素，需要认真研究。酒店应收集的信息包括以下四个方面。

1. 市场占有率

这方面的信息可以使酒店经营管理人员了解本酒店在竞争中的进展情况，通过比较本酒店的销售量和所有竞争对手的总销售量，计算本酒店的市场占有率。

2. 竞争对手的营销策略和实际做法

了解竞争对手的营销方案，有助于制定本酒店的营销策略。连续数日从报纸、杂志上

① 贺学良. 饭店营销原理与实务[M]. 上海：上海人民出版社，2007.

收集竞争对手的广告，是获得这方面信息的最好、最简便的方法。此外，酒店还应设法了解竞争对手的电台和电视台广告、户外和机场广告、直邮广告，以及公共关系、营业推广等方面的营销活动情况。

在收集这方面的信息时，市场营销人员应着重了解以下四个方面的情况。

（1）本酒店的竞争对手吸引哪些细分市场。

（2）竞争对手采用什么策略来树立市场声誉。

（3）竞争对手使用哪些广告媒体和营销方法。

（4）竞争对手的营销方案是否成功。

3. 分析各竞争对手酒店的特点

通过分析各竞争对手酒店的有形特点和无形特点，营销管理人员应编制各竞争对手酒店比较表。

4. 客房出租率

很难获得各主要竞争对手酒店的客房出租率数据，但酒店的市场营销人员仍应搞好已经收集到的资料汇编工作，以便将本酒店与各竞争对手酒店的客房出租率以及发展形势进行比较。

（三）可控因素的影响

在营销调研中，酒店应针对产品、价格、渠道、促销等可控因素对销售的影响，分别进行调查研究，并结合销售成本分析和利润分析，对酒店的战略、策略和未来的业务活动做出规划。

（四）其他不可控因素的影响

一般来说，酒店很少直接对政治、经济、文化、科技等不可控因素进行调查。大多数情况下，主要是通过报刊等资料收集情报，也有专门的调研公司会提供有关这方面情况的资料。对于酒店不可控因素的调研就是对酒店市场营销环境的调研，包括宏观环境和微观环境的调研，详细内容参见本书第二章，即酒店营销环境的相关内容。

（五）动机调研

在酒店业，动机调研广泛应用于分析顾客为什么选择某一酒店，而不选择别的酒店的原因。换句话说，要研究顾客对各个酒店所提供的产品和服务的看法，分析顾客到某一酒店而不到其他酒店住宿的原因。这种分析是“质”的分析，有助于判断酒店的哪些特征对顾客选择酒店会产生决定性的影响，本酒店选择的目标市场是否正确，是否提供了目标市场需要的产品和服务，是否满足了顾客的需求。

三、酒店营销调研的分类

（一）按照资料来源分

按照资料来源不同，酒店营销调研可分为文案调研、实地调研和网络调研。

1. 文案调研

文案调研，也称为二手资料分析，是搜集、分析历史的和现实的已有信息，获取与调研目的相关的信息的一种调研方法。这种调研方法具有获取信息快、方法简单、节省资金等特点，常用于探测性调研阶段。

2. 实地调研

实地调研，是调研人员对酒店市场现象进行实地观察，通过采用一系列调研方法和技术，得出第一手资料，整理分析后得出调研结果的方法。通常，实地调研是在制订出较为详细的调查方案的基础上，由调研人员直接向被调查人员收集第一手资料，然后对这些资料进行整理和分析，并提交调研报告。

3. 网络调研

网络调研，是借助互联网直接收集第一手资料，或间接收集第二手资料的调查方法。随着信息技术的发展，个体通过网络进行物质活动、精神交往和话语交流等已成为可能，这为网络调查提供了巨大的技术机遇和发展潜力。网络调研可以跨越时间和空间的限制，不仅节省了人力、物力和财力，而且也有利于调研效率的提高。

（二）按照调查样本产生的方式分

按照调查样本产生的方式不同，酒店营销调研可分为普查、重点调查、典型调查和抽样调查。

1. 普查

普查是获得较为完整的酒店营销信息的调查方法，主要通过对酒店营销调研总体中的每个个体单位逐一进行调查，也就是对所要认识的研究对象的全体进行全方位的调查。

普查的优点是所取得的资料全面可靠，缺点是费用较大、时间较长。这种方法适用于调查对象不多或者调查对象集中的情况，但一般来说不宜过多采用。

2. 重点调查

重点调查，是从调查对象总体中选出一部分重点单位进行调查。这种方法的优点是节省人力投入和费用支出，同时能较快地获得调查对象的基本情况。所选择的重点单位应在调查对象总体中只占一小部分，但其某一主要标志的标志值在总体标志值中占有绝大部分比重。

重点调查的适用情况为：调查总体的单位数量很大，其中一些单位规模很小，并且当调研任务只要求掌握调研对象的基本情况，而在总体中确实存在符合条件的重点单位。

3. 典型调查

典型调查，是在对调查对象已有初步了解的基础上，主观地从调查对象总体中选择一些具有典型意义的或者有代表性的单位，对其进行深入细致的专门调查。

典型调查选择了少量典型单位，而不是针对调查总体进行调查，相对地节约了人力、物力、财力和时间，而且方式比较灵活，调研结果具有一定的代表性。然而，由于是通过主观判断来选择调查单位的，调查结论也是调查人员主观推测出来的，因此具有一定程度的主观性，进而影响了调查结果的准确性。

典型调查适用情况为：调查对象总体数量较大，调研项目较多，调研人员对总体情况非常了解且能准确选择有代表性的典型单位。

4. 抽样调查

抽样调查，是一种在调查对象总体中抽取一部分子体作为样本进行调查，然后根据样本信息推断出调查总体情况的方法，是酒店营销调研中最常使用的方法。

与其他调查方法相比，抽样调查的优点主要有：工作量小，调研费用低，所用时间短，调查误差可控，既能提高信息的有效性，也可以获得比较正确、全面的信息。

（三）按照调查目的和调查性质分

按照调查目的和调查性质的不同，酒店营销调研可以分为探测性调研、描述性调研、因果性调研和预测性调研。

1. 探测性调研

探测性调研，又称为非正式调研，或试探性调研，是在情况不明的情况下，为了找出问题的症结，明确进一步深入调查的具体内容和重点而进行的调研。

探测性调研主要解决的问题是"可以做什么"。探测性调研的主要功能是发现问题和寻找市场机会，也就是帮助酒店营销调研主体识别和了解市场机会，以及企业的市场营销问题等。

探测性调研，可以为更精确调研的顺利进行建立假设，从而明确所要探测的问题；可以为进一步调研建立各种假设或问题的先后顺序；可以搜集针对某一具体假设进行调研的有关信息；可以增进调研人员对问题的熟悉程度，以及明确所要探测的问题的概念。

在具体的实施过程中，调研人员往往根据模糊问题内涵的逐步明确而调整调研程序和调研方法，很少采用具体的问卷形式或概率抽样调查。

2. 描述性调研

描述性调研，是对问题有了初步了解之后，需要对已找出的问题做出如实反映和具体的回答时常采用的方法。它主要解决的问题是"是什么"。

与探测性调研相比，描述性调研更为深入和细致，通常不涉及事物的本质和事物发展的内在原因，而是说明调查市场的特征和状况，是市场现象的具体化。

描述性调研一般具有六个要素（5W1H）：为何调查（why），向谁调查（who），从调查对象中获取什么信息（what），获取调查对象何时的信息（when），在何地获取调查对象的信息（where）和以什么方式、方法获取信息（how）[①]。

通过描述性调研，酒店企业可以正式、全面、系统地对特定的市场信息和数据进行搜集、整理、汇总；可以运用某些描述性统计变量，如平均指标、变异指标、综合指标等，对市场总体情况进行准确、客观的反映和描述。

一般来说，描述性调研要求具有比较规范的调查方案、比较精确的抽样与问卷设计，以及有效控制的调查过程。描述性调研的结果，常常可以通过各种类型的统计表和统计图来表示。

3. 因果性调研

因果性调研，又称为解释性调研，是以解释市场变量之间的因果关系为目的的调研。

因果性调研的主要功能是，在描述性调研的基础上，对调研数据进行加工和计算，再结合营销环境各要素的影响，对市场信息进行解释和说明，并进一步分析出何者为因、何者为果。与探测性调研和描述性调研相比，因果性调研更侧重于分析和研究市场，主要解决的问题是"为什么"。

通过因果性调研和因果分析，酒店营销人员能够解释一个变量的变化是如何导致或引起另一个变量的变化的。因果性调研常采用实验法来进行，这就要求酒店营销人员首先假定自变量（x）是因变量（y）的原因，然后在其他变量保持不变的情况下测定 x 和 y 之间的关系。

4. 预测性调研

预测性调研，是在描述性调研和因果性调研的基础上，搜集酒店市场过去和现在的相关信息，然后依据过去和现在的营销经验和科学的预测技术，对市场未来的趋势进行测算和判断，从而得出与客观事实相吻合的结论。

预测性调研的主要目的是预测未来市场变化趋势，回答的问题是"未来的市场将怎样"。预测性调研对于酒店的营销决策和经营管理决策有重要的意义，其调研结果常被直接用作决策的依据。

---

① 宋军，钱耀军. 营销学理论与实务[M]. 北京：化学工业出版社，2015.

四、酒店营销调研的程序

酒店营销调研的程序，需要综合考虑调研目标、调研内容、调研时间、调研范围、调研方式、调研方法、调研人员素质、调研经费等因素。正式的酒店营销调研，调研程序可分为主题选择、方案构建、调研实施、数据分析、报告撰写、调研反馈等环节，如图 4-2 所示。其中主题选择、方案构建为准备阶段，调研实施为正式实施阶段，数据分析、报告撰写为调研结果处理阶段。

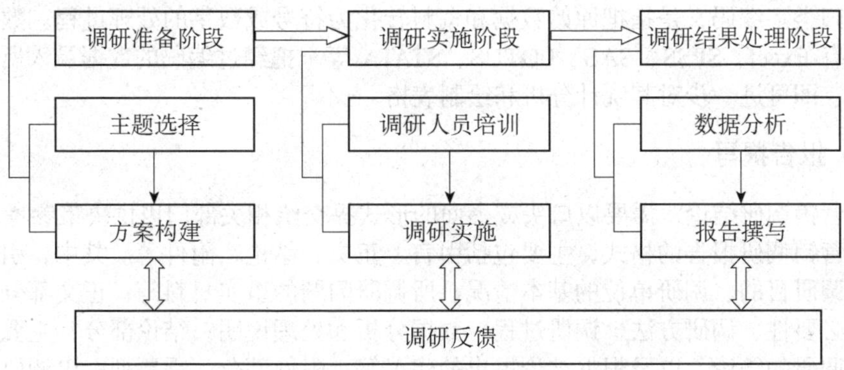

图 4-2　酒店营销调研的程序

（一）主题选择

酒店企业在营销过程中可能会面临很多问题，如了解顾客的酒店需求以进行市场细分，了解顾客的购买行为以推出适销对路的产品，了解酒店产品的销售情况以调整营销策略，了解酒店企业内部的管理情况以促进企业更为有效地运转等。这些问题对酒店企业营销活动都非常重要。那么，如何从中选择出可以进行营销调研的主题并得以实施，这成为衡量酒店营销人员工作能力和绩效的重要指标。

酒店营销的主题选择过程，应按照明确调研目的、查询相关资料、确定调研主题的过程进行。调研目的，是整个调研过程的关键，它既是调研的出发点，也是调研的归宿。调研目的明确后，就需要查询与调研目的相关的资料。此时需要的主要是二手资料。在对查询到的二手资料进行整理、归类之后，基本上就厘清和确定了调研的主题。

（二）方案构建

作为酒店营销调研的第二个阶段，调研方案主要包括调研目的、调研对象、调研内容、调研方式、调研方法、调研进度、经费预算及附录等。

从调研方案的内容可以看出，调研方案是对酒店营销调研所达到的调研目的进行的全方位、全过程的设计和计划，是整个调研活动的纲领性文件，是整个调研过程的行动指导。调研方案的构建，也体现了营销调研人员的组织设计能力与创造能力。

（三）调研实施

酒店营销调研方案构建并获得批准以后，即进入调研实施阶段。

调研实施，是依据方案中确定的调研方法和方式（具体方法参见本章第二节），组织相关调研人员按照规定的时间、地点等进行调研，获取调研数据和资料的过程。

此时所获取的信息为一手资料。调研实施的过程和效果直接决定数据分析的质量和调研结果，要求调研人员务必坚持科学、实事求是的原则，遵守调研人员的职业道德，保证调研的顺利实施。

（四）数据分析

数据分析阶段的主要任务是对调研所得的数据和资料进行整理与分析，即对数据和资料进行检查、审核、汇总、编码、录入、统计分析、绘制表格等。

调研所获得的原始数据和资料，需要对其正确性、完整性和真实性进行检查和审核。审核后的数据和资料，需要按照其性质、内容或特征，剔除相异的资料，把相同或相近的资料进行归类。编码，是指把原始数据和资料转化为符号或数字的处理过程。数据分析的常用工具有 Excel、SPSS、SAS、LOTUS、STATA 等。把经过编码的数据录入所采用的分析工具后，即可进一步对其统计分析和绘制表格。

（五）报告撰写

酒店营销调研结论，需要以口头或书面的形式提交给相关部门以供决策参考。

酒店营销调研报告的格式，主要包括引言、正文、结论、附件等。其中，引言部分，主要介绍调研目的、调研单位的基本情况、所调研问题的事实材料等；正文部分，主要介绍调研的必要性、调研方法、调研过程、数据分析和处理说明；结论部分，主要介绍本次酒店营销调研的结论，以及根据结论提出的建议等；附件部分，需要列示出调研资料来源说明、资料汇总表、所用到的辅助调研工具（如调查问卷），以及本次调研的局限性等。

（六）调研反馈

酒店营销调研反馈阶段，是在调研结束后，对相关调研结论与建议进行追踪调研、总结反馈、修正调研结论等，旨在积累经验、改进调研方法、提高调研质量、进一步提高决策的准确性。

相关调研结论与建议、调研反馈的内容，主要包括是否引起相关部门管理者的重视，是否被采纳，采纳的程度，采纳后的实际效果如何，调研结论是否经得起时间和实践的检验，调研过程是否需要改进，等等。

第三节　酒店营销调研方法

酒店营销调研方法，是调研方案的重要内容之一。选用的调研方法是否合理，决定了酒店营销调研方案的可行与否，决定了酒店营销调研的成败。

根据不同的分类标准，酒店营销调研有不同的分类方法，每种调研方法也都有各自的优缺点和适用范围。在选择调研方法时，需要综合考虑调研目的与酒店本身的特点，选择一种或几种调研方法，以最大限度地反映客观事实，控制误差范围。

一、文案调研法

在探测性调研阶段，常采用文案调研来搜集、分析历史的和现实的已有信息，从而获取与调研目的相关的信息。从中可以看出，文案调研是根据调研目的来搜集的，搜集的是已经加工过的文案，并且所搜集信息的主要表现形式为各种文献资料。对于酒店营销调研来说，这些文献资料主要为各种反映酒店市场变化的历史与现实资料。

（一）文案调研法的作用

作为搜集酒店市场信息的重要方法，文案调研法以其特殊的地位，在酒店营销调研方法中受到极大的重视。文案调研法的作用主要体现在以下两个方面。

1. 为实地调研法创造条件

酒店营销调研通常是从搜集现有资料的文案调研开始的，如果文案调研不能为解决现有问题提供足够的依据，才需要进行实地调研。

通过文案调研法所获取的文献资料，酒店可以初步了解调查对象的性质、范围、内容、调查重点等，可以提供实地调研无法或难以取得的市场环境等宏观资料，可用于证实各种调研假设，可以解释和说明现象产生的原因。

2. 为酒店企业的市场研究提供重要参考依据

在酒店营销调研方法中，文案调研法常被用作首选的调研方法，尤其是在研究酒店市场供求趋势分析、相关与回归分析、市场占有率分析、市场覆盖率分析时。

如酒店市场供求趋势分析中，通过搜集酒店市场的各种动态资料，然后加以对比分析，可以用来观察市场的发展方向。

（二）文案调研的资料来源

按照文献资料的来源不同，酒店营销的文案资料可分为酒店企业内部的文献资料和外部的文献资料两类。

酒店企业内部的文献资料，主要为各种与经营活动有关的业务资料、各类统计报表、财务资料、汇总报告等。通过对合同文本、发票等业务资料的分析，可以掌握酒店企业产品的供应情况，分地区、分顾客的需求变化情况等。通过对月销售计划报表、营销费用统计报表等各类统计报表的分析，可以研究该酒店企业经营活动的数量特征及规律，为其相关部门的预测和决策服务。通过对季度和年度报告、调研报告、经验总结报告等该企业所积累的资料的分析，可以为酒店市场研究提供参考和指导。

酒店企业外部的文献资料，主要包括统计部门与各级各类政府主管部门公布的文献资料，各种信息中心、专业信息咨询机构、行业协会及分会提供的文献资料，国内外相关书籍、报纸、杂志等提供的文献资料，各级新闻媒体的相关报道，国内外博览会、交易会和专业的学术经验交流会议的文献资料等。

（三）文案调研的方式

酒店营销的文案调研中，搜集酒店企业内部的文献资料相对比较容易，调研费用较低，调研的各种障碍较少，并且能够正确把握资料的来源和搜集过程。

相对来说，因为酒店企业外部的文献资料来源较多，且资料数量庞大，搜集起来难度较大。按照获取成本，酒店企业外部文献资料的搜集方式有以下两种。

1. 无偿索取

这类资料包括具有广告宣传性质的资料（如统计部门与各级各类政府主管部门公布的文献资料），各级新闻媒体的相关报道，国内外博览会、交易会和专业的学术经验交流会议的文献资料等。

2. 有偿购买

这类资料包括各种信息中心、专业信息咨询机构、行业协会及分会提供的文献资料，国内外相关书籍、报纸、杂志等提供的文献资料等。

（四）文案调研的方法

对于酒店营销调研人员来说，根据调研目的进行科学的查找并获取有价值的文献资料，是进行文案调研的制胜环节。常用的文献检索方法主要有以下两种。

1. 参考文献检索法

参考文献检索法，主要是对有关著作、论文等文末所列的参考文献，或者文中所提及的文献资料进行回溯，从而查找到有关文献的方法。

2. 检索工具检索法

使用已有的检索工具，可以在更大的范围内更有效地检索相关的文献资料。按照检索工具的不同，主要有手工检索、计算机检索、搜索引擎检索等。

（1）手工检索。手工检索所用的最基本的检索体系，是以索引为主体的检索系统。在整个体系中以某一关键字或者标引出来的主题词作为主索引，其他关键词和主题词作为辅索引。

手工检索系统最通用的就是以文献题名或者主题词的分类号为主索引，辅以年代、国别等索引。通过索引限定对检索范围逐步分割，达到提高检索效率的目的。

（2）计算机检索。计算机检索，是以关键词检索为检索方式的第一代检索平台，其代表为 DIALOG 系统，该系统具有基本索引和辅助索引两种索引。

基本索引包括标题、文摘、自由词、节标题等，辅助索引包括作者、存取号、分类号、期刊代号、出版机构、语种、出版年等。计算机检索的检索对象以科技文献为主，以新闻等比较规范的文献为辅。

（3）搜索引擎检索。搜索引擎检索，如谷歌、百度、搜狗等。搜索引擎的检索技术分为全文搜索和分类目录检索。

全文搜索是如谷歌、百度等所使用的技术，其形式是用检索词直接与全文进行匹配，经过不断的发展，已形成计算机自动标引的体系，其实质为关键词检索。

分类目录检索，如雅虎等所使用的技术，是通过对目录的分类界定来缩小检索范围并提高检索效率。

目前，以关键词为主的全文检索方式，是搜索引擎检索的主流。

（五）文案调研法的局限性

1. 对调研人员素质要求较高

酒店企业采用文案调研法进行调研时，需要从大量的文献资料中获取有价值的信息，这就要求调研人员具备较广的理论知识、较强的专业知识和技能，从而提高所搜集的文献的准确程度。

2. 所获得资料的时效性较差

文案调研法所得的文献资料，主要包括历史资料和正在发生的资料。然而，由于现实中正在发生和变化的新情况、新问题尚未经过理论化、系统化的研究，尚未成为有价值的文献资料，这使得文献调研法所搜集的资料大都是历史资料。在运用分析方法对历史资料分析时，其研究的时效性难以得到保证，进而可能使决策的准确度受到影响。

3. 与调研目的的适应性较低

酒店营销调研人员在采用文献调研法之前，对其调研目的已较为明确。然而，所搜集到的资料本身，也具有其特定的研究目的。这样，酒店调研人员此次的调研目的和调研资料的研究目的之间就会出现偏差，这使得文案调研所得的资料并不完全适用于本次调研。

二、实地调研法

为了解决文案调研法不能解决的问题以及克服文案调研的局限性，酒店营销调研人员有必要对酒店市场现象进行实地观察，通过采用一系列调研方法和技术，得出第一手资料，整理分析后得出调研结果，即采用实地调研法来获得原始资料。实地调研法主要有观察法、访谈法和实验法等三种。

（一）观察法

观察法，是指酒店营销调研人员通过现场观察而获取所需资料的一种实地调研方法。酒店企业采用观察法搜集资料，可以委派调查人员直接到现场进行观察，也可以借助于录音机、照相机、摄像机、监视器等仪器设备进行记录。

1. 观察法的类型

（1）控制观察法和无控制观察法。按照观察结果的标准化程度不同，观察法可以分为控制观察法和无控制观察法。

控制观察法是指根据观察目的预先规定观察范围，并在实施观察时，将观察手段、观察技术、观察程序和记录方式进行标准化的方法。与此相对应，无控制观察法比较灵活，对观察程序不做严格规定，记录方式也比较随意。

控制观察法一般用于目的性、系统性较强的调研，或用于简单观察后的补充调研；无控制观察法通常用于探索性或有一定深度的专题调查。

（2）纵向观察法、横向观察法和纵横结合观察法。按照所取得资料的时间特征不同，观察法可以分为纵向观察法、横向观察法和纵横结合观察法。

纵向观察法，又称为时间序列观察法，是指在不同时期加以观察，取得一系列的观察记录的方法。横向观察法，又称为横截面观察法，是指在某一特定时间内对若干个调查对象所发生的事态同时加以记录的方法。将纵向观察法和横向观察法结合起来，以取得更为可靠的调研资料，即纵横结合观察法。

（3）直接观察法、机器观察法和实际痕迹观察法。按照观察的具体形式不同，观察法可以分为直接观察法、机器观察法和实际痕迹法。

直接观察法，即调查人员直接加入所调查的情境之中进行观察、记录的调查方法。直接观察法中，使用较多的是神秘顾客调查法。机器观察法，是通过录音机、摄像机、监视器等设备进行观察的方法。实际痕迹法，是通过观察调查对象使用后留下的实际痕迹进行统计分析以获取信息的方法。

【阅读链接 4-2】神秘顾客调查法在国内的发展应用①

在国内，摩托罗拉、麦当劳等跨国公司最先引入神秘顾客调查法。随后，中国移动、中国电信等大型本土企业也开始推行暗访制度。在零售行业这种方法有比较成熟的运用，已提出了评价方法和具体标准，但行业规则的建立还刚刚起步，专业的调研公司较少。近年来，人们开始探索神秘顾客调查法在机场、商业银行、医院、连锁企业、图书馆等行业的服务质量、绩效考核等方面的运用。

神秘顾客调查法在酒店业的典型应用是星级饭店访查。2006 年，国家酒店局公布了《星级饭店访查规范》（LB/T 006—2006），作为《旅游饭店星级的划分与评定》（GB/T 14308—

① 熊伟，陈寅秋. 神秘顾客调查法在酒店管理中的应用研究：以广州市高星级酒店为例[J]. 旅游学刊，2010，25（11）.

2003，2010 年 9 月 22 日修订，现行标准是 GB/T 14308—2010）的有益补充，其中，明确了星级饭店访查的定义，并首次提出“神秘客人”的概念。在酒店业，被邀请进行神秘顾客调查的对象被称为神秘客人。除此以外，一些酒店也会在日常经营中邀请神秘客人进行暗访，尤其是一些具有丰富的行业网络资源（如连锁酒店等）、具有明确发展定位的酒店，更倾向于选择这种方法。

20 世纪 40 年代以来，神秘顾客调查法在各行各业得到广泛的运用，并成为酒店行业提高服务质量的重要方法之一，但却少有学者对此进行研究。以广州市高星级酒店为例，通过对酒店行业内相关人员的问卷调查和深度访谈获取第一手数据。第一手数据主要来源于调查研究，采用自填式问卷法和结构式访谈法从广州市高星级酒店员工和相关专家处收集资料，进而探究神秘顾客调查法在酒店管理中的应用问题。

2. 观察法的记录技术

在采用观察法进行营销调研时，应注意采用适当的记录技术，以便能够准确、及时、没有遗漏地记录下转瞬即逝的信息及其变化情况。常用的记录技术主要有观察卡片或观察表、符号、速记、记忆和机械记录等五种。

观察卡片或观察表，具有与调研问卷基本相同的结构。其制作过程也要经过列出所有观察项目、删减不必要的项目、合理编排每个项目及其可能出现的情况、预调研与调整、定稿与打印制作等。

符号，类似于调研问卷的事前编码，即事先用符号代表观察中可能会出现的各种情况，在实际记录时仅记录相应的符号即可。

速记，是一种快速记录的技术方式，用简单的符号或者代码和缩写规则把交际和思维中的内容转换成视觉形式。传统手工速记是参照音素文字原理，用更加简单的线条和附加符号做临时文字快速记录，事后再转换成文字的记录方式。现代计算机速记是通过键盘代码直接快速转换成文字的记录方式。

记忆，是观察过后以追忆的方式进行记录。记忆通常用于调研时间紧迫或缺乏记录工具的情况下。

机械记录，是在观察过程中运用录音、录像、照相、专用仪器等手段进行的记录。

3. 观察法的特点

观察法的优点在于：运用观察法，能够直观、可靠、客观地搜集原始资料，直接记录调研的事实和被调查者在现场的行为，调研结果更接近于实际；可以对那些无法、无须或无意进行语言交流的酒店现象进行调研，有利于排除语言交流或人际交往中可能发生的种种误会和干扰因素；观察法简便易行、灵活性强。

观察法的缺点是：运用观察法所得的资料只能反映客观事实的发生过程，但并不能说明发生的原因和动机；观察法在具体实施时，经常会受到时间、空间和经费的限制，所以只是比较适用于小范围的微观酒店市场调研；对调研人员的业务技术水平要求较高，如敏锐的观察力、良好的记忆力，心理学、社会学等必要的理论知识，以及对现代化设备的操作技能等。

（二）访谈法

访谈法，也叫面谈法、询问法等，是一种以语言交流作为搜集资料的手段，以询问的方式向被调研人员提出问题，以得到的答复作为调研结果的实地调研法。

根据调研人员与被调研人员接触方式的不同，访谈法可分为面谈法、电话访谈法、邮寄法等。

1. 面谈法

面谈法，即按照事先规定的方法，依据调研问卷或访谈提纲，调研人员与被调查人员进行面对面的直接访问。根据与被调研人员接触方式的不同，面谈法可分为入户面谈法、街头拦截式面谈法、计算机辅助个人面谈法等。

根据调查内容的深度，面谈法可分为一般面谈法、小组座谈法和深度访谈法。一般面谈法，即一对一地对被调查人员进行面谈。小组座谈法，又称为焦点访谈法（group/focus groups discussions），即采用会议的形式，挑选一组具有代表性的调研对象，在主持人的主持下，就某个专题进行探讨，从而获得对有关问题的深入了解。深度访谈法，是一种无结构的、直接的、一对一的访问，在访问过程中，由掌握高级访谈技巧的调研人员对被调查人员进行深入的访谈，用以揭示对某一问题的潜在动机、态度和情感。常用的深度访谈技术主要有阶梯前进、隐蔽问题探询、象征性分析等。

面谈法的优点为可以获取的数据的内容较多、问题较深入、质量较高，缺点为时间较长、费用较高、控制调研质量的难度较大等。

2. 电话访谈法

电话访谈法，即调研人员通过电话联系的方式，向被调研人员询问所要了解的内容和征求意见。传统的电话访谈法使用的是普通的电话、普通的印刷问卷和普通的书写用笔，根据随机抽样的原理，从电话号码簿或者事先确定的抽样方案中随机选择电话号码进行调研。

现在的计算机辅助电话访谈（computer-assisted telephone interviewing，CATI），则是采用计算机辅助电话访谈设备和自动随机拨号系统、问卷设计系统、自动访问管理系统、自动数据录入、简单统计系统等，调研人员通过耳机按照指定的程序对被调研人员进行访谈。

电话访谈法的优点在于节约时间和费用，易于控制实施的质量，并且可能会对不宜接触的调研对象进行访问。电话访谈法的缺点在于，抽样总体与目标总体不一致，调研内容难以深入，访问的成功率可能较低，等等。

3. 邮寄法

邮寄法，即调研人员将调研问卷装入信封，通过邮局邮寄给选定的调研对象，并要求调研对象按规定的要求和规定的时间内填写问卷，然后回寄给调研人员。

邮寄法的主要形式有留置问卷调研法、固定样本邮寄调研法等。

留置问卷调研法，即调研人员按面谈法的方式联系到被调研人员，说明调研目的和填写要求后将问卷留置于被调研人员处，并在与被调研人员约定的回收调研问卷的时间里取回调研问卷。

固定样本邮寄调研法，又称为邮寄固定样本调研，指的是在事先抽取一个地区性的或全国的有代表性的样本，样本中的家庭或个人都已经同意参加某方面研究的定期的邮寄调研，然后由调研人员向这个固定样本中的成员定期地邮寄调研问卷，样本成员将调研问卷按要求填写好后及时地回寄给调查人员。

邮寄法的优点是保密性强、调研的区域广、调研费用较低、调研质量与调研人员个人素质无关等。邮寄法的缺点是回收率较低、调研所耗用的时间较长、填答调研问卷的质量难以控制等。

（三）实验法

实验法，是采用归纳法的逻辑，通过科学设计的实验搜集数据，然后进行统计分析和假设检验，以达到实验样本对总体的推断。实验法是了解和研究因果关系的主要方法之一。

按照实验的场所分类，实验法可分为实验室实验和现场实验两种。按照是否将实验单位随机分组，实验法可分为非随机化实验和随机化实验。

实验法通过实验设计来控制一个因子或几个因子，尽可能地排除了外来因素的影响，可以有效地研究各个因子及因子间交互作用对所感兴趣的因变量的效应，并有可能通过适当的统计分析方法找到效应最佳的组合。

实验法的优点为可以探索不明确的因果关系，并且实验结论有较强的说服力。实验法的缺点为历时较长、费用较高、管理和控制的难度较大，并且研究计划的保密性较差。

三、网络调研法

随着信息技术的发展，个体通过网络进行物质活动、精神交往和话语交流等已成为可能，这为网络调查提供了巨大的技术机遇和发展潜力。网络调研可以跨越时间和空间的限制，不仅可以节省人力、物力和财力，而且也有利于调研效率的提高。

网络调研，是借助于互联网络（宽带和 4G 移动网络），直接收集第一手资料，或间接收集第二手资料的调查方法。按照调研方式的不同，网络调研法可分为网上文献资料分析、一对一的网上深层访谈、网上观察、网站调研、网页调研、电子邮件调研、弹出式调研、网络会议法、网上固定样本等。其中应用较多的为网站调研、网页调研、电子邮件调研、网络会议法。

（一）网站调研

网站调研，即将调研问卷设置在访问率较高的一个或多个站点上，由浏览这些站点并对该项调研感兴趣的网上用户按照个人意愿完成问卷的调研方法。

调研网站可以对众多的访问者设置一些过滤问题，在问卷填写前来确认其是否符合调研对象的要求，对不符合的，程序将自动判断并拒绝其填写问卷，这样就可以防止大量的无效问卷的产生。这种调研只能反映对该项调研感兴趣的网民群体的态度。

（二）网页调研

网页调研，即将设计好的调研问卷放到网站的某个网页上，网民可以根据自己的情况，决定是否参与调查。

根据调研问卷的格式和生成系统的不同，网页调研的调研问卷可分为纯超文本格式网页调研、固定格式互动网页调研、订制互动网页调研等。其中，纯超文本网页调研的问卷格式为超文本格式（HTML）；固定格式互动网页调研，是利用调研引擎或调研软件来设计问卷，可以实现逻辑分支、跳跃、筛选甄别、自动差错等功能；订制互动网页调研的问卷，除了具有前两种方式的技术控制功能以外，还可以按照用户的需要，设计出更复杂、更美观的问卷，加入各种功能，如插入实时网页、文件下载等。

（三）电子邮件调研

电子邮件调研，是指以被调研者的电子邮件（E-mail）地址作为样本框，把设计好的问卷以文件的形式随机抽样发到被调研者的电子邮件信箱里，被调研者在方便时填好问卷内容，再通过 E-mail 反馈给调研机构。

调研机构通过专门的程序对答卷进行自动检查和编辑，再进行数据收集、整理、分析。在样本框相对全面的情况下，这种调研结果可获取调研对象总体多方面的统计资料。

（四）网络会议法

网络会议法（net-meeting），即调研者把设计好的调研内容以网页的形式在固定的网站上公布，并在调研对象总体中征集与会者，在约定的时间内进行网上座谈。

网络会议法是基于 Web 的计算机辅助访问，将分散在不同地域的被调研者通过互联网视讯会议功能虚拟地组织起来，在调研者的引导下讨论调研问题的调研方法。

第四节 酒店市场预测

酒店营销调研既是认识市场和取得相关信息资料的基本方法，也是酒店市场预测和决策的前提和基础。市场竞争愈演愈烈，市场预测已成为酒店企业生存和发展的法宝。仅有市场调查调研而没有市场预测和决策，酒店将难以做到营销和经营战略的科学化与战略执行的有效化，酒店也就难以走上稳定、可持续发展的轨道。

一、酒店市场预测的含义和类型

（一）酒店市场预测的含义

预测是对未来不确定事件的预报和推测，市场预测是关于市场未来状况的预报和推测。

酒店市场预测是在市场营销调研基础上，运用科学的方法和技术，对各种数据、资料和信息进行系统、严密的分析研究和逻辑推断，预报和推测未来一定时期内酒店市场的变化和未来发展趋势，从而为酒店企业的营销决策和经营管理提供科学依据，保证酒店在激烈的市场竞争中赢得主动。

酒店企业的市场预测是多方面的，如顾客的人均消费额预测、平均住店时间预测、季节性预测、营业收入与利润预测等，都是酒店市场预测需要研究的内容。

酒店企业是旅游产业的重要组成部分，同样具有脆弱性的特征，易于受到一些严重影响市场的、突发性的不可抗力事件的影响，然而这类事件往往具有不可预测性，如 2003 年的“非典”，因此不能期望酒店市场预测能够达到高度的准确。通常情况下，时间越长，预测的准确性相对就越低。这就要求酒店企业在进行市场预测前明确预测目标，并能够根据市场变化不断调整预测，即酒店市场预测需要不断地对可能性和备选方案做出客观、细致的评估，以供酒店企业做出市场营销决策和经营管理决策时作为参考依据。

（二）酒店市场预测的类型

酒店市场预测从不同角度划分可以有不同的分类，通常包括如下几种不同的类型。

1. 按预测范围划分

根据市场预测的范围，酒店市场预测可以分为酒店宏观市场预测和酒店微观市场预测两种类型。

（1）酒店宏观市场预测。酒店宏观市场预测是指根据预测目的，从全社会出发，对酒店市场营销的宏观环境及其发展趋势的预测。

酒店宏观市场预测提供的预测值有国内生产总值及其增长率、人均国内生产总值及其增长率、物价总水平和社会商品零售总额、工资水平和劳动就业率、消费结构的变化等。

（2）酒店微观市场预测。酒店微观市场预测是从自身出发，对影响酒店经济行为的微观市场营销环境及其发展趋势的预测，如竞争对手经营情况的预测、顾客偏好与消费支出的预测、供应商与营销中介的预测等，有时还需要对酒店自身的出租率、接待的季节性、营业收入与利润等进行预测。

2. 按预测时间的长短划分

按市场预测的时间长短划分，酒店市场预测可以分为短期预测、中期预测和长期预测。

（1）短期预测。酒店短期预测以日、周、旬、月或季为时间单位，对一年以内的酒店市场发展前景进行的预测，主要是为酒店企业日常营销活动和经营决策服务，为酒店制订月度、季度和年度营销计划提供依据，讲究预测的时效性。

（2）中期预测。酒店中期预测以年为单位，对一年以上、五年以下的市场发展趋势进行预测。酒店中期预测主要是为酒店制定中期营销战略和经营发展战略决策提供参考依据。

（3）长期预测。酒店长期预测以年为时间单位，对五年以上的市场发展前景进行的预测。酒店长期预测主要是为酒店企业制定市场营销和经营发展的长期规划提供依据。

酒店市场预测的准确性随着预测期的长短而不同，预测期越长，误差就越大，准确性相应地就越低。由于酒店短期预测的不可控因素较少，可用资料充分，预测内容可以广泛一些，因此预测结果的精度也较高。酒店中期预测与短期预测相比，不可控因素较多，预测的内容就应少一些，预测的精度相应地要低一些。酒店长期预测时间长，不可控因素多，因而只能概括地描述未来市场变化的情况。因此，在实际工作中，酒店企业往往比较侧重于进行短期预测，而中期预测和长期预测则做得比较少。

3. 按预测的方法划分

按市场预测的方法划分，酒店市场预测可以分为定性预测和定量预测。

（1）定性预测。酒店定性预测是酒店市场营销人员根据一定的经济理论、营销理论和统计理论，凭借经验和判断能力，对酒店市场未来的状态与发展趋势做出的综合判断。

酒店定性预测一般用于缺乏完整的统计资料，市场环境变幻莫测，影响市场的因素复杂难以进行定量分析的情况。如一家新开业酒店预测其客房出租率、投资回收期等往往就需要进行定性预测。

（2）定量预测。酒店定量预测一般是从历史统计数据入手，使用专门的统计方法和数学方法建立数学模型来进行推算和估测预测值的方法，对酒店未来的市场经济总量、酒店自身经营数据的变动趋势进行描述，据以预测酒店企业经营涉及的某一方面未来数量的变化程度。

酒店定性预测与酒店定量预测的划分是相对的，没有孰优孰劣之分，只是侧重点不同、适应的条件不同。在实践中，往往需要将两者结合起来一起使用，即酒店定量预测以酒店定性预测为前提，酒店定性预测以酒店定量预测为补充，从而使酒店市场预测的结果能够比较全面地反映预测期市场的状况，发挥酒店市场预测应有的作用。

除了上述常用的预测分类之外，酒店市场预测还有其他分类方式。例如，对于涉外酒店，其预测还可以按照预测的空间划分为国内市场预测和国际市场预测。再如，按照市场预测值的分布状况，还可以将酒店预测划分为点值预测和区间预测。

二、酒店市场预测的程序

与酒店营销调研一样，酒店企业的市场预测也有一定的程序，其基本程序包括以下五个步骤。

（一）确定预测目的，拟订预测计划

酒店市场预测首先要确定预测目的，即酒店市场预测的主题，预测目的的确定直接影响到酒店市场预测的结果。预测目的的确定就是要解决预测什么，即通过预测要解决什么问题。

有了明确、具体的预测目的，才能据以拟订预测计划，包括拟订预测项目、拟订预测

期限、调配预测人员、编制费用预算等。

（二）收集与整理资料

酒店营销调研所收集、整理的资料是酒店市场预测的基础，任何预测都要从市场历史的和现有的资料出发来进行。

资料的收集一定要注意广泛性、适用性和可靠性。资料收集得不全面、不系统，将严重影响预测质量。这就要求酒店营销调研必须取得准确、客观、系统又符合时效性的资料，据此进行预测才能降低预测误差，提高预测质量和预测精度。

【阅读链接 4-3】酒店怎么用好大数据①

互联网时代，大数据成为各行各业的热词，酒店行业亦是如此。如何用好大数据，科学分析酒店当前的经营及服务，并开展有针对性的营销助力营收，成为业界一直思考和探索的话题。

在贵州举办的第十届中国酒店品牌建设国际论坛上，如何认识并用好大数据、大数据怎样改变酒店业，成为与会代表讨论的热点。

应该关注哪些数据

什么是大数据？“旅游者通过网络开展旅游行为留下足迹，就形成了现在的大数据，业者如何通过这些数据分析客人的消费行为和消费模式，科学地帮助经营者决策，正是当前我们研究的方向。”香港理工大学酒店及旅游业管理学院助理教授王丹说，这些数据不仅仅指一些 OTA（online travel agency，在线旅行社）提供的数据，还包括酒店自己积累的小数据以及一些看似和酒店无关的数据。例如，一个城市的机场吞吐量、游客接待量、天气、每年要举办的大型赛事或活动等。

“美国曾有一家经济型酒店集团想要在芝加哥做扩张，发现这个城市经常会出现极端天气，造成航班频繁延误或取消，他们就寻找与航班、机场、滞留旅客人数、有多少人愿意住经济型酒店的相关数据，看了这些数据后，才决定是否要在芝加哥机场附近开设分店。喜达屋酒店集团旗下某高端奢华酒店 2008 年发现金融危机造成自身业绩下滑，就去找了很多关于金融行业发展的数据，然后又分析自己的客群中有多少是金融行业的，随后调整了产品和营销策略，客户结构也慢慢进行了调整。”王丹说。由此可以看出，拥抱大数据才能创造大未来，业者做决策时可以天马行空地想方案，但还是要参考大数据和自身的小数据做出准确决策。

“其实，国际上的大企业对大数据的应用也才刚刚开始，业界不用过于着急。”美国拉斯维加斯内华达大学威廉 · F. 哈拉酒店管理学院副院长白秀成说。对酒店而言，对客的大数据和小数据才是最实在的，应该把大数据分析放在客人个性化体验的基础之上。数据不仅可以帮助酒店决策，还可以帮助酒店让管理更高效，让服务更有针对性。

如何分析并使用数据

问途信息技术有限公司创始人黄昕归结了大数据的几个特点：大数据不是随机样本，而是全体数据；没有精准性，而有混杂性；不是因果关系，而是相关关系。“目前没有哪一个公司能提供真正的大数据，即便是 OTA，也只占有酒店市场的一小部分，大部分的数据在线下。客户新增率、客户流失率、客户活跃度、沉睡客户唤醒率、新客户客单价、主力客户客单价，对酒店而言都是有意义的数据。要被数据驱动，而不要被数据控制。酒店企

---

① 陈静. 酒店怎么用好大数据[N]. 中国旅游报，2016-05-11（A01）.

业要注重对自身数据挖掘、汇总和分析，善于把每一位进店客人的各方面消费量化为数据，为自己的目标客户画像。”

杭州绿云科技有限公司COO（首席运营官）屠承荣认为，光研究数据并不能解决酒店的问题，数据是客人消费后才产生的。酒店应该把第三方数据公司的大数据和自身的小数据结合起来进行分析，再制定相应的营销及管理策略。“进店客人消费额多少，喜欢预订什么样的客房，是否有在线支付的习惯等，都可以被搜集起来，作为接待参考。另外，有多少客人喜欢用智能窗帘、喜欢自助登记入住、喜欢用智能门锁开房门？诸如此类的数据，则可以判断一下自己的智能化投入有没有必要。”屠承荣说，值得注意的是，用技术的是人，酒店选择合适的首席技术官相当重要，技术官的能力与层次决定了数据的应用效果。

德国Snap Shot公司中国区总经理何雯表示，从庞大的数据库里提取出对酒店有益的数据，才是酒店最应该做的。“大数据可以佐证管理者的判断，为酒店的精准营销提供帮助。如果打破单个酒店的信息孤岛，使数据横向流通起来，是可以较准确地预测市场的。”

未来的方向是“大数据+”吗

“通过‘大数据+’，对现有用户做充分挖掘，才有可能提高酒店的内生动力。”同程旅游创始人、联席总裁吴剑建议，在消费者追求个性化需求的当下，酒店运营有很多玩法，提升营收不只是卖好客房。她建议业者打开思路，关注自身的客人怎么才能觉得好玩，“能不能把亲子放在酒店，把制作陶艺放在酒店，甚至把婚纱摄影放在酒店？”

吴剑说，2015年，同程旅游通过策划女神度周末、包楼度周末、主题度周末、平日更惠玩、欢乐度长假等套餐模式，帮开元酒店集团旗下酒店卖出了十万间客房。旅游顾问通过惠销场景来卖旅游套餐，都源于以消费数据为基础进行的判断。“但无论如何营销，酒店还是要回归到线上转线下的本质，把产品、服务、口碑做好。”

每家酒店在做微信、微博营销时，肯定都在想：如何在线上信息“泛滥”的时代，把“粉丝”转化成客户，进而把客户变换为“忠诚客户”？如何运用“大数据+”做好线上营销？

黄昕认为，其实，酒店的在线营销从客人在线上搜索酒店时就已经开始了，客人在网上比较酒店，通过预订渠道预订酒店，到抵店入住、店内消费（含入住期间在微信朋友圈传播酒店信息），到最终离店、分享自己的入住体验，整个过程都是酒店在线营销的时机。黄昕说，移动互联网时代，酒店不缺流量，可从移动端、PC端、社交媒体上引流到自己酒店所建立的一个入口平台上，要学会用一个有温度的故事追求转化率的优化。有效客户数量×客户活跃率×客单价=业绩，酒店应该围绕用户通过搜索引擎、社群、新媒体、消费场景进行引流。“可惜的是，目前很多酒店还没有数据分析人员、没有线上营销人员，这方面要注意去培养。”

（三）选择预测方法，建立预测模型

进行酒店市场预测，必须根据预测目的和占有的资料，选择恰当的预测方法和预测模型。

1. 选择预测方法

酒店市场预测的方法有很多，既有定性预测方法，又有定量预测方法。

如果只要求预测出一个发展趋势，则可选择定性预测方法；如果要求预测出一个具体数据，就必须运用定量预测方法。

在酒店市场预测的实践活动中，要求将定性预测同定量预测相结合，以酒店定性预测为依据，以酒店定量预测为手段；在酒店定性预测中尽可能地量化，在酒店定量预测中则要注意贯穿定性的分析。唯有如此，才能使酒店市场预测的结果尽量接近客观事物的实际情况。

2. 建立预测模型

一般来讲，酒店定性预测可以建立逻辑思维模型；而酒店定量预测则必须建立数学模型。

数学模型是建立在酒店营销调研已取得的历史数据和现实数据的基础之上的，不同的模型对数据资料的要求以及对预测时间长短的适用情况都是不同的。因此，数学模型不能盲目地使用，而应该根据酒店市场预测的目的、数据资料的情况等选择恰当的数学模型，否则将影响到酒店市场预测的精度。

（四）预测与预测误差分析

根据选定的预测方法和数学模型进行酒店市场预测，取得预测结果。

在预测的过程中，需要对有关数据进行必要的修订，剔除因偶发因素而产生的异常数据，如在进行季节性预测时，就需要考虑剔除 2003 年“非典”影响所导致的接待数据的异常值。

当预测结构与预期值差异比较大时，应具体分析产生误差的原因，如果是预测方法和数学模型选择不当，就要调整预测方法与数学模型；如果是数据原因，就需要重新整理分析数据，剔除未剔除的异常数据、修正错误的数据，然后再重新进行预测。

（五）撰写并提交预测报告

对酒店市场预测进行全面总结，确定预测结果，撰写并提交预测报告。

酒店市场预测报告的主要内容有预测目的、预测时间、参加预测的人员、主要资料来源、预测方法与数学模型、实际预测结果、对预测结果的分析评价意见、相应的决策方案及各方案的利弊分析等。酒店企业可以根据酒店市场预测报告，选择和制定相应的营销战略和企业经营战略，赢得市场。

三、酒店市场预测的方法

根据市场预测方法的性质不同，酒店市场预测可以分为定性预测和定量预测两大类。

（一）酒店定性预测方法

酒店定性预测，是依靠预测者的观察分析能力、经验判断能力和逻辑推理能力所进行的市场预测，是预测者根据所了解的情况和实践积累的经验对客观情况所做的主观判断。

酒店定性预测的准确程度取决于预测者的经验、理论、业务水平、掌握的情况和分析判断的能力。

1. 经营管理人员意见法

经营管理人员意见法是由酒店企业的决策者召集熟悉市场情况的业务部门主管人员，包括营销、前台、客房、餐厅、财务等部门的主管人员，根据各自的经验及对市场的判断，提出预测意见，然后对这些意见加以归纳、分析和判断，最终确定酒店的预测结果，并据以制定营销和经营决策。

对于新开业的酒店来说，由于缺乏历史数据的支撑，这种方法往往是唯一可供选择的预测方法。由于这种方法具有预测成本低、预测结果具有一定准确度并且利于调动管理人员市场预测的积极性等优点，非新开业的酒店也或多或少地采用这种方法进行预测。

这种方法的缺点也非常明显：对于预测者的各方面能力要求较高，受主观因素影响较大，因此不宜过分依赖这种方法进行酒店市场预测。

2. 集体预测法

酒店企业中的决策者、中层管理人员和营销人员依靠个人收集到的数据资料，根据个人的经验、知识、能力并运用相应的数学运算手段，提出个人的判断和预测，然后加以汇总整理，对酒店企业市场前景做出综合预测。

这种方法可以看作是经营管理人员意见法的升级版，其优缺点也相似。但是，由于这种方法涉及多层次的更多预测人员，各级人员熟悉不同的市场领域，如果运用得当，其预测结构要比经营管理人员意见法更接近实际；同样的原因，由于不同人员对市场认识的片面性和个人对市场判断的乐观或悲观程度差异较大，运用不好的话，反而会取得适得其反的效果。

3. 消费者意见法[①]

预测是估计顾客在一定条件下将会购买什么产品和服务的艺术。因此，顾客是最有用的信息来源。不少西方饭店通常对现有的和潜在的消费者和中间商进行民意测验，了解被调查者是否已经形成购买意图，是否计划购买。有的饭店还采用固定样本调查法，了解一批调查对象对饭店产品和服务质量、特色、价格的看法，以及顾客是否会购买。

但是，要预见顾客未来的购买行为是很难的。在被调查时，顾客往往会讲自己会购买，但实际上，他们并不见得一定会购买。因此，单纯使用这种方法进行预测，往往会得出过于乐观的估计。如果人数较少，或者如果顾客预付定金，签订合同保证付款购买，这种预测方法才有效。

4. 德尔菲法

德尔菲法又称专家意见法，是由美国兰德公司在 1950 年提出的一种预测方法，以匿名的方式向一组选定的专家轮番分别征询他们对未来市场的意见或判断（专家之间是背靠背的，相互之间并不知道对方的存在及对方的意见），然后加以综合整理、反馈、再整理，逐步取得一致意见。

酒店采用德尔菲法进行市场预测的基本步骤为：首先成立预测小组，确定预测目标和预测专家若干名，并将预测目标及背景材料通知专家们，要求其依据相关材料和个人经验、知识做出预测；专家们接到通知后，根据自己的经验和知识做出初步预测，并说明其依据和理由，回寄给主持者；主持者对各种预测结果进行归纳整理，对不同的预测值注明理由和依据，再分寄给各位专家，要求专家们修改自己的预测；专家接到反馈意见后，通过分析各种预测意见及理由，提出自己的修改意见；如此反复多次，具体次数根据预测的复杂程度决定，一般为 3～5 次，直到专家们的意见趋于一致为止。

德尔菲法的优点是，能够集思广益，发挥专家的集体智慧，避免主观性与片面性，理论、经验与实践相结合，在缺少数据时也可应用，适用范围广；缺点是，预测结果的准确程度受到专家的选择、预测专家的知识水平与能力的局限。

（二）酒店定量预测方法

酒店定量预测，是根据收集整理的数据资料，运用统计方法和数学模型近似地揭示预测酒店相关变量（如营业收入、出租率等）的数量变化规律，并据此对预测目标做出量化预测。

酒店定量预测方法分为时间序列法和因果关系法。

1. 时间序列法

时间序列是指把某种社会经济现象的某一统计指标数值，按照时间先后顺序排列形成

① 贺学良. 饭店营销原理与实务[M]. 上海：上海人民出版社，2007.

的序列。

时间序列法是指根据时间序列数据所反映的变化规律，将时间序列数据向外延伸，以揭示市场变化趋势的定量预测方法。

时间序列法有很多种，酒店常用的有简单平均法、移动平均法和指数平滑法。受篇幅限制，此处仅介绍各方法的原理及简单模型，有兴趣的读者可查阅相关统计学书籍。

（1）简单平均法。简单平均法是指假定前期发生的情况在将来依然会发生，因此把一定观察期内时间序列的算术平均数作为下一期预测值的一种最简便的预测方法。

简单平均法的计算公式为

$$\bar{X}=\frac{\sum X_i}{n}\quad(i=1,2,\cdots,n) \tag{4-1}$$

式中：$\bar{X}$——预测值；

X_i——时间序列中第 i 期的实际发生值；

n——时间序列中数据的个数。

（2）移动平均法。移动平均法是指按照一定跨越期，采用逐项的方法，将时间序列中的数据由远及近进行平均，计算一系列平均数，把每期平均数作为下一期预测值的方法，即随着时间的推移，时间序列中的数据也向前移动，每移动一期就去掉最前面一期的数据，而新增原观察期之后的一期数据，以保证跨越期不变，然后逐个计算算术平均数，离预测期最近的平均数即为预测值。

移动平均法的计算公式为

$$M_t=\frac{X_t+X_{t-1}+\cdots+X_{t-n+1}}{n}=\frac{1}{n}\sum_{i=t-n+1}^{t}X_i \tag{4-2}$$

式中：M_t——第 t 期的移动平均值，即第 t 期的预测值；

X_i——第 i 期的实际值；

n——移动平均的项数，即跨越期数。

（3）指数平滑法。指数平滑预测方法是美国经济学家罗伯特 · G. 布朗于 1959 年在他的《数据库管理的统计预测》一书中首先提出来的，是酒店市场预测中常用的方法。指数平滑法是用时间序列中的历史数据的加权平均数作为预测值，是一种特殊的加权移动平均法。

根据平滑次数不同，指数平滑法可以分为一次指数平滑法和多次指数平滑法。在此，仅简单介绍一次指数平滑法。

设 $y_1, y_2, \cdots, y_t, \cdots, y_n$ 为时间序列观察值，观察值的时间 t=1, 2, ⋯, n；$s_1^{(1)}$，$s_2^{(1)}$，⋯，$s_n^{(1)}$ 为时间 t 的观察值的指数平滑值；则一次指数平滑值的计算公式为

$$s_t^{(1)}=\alpha y_t+(1-\alpha)s_{t-1}^{(1)} \tag{4-3}$$

式中：$s_t^{(1)}$——第 t 期的一次指数平滑值；

$s_{t-1}^{(1)}$——第 t-1 期的一次指数平滑值；

y_t——第 t 期的观察值；

α——加权系数，$0<\alpha<1$。

一次指数平滑预测是以第 t 期的一次指数平滑值作为第 t+1 期的预测值。

从式（4-3）一次指数平滑值预测模型中可以看出，进行预测的关键是确定 α 值和确定初始值。初始值可以由时间序列确定，α 值可以采用试错法，根据预测误差的大小选择恰当的 α 值（详细分析不属于本书的研究范畴，请参见统计学相关书籍）。

2. 因果关系法

因果关系法又称回归预测法，就是从分析事物变化的因果联系入手，在分析酒店市场

营销实际数据的基础上建立回归预测模型，揭示预测目标与其他有关经济变量之间的数量变化关系，据此对预测目标进行预测的方法。

酒店市场预测的回归法就是把预测目标的变化视为“果”，把其他与预测目标的变化相关的因素视为“因”，从而建立因与果之间的数学模型，并根据相关因素的变化推断预测目标的变动趋势。

描述自变量与因变量之间回归关系的数学模型称为回归方程，根据自变量的多少，回归方程可以分为一元回归方程和多元回归方程；根据自变量与因变量之间的关系，回归方程可以分为线性回归方程和非线性回归方程。

有关回归方程的详细内容请参见有关统计学、计量经济学或多元统计分析类书籍。

引入案例解析

酒店营销调研，是指根据市场营销的需要，运用科学的方法，有计划、有目的、系统地搜集、整理、分析酒店企业营销活动的有关信息和资料，提出调查报告，为酒店企业营销管理者正确决策提供科学依据的活动。

酒店市场预测是在市场营销调研的基础上，运用科学的方法和技术，对各种数据、资料和信息进行系统、严密的分析研究和逻辑推断，预报和推测未来一定时期内酒店市场的变化和未来发展趋势，从而为酒店企业的营销决策和经营管理提供科学依据，保证酒店在激烈的市场竞争中赢得主动。

随着宏观经济和酒店业的发展，酒店市场信息的数量呈几何级数爆发式增长，在此背景下，如何收集有用的信息、如何甄别信息对于酒店营销活动和战略规划的意义，成为酒店营销部门和营销人员面临的重大课题。

开篇案例中的粤海酒店在市场形势发生改变时陷入了巨大的困境，通过科学运用文案调研法、实地调研法和网络调研法进行市场调研，以及进行合理的运营管理，粤海酒店及时转型，“纯净空间”客房的开发、营销与销售，为粤海酒店开辟了新的市场，使得业绩不断提升。

作为酒店总经理，应该为酒店建立出色的营销信息系统，开展营销调研和市场预测，把准确、及时的市场信息传递到相应的部门，从而帮助管理层制定有效的营销规划和营销战略，以达到对酒店市场营销活动进行有效的分析、计划、执行和控制。

本章小结

1. 酒店营销信息，是酒店企业市场营销环境（含微观营销环境和宏观营销环境）各要素以及企业内部条件发展变化和特征的真实反映，是反映它们的实际状况、特性、相关关系的各种消息、资料、数据和情报等的总称。按照不同的分类标准，酒店营销信息可被划分为各种不同的类型。

2. 酒店营销信息系统是指酒店企业内部由酒店营销人员、信息处理机器设备以及运作程序构成的连续且相互影响的系统，这一系统准确而及时地收集、分析、选择、存储并传输酒店营销信息，使酒店营销决策人员更好地管理营销活动。酒店企业的营销信息系统由四个子系统组成：内部报告系统、营销情报系统、营销调研系统和营销分析系统。

3. 酒店营销调研，是指根据市场营销的需要，运用科学的方法，有计划、有目的、系统地搜集、整理、分析酒店企业营销活动的有关信息和资料，撰写调查报告，为酒店企业营销管理者正确决策提供科学依据的活动。按照资料来源不同，酒店营销调研可分为文案调研、实地调研和网络调研。

4. 酒店营销调研的内容，主要包括酒店市场需求和变化趋势、酒店竞争情况、可控因素的影响、其他不可控因素的影响和动机调研等五个方面。正式的酒店营销调研，调研程序可分为主题选择、方案构建、调研实施、数据分析、报告撰写、调研反馈等环节。其中，主题选择、方案构建为准备阶段，调研实施为正式实施阶段，数据分析、报告撰写为调研结果处理阶段。

5. 文案调研是根据调研目的来搜集的，搜集的是已经加工过的文案，并且所搜集信息的主要表现形式为各种文献资料。按照文献资料的来源不同，酒店营销的文案资料可分为酒店企业内部的文献资料和外部的文献资料两类。

6. 实地调研法主要有观察法、访谈法和实验法等三种。观察法，是指酒店营销调研人员通过现场观察而获取所需资料的一种实地调研方法。访谈法，也叫面谈法、询问法等，是一种以语言交流作为搜集资料的手段，以询问的方式向被调研人员提出问题，以得到的答复作为调研结果的实地调研法。根据调研人员与被调研人员接触方式的不同，访谈法可分为面谈法、电话访谈法、邮寄法等。实验法，是采用归纳法的逻辑，通过科学设计的实验搜集数据，然后进行统计分析和假设检验，以达到实验样本对总体的推断。

7. 网络调研，是借助于互联网，直接收集第一手资料，或间接收集第二手资料的调查方法。按照调研方式的不同，网络调研法可分为网上文献资料分析、一对一的网上深层访谈、网上观察、网站调研、网页调研、电子邮件调研、弹出式调研、网络会议法、网上固定样本等。其中应用较多的为网站调研、网页调研、电子邮件调研、网络会议法。

8. 酒店市场预测是在市场营销调研的基础上，运用科学的方法和技术，对各种数据、资料和信息进行系统、严密的分析研究和逻辑推断，预报和推测未来一定时期内酒店市场的变化和未来发展趋势，从而为酒店企业的营销决策和经营管理提供科学依据，保证酒店在激烈的市场竞争中赢得主动。酒店市场预测，从不同角度划分可以有不同的分类。

9. 与酒店营销调研一样，酒店企业的市场预测也有一定的程序，其基本程序包括五个步骤：确定预测目的，拟订预测计划；收集与整理资料；选择预测方法，建立预测模型；预测与预测误差分析；撰写并提交预测报告。

10. 根据市场预测方法的性质不同，酒店市场预测可以分为定性预测和定量预测两大类。定性预测法包括经营管理人员意见法、集体预测法、消费者意见法和德尔菲法；酒店定量预测方法分为时间序列法和因果关系法，其中时间序列法包括简单平均法、移动平均法和指数平滑法，因果关系法则是指回归分析法。

问题与讨论

1. 按照旅游营销信息的划分标准，对学生进行分组，每组至少 3 人。以小组为单位检索各种消息、资料、数据和情报，然后对所检索的旅游营销信息进行分类。

2. 讨论旅游营销信息的获取途径，并以小组为单位尝试进行检索。

3. 检索国内的一家酒店企业的网站，分析其酒店营销信息系统及其各子系统的特点，讨论该系统的作用是否得以充分发挥，并提出意见和建议。

4. 检索国外的一家酒店企业的网站，分析其酒店营销信息系统及其各子系统的特点，讨论该系统的作用是否得以充分发挥，并提出意见和建议。

5. 围绕某一主题，运用文案调研法进行调研，并讨论文案调研的适用范围与优缺点。

6. 翻阅最近的报纸、杂志，试分别找出两个探测性调研的例子、两个描述性调研的例子、两个因果性调研的例子和两个预测性调研的例子。

7. 假设你是某酒店企业的市场营销调研人员，请以“第 24 届北京冬奥会的机会与挑战”设计调研主题。

8. 针对你所发现的酒店市场营销中存在的问题，设计一份酒店营销调研方案。该方案应包括主题选择、方案构建、调研实施、数据分析、报告撰写、调研反馈等内容。设计好后，与同学讨论该调研方案的可行性及需要注意的问题。

9. 依据第 7 题所修订的酒店营销调研方案，实地进行调研并分析调研结果，撰写调研报告。

10. 通过网络或其他途径获取一家酒店的经营数据及相关宏观和微观数据，根据酒店市场预测的时间序列法和因果关系法进行相应的酒店市场预测。

第五章　酒店市场细分与目标市场定位

本章目标

理解酒店市场细分、目标市场选择和市场定位的概念及其在酒店营销活动中的重要意义；了解酒店市场细分的方法和评价标准；掌握酒店目标市场选择的策略及条件；掌握酒店市场定位的方法和具体策略。

引入案例

当目标顾客开始为高品质埋单，酒店准备好了吗①

笔者日前在北京看到这样一个洗车服务中心：该中心位于CBD商业中心地下二层停车场，装饰高档，地面光亮，员工态度与服务甚至超过一些五星级酒店。中心店门前标示的洗车价格是98元。相比普通小区街边的10元洗车服务，价差近9倍。但是，来此商业中心消费的豪车车主，对于该中心的洗车设备设施、使用的易耗品以及员工的工作态度与服务质量都十分满意，价格似乎不在他们考虑的范围内。

这类高端洗车服务的目标顾客都是豪车车主。他们在乎的是洗车的设备设施和用品是否有损豪车，这些需求满足后，9倍的价差他们认为是和车价以及自身的身家匹配的。最让这些车主感觉良好的是在完成洗车服务后车主驾车离开时的仪式感：12名洗车服务员站在停车场车道两旁，戴着白手套，动作一致地为车主指道，向车主告别。那感觉就一个字——酷，而这种仪式感就是价值体现的一种方式。

这类对于价格不敏感但追求品质的顾客，需要各类高品质的服务，这种现象在酒店、餐饮等行业表现得更加明显。眼下，随着我国中产阶层的产生以及富有家庭的增多，这类顾客数量日增。但是，由于人力资源不济导致的服务与管理质量的每况愈下，能够为这类顾客提供服务的酒店和餐饮场所很少。

日前，上海半岛酒店接待了阿联酋商业代表团，高品质的服务和管理是该团愿意花巨资消费的原因。据说该团入住期间，酒店光客房与餐饮的日收入就超过350万元。相信有不少酒店听闻后既羡慕又嫉妒，为何该团选中了半岛酒店？作为同行，你应该向半岛酒店学习什么？

前些日子，笔者和一名互联网平台创始人提到中端酒店的高价现象。这位互联网创始人即刻在自家平台上搜到一家中端酒店的房价，并且发现在同一地段，该中端酒店的房价居然高于街对面的国际品牌五星级酒店。这个案例正好验证了顾客的事先期待和实际体验之间的相对关系，能卖出高价一定是有管理和服务品质的支撑。

① 袁学娅. 当目标顾客开始为高品质埋单，酒店准备好了吗[N]. 中国旅游报，2017-07-13（A02）.

管理和服务品质的养成并非一朝一夕，在行业快餐经济与资本市场为大的当下，难度可想而知。我国酒店的平均房价之低是和投资不匹配的，是和行业发展近 40 年不匹配的，是和其他国家同类酒店价格水平不匹配的，为品质埋单的国内消费市场已经形成并在不断增大，请问酒店准备好了吗？

思考：什么是酒店市场细分？酒店市场细分的基本原则是什么？酒店目标市场选择的影响因素都有哪些？如果你是一家酒店的总经理，面对变化的市场，你会怎么做？

酒店企业在其经营过程中面临激烈的市场竞争和复杂多变的市场营销环境，为了使其市场营销活动取得预期的效果，最终实现企业经营目标，必须明确营销管理过程，制订合理的市场营销计划，在此基础上执行合理的 STP 战略和营销战略，条件允许的情况下，还要导入酒店战略营销。

第一节　酒店市场细分

一、目标市场营销战略概述

酒店市场营销的核心思想是在满足顾客需求的基础上获得利润。但是，任何酒店企业都不可能满足全部顾客的所有需求，因为市场是由成千上万的消费者组成的，是一个多层次、多元化的消费需求的集合体，他们有着各自不同的环境背景，不同的需求、愿望和购买行为，即市场是异质的。

酒店企业所处的市场也同其他市场一样，随着买方市场格局的形成和发展，顾客需求趋向个性化和多元化，市场的异质性特征日趋明显。因此，酒店企业必须在整个异质市场中分辨出能有效为之服务的最有吸引力的目标市场，采用目标营销战略方式，帮助酒店发现市场机会、选择市场机会和抓住市场机会，促进酒店企业可持续发展目标的实现。

目标市场营销战略是继大规模营销和产品多元化营销之后发展起来的新的营销模式，是酒店企业营销活动的核心，直接影响所有其他营销的决策。确认和分析预期消费者的过程是目标营销战略的重点，也是一个成功营销计划的关键。这一过程经过三个主要阶段——市场细分(market segmentation)、目标市场选择(market targeting)和市场定位(market position)，简称为 STP 战略，如图 5-1 所示。

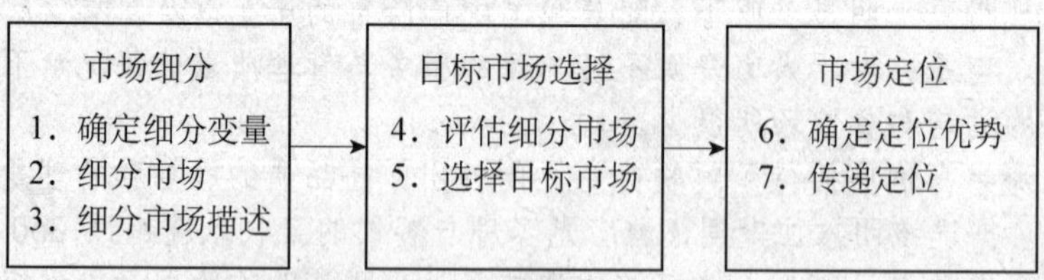

图 5-1　目标市场营销战略的三个环节

营销学家菲利普·科特勒强调指出：“所有的营销战略都是建立在 STP 的基础上。”酒店企业必须结合自身条件和优势，对市场现状做细致的分析和预测，从中选择合适的目标市场，进行准确的市场定位，并制定相应的营销策略，充分利用企业资源优势最大限度地满足目标市场需求，获得长期发展。

二、酒店市场细分的概念与作用

（一）酒店市场细分的概念

市场细分是酒店企业营销的基础，也是目标营销战略的重要前提。只有正确细分市场，才能保证酒店企业有效地进行目标市场选择和市场定位，才能实现预期营销目标。

市场细分理论是由美国市场学家温德尔·史密斯（Wendell R. Smith）于20世纪50年代中期提出来的，目前已经成为营销领域中的核心概念之一，被广泛应用在各种营销活动中。他认为市场是由许多不同的异质需求的消费者组成的，企业为了更好地满足顾客需求，必须进行市场细分。

市场细分就是按照顾客需求的某些特征和变量为依据，把一个整体异质的市场划分成若干个相对同质的子市场和亚市场的过程。其中，异质市场是需求差异的市场；而同质市场是需求趋向一致的市场。市场细分是针对消费者需求进行细分，而不是针对产品或企业。

市场细分的理论依据是市场需求的差异性。而这种需求的差异性程度表现为三种不同的市场偏好模式，以经济型饭店的价格和服务质量的顾客感知为例，如图5-2所示。

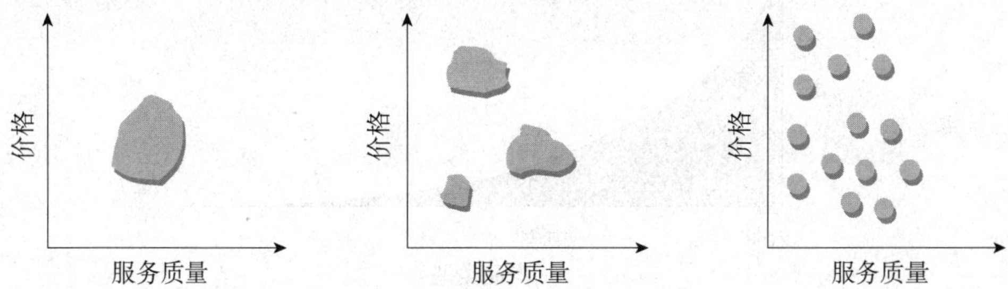

（a）同质偏好　　（b）集群偏好　　（c）扩散偏好

图5-2　基本市场偏好模式

图5-2显示，同质偏好反映顾客大致相同偏好的市场状态；集群偏好反映顾客独特集群偏好的市场状态；扩散偏好则反映偏好差异较大，偏好分散的市场状态。

同质偏好的市场不需要细分，企业提供标准化产品即可满足市场需求。集群偏好和扩散偏好的市场都表现为异质市场，但集群偏好的市场模式对于企业来说较为容易按照某种标准进行市场细分，划分出相对同质的若干个子市场，以备选择。而扩散偏好的市场模式却很难进行有效细分，由于过于分散的偏好状态使被细分的子市场可能仍然表现为异质状态，除非企业对市场进行极致细分到每个消费者，企业必须采取定制营销。当然，随着互联网技术的发展，网络营销的低成本使得更多的中小型创业公司具备了服务于个体市场和补缺市场的条件，且能够成功地进行定制营销（参见阅读链接5-1长尾理论）。综上所述，以上三种市场偏好模式中，集群偏好的市场状态是市场细分的基础。

随着旅游业的发展，同行业竞争的加剧，顾客需求的多元化，酒店企业也开始将市场细分理论应用到实践中，认识到企业只有选择合适的目标市场，有针对性地进行营销，才能获得市场满意度和企业利润的共赢。

综上所述，酒店市场细分的概念可以界定如下：酒店市场细分是指酒店企业根据顾客的需求特征、购买动机、购买习惯、购买行为等方面的明显差异性，把整个市场划分为若干个子市场的过程。

【阅读链接 5-1】长尾理论[①]

长尾（the long tail）这一概念是由《连线》杂志主编克里斯·安德森（Chris Anderson）在 2004 年出版的《长尾理论》一书中提出来的，用来描述诸如亚马逊、iTunes 和 Netflix 等典型的互联网电子商务的出现，所带来的消费者购买行为以及公司的商业和经济模式的转变。

长尾理论的基本原理是：只要存储和流通的渠道足够大，非主流、需求量小的产品共同的市场销量也能够和主流、需求量大的产品销量相匹敌甚至更大。这是对传统的“二八定律”的颠覆。

在多数市场上，产品销售额的分布符合如图 5-3 所示的一条曲线，曲线“头部”是少数畅销商品所占大部分的销售份额，而“尾部”多数是因销售和渠道成本障碍的非畅销商品所占较小的市场份额。

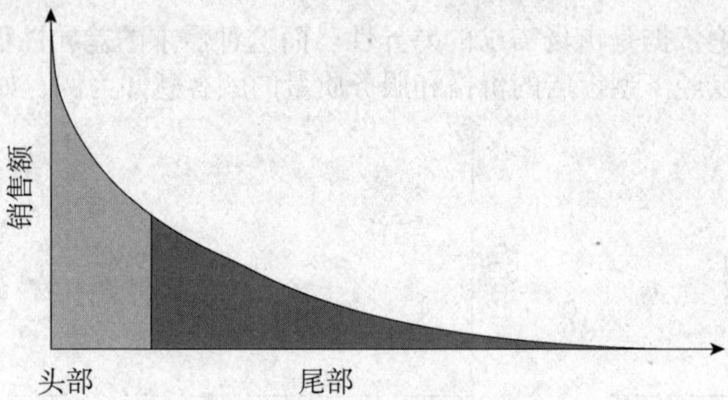

图 5-3　长尾理论

传统上，按照“二八原则”，企业都关注带来 80%份额的 20%畅销商品的头部市场，而忽略只带来 20%份额的 80%的非畅销商品的尾部市场。而长尾理论则强调：在现代市场和技术条件下，经营者不应该只关注头部的作用，“尾巴”的作用是不能忽视的。安德森认为，网络时代是关注“长尾”、发挥“长尾”效益的时代。

在网络时代，当消费者广泛接受网络作为购买媒介，且消费者需求多元化和个性化趋势日益明显的条件下，消费者的需求已经从曲线头部的少数热门产品转向曲线尾部的大量补缺特色产品，非畅销产品的关注成本大大降低，“尾部”产生的总体效益将更加可观，甚至会超过“头部”。

长尾理论已经成为一种新型的经济模式，被成功应用于网络经济领域，如谷歌（Google）、亚马逊和戴尔（Dell）等公司就有效地利用了长尾策略，并取得成功。

（二）酒店市场细分的作用

市场细分已成为酒店企业从事市场营销活动的重要手段，其主要作用表现在以下几个方面。

1. 把握市场需求

市场需求的异质性要求酒店企业必须进行市场细分，全面了解和掌握市场需求及其满足状态，识别并抓住市场机会。特别是面对顾客的个性化和多元化需求的变化，酒店企业

① 克里斯·安德森. 长尾理论[M]. 乔江涛，译. 北京：中信出版社，2006；菲利普·科特勒，约翰·T. 鲍文，詹姆斯·C. 麦肯斯. 旅游市场营销[M]. 4 版. 谢彦君，译. 大连：东北财经大学出版社，2006.

通过市场细分可以更有效地制订个性化的产品和服务的方案，以获得更好的市场效果。

2. 有效利用资源

市场细分有利于酒店企业充分利用现有资源，获得竞争优势。特别是中小型酒店企业，在有限的资源和能力的基础上，通过市场细分，有针对性地选择目标市场并开展相应的营销活动，有效地开发潜在市场，可以最少的经营费用取得最大的市场回报。

3. 提升竞争优势

酒店企业通过市场细分，可以分析和识别市场需求的差异，根据自身资源及条件的优势，有针对性地选择和满足一个或几个特定市场的特殊需求，获得最大限度的市场认同和市场份额，从而形成企业的品牌效应和竞争优势，以此取代传统的价格竞争模式，为酒店企业长期稳定发展奠定基础。

三、酒店市场细分的基本原则

酒店市场细分的有效性关系到目标营销战略的成败。酒店市场细分的基本原则包括细分市场的可衡量性、可进入性、实效性和稳定性。

（一）可衡量性

可衡量性是指酒店细分市场容量大小的判断程度。有些细分变量划分的市场很难衡量，如顾客性格的差异对消费水平的影响等。

（二）可进入性

可进入性是指酒店企业通过营销努力可以使其产品和服务进入细分市场并对消费者施加影响的程度，以及企业具备与该市场竞争对手抗衡的能力，即企业在该细分市场营销活动的可行性。

（三）实效性

实效性是指细分市场的容量和成长性足以使酒店企业为之制定相关营销组合策略，并获得良好企业形象和高额收益的程度。例如，国内经济型饭店应注重高性价比及简约化设计，满足大众市场的基本需求，如果过分开发特色西餐服务，则可能导致因客人太少而无利可图。

（四）稳定性

稳定性是指被细分后的市场应具有相对的稳定性，以便酒店企业制定较长期的市场营销战略及组合策略，从而有效开发和占领目标市场，获得预期效益，避免市场剧烈变化所带来的经营风险。

四、酒店市场细分的程序

酒店市场细分是一个对细分变量加以选择、组合运用和具体方法实施的过程，从而帮助企业有效识别并获得市场机会。一般来说，市场细分的程序包括调查阶段、分析阶段和评估阶段。

（一）调查阶段——确定市场细分目标

酒店企业结合总体经营目标，深入调查研究市场的需求状况，明确其经营的市场范围，在此基础上进行市场细分。

市场细分的目标包括对目前市场现状及潜量的评估及挖掘，也包括对未来市场空间的预测和开发等，这些目标都将成为企业选择细分标准的依据。

（二）分析阶段——选择市场细分的变量

在已确定的营销目标和市场范围内，分析潜在顾客的全部需求及其影响因素，选择与细分目标直接相关的因素变量作为细分标准，删除那些具有共性和普遍意义的因素，形成有针对性的细分因素组合。

酒店企业细分市场变量选择有三种方式：单一变量细分法、综合变量细分法和完全细分法。

（1）单一变量细分法。单一变量细分法就是根据与顾客需求密切相关的某一最重要的变量因素细分市场。这种方法较为简单易行，但是这种粗略划分的方式只能作为市场细分的起点，可能出现细分市场差异模糊的情况。

（2）综合变量细分法。综合变量细分法就是选择并综合运用与顾客需求差异紧密相关的两种及两种以上的变量因素，对特定的市场进行细分的方法。

这种方法比单一变量细分法更能准确、深入地划分市场中每个不同的消费群体，有助于酒店企业做出准确、合理的市场营销策略。但是，过多细分变量会产生数量很多的细分市场，也会导致企业营销成本增加，难于选择和满足特定市场需求。

（3）完全细分法。完全细分法根据不同顾客消费需求的差异，最终将每位顾客分成一个特定的细分市场。这种方法的最终目的就是要针对每位顾客的不同需求而定制满足其特殊需求的产品和服务。

这种方法的使用对酒店企业的营销能力和生产能力要求较高，既要充分掌握特定市场的需求，又要具有创意和设计特色产品组合的能力。

（三）评估阶段——有效细分市场的描述

根据影响消费者需求及购买行为的相关因素，客观描述被细分市场的状况和轮廓，采用有效细分原则进行评估，并对不同细分市场进行差异化的命名。

因为细分市场在不断变化，所以市场划分的程序必须定期反复进行。

五、酒店市场细分的标准

酒店市场细分的标准，原则上与一般市场细分无大差异，都是以消费者需求的差异性为基础。需求的差异性是由消费者的生理特征、社会经济地位和心理等因素的不同所致，因此，酒店市场细分标准的选择需要考虑两种不同类型的因素，即基本要素和决定性要素。

基本要素是指与某个顾客群相关的基本社会属性和生理特征，包括人口统计、地理和心理因素；决定性要素是指直接影响顾客对特定产品或品牌的购买行为的因素，包括顾客对产品的偏好、追求的利益，以及对企业营销活动的各种反应程度的细分因素，如购买时间、购买方式和购买原因等，如表 5-1 所示。

表 5-1　酒店市场细分标准及因素

细 分 标 准	细 分 因 素
地理因素	地区、气候、空间距离、环境、人口密度、城市规模
人口统计因素	年龄、性别、职业、收入、家庭规模、家庭生命周期、家庭年收入、职业、受教育程度、家庭结构、文化宗教、宗族、社会阶层、国籍

续表

细分标准	细分因素
心理因素	个性、态度、生活方式、性格、习惯、价值观
行为因素	购买动机、购买状态、购买数量、购买频率、信赖程度、价格敏感程度、服务敏感程度、广告敏感程度、忠诚度

（一）地理因素

以地理因素为依据来划分市场是较为传统的、简单易行的市场细分方法。地理因素，如地理环境、气候条件、社会风俗和文化传统等对市场需求的影响比较明显，来自不同地理环境的消费者需求和偏好差异很大，他们对企业营销策略与活动会有不同的反应。

例如，由于海外顾客和本土消费者在酒店产品的选择、消费特征等方面存在明显不同，前者注重人文历史价值以及接待设施的卫生条件和服务质量等，后者则更关心饭店等级、价格及其硬件条件等。

地理因素往往作为酒店市场进一步细分的基础，酒店企业在使用该因素时，必须结合其他细分变量予以综合考虑，才能有效反映被细分市场的真实情况。

（二）人口统计因素

人口统计因素是以人口统计变量，如年龄、性别、收入、教育水平、家庭规模、宗教和种族等直接反映消费者自身特点的因素为基础细分市场。

该细分标准与消费者的需要、欲望和购买行为的变化规律直接相关，易与其他许多变量结合使用，且较易量化，所以，在众多领域被广泛使用。

同地理因素一样，人口统计因素的使用也应该注意与其他细分变量的综合使用，提高细分市场的有效性。

（三）心理因素

相对于人口统计因素和地理因素，心理因素是关于消费者自身的较深层次的复杂因素，包括需要、个性、社会阶层以及生活方式等心理因素，决定着消费者的购买意愿和行为，具有主观性和“事前”特点。

随着消费者需求的多元化和个性化特点的显现，尽管心理因素较人口统计因素和地理因素来说难以选择和量化，但是酒店企业发现影响顾客需求的因素不再局限于价格和收入等因素，而表现为与替代品、心理预期及偏好的影响作用，因此，心理因素可以更加准确、清晰地对市场进行细分，成为现代酒店企业关注的重要的细分变量。菲利普·科特勒曾提出：“即使处于相同的人口统计群体的消费者，可能具有非常不同的心理特征。”酒店企业必须具备相应的心理研究条件，通过科学的心理调查过程，才能获得相关的细分变量。

（四）行为因素

行为因素是与消费者购买行为相关的一些变量，包括购买时机及频率、追求的利益、使用者身份、使用频率以及顾客忠诚度情况等，根据这些因素将市场细分为若干个群体。

（1）按购买时机细分市场，即按消费者购买和使用产品的特定时机细分市场，如某些特定时间，如五一劳动节、十一国庆节、春节、寒暑假等。

（2）按顾客寻求的利益细分市场。例如基于利益的商务市场细分，包括关注接待设施和服务的舒适及完美的豪华品质型；重视快捷、高效服务的商务事业型；在意公务差旅的“灰色收入”的公务享受型等。

（3）按顾客使用情况细分市场，酒店市场可以被细分为潜在使用者、初次使用者、经常使用者和非购买者市场等。

（4）按购买过程及方式细分市场，可以细分为团队和散客市场、客源地购买（在线预订）和目的地现场购买方式的细分市场等。

（5）按顾客忠诚程度细分市场，如会员制、俱乐部等客户管理系统，提供个性化和超值的服务，以增强客源的稳定性。

【阅读链接 5-2】利益细分

利益细分由 Rusell Haley 于 1968 年首次提出，他强调顾客在消费中追求的利益的差别。利益细分是利用因果关系的因素而不是描述性因素来识别市场，透过消费者表象的行为、态度和生活方式来挖掘市场的真正利益。旅游企业在采用这种方法时，首先要甄别旅游者的群体类型及其主要利益表现、现有竞争者旅游产品和服务的利益诉求点等，有针对性地采取相应的市场营销策略。旅游企业只有充分了解不同类型的旅游者寻求的利益，才能通过为旅游者提供最大的利益来实现营销目标。

第二节　酒店目标市场定位

如果说市场细分帮助酒店企业发现市场机会，那么目标市场选择就是酒店企业明确服务对象、选择市场机会的过程，这也是目标营销战略的重要环节。

所谓目标市场是指在市场细分的基础上，企业从中选择的一个或几个子市场作为经营对象的细分市场。酒店企业必须结合自身条件和细分市场状况做综合全面的考虑，正确选择目标市场，采取相应的目标市场选择策略，才能实现预期的营销目标。

一、评估细分市场

在评估细分市场时，酒店企业应该从两个方面进行综合评估，即细分市场状况以及酒店企业能力，分析市场与企业的契合程度以及匹配条件，以确保目标市场选择的正确性和可行性。

（一）细分市场状况

1. 细分市场的规模和发展

细分市场的规模和潜力是酒店企业选择该市场后能否长期获利的重要保证。细分市场的规模主要是该市场当前市场需求容量和销售状况；细分市场的发展则是指该市场需求未来的潜在空间和发展趋势，即扩大销售额和增加利润的机会以及竞争对手进入市场的可能性。

酒店企业在评估市场的基础上应该量力而行，特别是那些中小型酒店企业，可以选择进入那些大酒店和连锁经营酒店企业集团忽视的利基市场，发挥独特优势，提升竞争实力，而不是盲从。

2. 细分市场的结构性吸引力

某些细分市场已经具备了理想的规模和成长性特征，但缺乏盈利和保持长期竞争优势的吸引力，应引起酒店企业的注意。

迈克尔·波特的竞争理论中提出，影响市场结构性吸引力的因素包括五种力量，即同行业竞争者、潜在的竞争者、替代产品、购买者和供应商。

细分市场中，如果业内竞争者越多，市场竞争越激烈，产品同质化、恶性杀价以及频繁促销等现象越严重，从而使企业参与竞争的成本上升，盈利机会减少；如果潜在竞争者进入细分市场也将对企业产生较大的威胁，例如国内大众旅游市场需求的快速增加，为酒店企业带来市场机会的同时，也不乏海外酒店的进入和民营资本的进入，将对相关细分市场的吸引力产生影响；如果细分市场存在众多替代品，顾客对价格的敏感性越高，将限制产品的定价，影响酒店企业利润；如果市场中顾客的成熟程度和议价能力很强，则对酒店企业产品和服务质量要求很高，对价格压力很大，减少企业利润空间；最后，如果细分市场中供应商具有较强控制能力和垄断能力，酒店企业则因缺乏价格优势和经营的主动权而无法获得持续发展的空间。

（二）酒店企业能力

在对细分市场评估的基础上，酒店企业应该结合自身的条件和实力与其意向的细分市场状况进行综合分析，充分挖掘企业优势和潜力，如人才、技术、资金、管理能力、营销能力等，将公司的经营目标和资源优势与市场机会相匹配，正确选择目标市场。

尽管有些细分市场具备良好的条件和吸引力，但是如果与企业的营销战略目标以及目标市场不能保持一致，则应放弃选择。当酒店企业选择进入该细分市场，并能提供超过竞争者同类产品的价值和优势时，才能保证企业长期的竞争优势和持续发展。

二、酒店目标市场的选择策略

酒店企业在细分市场评估的基础上，选择一个或几个被细分的子市场作为目标市场的决策就是目标市场选择策略。目标市场选择策略包括无差异营销策略、差异化营销策略和集中化营销策略。

酒店企业在目标市场选择过程中应该认真分析各种影响因素，注意每种策略的应用条件以及对企业营销效果的利弊影响，有效选择和调整目标市场战略。

（一）目标市场选择策略的类型

1. 无差异营销策略

无差异营销策略是市场全覆盖策略，指酒店企业以旧的营销观念（生产、产品和推销观念）为导向，把整个市场看作是无差异的同质市场，不做市场细分，试图以一种产品和服务来满足整个市场需求的一种目标市场选择策略。该策略的理论依据是产品成本的经济性。例如，早期的可口可乐公司在相当长的时间里一直利用无差异营销策略，面向整体市场，只生产一种同种包装、同种口味以及同种宣传的碳酸饮料。

酒店企业采取无差异营销策略可以通过规模经营降低产品成本，增加市场覆盖面，为企业获得特定时间内的短期收益。但是随着市场需求的变化和同类产品竞争的加剧，该策略不能充分满足市场需求，尤其是顾客的个性化需求，若不及时改变策略，酒店企业将很快失去市场。

这种营销策略的应用条件是：特定时间内相对同质的市场需求，如处于产品生命周期投入期的新产品、新服务；酒店企业拥有垄断性、竞争优势明显且难以模仿的新产品或新服务；具有规模经营条件的酒店企业等。

2. 差异化营销策略

差异化营销策略也是市场全覆盖策略，与无差异营销策略的区别表现在：以市场需求为导向，将整体市场看作有需求差异的异质市场，在市场细分的基础上，为每个细分市场提供不同的产品及相应的营销组合策略。例如，洲际饭店集团为不同细分市场的消费者提供不同类型的住宿设施和服务，满足各类消费者的需求，赢得了市场的认同和很高的声誉。

差异化营销策略可以为企业赢得更高的市场满意度和忠诚度，获得较高的市场份额和稳定的收益，但是由于不同细分市场的需求差异较大，企业在产品开发、渠道设计以及促销宣传方面的营销投入和成本较高，因此企业资源分散，经营风险较大。

该策略的应用条件是：具有较强的技术和研发能力、较高的营销管理能力、较高的酒店品牌知晓度以及雄厚的资金条件的大酒店或酒店连锁企业集团。

【阅读链接 5-3】洲际酒店集团多品牌的差异化营销策略①

英国洲际酒店集团是最具全球化且客房数最多的酒店管理集团，旗下主要品牌有洲际酒店及度假村（Intercontinental）和皇冠酒店及度假村（Crown Plaza）、假日酒店（Holiday Inn）、假日快捷酒店（Holiday Inn Express）、蜡木公寓酒店（Candlewood Suites）等。

洲际酒店集团的品牌化战略是针对顾客需求进行市场细分，开拓出多层次、多档次的酒店品牌，并使各个品牌有机结合、相互支持，正像洲际酒店集团宣传的："我们要服务于不同的对象，管理不同档次的酒店，建立起一个品牌大军，为更多的顾客提供他们所需要的服务。"

在高端市场上，洲际酒店及度假村是满足国际商务客人和休闲旅游者的需要，将国际化的服务与当地特色结合起来；而皇冠酒店及度假村则是以完善的会议设施，并配有专业的人员提供完善的会议服务吸引商务客人。在中档市场上，假日酒店作为洲际酒店集团的核心品牌，其目标市场定位是根据中产阶级的经济情况和需求，提供洁净舒适的环境、温暖的服务以及安全的食品等高性价比产品。在低端市场上，假日快捷酒店是针对价格非常敏感的顾客，提供简约卫生的产品和服务；蜡木公寓酒店是为长期在外工作和生活的客人准备的，包括单人公寓房和双人公寓房。

除此之外，洲际酒店集团根据顾客的不同需求，还开发了假日花园庭院（Holiday Inn Garden Court）、假日精选酒店（Holiday Inn Select）、假日阳光度假村（Holiday Inn Sunspree Resorts）、假日尼克家庭套房（Nickelodeon Family Suites by Holiday Inn）、假日套房酒店（Staybridge Suites by Holiday Inn）等副线品牌。

3. 集中化营销策略

集中化营销策略是酒店企业选择一个或少数几个细分市场作为目标市场，并只开发一种或少数产品和服务的营销组合策略，也被称为利基营销策略，例如近几年发展起来的满足特定市场需求的主题酒店。

集中化营销策略主要体现了酒店企业"小中求大"的战略思想，避免在竞争激烈的细分市场与实力强大的竞争者正面较量，集中企业优势条件满足利基市场的特殊需求，以此提高企业形象获得发展机会。

① 洲际酒店集团网站. http://www.intercontinental.com/.

尽管该策略可以充分发挥企业优势，有针对性地进行市场开发，但是由于其经营范围较窄，风险较大。集中化营销策略适用于资源有限、能力不足的中小酒店企业，也适用于那些在某些领域有特殊经营优势的酒店企业，可以独树一帜，特色经营。

（二）目标市场选择的影响因素

酒店企业选择目标市场应该综合考虑企业的资源状况、产品以及市场的特点等，根据不同情况全面衡量具体选择策略。

酒店企业目标市场选择的影响因素包括企业资源条件、产品的特点、市场的特点及竞争状况。

1. 企业资源条件

企业资源条件主要表现在管理、营销和竞争能力等方面，若企业具备较强的综合能力，则采用差异化营销策略；反之，条件有限的中小酒店企业则可以采取集中化营销策略。

2. 产品的特点

对于同质性或需求量较大的产品，可以采取无差异营销策略；对于异质性、市场较分散的产品则适合采用差异化或集中营销策略；同时产品所处生命周期阶段不同，目标市场选择策略也有不同，如企业在投入期推出具有一定垄断性的特色产品，则可以采用无差异营销策略或集中化营销策略，在成熟期更多使用差异化营销策略。

3. 市场的特点

当酒店企业面对同质化的市场需求状况时，可以采取无差异营销策略，反之则采取差异化营销策略。

4. 竞争状况

竞争状况包括竞争者的多少、竞争对手实力的强弱及其营销战略等因素。面对实力较强竞争者所采取的无差异营销策略，企业可以考虑差异化营销策略，提供特色产品，更好地满足具体市场的需求；如果竞争对手采取差异化营销策略，企业则可以采取集中化营销策略，满足利基市场需求，发挥企业优势资源的作用。

（三）目标市场选择中应注意的问题

酒店企业选择目标市场时也应该符合社会市场营销观念的要求，即兼顾企业、市场和社会三者的利益，以求长期发展。

如果酒店企业目标市场选择不当，将弱势群体，包括儿童、残障以及贫困阶层群体作为目标市场，并对具有潜在不利因素和危险的产品或服务进行营销和宣传，则会引起公众争议，甚至违反社会基本的道德规范，失去公信力和市场信誉。酒店企业的社会形象是保证长期稳定发展的重要因素。

另外，酒店企业目标市场的选择是营销战略计划具体实施的重要组成部分，也是随市场需求、竞争格局的变化而不断修正的过程，因此，酒店企业应该在做好市场调研工作的基础上，跟踪市场需求及其影响因素的变化，及时调整和更新细分市场的划分标准，制订长期的目标市场进入计划，保证市场的持续竞争力。

三、酒店市场定位及其方式

当酒店企业确定目标市场后，必须制订科学的市场进入计划，即明确的市场定位，提供特色和差异的产品和服务，区别于竞争者的同类产品，树立市场形象，才能有效地抓住市场机会，实施目标营销战略。

（一）酒店市场定位

市场定位是在酒店企业市场细分、目标市场选择之后的必经阶段，也是实现目标营销战略的关键环节。定位是广告商艾·里斯和杰克·特劳特（1969）提出来的，为指导企业实践发挥了重要的作用。定位理论在实践中得到不断完善和发展，深刻影响着企业的经营和管理。

斯坦利·帕洛格（Stanley Plog，2004）对定位的解释如下："定位就是确定某一产品或服务的重要品质，从而能够以有意义的方式向消费者展现其有别于竞争产品或服务的特色（内含利益）"。其核心思想就是企业针对目标市场进行特色和差异化经营，使产品和服务在消费者头脑中占据重要位置，与竞争者形成鲜明的对比，从而确立某种竞争优势，并通过营销组合策略将这些差异有效地传递给顾客的方法。总之，确立一种竞争优势是成功定位的前提。

酒店市场定位是以定位理论为基础，结合目标市场上消费者的偏好、竞争状态以及资源优势，塑造产品和服务的特色和差异的形象，并通过适当的营销组合策略实现酒店企业的战略目标。

【阅读链接 5-4】如家推"小镇"　瞄准乡村旅游市场①

近日，如家酒店集团发布新品牌——如家小镇。与此同时，和如家小镇相匹配的定制客房产品如家魔盒也同步亮相。

据中国社科院发布的 2016 年《中国乡村旅游发展指数报告》显示，2015 年我国乡村旅游人次达 13.6 亿，是增长最快的领域。乡村旅游正逐渐成为人们新的生活方式，并呈现出了较大的开发潜力，特别是为乡村民宿、客栈等非标住宿市场提供了需求空间。如家酒店集团正是瞄准这一契机，计划综合露营地、农庄、特色村落、景点驿站等乡野度假业态，用不同以往的住宿产品吸引消费者。

如家酒店集团的此次新品牌发布会在位于该集团吴江新总部的如家小镇研发中心召开，以户外实景形式亮相的"如家小镇"内包含了集装箱、帐篷、房车及小木屋等多种非标准住宿形态。小镇的餐饮区除了配备小型农贸市场，入驻如家酒店集团的"Café Mall"还为客人提供了创意茶点。此外，小镇里设有亲子区，客人可以在这里与孩子们一起种植、采摘，收获亲近大自然的乐趣。

据介绍，"如家小镇"是如家酒店集团以住宿为入口，延伸周边配套产品而打造的休闲度假目的地。"小镇"涵盖了住宿、餐饮、游乐、农贸、便利店、电动车租赁等综合服务设施，是一座驻扎在乡村的"镇子"。

此外，如家为了更好地与乡村度假的特点相适应，推出了品牌化的定制客房产品——如家魔盒客房。据悉，如家魔盒客房未来将会设立在某一旅游目的地附近或沿途，由乡村酒店、民宿、客栈或模块化的移动客房组成，构成度假型住宿产品。"如家魔盒将会给越来越多的自驾游游客在旅途中带来别样的住宿体验，也将成为更多自驾游游客旅游途中的宿营地。"如家酒店集团相关负责人说。

（二）酒店市场定位的特点

1. 定位是产品的市场定位

定位不是针对产品本身的定位，而是针对消费者对该类产品某些特征或属性的重视和

① 王玮. 如家推"小镇"　瞄准乡村旅游市场[N]. 中国旅游报，2016-12-01（A02）.

偏爱程度而确定的竞争位置。

2. 定位是酒店战略目标的核心

酒店企业通过市场定位突出产品和服务的特色和差异，明确企业竞争优势，从而确定企业的营销战略目标。

3. 定位是树立品牌的过程

定位是酒店企业对产品进行形象设计，从而在目标顾客心目中占据独特的位置，形成特定品牌形象的一种行动。

4. 定位是沟通的过程

定位是酒店企业与市场有效沟通的重要途径。酒店服务的无形性特征使顾客很难在购前了解其价值，定位可以清晰明确地将酒店产品和服务的信息传达给顾客，并促进市场的购买行为。

5. 定位是制定营销组合策略的重要前提

酒店企业只有在明确市场定位的基础上，才能结合营销战略目标要求制定相应的营销组合策略，满足和影响特定目标市场和潜在市场的需求，形成对酒店产品、品牌或组织的总体感知的过程，以此保证酒店经营的可持续发展。

（三）酒店市场定位的主要方式

市场定位是针对影响顾客产品价值感知的属性的重要程度，进行产品特色和差异形象设计和沟通的过程。因此，酒店企业的定位主要采取两种方式：一是根据产品客观物质属性的定位；二是根据顾客主观感知的定位。

当产品的客观物质属性和功能具有突出的特色和优势，则可以采取客观属性定位法，多适用于制造业有形产品；当产品的物质属性特征不明显或缺乏特色，则企业可以采用主观感知定位，通过品牌、形象等非物质因素表现产品的差异，以此区分竞争者同类产品，取得市场的认同和青睐。

酒店企业进行市场定位时，应该合理选择定位依据，清晰明确地体现企业特色和差异的竞争优势。更趋向于采用主观感知的定位方法，通过树立酒店特色品牌形象，可以超越客观物质属性差异制造消费者的主观认知差异，取得更好的营销效果。

【阅读链接 5-5】市场细分深化 女性酒店亮相①

随着国内酒店市场细分的深化发展，针对不同细分市场的酒店品牌不断涌现。近日，铂涛酒店集团推出的国内首个女性视角连锁酒店品牌希岸酒店“XANA HOTELLE”在广州发布。女性酒店能否突破传统的思维？如何打造和经营女性酒店？对此，笔者采访了铂涛酒店集团联席董事长兼首席品牌建构师郑南雁和希岸酒店品牌创始人陆斯云。

“品牌创业平台”出新成果

记者了解到，铂涛酒店集团一直致力于建设“品牌创业平台”，打造“酒店品牌梦工厂”，吸引更多有创意的酒店品牌创业者聚集于铂涛创业大平台，从而构建起酒店品牌阵营。而希岸品牌正是铂涛酒店集团努力打造的“品牌创业平台”新成果之一。

据介绍，铂涛酒店集团推出的新品牌将由铂涛集团与品牌创始人等管理团队合资组建的公司来运营，铂涛酒店集团在原则上控股，并提供会员输出、供应链采购、金融服务等支持，但日常管理则由管理团队负责。铂涛酒店集团旗下各个品牌公司既可以单独融资，

① 陈熠瑶. 市场细分深化 女性酒店亮相[N]. 中国旅游报，2014-08-20（006）.

也可以合并入集团统一进行资本运作。

郑南雁表示：“只要有合适的团队、有创意思路，就会考虑推出新品牌，新品牌的诞生好比放了一头狼进来，原有的品牌会有压力，促使它们不断进步，不进步就抢不到资源。”

布局一线城市　定位当代新女性

陆斯云是一名年轻的“80后”女性，创业前曾在宝洁品牌管理部门工作7年。她跨界创业的动机，源自于一次出差入住某家酒店的不愉快经历。该酒店的安全性、私密性和隔音性都做得不到位，使她开始思考从女性视角打造一个适合女性需求的酒店。

陆斯云说：“我们注意到商旅客源是男性居多，至少占60%，但进一步调研发现，预订酒店的决策权有49%在女性手中。随着女性在职场中的地位提升，预计未来数年内，酒店客源中女性比例会大幅提升。因此，我们决定现在就进军女性酒店市场，创立XANA HOTELLE品牌。”

希岸酒店的核心客群定位于当代新女性。陆斯云认为，这样一个来源于消费者的品牌，一定要与消费者时刻保持紧密的互动，要倾听她们的心声，提供独特的体验，满足她们的需求。因此，她和她的团队通过微博、微信等新媒体平台，征集新酒店的品牌名，召集有创意、有想法的女性加入创业团队，鼓励她们提出对酒店的各项建议，真正做到“女性视角连锁酒店品牌，女生来做主”。

据介绍，目前，希岸分为精选型及高端型两个细分酒店品牌，定价分别为300～400元以及600～800元。前者着重强调以女性视角提供的贴心细腻服务；后者在基本功能基础上增加更多体验空间。

酒店的选址会首先考虑北、上、广、深等一线城市，之后再往二、三线城市发展。

“以退为进”进军蓝海市场

希岸酒店是否会赢得了女性客源而失去男性客源呢？陆斯云说，希岸是一家以女性视角为特色的酒店品牌，而不是女性专属。

陆斯云说，女性市场蕴含巨大商机——女性酒店客房可以成为最好的产品展示和体验载体，可以把女性关注的健康、休闲、美容类产品信息都融入其中，与线上联动，打造一个女性产品相关的大O2O（线上到线下）平台。

此外，希岸创业团队前期的调研意外发现，重视细节的女性视角酒店也引起了许多重视生活品质的男士的兴趣。

成为国内女性视角酒店的第一个品牌，这只是希岸酒店的第一步。陆斯云表示，虽然国内女性酒店消费市场还处于萌芽阶段，但随着市场需求的不断增加，以及互联网思维的驱动，5年在全国开设500家女性酒店门店将不是梦想。

四、酒店市场定位的步骤

酒店市场定位不仅强调产品差异的有效性，而且要通过产品差异建立独特的市场形象，赢得顾客的认同。酒店企业市场定位活动的步骤包括以下内容。

（一）识别差异，明确可以作为定位依据的竞争优势

差异化是酒店市场定位的核心，即向顾客提供有价值、与众不同、具有独特属性的产品或服务，以此赢得更高收益。

在市场定位工作中，酒店企业的首要任务是根据市场、竞争以及自身资源条件，正确识别可以作为定位依据的产品差异和竞争优势，保证市场定位的准确性和有效性。酒店企业产品的竞争优势主要表现在，较之于竞争对手，为目标市场提供更高的产品利益并获得长期稳定的显著优势。

竞争优势可以针对影响产品价值的诸多因素创造差异，主要从产品差异、服务差异、人员差异、渠道差异、形象差异等方面进行分析。

1. 产品差异

产品差异是产品在物质属性方面与竞争者相比有突出的优势和特色。

酒店产品物质属性差异主要是指顾客可见的、有形的产品部分，包括酒店建筑设计和装潢、价格、酒店环境等方面的差异。例如，酒店建筑设计特色是产品差异的表现形式之一，迪拜七星级酒店的帆船形建筑以及豪华内饰设计、如家酒店的简约设计以及北京四合院酒店京味古朴建筑设计的特色差异。

产品的物质属性差异较易被市场理解并接受，但是同样也容易被竞争者模仿，导致产品的同质化。

2. 服务差异

随着产品同质化现象日趋严重，服务差异化成为酒店企业提升竞争力的重要方式。服务差异化是酒店企业在服务内容、服务渠道和服务形象等方面采取有别于竞争对手而又突出自身特色的增值服务，以此获得竞争优势的一种方法。

酒店企业可以针对不同目标市场的需求状况，推出各种特色服务，包括超值服务、服务优惠、积分奖励、高端客户体验等。例如，香格里拉酒店向顾客提供一种房间内入住登记服务；又如，迪士尼乐园提供方便老年人、残障人士以及婴幼儿的轮椅和童车等特色服务。

酒店服务的差异化，除了根据目标市场需求差异提供特色服务之外，也需要考虑服务细节的差异化，要求酒店员工在酒店服务的每个环节都做到精细化，进而提升服务品质和顾客体验，实现酒店服务与竞争对手之间服务的差异化。

由于服务的无形性特征，其差异和特色很难进行专利的认证和保护，因此易被竞争者模仿，酒店企业必须不断进行服务的创新，保持市场需求的稳定性和成长性。

3. 人员差异

员工和顾客都是酒店产品的重要组成部分，特别是员工对酒店产品的顾客感知价值影响最为关键，员工的服务态度、礼貌礼仪、沟通技巧及服务熟练和专业程度等都会影响酒店产品的顾客价值。

人员差异就是酒店企业通过雇用和培训比竞争对手更优秀的人员来获得竞争优势的方法，优秀的员工和高品质的服务水平是体现酒店企业特色和差异的重要渠道。例如，一些知名企业，如新加坡航空公司、迪士尼乐园等，之所以有很好的市场声誉，关键取决于优秀的员工队伍及其服务质量。

由于人员差异来源于企业长期文化的积累和战略思想的凝聚，因此，相对于产品和服务差异具有较高的模仿壁垒，酒店企业可以依据人员差异拥有较长期的竞争优势。

4. 渠道差异

随着互联网技术的快速发展，企业与市场的沟通及销售渠道模式也发生了根本改变，酒店企业通过渠道的差异化和创新抵制产品同质化和恶性杀价已成为营造竞争优势的着力点。

渠道差异化可以从企业渠道设计和管理等方面进行设计，包括通过直复营销、网络营销、渠道细分等模式创新来体现竞争优势。国外很多著名的公司都以渠道差异化取胜，如戴尔公司率先采用直销方式，区别于该行业绝大多数厂商通过中间商进行分销的模式，取得了成功。

酒店产品的服务性特点决定了地理位置是很重要的竞争优势，如酒店拥有交通便利条件、独特别致的景观等。

5. 形象差异

形象差异化是指通过在消费者和公众心目中塑造与竞争者不同的产品和企业形象来取得竞争优势的方式，包括外在形象和内在形象差异。外在形象主要体现为产品或企业形象的视觉系统，如产品的标志、包装、品牌、环境和色彩等；而内在形象则体现为企业的理念识别系统，如通过传播媒体、事件活动等反映企业的社会公益形象、企业的社会贡献度等。

酒店形象差异的设计、塑造和传递，即形象策划，可以促进消费者对酒店产品的认知和购买，在营销活动中有十分重要的作用。酒店形象差异的塑造，意在表达产品的主要利益和定位，涉及酒店企业、酒店产品和酒店服务等多个方面。

（二）选择差异，以适当的竞争优势确定市场定位

1. 有效差异化的标准

市场定位的关键环节是企业选择和设计有意义的差异，以便使本企业的产品同竞争者产品相区分，因此，产品差异化是实现市场定位的重要手段。任何产品和服务都是多个属性因素的综合体，包括产品性能、人员、形象、成分、包装、价格、服务、形状、质量等，这些属性都可以进行差异化，从而形成与众不同的独特形象，但是并非所有的差异都是有效、有价值的。

只有那些能够满足顾客需求，增加顾客利益，并且企业有能力提供的差异，才是有效的。例如，新加坡的威斯汀·斯坦福特旅馆宣称它是世界上最高的旅馆，事实上对许多旅客来讲，这点并不重要，甚至还会令人望而生畏。所以，酒店企业必须谨慎选择差异化的有效途径，遵循表 5-2 中的标准。

表 5-2　市场定位中差异选择的重要标准①

对于目标顾客的差异标准	对于企业能力的差异标准
相关性： 必须是相关的、重要的	可行性： 必须具有创建差异的能力
有特色： 必须既有特色又出众	可沟通性： 必须能向市场有效传递差异
可信性： 必须既可信又可靠	可持续性： 必须具备长期的竞争优势和获利的可能

2. 确定差异的规格

当酒店企业面对多种潜在的差异优势，能否正确选择差异及其数量等相关问题成为影响企业市场定位的重要环节。

若酒店为其产品推出较多的优越性，可能会变得令人难以相信，并失去一个明确的定位。因此，酒店企业为避免定位过宽、过窄、混乱及令人怀疑的定位等，必须结合市场、竞争者以及产品等状况慎重选择，确定有效的差异规格。

多差异因素定位易导致定位过宽。例如，三重利益定位：牙膏的“防蛀、爽口和增白”。显然，许多人觉得这三种利益都很重要，问题的关键是要使顾客相信这一品牌确实具有这三种利益。

（三）传递差异，市场定位的沟通与传递

当酒店企业已经确定其定位优势，必须通过营销组合手段将差异和定位利益沟通并传

① 菲利普·科特勒，凯文·莱恩·凯勒. 营销管理[M]. 13 版. 卢泰宏，译. 北京：中国人民大学出版社，2009.

递给目标顾客。如果一个将产品定位于"优质"的公司，必须生产优质产品，制定一个高价，通过高档的经销店分销，以及在品位高的杂志上登广告。这是塑造一种始终如一、令人信服的高质量形象的主要途径。

例如，迪士尼乐园决定其市场定位是给顾客提供高品质的服务和快乐的体验，它必须根据定位目标的要求，整合营销手段各因素，提升竞争优势。迪士尼在营销组合活动中，建立严格的员工遴选、培训、考核和激励的人力资源管理制度，突出乐园优秀员工素质和高品质服务水平的人员差异；运用先进科技手段不断更新和完善娱乐项目和园区硬件环境，营造欢乐、刺激和体验的乐园氛围，满足游客愉悦需求；通过媒体和节事活动传播迪士尼文化和企业形象，充分发挥品牌的扩散效应，为其跨国多元化经营奠定基础。

另外，酒店企业应该跟踪市场需求和竞争格局的变化，适当调整产品的市场定位，以保持竞争的长期优势。

五、酒店市场定位策略

（一）市场知觉图

知觉图是指消费者对某产品或品牌的若干属性感知和偏好的形象化的图解表述，其目的是直观、形象地显示各产品或品牌在消费者心中印象的差异，这项技术作为企业进行市场定位的一种辅助工具，对于识别企业的竞争状况、潜在市场机会和避开竞争而重新定位很有用处。

知觉图中，坐标轴代表消费者评价产品或品牌的属性因子，坐标区域内的各标识点代表不同产品或品牌，其位置代表消费者对于属性因子表现的评价结果。知觉图可以是涉及多个属性因子的多维坐标图，但为了简单易行，酒店企业通常多采用两个属性因子的二维知觉图。

图 5-4 所示是按照酒店价格和服务质量这两个属性将某地区酒店分布情况绘制在知觉图上的例子。对于新产品进入市场，企业通常会结合知觉图中产品的分布情况，选择未被满足的、没有竞争对手或企业在某些方面具有特殊优势的市场区域进入。

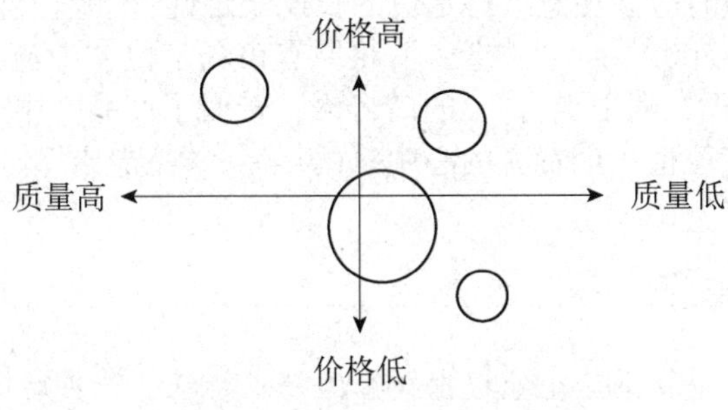

图 5-4 以价格和服务质量为属性因子的酒店定位图

由于知觉图中属性因子的确定来自企业的市场调查以及研究人员的经验判断，因此知觉图也被称为直觉图，具有很强的主观性，它在企业市场定位活动中发挥辅助和参考的作用，不是定位工作的核心技术。

（二）酒店市场定位策略

市场定位的实质是企业对产品或品牌的价值诉求（value proposition），即该产品或品牌的市场利益组合。酒店企业的市场定位目标就是要提供比竞争者同类产品具有更大价值和利益的产品，从而形成持久的竞争优势。

市场定位本身就是竞争的一种手段，酒店市场定位策略主要包括以下几种类型。

1. 特色定位策略

特色定位策略是指通过突出酒店企业产品和品牌的特色，强调其独特之处，力图对消费者造成强烈的感知冲击，从而达到吸引顾客的目的。

旅游目的地形象定位对于酒店企业进行特色定位有一定的借鉴作用，每个目的地都应该有属于它自己的特色，这种特色可以来自任何领域，只要具有独一无二的属性和足够的影响力即可。如誉为“购物天堂”的香港、“童话世界”的九寨沟、“风花雪月，逍遥天下”的大理等，体现了目的地特色资源以及市场独特利益的结合，收到很好的效果。

2. 避强定位策略

避强定位策略就是避开直接的强劲竞争对手已确立的优势定位，寻找市场中未被满足的需求，结合酒店自身的优势进行定位的策略。这种定位策略较适合于中小型酒店，发挥有限资源的优势，进入特殊细分市场，争取小市场大份额，以此寻找发展机会。这种策略有利于企业避开与强劲竞争对手的正面对抗，不会引发竞争。

3. 对抗定位策略

对抗定位策略也被称为迎头定位，是指酒店企业针对市场中处于领导地位的竞争对手，采取直接挑战，以吸引市场的关注，在市场上取得有利位置的定位策略。

对抗性定位的目的不仅在于战胜和取代竞争对手，而且在于借助强者的声誉和影响力快速提升本企业的市场知名度，变压力为动力，促进竞争双方共同发展。例如，百事可乐与可口可乐、肯德基与麦当劳就是对抗定位的成功典范。

采用对抗定位策略的酒店企业必须是有充足的资金支持、具有较强实力的市场挑战者，同时这种定位策略风险也很大，因此，酒店应慎重选择。

4. 重新定位策略

重新定位策略是在环境发生变化时，原有市场定位已经失去竞争优势，企业试图扭转经营逆势，调整和重新确定新的定位目标的定位策略。企业的重新定位既是指通过为竞争者贴上“负面标签”而突出本企业的特色和差异，又是寻求自我差异化途径的策略。

企业在使用该策略时应该注意维持定位的长期稳定性，不能轻易改变。例如，“王老吉”的重新定位最为典型。2002 年，“王老吉”将原有市场定位“中药凉茶”改为“预防上火的饮料”，提出“怕上火，喝王老吉” 的广告语，转变了产品“中药”概念的消费者心理障碍，直接将这一新定位植入消费者的心中。两年后，“王老吉” 成功打开了全国市场，实现了历史性跨越。

引入案例解析

酒店市场细分是指酒店企业根据顾客的需求特征、购买动机、购买习惯、购买行为等方面的明显差异性，把整个市场划分为若干个子市场的过程。其主要作用体现在把握市场需求、有效利用资源和提升竞争优势，细分的基本原则包括细分市场的可衡量性、可进入性、实效性和稳定性。

酒店企业选择目标市场应该综合考虑企业的资源状况、产品以及市场的特点等，根据不同情况全面衡量具体选择策略。酒店企业目标市场选择的影响因素包括企业资源状况、产品的特点、市场的特点及竞争状况。

能够卖出高价，除了投资相匹配的硬件以外，更重要的是管理体系和服务水平的体现。目前，不少酒店和餐饮场所花大力气在包装和宣传上，但是由于价值缺失，依然卖不出高价。原因很简单，目标顾客对于一个品牌或消费场所的选择会有事先期待和实际体验的差异。事先期待可能通过浏览预订平台的介绍，这类介绍通常有图片、文字。但是，实际体验后会有三种结果：受到顾客很高评价的消费场所，能够赢得回头客和口碑推荐的新客源；让顾客感到物非所值甚至反感的，说明消费场所在管理与服务过程中存在不足，将失去目标顾客；顾客体验印象不深的，说明消费场所只满足了顾客的普通需求，可能也没有让目标顾客再次造访的可能。

面对当今多变的市场，酒店的管理人员应该密切关注市场变化，综合考虑酒店自身和市场情况，选择恰当的细分标准，进行合理的市场细分，在此基础上选择符合酒店自身条件和市场趋势的目标市场，采取科学的营销策略，获得理想的市场份额和营业收入。

本章小结

1. 目标市场营销战略是酒店营销活动的核心，直接影响所有其他营销的决策。确认和分析预期消费者的过程是目标营销战略的重点，也是一个成功营销计划的关键。这一过程经过三个主要阶段（STP）：市场细分、目标市场选择和市场定位。

2. 酒店市场细分是指酒店企业根据顾客的需求特征、购买动机、购买习惯、购买行为等方面的明显差异性，把整个市场划分为若干个子市场的过程。其主要作用体现为把握市场需求、有效利用资源和提升竞争优势，细分的基本原则包括细分市场的可衡量性、可进入性、实效性和稳定性。酒店市场细分的程序包括调查阶段、分析阶段和评估阶段三个阶段。酒店市场细分的标准包括地理因素、人口统计因素、心理因素和行为因素。

3. 所谓目标市场是指在市场细分的基础上，企业从中选择的一个或几个子市场作为经营对象的细分市场。酒店企业必须结合自身条件和细分市场状况做综合、全面的考虑，正确选择目标市场，采取相应的目标市场选择策略，才能实现预期的营销目标。

4. 酒店企业在细分市场评估的基础上，选择一个或几个被细分的子市场作为目标市场的决策就是目标市场选择策略，包括无差异营销策略、差异化营销策略和集中化营销策略。酒店企业目标市场选择的影响因素包括企业资源条件、产品的特点、市场的特点及竞争状况。

5. 酒店市场定位是以定位理论为基础，结合目标市场上消费者的偏好、竞争状态以及资源优势，塑造产品和服务的特色和差异的形象，并通过适当的营销组合策略实现酒店企业的战略目标。

6. 酒店企业市场定位活动包括三个步骤：识别差异，明确可以作为定位依据的竞争优势；选择差异，以适当的竞争优势确定市场定位；传递差异，市场定位的沟通与传递。酒店市场定位策略主要包括特色定位策略、避强定位策略、对抗定位策略、重新定位策略。

问题与讨论

1 简述酒店市场细分的原则及意义，并举例说明。

2. 常用的细分标准有哪些？酒店企业在选择细分标准时应注意什么问题？

3. 酒店企业目标市场选择中企业应遵循的原则是什么？举例说明酒店企业目标市场选择策略的类型、条件及利弊分析。

4. 酒店企业应该如何处理目标市场选择中的社会责任和道德问题?

5. 简述市场定位的概念、主要方式以及对酒店企业营销的意义。

6. 酒店企业可以用于市场定位的差异化优势有哪些? 应如何选择?

7. 选择一家你熟悉的快餐企业，试分析该餐馆如何采取有效的目标市场定位，与竞争者区别开来。

8. 能否尝试用不同的标准将同班同学划分为几种不同类型，说明细分变量及其有效性。

9. 访问一家知名酒店企业网站，说明他们是怎样通过网络吸引不同细分市场并举出实例。

10. 以某绿色主题酒店为例，分析其 STP 是否合理。

11. 讨论酒店目标市场成功定位的原因及方法，可以以一家具体酒店为例。

延伸阅读资料

5-1 中国女性旅游市场特征分析

5-2 亲子游推动酒店转型细分市场

5-3 服务细节见差异

5-4 “抓住心”才能“打动人”

第六章　酒店营销计划与营销战略

本章目标

通过本章学习，了解酒店营销管理的过程，熟悉酒店营销计划的制订过程；掌握营销计划的主要内容；明确酒店战略营销计划的层次、内容、制订过程；了解酒店战略营销的概念及其特征；明确酒店战略营销的决策程序；学会运用成长-份额矩阵法（BCG 模型）分析酒店企业经营效果和选择战略的方法。

引入案例

中国主题酒店营销战略[①]

在新的消费升级阶段，消费者的个性化以及追求享受和快乐体验的需求特别明显，这就为主题酒店的营销战略制定提出了新要求。

1. 酒店精准定位，选取与目标客户需求契合的主题

第一，考虑酒店所处的位置。酒店的位置如果在景区之内，要与景区的主题相一致；如果酒店不在景区之内，要考虑到自身的定位和当地环境相协调。第二，要考虑到竞争对手的主题。避免重复和模仿，要通过特色文化来凸显差异性，制作与目标客户需求契合的主题产品和服务。第三，避免选取过于狭窄或流行的主题。过于专业、狭窄、流行期短的事物作为主题不容易保持酒店的持久生命力。

2. 巧妙运用各种手段，带给客人美好的感官和情感体验

抓住主题酒店定位之后，就要求主题酒店将文化理念传递给消费者，使其获得美好体验。一个成功的主题酒店能够通过其主题环境与氛围来展示主题概念。

第一，通过主题建筑、主题景观、主题装饰物等来展示酒店的主题，形成视觉冲击。如肯尼亚树顶旅馆建筑为全木结构，建筑底层吊空，上有三层客房。顶层观景平台对面是肯尼亚山白雪皑皑的山顶，下面可以观看大象、犀牛、白尾猴等在大水塘旁饮水，是人与动物和谐相处的最好镜头。

第二，与主题配合，形成良好的听觉、味觉和触觉体验。酒店中可以适时地演奏或播放与主题相一致的背景音乐，让客人在不知不觉中体会酒店的主题文化。餐饮可以按主题来设计宴席，如成都京川宾馆以三国为主题，开发了三国宴、蜀宫乐宴等产品，在菜品的设计上也独具匠心，例如"桃园结义""煮酒论英雄"等都是菜的名字，边吃边品味，似乎穿越到了那个时代。而蜀宫乐宴是模仿宫廷乐宴，客人们分桌席地而坐、中央歌舞表演，极具三国特色。客房可以在总的主题下，根据不同消费偏好与需求设计分主

① 吕列金. 消费升级背景下中国主题酒店营销战略研究[J]. 人力资源管理，2017（12）.

题房间，可以让客人根据入住的家庭人数、年龄或用途等进行选择，可以在房间结构、家具布置等细节上有所不同，这可大大满足客人的新奇心理，同时减弱单一主题客源市场面窄的缺点。

第三，酒店服务要做到极致，给客人美好的情感体验。首先，酒店的内部功能布局合理，既方便客人使用，又便于管理。员工和客人各行其道，包括行李入口也要与客人分开。员工通道也要注意把人与物分开。不要人物混杂，不然既影响工作，又容易出事故。对于餐厅、封闭酒吧的安排与桑拿健身、泳池不要相隔太近，不同的味道相互影响。零点餐厅安排在一楼，多功能厅与会议室安排在同一楼层，这种安排充分考虑了客人需求的连续性。其次，酒店服务注重细节，给客人无微不至的关怀，服务人员的气质和服装也要配合主题，让客人仿佛置身于美好的故事情节中不能自拔，带来情感上的共鸣，形成美好的情感体验。

3. 运用文化营销，带给客人难忘的思考体验

主题酒店的特定文化要通过具体实物彰显出来。例如，迪士尼主题酒店中的城堡和壁画、床品和卫生用品等无不是迪士尼动画人物，音乐和服务人员的服饰，餐厅的餐具等设计亦是动画人物和场景，大小朋友们可以回忆曾经看过的那些人物的悲喜人生，编织自己的童话梦境。而上海怀旧主题的酒店里则是播着夜上海的旋律，周围的布置无不是老上海的照片和物件，客人可以边欣赏边思考那些远去的人们的悲欢离合，感悟新旧上海的不同。还可以开发衍生品拉长酒店产业链，实现酒店业及相关衍生产业的共生共赢。如成都京川宾馆与旅游景区联合推出“三国文化”旅游，设计具有三国人物的纪念品，使客人更容易回忆起这段经历。

4. 加强互动与参与，让客人形成行动和关联体验

感官、情感和思考体验都是基于个人的，而行动和关联体验是基于群体的。主题酒店要在一天中定期举行互动演出或客人参与的游戏，让客人亲自体验酒店文化和与其他客人就共同的爱好和话题进行交流。例如，景德镇的青花瓷主题酒店就是让客人亲自动手制作陶艺，在作品制作中感受陶瓷文化的魅力。要运用微信公众号、综艺电视节目、微信朋友圈等网络与自媒体营销进行线上宣传，例如“爸爸去哪儿”节目播出后，深圳长隆酒店的知名度立刻提升了不少。要运用社群营销，精准定位消费人群，与目标客户加强日常联系，利用口碑营销传播酒店品牌，提升品牌忠诚度。

思考：什么是酒店市场营销计划？什么是酒店战略营销？主题酒店应该如何制订企业的市场营销计划和战略营销计划？

酒店企业在其经营过程中面临激烈的市场竞争和复杂多变的市场营销环境，为了使其市场营销活动取得预期的效果，最终实现企业经营目标，必须明确营销管理过程，制订合理的市场营销计划，在此基础上执行合理的STP战略和营销战略，条件允许的情况下还要导入酒店战略营销。

第一节　酒店市场营销管理过程

酒店企业的市场营销活动涉及多个因素，为保证营销目标的最终实现，要求酒店企业必须预见环境变化来调整企业行为，并对酒店市场营销活动有时间上、整体上的管理，而这一管理过程就是酒店市场营销管理过程。

一个完整的酒店市场营销管理过程，主要由以下五个步骤组成：分析市场营销机会、

研究和选择酒店目标市场、制定酒店市场营销战略、制订营销计划、实施和控制酒店市场营销计划，如图 6-1 所示。

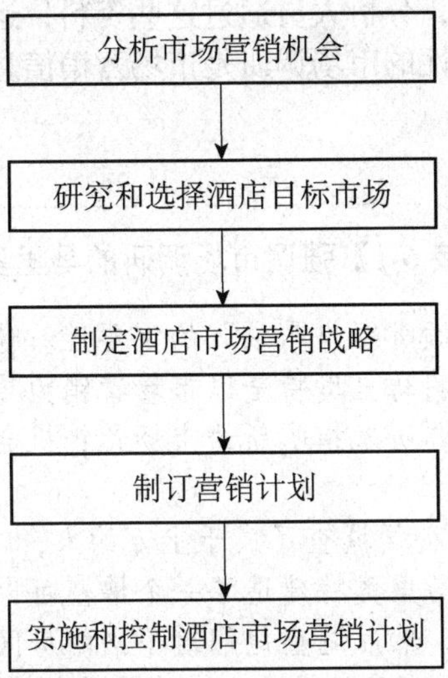

图 6-1　酒店企业市场营销管理过程示意图

一、分析市场营销机会

（一）酒店企业的市场营销机会

酒店企业的市场营销机会，就是与企业内部条件相适应，能实现最佳营销因素组合策略和营销目标，享有竞争优势和获得局部或者全局的差别利益，并能促成企业自身发展的环境机会。

分析市场营销机会是酒店营销过程中的第一步，只要市场上存在未被满足的需要，就会有无数可以利用的环境机会。但是，并不是任何环境机会都能成为某一酒店企业的营销机会，关键在于酒店企业是否能结合其自身的资源禀赋，最早发现市场营销机会，选准目标市场，及时制定营销策略，这样才能使酒店企业扬长避短，比现实的竞争者和潜在的竞争者获得更大的差别利益，在日益加剧的竞争中能居于领先地位。

（二）酒店企业分析市场营销机会的方法

酒店企业市场营销机会分析包括酒店市场营销环境分析、顾客消费行为分析和酒店市场竞争者分析。寻找和识别市场营销机会，在酒店市场营销管理过程中占有非常重要的位置。那么，酒店企业应如何分析市场营销机会呢?

1. 最大范围地收集意见和建议

发现市场机会，提出新观念的人员有很多种。首先，企业内部各部门是一大来源；其次，更广泛的来源是企业外部，例如，营销中介、专业咨询机构、教学与科研机构、政府部门，尤其是广大的顾客，他们的意见直接反映市场需求变化的趋势。

因此，酒店企业必须注意与各方面保持密切联系，经常倾听他们的意见，并对这些意见进行归纳和分析，以便从中发现新的市场机会。

2. 聘请专业人员进行市场机会分析

酒店企业应该经常聘请行业内的专职或兼职专业人员进行市场机会分析。

3. 建立完善的市场营销信息系统和进行经常性的市场调研

建立市场营销信息系统对于酒店企业的发展非常重要。完善的市场营销信息系统为市场分析提供了大量的数据资料，分析人员通过这些资料，运用各种方法才能从中寻找和识别各种市场机会。同时，经常性的市场调研是市场营销信息系统中信息资料得以补充的主要手段。

【阅读链接 6-1】强调市场调研的马里奥特公司[①]

马里奥特先生非常理解“倾听客户需求”的重要性。他亲自阅读来自快速扩大的连锁旅馆中客户的抱怨卡片，这说明马里奥特是以市场营销为导向的。公司遵循马里奥特的理念来发展事业，使用市场营销调研来指明新的市场营销机会，是市场营销研究的一个经典实例。

在 1980 年以前，马里奥特公司调查了成千上万的人，以确定旅馆业的扩充空间。在亚特兰大开始建造庭院旅馆前，马里奥特建造了一个墙壁可以移动的旅馆客房，并向所选择的旅游者展示不同的构造形态，然后调查他们对不同的房间构造的观点。它使用了四级初级信息的采集方法：实验（通过在亚特兰大建造庭院旅馆来检验市场营销情况）、观察（观察客户对于模拟房屋的反应）、调查（包括对主要的市场细分部分的研究和使用聚类分析来调查客户所喜欢的产品特征）以及模拟（房屋模拟）。

经过几年的研究和分析之后，马里奥特得出了主要的结论，那就是市场需要新型的旅馆。经常性的旅行者愿意住在这样的旅馆中，如有一个比较大的前厅，食物和饮料种类广泛，有较好的客房，多居所的“感觉”等，哪怕因此多支付一些额外的费用也可以接受。

马里奥特继续进行其他的旅馆概念的研究检测和介绍，包括马里奥特套房、小间客房旅馆和平价客栈，它们都是以经济实惠为定位的旅馆概念。后来，马里奥特从自身所进行的全国性调查结果中得到启示，开始着重促销周末的旅馆包装。调查表明，来美国的 73%的旅行者只停留三天或更短的时间，这些短期旅行将近 60%是在周末进行的。基于这些调查结果和其他的发现，公司开始推出“两份早餐”的服务，马里奥特大部分旅馆，平均每个房间每晚的费用低到 69～89 美元，这包括周末连续两个早晨为两个人准备的整套早餐。马里奥特的研究证实了，美国人的生活方式已从传统的两到三周的度假转变成时间更短、更频繁的旅行。马里奥特也从市场调研中抓住了更多的市场机会，取得了巨大的成功。

二、研究和选择酒店目标市场

酒店企业应把满足顾客的需求放在首位，只有充分满足顾客的需求，酒店企业才能生存和发展。顾客的需求存在差异，加之酒店企业受技术、资源和管理能力的限制，不可能占领所有的细分市场，只能根据自己的任务、目标和内在条件等，选择对自己当前和今后一段时间内最为有力的一个或几个细分市场作为营销重点。企业最终确定要进入的市场，就是酒店市场营销中的目标市场。这一过程分为四个步骤，即预测市场需求，进行市场细分，在市场细分的基础上选择目标市场和实行市场定位。

特别需要强调的是，在酒店市场营销中，酒店不仅要慎重地选择自己的特定目标市场，

① 旅游市场营销学教学案例[EB/OL]. [2018-03-28]. http://www.docin.com/p-225828150.html.

还要更为慎重地选择自己的竞争者。尤其当市场增长趋缓、市场竞争加剧时，针对竞争者来规划和实施市场定位与针对顾客来规划和实施市场定位有同等重要的意义，不但要使自己的产品和服务在顾客心目中占有一个明确、与众不同、有吸引力的位置，而且要扬长避短，在竞争中处于有利的地位。

三、制定酒店市场营销战略

酒店市场营销战略是为实现其市场营销目标应遵循的主要原则，包括酒店市场营销因素组合、酒店市场营销资源配置和酒店市场营销总费用预算等方面的基本决策。

（一）酒店市场营销因素组合

酒店市场营销因素组合是酒店企业用于追求目标市场预期销售水平的可控营销变量的组合。酒店市场营销因素组合中的产品、渠道、价格、促销等各个要素各具特色，有不同的运用范围、效用和条件，营销战略就是要把这些营销因素组合成最佳形式。

一般来说，酒店市场营销因素的组合运用要保证营销活动的整体性，相互协调，相互配合，形成较强的合力，而且围绕营销目标。面对复杂多变的营销环境，酒店企业市场营销因素要灵活多变地进行组合。

另外，酒店企业还应根据市场环境的变化，对营销因素组合进行积极的调整，变不可控因素为可控因素，减少外界因素的干扰，主动适应市场营销配置的变化。

（二）酒店市场营销资源配置

酒店市场营销战略的运用必须建立在一定的企业资源基础之上，尤其是要与市场营销的费用预算相适应，也就是酒店企业必须进行资源分配的规划。

一般来说，首先要确定市场营销费用的总预算，其次确定营销组织各个方面的预算额，最后再进行年、季、月的预算分析。

（三）酒店市场营销总费用预算

酒店产品和服务要到达顾客，必须通过市场交易来完成。所以，总费用的预算要考虑到酒店企业的历史和以往做法、竞争对手的情况、企业所要占领的新市场、计划中拟采用的营销策略等各方面的因素。

四、制订营销计划

为使营销战略得以贯彻落实，营销部门还须制订营销计划。营销计划主要包括产品管理和产品发展计划、价格管理和定价计划、销售渠道管理和分销计划、促销计划。

规范的营销计划书包括内容摘要、目前营销状况、营销机会和问题分析及结论、计划期营销目标、计划期营销战略、营销战略的实施计划、费用预算和利润计划及营销计划控制措施等。

五、实施和控制酒店市场营销计划

影响市场的因素复杂多变，因为在实施营销计划的过程中可能会出现许多意外情况，酒店企业必须不断地进行控制，并对计划进行必要的修正，以保证酒店营销目标的实现。

第二节 酒店市场战略营销计划

一、酒店营销计划概述

（一）酒店营销计划的含义

酒店营销计划是对酒店企业市场营销活动方案的具体描述，即通过对目前市场发展态势以及自身地位和实力的分析，确定今后发展目标、营销战略和行动方案的过程。

酒店营销计划的含义可以从以下三个方面来理解。

首先，酒店营销计划所处的层次是指导整个计划周期内各项营销活动的战略层次。如营销目标是对本计划期内酒店将要达到的目标的约定，它明确了判断酒店成功与否的“标杆”，并以此协调和规范酒店企业的整体经营活动，从而取得预期结果。

其次，酒店在选择目标市场以后，营销策略就是对酒店企业进入各个细分市场后将要采取的营销活动，如产品、销售渠道、广告和促销、公关与宣传、营销调研、定价以及顾客服务等方面的具体安排。

最后，酒店营销计划是一个书面文件。营销计划要以准确、明晰的文字或图标明确营销活动的指导方针，保障酒店在计划周期内的各项营销活动能够稳定、连续、有效地开展并达到设定的目标。

（二）酒店营销计划的分类

1. 战略营销计划和战术营销计划

按战略和战术关系分类，酒店营销计划可以划分为战略营销计划和战术营销计划。

（1）战略营销计划。战略营销计划是在分析当前最佳市场机会的基础上提出其目标市场和价值建议。这一过程通过分析市场、细分市场和评估竞争对手的产品等来制定有效应对市场环境变化的战略。

（2）战术营销计划。战术营销计划描绘了一个特定时期内的营销战术，包括产品特征、促销、商品化、定价、销售渠道和服务质量等。

2. 短期营销计划、中期营销计划和长期营销计划

按计划的时间周期分类，酒店营销计划可以划分为短期营销计划、中期营销计划和长期营销计划。

（1）短期营销计划。短期营销计划通常以一个财务周或一个财务月为周期。这对酒店管理人员的影响极大，相对于中长期营销计划而言，它更侧重手段与措施问题，可以将其理解为酒店企业经营工作的指南。

（2）中期营销计划。一般来说，中期营销计划的时间跨度为一个季度或半年。由于住宿接待随季节的波动幅度较大，营销计划要能灵活适应淡、旺季顾客需求量变化的情况。

（3）长期营销计划。长期营销计划时间跨度为 1 年，一般包括年度运营计划和适应性计划。其主要内容包括酒店产品的改进和新产品的开发，各细分市场的攻守策略，设施设备的改（扩）建及维修，酒店内部的装饰、装潢与重新装修等经营管理的重大工作安排。

3. 产品营销计划、服务营销计划和客户营销计划

按计划涉及范围分类，酒店营销计划可以划分为产品营销计划、服务营销计划和客户营销计划。

（1）产品营销计划。产品营销计划主要是对酒店产品或服务的目标、战略、战术等做出

具体规定。酒店产品的种类很多，酒店可根据产品特性的不同分别制订不同的产品营销计划。

（2）服务营销计划。酒店服务是该计划规划的核心，主要包括对酒店服务项目的设置、特色与创新、服务质量控制系统设计和运行监控等的安排。

（3）客户营销计划。客户营销计划主要包括如何开发目标顾客、与客户建立长期稳定的合作关系、培养忠诚顾客、建立顾客数据库和优化顾客价值结构等工作。

4. 分销、广告、促销、价格、新产品开发等计划

按计划的具体功能分类，酒店营销计划可以划分为分销计划、广告计划、促销计划、价格计划和新产品开发计划。

（1）分销计划。分销渠道的选择与管理是分销计划的中心内容，保证酒店与渠道成员建立友好、双赢的合作关系。

（2）广告计划。酒店应根据总体目标安排，协调好内部各部门之间的业务分工，把广告目标与目标市场、市场定位、营销组合等诸多决策结合起来。广告计划应全面负责酒店的媒体组合规划、广告投放、广告效果评估等工作内容。

（3）促销计划。促销计划主要规划酒店产品和服务促销的具体目标、战略战术、措施等内容。促销计划是酒店企业或营销组织部门的工作手册和行动指南。

（4）价格计划。价格计划主要是对在不同环境、时期、目标市场、产品组合等条件下，酒店企业应遵循的价格体系、政策以及特殊情况下的应对策略等做出规定。

（5）新产品开发计划。随着市场环境的不断变化，竞争对手不断推陈出新，目标市场的需求特点会相应发生变化，酒店企业必须经常调整自己的产品结构和产品组合方式，开发、生产、推广自己的全新产品。新产品计划应规定阶段性新产品的开发重点、目标市场的投放时机和投放方式等工作内容。

（三）酒店营销计划的内容

营销计划在酒店企业经营活动中的作用日显突出，营销计划不仅为酒店企业经营提供了方向，还为酒店实现营销目标乃至总体目标规定了具体的逻辑步骤。

1. 确定酒店企业任务

确定酒店企业任务需要解决以下几个问题：企业是做什么的？企业应做什么？顾客是哪些人？顾客预想的价值是什么？

2. 分析酒店企业营销环境

酒店企业营销环境的分析如表 6-1 所示，详细分析见本书第二章和第四章相关内容。

表 6-1　酒店企业营销环境分析

内　容	阐　释
背景情况分析	包括总收入、市场占有率、顾客数、成本、利润以及其他类似的分析
宏观环境分析	酒店企业必须在宏观的外部环境中经营，人口统计、经济、生态、技术、政治和文化等很多因素都会对企业经营产生影响
酒店经营预测	酒店企业在设想宏观环境没有发生较大变化的情况下预测企业的整体经营情况，再结合对本酒店的位置、有形设施、形象、声誉、财务结构等方面的综合分析，确定酒店企业自身的优势和劣势以及所面临的机会和威胁
竞争对手分析	分析有哪些竞争对手，这些竞争对手在哪些方面会与本酒店形成竞争

3. 制定市场营销目标

酒店企业的市场营销目标是在分析企业市场营销现状并对未来的风险和机会预测的基础上制定的，是酒店市场营销计划中的核心部分，一般要确定以下两个目标：财务目

标，如长期投资收益率和短期利润目标等；市场营销目标，如销售量、销售收入、市场占有率等。

4. 制定市场营销策略

这关系到酒店企业应采取什么措施来实现企业的目标。这一过程包括三个步骤：确定目标市场、定位、为市场营销组合制定策略。

5. 市场营销研究

市场营销研究，既包括内部资料的收集，以明确企业的优势和劣势，又包括外部资料的分析，以提供企业外部机会和威胁的信息；对消费者的研究特别重要，因为它可以揭示顾客和潜在顾客对酒店服务和产品的要求以及他们对酒店的看法。

6. 制订行动方案

行动方案即活动程序，具体内容主要为：要做什么？由谁负责？什么时候做？何时完成？成本费用如何？要为每项活动编制出详细的程序，以便执行和检查。

7. 编制营销预算

营销预算是一个预计盈利或亏损的报告。酒店企业的各业务单位编制出营销预算并由决策层审批后，就成为各种营销支出的依据。

8. 反馈和控制系统

反馈系统一般包括销售量和收入分析、市场份额分析、用于销售分析的市场营销费用以及对顾客态度的探索等。对营销计划的实施过程进行监督控制是保证其顺利完成的重要环节；同时，也可以随时发现问题，对计划进行调整。

二、酒店战略营销计划的层次与内容

（一）酒店战略营销计划的层次

酒店战略营销计划包含三个基本层次：企业总体战略营销计划、战略业务单位（Strategic business unit，SBU）的战略营销计划和职能性战略营销计划，如图 6-2 所示。它们共同组成了战略营销计划的复杂体系，而最终的目标只有一个——在长期内实现企业的使命。

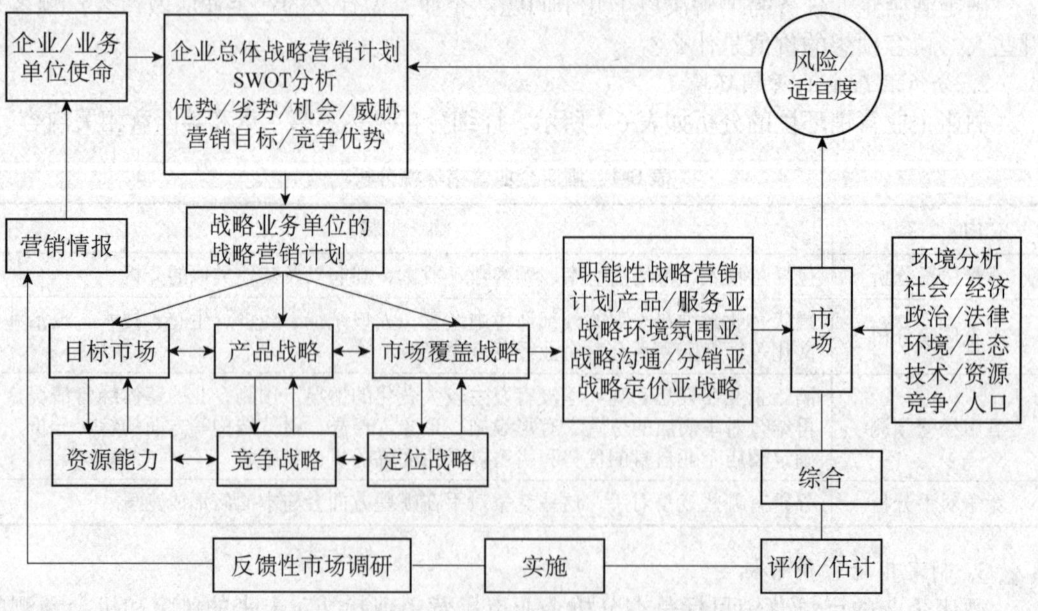

图 6-2　酒店企业战略营销计划的层次和过程

（1）酒店首先要制订出整体战略营销计划，这个过程通常有两种形式：自上而下或自下而上，而不管哪种形式都体现了全员参与的指导思想，这是保证整体战略计划得到酒店全体员工的理解、支持和贯彻的前提。

（2）战略业务单位的战略营销计划是根据酒店的总体战略营销计划并结合本单位的情况制定的。它常常是总体战略营销计划目标的有机分解和落实，一般是经过本单位有关人员的反复分析、研究制订的，并报酒店企业高层管理者审议批准。它是总体战略营销计划得以实现的保证。

（3）职能性战略营销计划是对酒店企业和战略业务单位的战略目标的进一步战略性分解和落实。它在更具体的层次上解决企业的各个功能性单位的发展战略问题。

在整个战略营销计划的制订过程中，不管是哪个层次的计划，都强调长远的发展方向，注重的都是整体的协调和全局的利益。这是战略营销计划的特点，它不因为战略的制定部门的规格或规模而改变这种性质。

（二）酒店战略营销计划的内容

与传统的营销计划不同，酒店企业的战略营销计划更注重长期、总体的发展战略，同时包含对各个职能部门的战略的分析和制定。图 6-2 描述了战略营销计划所包含的内容。下面对战略营销计划的内容逐项加以解释。

1. 明确企业使命

酒店企业使命一般指酒店的总体目标，包括酒店的产品、服务、市场、目标和经营思想。酒店企业使命是通过战略营销计划解释酒店企业为什么存在、与谁相竞争、市场是谁以及如何为该市场提供服务的纲领性表述，也是酒店企业高层管理人员的管理思想的体现。它的确立一般应该符合几条标准，如表 6-2 所示。

表 6-2　酒店企业使命应遵循的标准

标　　准	举　　例
明确企业（或战略业务单位）的业务范围，阐明顾客是谁，企业将如何向顾客提供服务	“××酒店的使命是以非常低廉的价格向那些价格敏感型的旅行者提供现代、舒适和整洁的住宿服务。”
明确企业的特殊能力、优势以及它在市场上的独特形象	“××酒店一直并仍将保持其在该领域的优先地位，因为它与预算型旅行者及其需求密切相关。通过不懈地与目标顾客的沟通并不断调整我们的服务以满足变化了的需求，本酒店将始终是顾客的最佳选择。”
在市场定位方面明确竞争者是谁，主动选择竞争对手	“××酒店的目标市场是位于两种顾客之间的市场，这两种顾客分别是仅仅根据价格选择住宿地点的高度价格敏感型市场与那些愿意为追加的设施设备多付 20 美元的中间阶层的市场。因此，本饭店的主要竞争对手将是××饭店以及其他进入本市场的饭店。”
明确顾客、雇员、股东和社区等有关各方的相关利益和需要。	“××酒店将一如既往地研究顾客的需要，不仅在企业层次上，同时也包括在战略业务单位层次上。酒店将不懈地根据酒店的使命来满足这些需要。”
对未来前景有所阐述	“××酒店连锁集团将在适当的地点做适当的开发和扩张。它的战略是将其地区优势逐渐发展为全国性的优势，并将于 2020 年达到这一目标。”

【阅读链接 6-2】某饭店餐饮部的组织使命描述

餐饮部部门使命

F & B Department Mission Statement

我们需要努力争取和客人建立良好关系，使他们有宾至如归的感受，积极地提供友善及良好的服务，用标准的饮食质量去吸引他们再度光临，并有效地控制成本及各项支出，以人为本，追求最佳效益。

We strive to be personalized and achieve repeat business through good service and consistency in food quality，thus maximizing profitability through effective cost control and employee respect.

2. SWOT 分析

SWOT 分析也称处境分析，包含两部分内容：对酒店企业内部优势与劣势（SW）的分析和对企业外部环境中所潜藏的机会与威胁（OT）的分析。它的目的是寻找能够符合酒店资源和能力并能满足市场需求的战略。通过这个过程，酒店企业可以明确目前所处的状态，构建酒店的发展目标，并以此来培育企业的优势、应付各种威胁、克服各种弱点，最终形成特有的竞争优势。

（1）内部（SW）分析。这是对酒店企业内部每个关键战略业务单位和职能部门的业务状况进行深入的分析，旨在揭示酒店企业的整体优势和劣势。

① 在酒店战略营销计划当中，内部分析应该包括所有的职能部门和经营领域，如计划、广告、促销、推销、预订、人力资源管理、采购、业务管理、经营管理、财务管理等。

② 内部分析的内容通常包括品牌定位、顾客特征、企业文化与价值观念、企业资源、产品/服务组合、酒店发展目标、企业发展方针以及酒店的组织机构等方面。

③ 对于其中任何一个方面，在分析时都要详细地提出一些关键性的问题。例如，针对品牌定位问题，我们可以问，我们的顾客是谁？我们的产品对谁最有吸引力？顾客用我们的产品做什么？我们为他们提供了什么利益？他们对品牌的认知和偏好程度如何？如此等等。

（2）环境（OT）分析。这是对酒店企业外部经营环境的分析，也称为环境扫描。它包括宏观环境分析和微观环境分析两个方面。

① 宏观环境当中包含众多的酒店企业无法控制的因素，如政治制度、经济发展水平、科学技术发展状况、人口资源、社会结构与发展趋势、自然与生态环境、市场竞争结构以及法律体系等。酒店企业在这些环境当中主要是设法适应它，并力求预见环境演变的规律和趋势，从而能够提前对酒店企业的营销战略做出调整。

② 微观环境是由一些与酒店企业经营活动密切相关的外部因素构成的小环境。这些因素包括消费者群体、竞争者、供应商、营销中介、社区组织机构与居民、地方政府部门以及相关利益团体等。虽然酒店企业对这些环境因素同样缺乏控制的能力，但却能通过自身的经营在很大程度上对它们施加影响、选择、限制或引导。反过来，这些组织机构或个人的策略性行为也将在很大程度上制约酒店企业经营的成败。

对于所有一切能够预料或无法预料的环境变化，酒店企业都应进行深入的分析与评价，正确估测各种环境对企业未来营销活动的影响程度，为酒店企业调整营销决策提供良好的依据。

例如，每个酒店企业都有其自身的优势所在，但因为企业所面临的环境是复杂而又多变的，如果不能及时把握市场环境，所拥有的优势有时就可能会成为竞争中的劣势；想要把握机会，就必须拥有超前的预测能力，及时采取行动，毕竟市场机遇只属于有准备的企业；而当遇到重大环境威胁时，酒店企业可根据实际情况采取对策，如表6-3所示。

表6-3 应对环境威胁的策略

策 略	适 用 情 况	实 施 过 程
对抗	酒店企业经营者有条件与环境威胁抗衡时	分析环境威胁程度，结合自身实力，采取“对抗”措施，迎接挑战、化解危机
减轻	环境威胁使酒店企业不可避免受损时	“两害相权取其轻”，努力减轻威胁程度
转移	本行业所遭遇的环境威胁十分严重，但无法对抗或减轻时	采取“走为上”的办法转移到其他行业，需要注意避免“转移”的盲目性
转化	面临环境威胁时	措施得当，化危险为机遇

【阅读链接6-3】以变应变 酒店产品推陈出新①

随着Airbnb（爱彼迎）、途家网等平台的兴起，传统酒店行业正经受着“互联网+”时代下新产业模式的巨大冲击，而科技逐步渗入人们的生活，也让旅行者的需求愈加多样化。研究消费者需求的变化、争取和巩固属于自己的客户群体“以变应变”，正成为传统酒店行业供给侧改革的强大推动力。记者了解到，诸多有成熟管理经验的国际品牌酒店集团正在产品供给方面不断推陈出新，以迎合宾客需求层面的变化。

洲际酒店集团日前发布了旗下皇冠假日酒店及度假村新一代的酒店客房设计。据了解，其全新的名为“WorkLife”的客房设计着眼于激活灵感、养精蓄锐和专业高效三个层面，从灵活性、私密性及高效性对客房产品加以改进。其中，“激活灵感”的设计灵巧有趣，保证商旅客人的入住体验充满趣味和生活灵感；“养精蓄锐”确保无论单人差旅还是双人差旅，都拥有较为私密的个人空间；“专业高效”则将客房合理分区，让宾客可以随时随地办公、休闲。而此前，为提升宾客在商旅中的高效与便捷需求，皇冠假日酒店及度假村已推出了随时随地方便客人充电问题的“以电助力”项目、提升会务管理效率的皇冠会务总监项目以及早餐与退房服务同步项目，从细节上改进服务、对接需求。

万豪国际集团在亚太区已有550多家开业酒店，客房总数超过17万间。2017年将登陆亚太区的品牌Moxy Hotels（莫西酒店）是万豪国际为需要始终在线、注重科技体验的旅行者打造的新一代精品酒店品牌，该品牌在亚太区的第一家酒店在2017年年底前于东京开业。另一个即将进入亚太地区的品牌是具有鲜明加拿大特色的高端品牌DELTA HOTELS（德尔塔酒店），该品牌于2017年夏季在上海近郊宝山区开设一家新酒店。

温德姆酒店集团也在品牌、技术以及市场方面进行变革。品牌方面，温德姆即将新推三四个品牌，主要针对“90后”年轻一代，还将推出和电游、手游相关的跨界主题；科技上，通过引入HTC VIVE的虚拟现实（VR）技术在房间布局上进行跨界，营造360°虚拟空间，让消费者能够实现漫游世界，甚至社交跨界。温德姆酒店集团大中华区总裁刘晨军近日在温德姆酒店集团于青岛举办的“2017年大中华区年度峰会”上表示，温德姆酒店希望为年轻一代带来一个充满未知、新鲜的世界，未来是一个可以预见的物联网、金融、大数据、人工智能和酒店行业的高度结合，可以看见的趋势是，线上线下的高度融合、产业链的高度融合，酒店将变成一个目的地，在酒店内可以连接一切。

此外，香格里拉酒店集团也在服务延伸方面不断探索。例如，成都的香格里拉目前除

① 陈静. 以变应变 酒店产品推陈出新[N]. 中国旅游报，2017-06-29（A01）.

了为入住套房的高端客人提供一对一的管家服务外，还提供各种个性化的服务，如住酒店送保时捷跑车试驾、住酒店送客人到锦里和熊猫基地游览等。

“从整体来看，我们预计未来中国中高端酒店行业的竞争将全面进入白热化，一些有特色的精品酒店和民宿将使得酒店行业竞争更加激烈，酒店依据客户需求进行的产品变革、服务细分将成为行业发展趋势的关键词。”瑞士理诺士酒店管理学院的首席执行官 Sonia Tatar 表示，专业的酒店人需要有预知客户需求的能力。酒店品牌的竞争已不仅局限于价格的竞争。在越来越垂直的客户细分市场，只有做到差异化服务才能占领更多的市场份额。柏高酒店集团总裁王松志亦强调，所有的竞争“最后一定落于产品和服务”。

3. 制定各战略业务单位（SBU）的战略

在酒店战略营销计划中，还要明确各个战略业务单位的发展战略。它是针对酒店企业具体战略业务单位而制定的，因此往往更为明确、具体，包含更多的对策性内容（但仍然是战略而不是战术，这一点很重要），也包含有具体的行动计划和时间要求，它所解决的是酒店企业如何能够达到既定目标的问题。在这部分内容中，集中体现的是企业的目标市场策略、产品/服务策略、竞争策略、市场覆盖策略和定位策略。

4. 制定职能部门战略

当酒店企业的整体目标（使命）已经确定，而且也明确了各个战略业务单位的发展目标，那么，接下来的任务当然是动员各个职能部门为达到这些目标而全力以赴地开展工作。产品设计与组合、价格策略、销售渠道策略、沟通与宣传策略等的制定，将落实在各个职能部门的战略营销计划当中。

三、酒店战略营销计划实施效果的影响因素

几乎所有的大型酒店或营销意识比较强的中小型酒店都会制订战略营销计划，但却不是所有的企业都获得成功。概括起来说，战略营销计划的失败常常出于以下几个原因：缺乏对基层管理人员的足够关注；组织机构的障碍（机构往往先于战略而设，而这些机构难以形成对计划的有效支持）；目标含糊不清；对行动计划缺乏足够的信息支持；战略营销计划与其他控制系统的衔接出现失调（包括与预算、信息、奖励等系统）。

虽然失败的原因十分复杂，但失败的企业都有一个共同的特点：对形式、前景和自身状况几乎不了解，缺乏准确的判断。从战略营销计划的制订过程可以看出，影响战略营销计划成败的因素十分复杂。下面简要地讨论一下这些因素对战略营销计划质量的影响。

（一）积淀性因素与变动性因素

积淀性因素，专门指酒店企业长期发展过程中形成的惰性结构和文化，它有时会促进强势企业文化的形成，但有时可能意味着保守自恋而抵制任何创新，所以领导制订战略计划的人必须对这种因素有所认识并加以引导、利用或控制，使之成为战略制定中的积极力量。

酒店企业组织机构的变更和调整、人员的流动、环境的演变则构成了变动性因素，它有可能导致局部功能的错乱或者形成新的模糊群体，但也可能塑造机会，所以酒店管理人员需要通过及时的策略性调整保证这些变动不至于影响到总体战略营销计划的执行。

（二）观念性因素与行动性因素

观念性因素是指战略营销计划的制订者对该计划所持有的根本态度问题，有的酒店企业管理人员和营销人员虽然制订了战略营销计划且每年都注意更新，但从来没有真正把它当作指导酒店经营的总体方针和行动指南，使计划成了装点门面的东西。

另一方面，有的酒店管理人员也许很重视战略计划的制订和实施，但执行力不强，使得计划由于执行过程中的管理、组织和控制性因素的消极影响而失败，这就是行动性因素发挥的作用。

（三）策略性因素与能力性因素

策略性因素包括制订计划时所采用的原则（如规划的过程是自上而下还是自下而上，是动用专家系统还是发动群众等）以及所形成的计划在策略上的得失（如目标过高或过低、优先顺序不科学等）；能力性因素主要是指战略营销计划制订人员的预见力和判断力、计划执行过程中管理阶层的决策能力以及各业务或职能部门的实施能力。

策略性因素与能力性因素显然会决定酒店营销计划的质量以及计划实施的程度。

（四）内部因素与外部因素

影响战略营销计划成败的内部因素来自战略的制定、执行以及控制过程，而且涉及酒店企业各个层级和部门以及所有的人员；外部因素则指环境的影响和变化，是不可控因素。

要想提高计划的质量，主要的可调整变量还是来自酒店企业的内部。

【阅读链接 6-4】自我测评战略营销计划

受众多复杂因素的影响，酒店想要制订一个好的战略营销计划也不是很容易的事情。判断一个战略营销计划的好坏，可以问这样一些问题：

它是否清晰、明确、可行？

它是否完全捕捉到了各种机会？

以企业的能力和资源是否能够达到它所规定的目标？

它是否符合人们的期望？

它是否有刺激力？

它是否对市场做出了恰当的反应？

它是否建立在消费者导向的基础上？

第三节　酒店企业战略营销

在当今瞬息万变的市场环境中，酒店企业必须在现代市场营销观念的指导下，结合其自身状况，全面考虑影响市场营销的各种因素，制定全局性的市场营销战略，才能提高竞争力、实现经营目标，才能在激烈的竞争中立于不败之地。

一、酒店企业战略营销与营销战略

酒店企业战略营销，是指酒店为适应环境、市场变化而站在战略的高度，在分析企业外部环境和内部条件的基础上，以长远的观点，从全局出发来研究市场营销问题，策划新的整体市场营销活动。“战略营销”要求将酒店企业营销活动提升到决策层次，整个酒店以营销为中心进行组织和运营。与传统职能性营销决策涉及的要素不同，“战略营销”涉及人力资源、新产品开发、生产、销售、市场、财务等部门，营销部门应成为核心。

市场营销战略作为酒店企业发展战略的子战略，是对企业如何在选定的市场中去竞争的一种广义的、长期的描述。由于酒店企业的经营环境总是处于不断的变化之中，针对特定环境而制定的战术策略也要随之不断加以调整。营销战略的作用就在于对这种短期的战术的调整具有指导意义，它保证酒店企业向着既定的目标前进。同时，营销战略又是酒店企业整体发展战略最重要的部分，因为它决定了酒店的产品和市场的定位以及对各种营销策略的选择和运用，而这些无不属于整个酒店发展战略的基本组成部分。

【阅读链接 6-5】战略与战术

战略是一种军事用语，指策划和指导大规模军事行动的一种科学，尤其与战术不同的是，战略是在遭遇敌人之前将部队调遣到最有利的位置。通俗一点来说，在军事当中，战略是为了赢得一场战争，战术是为了赢得一场战斗。在多数情况下，战略与战术的目的是统一的，但也不乏矛盾的例子：战略的宏观性和长远性思维可能使人在战术运用上采取放弃“赢”而故意“输”的策略。

战略与战术的运用也是我们日常生活中的基本生存策略。没有战略眼光的人，在一生中可能会招致失败，或疲于奔命；只有战略眼光而没有战术（同时也没有行动）的人，是那种好高骛远、不切实际的人。例如，一个高中毕业生，他现在处于什么地位？——17 岁，没有实际技能，没有专长，所以，在其事业生涯当中肯定很少有机会得到职业上的发展。他要向什么方向发展？——他想在企业当中谋取一个有前途、薪水不错的位置。那么，其战略是什么？——接受良好的教育，提高其在企业界生存的能力和潜力。战术是什么？——上大学。

二、酒店企业战略营销的特点及意义

（一）酒店企业战略营销的特点

酒店企业战略营销具有以下特点。

1. 全局性和长远性

酒店企业战略营销体现了酒店企业的全局发展需要和长远利益，规定了酒店今后相当长一段时期内各部门通力合作所从事的营销活动的指导思想和行动方向，对酒店企业制定拓展市场的战术策略有决定性作用。一般来说，酒店企业的战略营销都着眼于一年以上，尤其是三到五年的发展目标。

2. 适应性和风险性

由于酒店企业营销环境和内部条件纷繁复杂，并处于不断变化之中，而营销战略是对未来所做的预计性决策，包含众多的假定，是在信息不充分和条件不确定的前提下做出的决策，所以管理者应针对内外部环境的变化（如政治或经济形势变化、管理层变动等）做出相应的战略调整。

因此，酒店企业战略营销需要适应市场营销环境的变化，同时要承担由于战略调整与环境变化不匹配所带来的风险，从而表现出适应性和风险性的特点。

3. 系统性

酒店企业战略营销要求酒店企业把营销活动提升到决策层次，从全局出发来研究市场营销问题，整个酒店以营销为中心进行组织和运营，涉及人力资源、新产品开发、生产、销售、市场、财务等部门，从而具有系统性的特点。

（二）酒店企业战略营销的意义

酒店企业战略营销的意义表现在三个方面：第一，使酒店企业的营销活动得到统筹安排；第二，降低酒店企业经营风险，提高经营的稳定性；第三，提升酒店企业的竞争力。

酒店企业的经营所牵涉的因素很多，而这些因素往往都是不能用数字去测量的。因此，酒店企业如果可以制定有效的营销战略，就可以使企业的各个部门、营销活动的各个环节有一个共同的努力方向，使企业的整体经营活动有一个良好的运营秩序，以将企业的风险降到最低限度，同时增强企业的竞争优势。

三、酒店企业战略营销的决策程序

酒店企业的战略营销决策，是酒店企业为了使自己的资源和能力同市场环境相适应，以加强自己的应变能力和竞争能力，而制定长期性、全局性、方向性的规划。

（一）确定酒店企业的任务和目标

酒店企业的存在是有特定使命或目的的，这是酒店企业制定战略营销决策时必须首先予以明确的问题。

酒店企业的任务具体表现为酒店的业务经营范围和领域，在制定时应该能够明确回答这样一些根本性的问题："我们的酒店存在的目标是什么？""我们的主要市场在哪里？""顾客的追求和需要是什么？""我们能给顾客提供什么价值？"这些听上去很简单的问题，正是酒店企业必须实时做出答复的最大难题。

酒店企业在确定它的任务和目标时，应遵循以下原则：第一，要尊重历史和现实，全面分析酒店企业各种条件及主观努力程度，确定目标是可以达到的；第二，具有可行性，酒店企业任务和目标的制定一定要在酒店能力所及的范围内；第三，目标要具有激励性，激发员工的主动性；第四，目标要明确并力求量化，突出酒店企业经营的主攻方向，尽可能地用数量表示，以便在整个管理过程中进行计划和对执行情况进行控制；第五，目标要主次分明、协调一致。

（二）酒店企业经营效果评估与分析

在明确了酒店企业的任务、目标之后，应对目前的经营效果进行评估和分析，以便有针对性地采取发展策略。在进行评估时，一般采取业务分类分析法，即确定酒店企业是由哪些业务单位组成，然后对所有战略业务单位排队分析，以做出资源配置决策。下面以波士顿咨询公司提出的业务组合评估框架为例进行阐述。

1. 波士顿咨询公司法（BCG 模型）

图 6-3 展示的是波士顿咨询公司推出的成长-份额矩阵法。

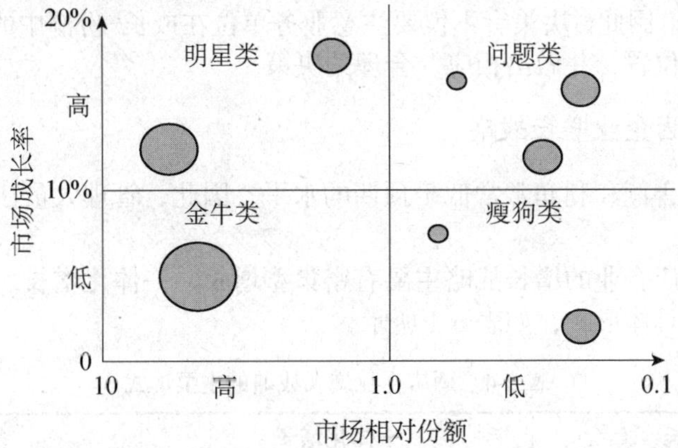

图 6-3　波士顿咨询公司的成长-份额矩阵

图 6-3 中纵坐标市场成长率代表这项业务所在市场的年销售增长率，横坐标表示市场相对份额，即战略业务单位的市场份额与该市场最大竞争者的市场份额之比，每个圆圈都代表一个战略业务单位，圆圈大小表示该战略业务单位的销售额占企业总销售额的比重，圆圈的位置代表该业务单位市场增长率和相对市场占有率情况。

由图 6-3 可知，成长-份额矩阵分成四个格，每格代表一类业务。

（1）问题类。处于此格中的酒店业务单位已经在一个逐渐增长的市场中有了立足之地，但如果不提高市场份额，就将会成为瘦狗类业务。这类业务和酒店大量的负现金流联系在一起，大多数业务都从问题类开始，是对其大量投入还是从中及时脱身，管理者必须慎重考虑，做出决策。

（2）明星类。处于此格中的酒店业务单位市场成长率和市场相对份额都较高，是高速成长市场中的领先者。这类业务单位必须投入巨资以支持其发展，是现金消耗者而非现金产生者，但同时也常常带来可观的盈利。

（3）金牛类。当市场成长率下降到 10%以下，但仍保持较大的市场份额，明星类业务就成了金牛类业务。因为从这类业务中获得的利润能被“撇脂”获取，所以被称为金牛类业务。这类业务能为酒店企业带来大量的现金收入，可用来支持其他单位的生存与发展。

（4）瘦狗类。这类业务不仅市场成长率低缓，而且市场份额也低，如果继续经营，通常要占用相当数量的管理资源，利润回报却很低甚至没有利润。所以，酒店企业对这类业务一般采取收缩或淘汰的策略。

2. 战略选择

确定了每种业务在成长-份额矩阵图上的位置之后，酒店企业接下来要做的就是为每个业务单位确定目标，并决定它需要何种支持。

针对不同的业务单位应采取不同的战略，可供选择的战略有以下几种。

（1）发展战略。目的是扩大战略业务单位的市场份额，甚至不惜放弃近期收入来达到这一目标。这一战略特别适用于问题类中有希望转为明星类的业务单位。

（2）维持战略。目的是保持战略业务单位的市场份额。这一目标适用于强大的金牛类业务，使其继续为企业提供大量现金。

（3）收获战略。目的在于增加战略业务单位短期现金收入（如不断减少成本），而不考虑长期影响。这一战略适用于处境不佳的金牛类业务，也适用于暂不具备发展条件的问题类和瘦狗类业务。

（4）放弃战略。目的在于变卖和处理某些业务单位，以便把资源转移到那些盈利的业务单位上，适用于拖酒店企业后腿的瘦狗类和问题类业务。

随着时间的推移，业务单位在成长-份额矩阵中的位置也会发生变化，成功的业务单位也有一个生命周期。因此，决策者不仅要注意业务单位在成长-份额中的现有位置，也要注意它们可能变化的位置，并做出相应、合理的决策。

（三）制订酒店企业增长战略

酒店企业的销售额和利润常常低于预期的水平，因此，管理人员往往会制订增长计划以解决这个问题。

一般而言，酒店企业的增长战略主要有密集型增长、一体化增长、多元化增长三类，每种战略又有三种具体形式，如表 6-4 所示。

表 6-4　酒店企业增长战略的主要形式

密集型增长	一体化增长	多元化增长
市场渗透	后向一体化	同心多元化

续表

密集型增长	一体化增长	多元化增长
市场开发	前向多元化	水平多元化
产品开发	水平一体化	跨行业多元化

1. 密集型增长

密集型增长（intensive growth），又称集中型发展战略或集约型成长战略，是酒店企业在现有业务领域内寻求各种未来发展机会的一种战略。

酒店企业的经营者在寻求新的发展机会时，首先应该考虑现有产品是否还能得到更多的市场份额，然后考虑是否能为其现有产品开发一些新市场，最后考虑是否能为其现有的市场发展若干有潜在利益的新产品，以及为新市场开发新产品的机会，如表 6-5 所示。

表 6-5　产品/市场扩展方格

市　场	现有产品	新　产　品
现有市场	市场渗透战略	产品开发战略
新市场	市场开发战略	多元化战略①

（1）市场渗透战略。市场渗透战略是指酒店企业在现有市场上增加现有产品的市场占有率。这要求酒店企业充分利用已取得的经营优势或竞争对手的弱点，进一步扩大产品的销售量，主要方法有三种：鼓励现有顾客重复购买；尽力争取竞争者的顾客；说服那些从未光顾过本酒店的潜在顾客购买。

（2）市场开发战略。市场开发战略是指酒店企业为现有产品寻找新市场，满足新市场对产品的需要。可以采取的形式有三种：寻找潜在顾客；进入新的细分市场，激发他们的购买欲望；开辟新的销售渠道或采取新的营销组合，扩大市场范围。

（3）产品开发战略。产品开发战略是指酒店企业向现有市场提供新产品或改进的新产品，以满足现有市场的不同层次需求。为了渗透或开发市场，酒店企业管理者应该考虑开发新产品的可能性，如利用现有技术增加新产品；在现有产品的基础上增加产品的花色品种；改变产品的外观、造型，或赋予产品新的特色；推出不同档次、不同规格、不同式样的产品等，以迎合不同顾客的需要。

2. 一体化增长

一体化增长（integrate growth），是指酒店企业利用自己在产品、技术和市场上的优势，通过与供应商或中间商联合，增加利润、提高效益、加强控制的一种战略性决策，一般包括三种形式，如图 6-4 所示。

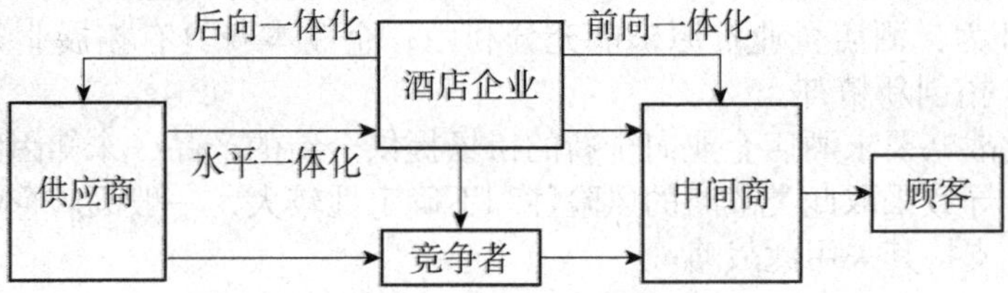

图 6-4　一体化发展模式

① 为新市场开发新产品的多元化战略不属于密集型增长战略，属于酒店企业增长战略的第三类多元化增长战略，详见本部分中的“3. 多元化增长”。

（1）后向一体化。后向一体化是指向一些与酒店企业的输入有关的活动延伸，如收买原材料供应商或者与之联合生产，以利用在供应系统中出现的市场机会，同时避免供应系统对酒店企业的管理运营形成制约。

（2）前向一体化。前向一体化是向一些与酒店企业的输出有关的活动伸展，如与旅行社、旅游代理商实行产销联合，以利用在酒店企业的销售系统中可能出现的市场机会，同时避免销售系统对酒店企业发展构成的制约。后向一体化和前向一体化又被称为纵向一体化或垂直一体化。

（3）水平一体化。水平一体化又称横向一体化，就是收购、兼并竞争企业，与其他酒店企业合资经营，与各地酒店企业联合建立集中的管理中心或预订中心等。使用这一战略可以扩大规模和实力，取长补短，达到提高酒店企业声誉、提升酒店企业竞争地位的目的。

【阅读链接 6-6】马里奥特的一体化战略

马里奥特分销系统是一个饭店供应与分销系统。它是在马里奥特的集市农庄物资供应处的业务基础上发展起来的。在分销系统建立之后，原物资供应处的业务就被关闭，新的业务重点集中在分销工作上。这个分销系统有六个分销中心，专门为马里奥特饭店集团服务。在这种核心业务的支持下，每个分销中心开始面向市场上的其他饭店做起了生意。马里奥特分销系统的开发不仅提高了整个集团的竞争力，而且大大增加了企业的效益。

3. 多元化增长

多元化增长（diversification growth），是酒店企业利用经营范围外的市场机会，新增与现有产品业务有一点联系或毫无联系的产品业务，实行跨行业的多元化经营，实现业务的增长。也就是说，多元化战略是用全新的产品占领全新的市场。

通常这是一种风险较大、需要大量资本投入的增长战略，主要有以下三种形式。

（1）同心多元化战略。同心多元化战略是酒店企业开发与现有产品在技术或销售方面有协同关系的新产品，以便吸引一些新顾客。例如，酒店在经营客房和餐饮之外，还可以开展购物、娱乐等经营活动。

（2）水平多元化战略。水平多元化战略是酒店开发与现有产品在技术和销售上没有联系的新产品，但这种新产品能满足现有顾客的其他需要，如酒店企业为顾客提供票务预订、交通工具租赁等服务。

（3）跨行业多元化。跨行业多元化即开展与现有技术、产品、市场毫无关联的新业务，建立多种经营的联合公司，如开展房地产、装饰装修等业务。

运用多元化战略的外部条件为：社会需求的发展变化，给酒店企业带来了新的发展机会；新技术革命提供了新的技术基础，为新业务的发展创造了条件；竞争局势的不断变化，要求酒店企业以变应变，不断扩展业务，以求得企业的生存和发展。运用多元化战略的内部条件为：酒店企业资源未能充分利用；企业本身具有拓展业务的实力；企业高层领导富有开拓创新精神。

但是多元化战略要求酒店企业向全新的市场提供全新的产品，未知因素较多，因而不可控因素较多，导致采取此类战略的风险性和不确定性较大，一般酒店企业的资源禀赋和经营管理能力不支持其采用此战略。

四、酒店企业营销战略的新发展

1. CS 策略

顾客满意（customer satisfaction，CS），是酒店企业一种全新的经营手段，也是酒店企业赢得客户信赖和忠诚的重要保障。

CS以“顾客中心论”为出发点和战略重点，把顾客是否满意作为衡量各项经营活动和管理活动的唯一尺度，围绕顾客进行产品开发、生产、销售、服务，通过为顾客创造价值实现酒店企业的价值。

CS把顾客分为忠诚层顾客、游离层顾客和潜在层顾客，在重点巩固忠诚层顾客（老顾客）的同时，不断吸引游离层和潜在层顾客，这样就保证了酒店企业对顾客研究的细化和服务的针对性。

2. 网络营销

网络营销（on-line marketing，E-marketing）就是以国际互联网为基础，利用数字化信息和网络媒体的交互性来辅助营销目标实现的一种新型的市场营销方式，是酒店企业整体营销战略的一个组成部分。

【阅读链接6-7】另辟蹊径做直销①

酒店与OTA（在线旅行社）的爱恨关系由来已久。OTA在为酒店带来源源不断的客源的同时，也让酒店在销售分成中丧失话语权。对此，不少酒店集团纷纷开通了直销渠道。事实上，酒店集团的直销渠道不仅是与OTA进行市场博弈的需要，更重要的是酒店自身生存的需求。

近日，铂涛旅行在广州举办了一场“蓝精灵”主题推介活动。这是继2016年借力电影《冰川时代5：星际碰撞》之后，铂涛旅行再次启动重大电影IP的跨界营销。

拥有8 000万注册会员的铂涛酒店集团于2015年年底开发推出了“铂涛旅行App”，并把它定位为一款“以酒店为承载的场景化移动互联网旅行社交电商应用”。

事实上，铂涛旅行就是铂涛官方预订平台，融合了酒店预订、周边攻略、目的地游记等功能，未来还将开发景区门票预订、接车、导游等旅行延伸服务。近两年，铂涛极力把“铂涛会”的会员数据与营销重心往铂涛旅行转移，依托会员体系建立直销平台。

但是，目前市场上各大OTA盘踞多年，覆盖极广，用户依存度非常高，酒店集团想建立自己的直销渠道，靠什么与OTA大佬竞争？铂涛旅行自2015年年底诞生以来一直在寻找一条突围之路。

另类竞合OTA

2015年年底，当铂涛推出“铂涛旅行”的时候，外界有议论——铂涛不做酒店做旅游电商了？对此，铂涛董事长、创始人郑南雁表示，目前旗下酒店的管理费用仍然是铂涛的主要收入来源，未来公司将继续走以酒店为核心的轻资产战略，同时积极拓展其他围绕客人酒店入住期间的体验消费。

开发铂涛旅行是为了对抗OTA？郑南雁表示，铂涛旅行不是要与OTA竞争，而是尝试把酒店转变为非功能性产品，增加使用频率乃至带动其他消费。在郑南雁看来，酒店将不再是出行当中的附属功能性消费，因此尝试以铂涛旅游来探索场景化旅游，推动酒店往非功能性消费转型。

据介绍，目前铂涛旅行提供的产品分三类：酒店产品、旅行产品和近景社交。其中，酒店产品涵盖铂涛和锦江旗下20多个酒店品牌、3 700多家门店；旅行产品部分，以“旅行产品+酒店”打包配套式提供解决方案，在用户预订房间时一体化推送旅行相关产品，包括门票、接车和导游等服务。除此之外，铂涛旅行未来还将提供场景化社交功能，多角色

① 郭光明. 铂涛：另辟蹊径做直销[N]. 中国旅游报，2017-06-08（A01）.

发起社交群组，群内共享攻略、优惠、团购、资讯等信息。

“我们与 OTA 最大的区别是，OTA 是卖货的中间商，以赚取佣金来获利。而铂涛旅行是一个连接消费者、酒店品牌、门店三方的平台。”铂涛旅行有关负责人表示，对于除酒店以外的旅游产品，平台将采用合作模式鼓励门店参与，由公司最终把关和上线买卖，以此培育新的业务板块和盈利模式。

放大会员权益

会员无疑是酒店开展直销最重要的客源群体。铂涛拥有引以为傲的 8 000 万注册会员，2016 年加入锦江 Wehotel 会员共享体系之后，会员覆盖数量突破 1 亿。对于铂涛旅行来讲，这就是最宝贵的资源。

一直以来，铂涛赋予会员众多超值的服务与权益。例如，铂涛会的金卡及白金卡会员可享受订单延迟保留、延迟退房、免押金、免查房等特权，金卡以上等级会员享受“不爽就免单”。同时，铂涛会也是酒店行业最早提出“积分永不过期”的会员平台，且积分可以直接当钱花。会员通过订房、参与活动等途径获取积分，并可以在积分商城兑换包括免费房在内的上千种商品，金卡、白金卡会员还可以在“周日会员日”享受半价兑换特权。

这些权益需要一个有效的承接平台。铂涛旅行首席营销官路昉硕介绍，铂涛旅行作为官方预订平台，成了会员权益最大化的突破口，铂涛旅行上线后，铂涛会的会员数据与资源将逐步迁移到铂涛旅行。为承接会员服务，2015 年铂涛旅行打出“官方渠道预订，贵了赔双倍”的会员承诺，之后又携手微信支付、支付宝推出免押金、免查房、免排队的“闪电住”“信用住”等服务，从支付方式上加速会员体验的智慧转型。

提升用户参与感

对于大多数酒店来说，如何扩大直销渠道的用户群体是一大难题。

在“蓝精灵”主题推介活动上，路昉硕详细介绍了铂涛旅行的营销模式，看起来比较新潮与另类。据介绍，作为长期的营销手段，铂涛旅行签约了一批旅游达人，让他们分享旅行的故事；同时在铂涛 App 上长期运营大转盘抽奖模块，日均用户活跃量长期保持在 300 万以上。此外，铂涛旅行还经常举办年轻人喜闻乐见的体验活动，如 2015 年推出“打工换宿”活动，2016 年结合欧洲杯在广州、北京、武汉三地发起“约你，看个球”活动，2016 年暑假还与热映电影《冰川时代 5：星际碰撞》合作开展了系列营销活动。与此同时，铂涛旅行针对会员中最具消费潜力的高校群体，在北京、上海、重庆、武汉、广州等地高校举办路演，送出电影票、房券、旅行礼包等奖品。

路昉硕表示，当前市场环境下，会员的消费行为已从需求层面上升为体验层面，而从营销层面来看，会员更偏向轻松、个性、有参与感的品牌和互动。铂涛旅行以“连接有温度的旅行”作为品牌理念，在做好平台建设和优质服务的同时，将不断加强与会员的情感沟通，提升用户的参与感。

3. 大市场营销战略

大市场营销战略是指为了成功地进入特定市场，并在那里从事业务经营，在战略上协调使用经济、心理、政治和公共关系等手段，以获得中间商、供应商、消费者、市场营销研究机构、有关政府人员、各利益集团及宣传媒介等各有关方面的合作及支持。它在 4P 的基础上加入了 2P，即权力（power）和公共关系（public relations），从而进一步扩展了营销理论。

4. 全球当地化营销战略

在市场、成本、竞争和技术等因素的影响下，一体化营销已成为跨国公司重要的营销方式。但由于受企业实际情况、消费者的个性与文化传统等方面因素的影响，跨国公司在进行全球营销时，还必须在具体的营销策略上保持自己的特色，实行“当地营销”（或适应性营销），即从各个国家和地区消费者的需求差异性出发，通过营销策略的差异化和当地化来满足目标消费者的多元化的需要。它主要体现在重新细分市场和定位，以及产品、渠道、促销、品牌的当地化等方面。

5. 体验营销

体验营销是指酒店企业通过采用让目标顾客观摩、聆听、尝试、试用等方式，使其亲身体验酒店提供的产品或服务，让顾客实际感知产品或服务的品质或性能，从而促使顾客认知、喜好并购买的一种营销方式。

对酒店企业而言，服务提供者、顾客、服务设施及场景、服务过程都是实施体验营销的关键要素。酒店服务的体验营销内容包括设计有吸引力的体验主题，提升酒店服务的体验价值，展示体验式有形物，营造互动体验氛围，重视对顾客的感官刺激等。

引入案例解析

酒店市场营销计划是对酒店企业市场营销活动方案的具体描述，即通过对目前市场发展态势以及自身地位和实力的分析，确定今后发展目标、营销战略和行动方案的过程。

酒店企业战略营销，是指酒店为适应环境、市场变化而站在战略的高度，在分析企业外部环境和内部条件的基础上，以长远的观点，从全局出发来研究市场营销问题，策划新的整体市场营销活动。战略营销要求将酒店企业营销活动提升到决策层次，整个酒店以营销为中心进行组织和运营。

主题酒店是酒店设定某一特定主题，设计特有的酒店建筑、装饰，提供个性化的产品和服务，使其紧紧围绕主题，创造特定的文化氛围，让顾客获得欢愉和与众不同的体验的酒店类型。作为主题酒店，主题是酒店经营发展的主要理念或者核心内容。

主题酒店需要在研究宏观营销环境、微观营销环境和分析自身优势、劣势的基础上，明确酒店的企业使命和任务，细分并选择目标市场，根据市场需求制定市场营销目标，然后有针对性地制订市场营销计划和战略营销与行动方案，编制营销预算。

本案例中所提出的营销战略泛指主题酒店的营销战略，而不是针对具体的主题酒店制定的营销战略。在实践中，需要具体问题具体分析，根据市场环境和自身资源，制订科学的营销计划和营销战略。

本章小结

1. 酒店企业的市场营销活动涉及多个因素，为保证营销目标的最终实现，要求酒店企业必须预见环境变化来调整企业行为，并对酒店市场营销活动有时间上、整体上的管理，而这一管理过程就是酒店市场营销管理过程。酒店市场营销管理过程主要由五个步骤组成：分析市场营销机会、研究和选择酒店目标市场、制定酒店市场营销战略、制订营销计划、实施和控制酒店市场营销计划。

2. 酒店市场营销计划是对酒店企业市场营销活动方案的具体描述，即通过对目前市场发展态势以及自身地位和实力的分析，确定今后发展目标、营销战略和行动方案的过程。根据不同的标准，酒店市场营销计划有多种不同的分类。

3. 酒店战略营销计划包含三个基本层次，即企业总体战略营销计划、业务单位战略营销计划和职能性战略营销计划。它们共同组成了战略营销计划的复杂体系，而最终的目标只有一个——在长期内实现企业的使命。酒店战略营销计划的内容包括明确企业使命、SWOT 分析、制定各业务单位（SBU）的战略、制定职能部门战略。

4. 酒店企业战略营销，是指酒店为适应环境、市场变化而站在战略的高度，在分析企业外部环境和内部条件的基础上，以长远的观点，从全局出发来研究市场营销问题，策划新的整体市场营销活动。战略营销要求将酒店企业营销活动提升到决策层次，整个酒店以营销为中心进行组织和运营。

5. 酒店企业战略营销的决策程序包括三个步骤：第一步是确定酒店企业的任务和目标；第二步是对经营效果进行评估和分析，最著名的是波士顿咨询公司推出的成长-份额矩阵法，其中有问题类、明星类、金牛类、瘦狗类四种典型的业务类型，针对不同的业务单位可采取的战略主要有发展战略、维持战略、收获战略、放弃战略；第三步是制定酒店企业增长战略，主要包括密集型增长、一体化增长和多元化增长三种形式。

问题与讨论

1. 判断以下增长战略分别属于哪种形式：

（1）酒店开展购物、娱乐等经营活动；

（2）商务酒店加强对老年市场的宣传；

（3）酒店收购旅行社，招揽游客入住；

（4）酒店企业从事房地产开发与经营。

2. 判断麦当劳采取的以下营销战略分别属于密集型增长战略中的哪种形式：

（1）继续加强对儿童市场的营销活动，增加麦当劳的游乐场数目；

（2）对全营养果子面包进行大张旗鼓的宣传，在成年人中开发出较强的客户忠诚度的几种新概念；

（3）增加在非传统设店场所开设销售网点的数目。

3. 酒店市场营销计划有哪些分类方式?

4. 以某五星级酒店为例，说明影响其战略营销计划成败的因素有哪些。

5. 以某五星级酒店为例，尝试分析其营销战略。

6. 以某经济型商务酒店为例，尝试为其做一份营销计划。

7. 以某绿色主题酒店为例，分析其 STP 是否合理，如果合理，请为其制定相应的营销战略，如果不合理，请为其重新进行 STP 规划，并制定相应的营销战略。

延伸阅读资料

6-1 经济型连锁酒店差异化营销战略

6-2 “酒店+”：颠覆传统 创新业态

6-3 共享经济为住宿业提供了巨大商机

下篇
营销组合策略

第七章　酒店产品策略

本章目标

掌握酒店产品的概念、类型和特点；理解酒店产品的整体概念及意义；掌握酒店新产品开发的原则、基本程序和技巧；熟悉酒店产品生命周期各阶段的特点及其营销策略；明确酒店服务品牌策略的重要作用和应用途径；认识酒店内部营销额的基本理论及实施方法。

引入案例

万豪高端品牌瞄准中国年轻消费者①

万豪国际集团发布的 2017 财年二季度财报数据显示：在截至 6 月 30 日的 3 个月内，万豪国际集团净利润同比增长 30%，RevPAR（每间可供出租客房收入）同比增长 2.2%，其中，亚太地区酒店的 RevPAR 同比增长 6.8%，大中华地区增幅为 8.4%。可以看出，万豪国际酒店市场在亚太地区，尤其是大中华地区保持着高增长率。

万豪国际集团相关负责人表示，收购喜达屋集团之后的整合过程进展良好。该公司计划未来在亚太地区新增超过 100 家豪华酒店，目前万豪在亚太地区共拥有 8 个奢侈酒店品牌、113 家酒店，在中国新增的酒店将占新增酒店总数的一半左右，上海和苏州等城市会是投资重点。

日前，万豪国际集团总裁兼首席执行官苏安励在接受本报记者采访时说："以前很多年轻人会节省 3～5 个月的工资来买 1 个奢侈品牌的包包，但是现在大家更愿意花这个钱去购买体验。更多年轻消费者开始去尝试入住奢华酒店。而这种消费理念的改变，促使年轻消费者的增长不仅发生在中国奢华酒店，而且在全球增长。因此，我们现在设计奢华酒店的时候更多看好的是这些年轻人群。"

瞄准这个市场后，万豪国际集团除了在中国快速布局外，还希望吸引中国年轻消费者到全球万豪国际集团旗下的奢华酒店消费。在公司看来，中国消费者入住国外酒店最看中两点：能够讲中文和有中国特色的早餐。"为此，在中国旅行者喜爱的热门旅游地的酒店我们会专门提供中文服务和中式餐点。"万豪国际集团亚太地区负责人表示，"除了通过提供一碗面、一杯中国茶、一双拖鞋……让中国客人有宾至如归的感觉外，我们还增加了很多会讲中文的员工来帮助中国客人，尤其是帮助自由行客人进行旅行规划。我们认为这种专属性服务越来越重要，万豪在全球 40 个酒店将推出的中文服务包括旅行规划、订酒店、推

① 王玮. 发力高端酒店市场，看好中国年轻消费者[N]. 中国旅游报，2017-09-07.；李茜. 高端旅游市场受青睐[N]. 上海金融报，2016-06-07（B16）.

荐景点、推荐有特色的餐馆和购物点等。”

面对新兴市场的强大购买力，同万豪一样的国际酒店集团提供什么样的产品和服务能够更好地满足年轻市场的“奢华+时尚”的需求、提升品牌价值，成为关注的焦点。

酒店市场营销的实质是向目标市场提供满足需要的产品和服务，以实现预期利润经营活动。酒店产品就是实现买卖双方交易达成的核心要素。因此，酒店产品是企业有效营销的重要前提和基础，酒店产品策略的制定与实施直接影响企业营销组合的整体功效。

第一节　酒店产品概述

一、酒店整体产品概念

（一）酒店产品

酒店产品是酒店提供的满足顾客需求的，以无形服务为核心、有形产品为辅助的利益因素的组合，是综合性的服务产品，也称为酒店服务。

酒店服务具有综合性和体验性特点。综合性表现在两个方面：一方面，它是由多种资源、设施和服务构成的组合型产品；另一方面，酒店产品是由独立的具体产品构成的综合体，如客房产品、餐饮产品以及康乐产品等。体验性反映了酒店产品非物质形态的服务形式，消费体验和感受是酒店顾客追求的核心产品利益。与一般服务概念不同，酒店服务是在客人现场参与的情况下，通过提供住宿、饮食及其设施服务，满足顾客需要从而获得经营收入的行为。酒店服务中“人”的无形因素和设备与场地等有形因素，即员工与服务传递系统都对酒店服务效果和质量有直接的影响。因此，酒店产品是体验型产品。

（二）酒店整体产品

不同的顾客群体，需要不同的产品。酒店只有充分理解了酒店产品的概念，才能设计并提供能够满足顾客需求的产品和服务。从营销学角度看，酒店产品是一个整体产品概念，应该包括多重利益，满足顾客的有形和无形利益的需求，以实现顾客价值最大化。菲利普·科特勒所阐述的关于产品整体概念的五层次模型，被广泛应用到酒店产品分析中，对了解酒店产品本质、有效制定产品策略发挥了重要的作用。

酒店整体产品概念中，五层次利益分别是核心产品、形式产品、期望产品、附加产品和潜在产品，如图 7-1 所示。其分布特点是由内层到外层依次进行，越内层越基础，具有一般性，而越外层就越能体现产品的特色和差异。

（1）核心产品层次，是顾客所需要的最基本的产品效用或利益，是产品基础层次。了解核心产品意味着了解顾客真正想要的是什么，是产品设计的开始。对于顾客来说，核心产品就是其支付一定的货币、花费一定的时间和精力获得满足其自身物质需要和精神需要的经历和体验。例如，对酒店客房服务的顾客而言，他们真正购买的核心利益是“休息和睡眠”的体验和感受。

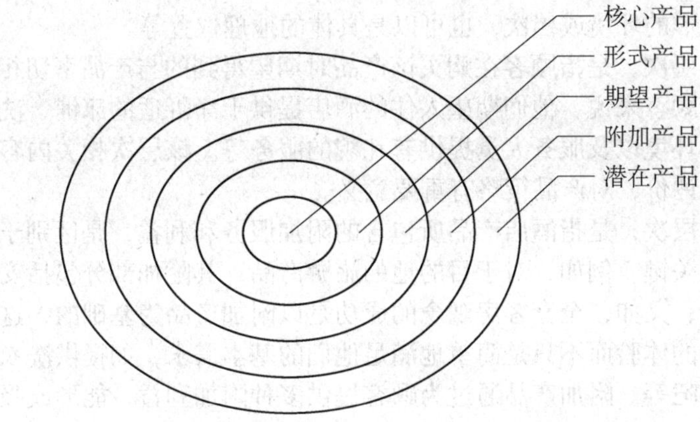

图 7-1 酒店整体产品概念

【阅读链接 7-1】“五星级酒店不换床单”意味着什么[①]

2017 年 9 月 5 日《北京青年报》报道，针对网上热传的一段独立评测机构发布的关于北京 5 家五星级酒店的卫生状况视频，北京市旅游发展委员会对这些酒店进行了测评，发现这些酒店均未彻底清洁浴缸、马桶圈，部分酒店未更换床单、枕套。

床品一客一换，本是酒店业最基本的业务规范，也是消费者应该享有的基础服务。然而一再曝光的案例表明，从经济型酒店、星级酒店直到五星级酒店，在此方面都做得极其失败。这样一种横跨全行业的职业失德行为，已经很难归因为个别从业者的操守缺失，只能从整个市场环境和营商文化中去求解。

酒店不换床单，意味着什么？对外而言，意味着酒店未能履行服务承诺，这无异于失信、违约；而从酒店内部来说，此举说明酒店自我管理的失控，诸如清洁员等具体业务岗位或许正处于不受约束、无人监督的状态……越来越多证据表明，“不换床单”很可能只是酒店业普遍乱象的冰山一角。

长时间以来，五星级酒店的业务中心已经转移到了品牌推广、营销揽客、堆砌硬件等方面，对优化服务已失去了之前的动力。在这类酒店的管理者和入住者看来，高水准的服务，简直就是不言自明的。正是在这种“默认优越”的自负感影响之下，酒店对客服保洁等基础性业务的管理强度趋于弱化，为之配置的资金、人力也变得越来越“有限”。

许多高端服务行业其实都存在类似的魔咒：在积累了足够高的企业声誉、开拓了越来越多的增值服务、越来越容易坐享品牌红利之后，反倒会变得对基础性的服务漫不经心，对标准化的业务流程不再遵守。太多卓越的企业因为“愚蠢而低级的失误”一夜之间轰然倒下，往往就是肇始于此。可以预见，“不换床单”的五星级酒店，离被市场抛弃并不远。

值得注意的是，酒店产品的核心部分是一个抽象的概念，即凡是被称为酒店的企业都提供同样的基础服务，无法体现与其他产品的差异性。因此，营销者必须借助具体的产品形式来反映顾客的核心需求，形成顾客认知，便于顾客选择。

（2）形式产品层次，是将抽象的核心利益转化为可感知、可依托的产品的有形部分，也是酒店产品的基本形式。例如，酒店的客房应配备窗、衣柜、衣橱、桌子、毛巾、浴室以及洗手间等。形式产品还包括商标、价格及宣传册等内容，也可以抽象到质量、美观。

① 然玉. “五星级酒店不换床单”意味着什么？[N]. 检察日报，2017-09-07.

形式产品可以是无形的环境或档次，也可以是具体的地理位置等。

（3）期望产品层次，是指顾客在购买该产品时期望得到的与产品密切相关的属性和条件。例如，对酒店顾客来说，他们期望入住的酒店提供干净舒适的床铺、洗漱用具、卫生设施、相对安静的环境以及服务人员提供有礼貌的服务等。该层次相关内容直接影响顾客对酒店服务质量的评价，对产品策略有重要意义。

（4）附加产品层次，是指酒店产品所包含的附加服务和利益，是区别于竞争对手、对产品进行差异化的关键。例如，对于目的地的旅游产品，其附加部分包括安全保障，旅游信息服务、便利等；又如，全套客房观念的成功是以附加产品为基础的，这种观念为客人提供的是一套生动的体验而不只是简单地满足他们的基本需求，如提供洗衣服务、客房送餐服务、客房小酒吧等。附加产品通过为顾客提供多种附加利益，能形成吸引顾客的独特差异，创造顾客忠诚。

【阅读链接 7-2】服务之花——被附加服务包围的核心产品①

美国服务营销领域著名学者克里斯托弗·洛夫洛克在《服务营销：人员、技术和策略》一书中提出“服务之花”理论，以核心服务为中心，其他八种附加服务为补充的花蕊和八个花瓣构成的图形，形象描述了服务传递过程中所涉及的所有要素，如图 7-2 所示。这些要素包括便利性附加服务（使服务更加流畅）和提高服务水平的附加服务（顾客获得的额外价值）。其中，前者包括信息、订单处理、开账单、付款等；后者包括咨询、招待服务、保管服务、例外服务等。

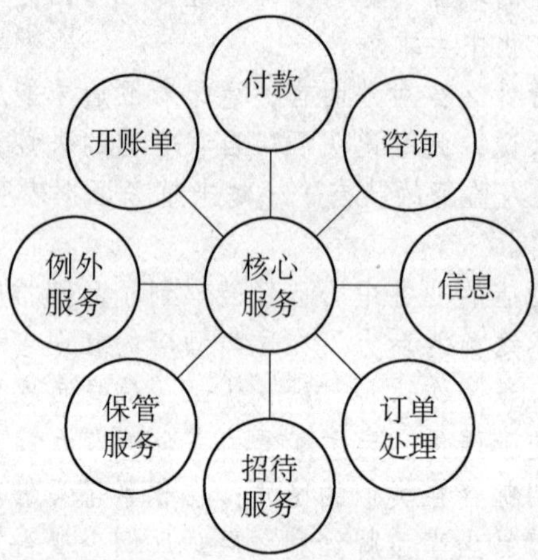

图 7-2　服务的附加利益

“服务之花”将核心服务和附加服务有效结合，即花蕊和花瓣都非常鲜艳，形状结构和谐，且相互辉映，这个服务组织就能够设计超群，良性运转，反之则不利于企业发展。

酒店产品附加值能够使顾客获得“额外”身心满足的效用。提高产品附加值可以增加产品的整体价值，有助于激发消费者产生购买欲望和购买行为，因而它是增强产品市场竞争力的一种十分有效的手段。在具体应用中应该注意：产品差异化和附加值能带来品牌效应，也增加了运营成本，要遵循经济效益原则；因差异而有特色的产品易被模仿，附加产

① 吴晓云. 服务营销管理[M]. 天津：天津大学出版社，2006.

品转化为期望产品，失去竞争优势。因此，酒店必须跟踪市场及时创新；明确目标市场定位是酒店增加附加产品价值的重要前提，因差异而带来的高价格必须与高品质体验相符合，满足特定市场需求，避免低成本企业的市场竞争。例如，提供无多余服务的低成本航空公司的出现、经济型酒店的增长都是在满足那些只需要基本产品的顾客。

（5）潜在产品层次，是指最终产品的潜在需求状态，是顾客需求可能的隐性状态、变化趋势和未来前景。潜在产品也是一个时间的概念，虽然今天还没有出现，但当它出现的时候，就可能会成为附加产品或期望产品。例如，酒店商务顾客除了“休息和睡眠”的基本需求外，可能还包括会客、身份角色以及社交方面的隐性需求，也包括对互联网及商务服务的更个性化的需求等。

【阅读链接 7-3】在消费者需求中寻找商机[①]

高端酒店品牌如何应对新的潮流，满足顾客潜在的需求及其变化趋势成为发展的关键。

如果某一天你发出了“高端的客人去哪里了”这样的疑问，那一定是你没能成功地和他们的生活方式产生关联。过去，人们只能在有限的酒店产品中进行选择，除了酒店基本服务质量，没有其他太多要求。而现在，伴随着消费者个性化和体验化需求的产生，酒店服务定制化已然成为新趋势和商业机会。

新经济背景下的消费者不再满足于坐在一个漂亮的大房间里舒舒服服地待着，他们会寻求活力释放、心灵体验以及更多的交流和互动。以餐饮来说，过去更多是封闭式的包间，有专属的服务，而现在人们也喜爱在很长很宽的吧台上享受食物，因为某种程度上你有机会和别人分享、交流你的餐饮体验。过去酒店集团的主要收入来源就是客房，而现在最先进的模式是靠餐饮和娱乐设施来获得收入增长。因此，酒店通过提供特色产品，增加产品附加值，满足顾客新的“品味”，成为提升竞争力的重要保证。

二、酒店服务质量

从狭义上看，酒店服务是向客人面对面提供劳务性服务的过程。而从广义上看，客人在酒店消费的过程，也是接受酒店提供服务的过程，这里既包括客人直接接受面对面的人工服务、有形设施设备和环境氛围的影响，以及其他间接相关岗位为完成最终消费付出的其他劳动性服务等。由此看出，顾客对酒店服务产品的消费不仅是结果消费，也是过程消费。

随着酒店产品和服务逐渐趋同，企业仅仅利用服务结果是无法区别于竞争者的，而顾客对服务过程的感知和评价却更为重要。顾客判断一家酒店比另一家酒店的产品更好的标准，主要来源于顾客在参与服务过程中所接触的员工、有形设备设施、技术乃至服务系统所产生的互动和关系感知，即服务过程感知。因此，酒店服务质量不仅取决于顾客感知的服务结果，服务过程质量也是其重要的影响因素。结果质量表明“顾客得到了什么服务（what）”，而过程质量表明“顾客是如何得到服务的（how）”。

因此，酒店服务过程的差异化和特色设计成为酒店营销策略的关键环节，包括酒店内部营销、关系营销、互动营销、体验营销、服务有形展示策略以及服务流程管理等，对形成良好的顾客感知服务质量、建立忠诚群体将发挥重要作用。

① 赵蓉. 酒店应在消费者消费需求变化中寻找商机[J]. 第一财经周刊，2013-09-10.

【阅读链接 7-4】服务过程质量的影响因素[①]

在面对面服务过程中，最容易出现服务差错，质量问题最多、最复杂，具有复杂性、随机性、脆弱性以及难于控制等特点。导致服务过程质量问题的因素主要有以下几方面。

（1）顾客参与服务过程。顾客高度参与服务过程极大地影响他们对整体服务质量的感知。从某种程度上说，在面对面服务过程中，服务质量的优劣与否，与顾客的个性特点、知识水平、对服务性企业的期望、当时的心理状态、身体状况、行为方式等高度相关。

（2）其他顾客参与服务过程。在面对面服务过程中，顾客之间的相互影响也是影响服务质量的一个不容忽视的重要因素。面对面服务过程中的顾客分为中心顾客与背景顾客。在服务过程中，背景顾客的行为方式以及他们对服务质量评价等，将对中心顾客感觉中的整体服务质量产生很大的影响，反之亦然。

（3）服务人员。服务人员是服务的"生产者"，在面对面服务过程中，由于服务人员与顾客的"接触度"高，使得来自服务人员方面的、影响服务质量的因素变得十分复杂。服务过程的质量不仅与服务人员的行业意识、行业知识、行业技术等有关，而且与服务人员当时的仪态仪表、心理状态、身体状况，甚至交际能力等都高度相关。

（4）服务性企业。顾客高度参与服务过程扩大了他们与服务性企业的接触面，尤其在面对面服务过程中，涉及的服务环节越多、顾客与企业接触的面越广，服务的失败点就越多。

（5）真实瞬间（the moments of truth）。由于顾客、企业、服务人员的相互作用或服务接触，演绎出了一系列的质量问题。实质上，在服务过程中顾客实际经历的服务质量是由一系列的真实瞬间构成的，真实瞬间影响顾客感觉中的整体服务质量。

上述影响服务过程质量的因素中，服务人员、服务性企业是企业可以控制的因素，而顾客参与服务过程、真实瞬间却是服务性企业难于控制的因素。其中，顾客是面对面服务过程中影响服务质量最活跃的因素。

质量是企业获得与竞争对手相比的差异性地位和竞争优势，是获得高额收益的来源和基础。酒店服务质量是指为客人提供的服务在适合和满足客人需要方面的水平，是顾客感知服务质量。适合和满足需要的程度越高，其质量水平也越高，反之亦然。此概念的核心有两点：一是看这种服务是否"适合"客人需要，只有适合的才谈得上质量；二是看这种服务是否"满足"客人需要，以满足程度的高低来衡量质量水平的高低。适合与否是衡量质量水平高低的前提，而满足与否是衡量质量水平高低的条件。

北美学派以帕拉瑟拉曼等学者为代表提出了著名的 SERVQUAL（service quality 的缩写，服务质量）模型（1985），即适用于一般服务情境的服务质量五个维度，分别是可靠性、响应性、保证性、移情性和有形性。可靠性是准确可靠地执行所承诺服务的能力，是顾客感知质量的重要决定因素。响应性是强调在处理顾客要求、询问、投诉和问题时的专注性和快捷性，反映服务的反应能力。保证性是企业服务赢得顾客信任和互动的能力，包括员工的专业能力、综合素质和谦恭态度等。移情性是通过个性和定制化服务获得顾客信赖和忠诚的能力。有形性是所有可以有效传递无形服务的实体物品、人员形象、物质环境以及环境氛围等。这五个维度代表了顾客评价服务质量的信息和标准。

该理论模型被酒店业广泛应用，并得到进一步完善。不同文化背景、不同需求特点的顾客对五个维度的关注程度存在差异。如休闲俱乐部的顾客认为产品的有形性包括卫生、干净和资源适度性，可靠性包括预订、设备设施和营业时间等。

① 李锐. 关于服务过程质量管理的思考[J]. 旅游学刊，2001（1）.

顾客从这五个方面将预期的服务和接受到的服务相比较，最终形成自己对服务质量的判断，期望与感知之间的差距是服务质量的量度。

【阅读链接 7-5】移情服务使客人产生的心理效能①

厦门新怡酒店通过为客人提供几样小物件的服务而体现出对客人人文关怀的服务水平。例如，通过小纸条向客人说明情况、致歉、问候，既便于沟通，又充满亲切感；为刚抵店的客人送上小布娃娃、布艺动物或小饰物等致意品，让客人一扫旅途疲惫，对酒店顿生好感；开夜床时，将饼干、巧克力等作为夜间床头致意品，也会使得客人心情愉悦，温馨入梦；为带药的客人提供小保温杯，难怪客人会说："药未吃，病已好几分"；为特殊时期女宾送上小红糖包，女宾称赞道："小小的糖，厚厚的意"；客人将笔记本电脑置于床铺的被子上面操作，时间久了会发热且发出异味，该酒店为此专门提供了小电风扇放在电脑边吹风，客人感动地说："如沐春风!"

三、酒店产品组合概述

（一）服务包

服务是顾客参与生产的体验过程，服务产品则是体验过程中所有相互作用的要素集合，如酒店产品包括舒适客房、安全卫生、环境和氛围、可口饭菜、热情服务的员工以及其他硬件辅助条件等。因此，服务产品是以要素组合的形式提供给顾客的，这个组合也被称为服务包（service package）。所谓服务包（Kellogg，1995），就是在特定环境下企业提供的一系列有形产品和无形服务的体验组合。服务包中一般包括五个要素，分别是支持性设施、辅助物品、信息、显性和隐性服务。

酒店产品由多种服务要素组成，包括客房、餐饮、娱乐、商务、会议及其他服务，每项服务及其组合都涉及服务包的五个要素，各有侧重。酒店产品服务包的主要表现是：酒店建筑及硬件环境是支持性设施；客房内一次性用品、毛巾、电水壶等是辅助物品；顾客基本情况、服务导引指示等是信息要素；餐食质量、服务人员态度和形象、卫生安全情况以及温湿度等可感知的服务内容是显性服务；酒店个性化服务及顾客愉悦经历是隐性服务。

（二）酒店产品组合

一般情况下，根据服务包要素理念，酒店顾客购买的并不都是全部服务，也不是各个分类服务，而是分类服务的组合。随着市场需求的个性化和多样化，酒店产品已不再是单一住宿和餐饮，酒店为满足不同需求的顾客群体，应该整合现有服务资源，提供特色的、个性化和差异化的产品组合，通过物有所值甚至是物超所值的感觉形成竞争优势。

酒店产品组合是酒店提供给顾客的各种不同功能产品和服务的搭配。参与功能搭配包括有形产品，如不同类型的客房、餐饮类型、康体娱乐项目，也包括酒店文化、特色体验等无形服务。例如，酒店餐饮服务在产品组合中因不同需求而得到适当的搭配，针对住店客人只提供常规餐食服务，而针对宴会客人则采取特殊程序服务等。

酒店产品组合开发是一个动态的过程，在目标市场调研的基础上，确定顾客利益诉求，界定组合概念和特性，结合企业资源进行组合要素设计，保证组合的可获得性、交互性和

① 陈文生. 酒店优质产品的要素[N]. 中国旅游报，2013-03-20.

参与性，最终形成满足特定市场需求的产品组合，实现预期目标。

一般来说，酒店产品组合的衡量标准包括广度、长度、深度和相关度。广度是指酒店能提供多少项分类服务，如餐厅、客房、商务中心、康体娱乐、旅游服务等；长度是指每一类的产品可以提供多少种不同的服务项目，如客房可以分成标准间、豪华间、单人间、三人间以及套房等，餐厅可以分为中餐厅、西餐厅、日式餐厅、韩式餐厅等；深度是指每一项服务中又能提供多少品种，如酒店套房又可以分为总统套房、豪华套房和一般商务套房等，酒店中餐厅能提供多少种不同菜系口味的菜肴、多少种酒水饮料；相关度是指企业各产品线在使用功能、生产条件、销售渠道或其他方面的关联程度，相关度越强，企业优势资源越可以得到充分利用，越能更有效地提高企业专业能力及市场声誉。对于酒店来说，有些产品线（如客房和餐饮）在生产条件上不存在相关性，但却通过相同的渠道进行分销。因此，就产品的最终使用和分销渠道而言，其产品组合的相关性则较强。

可以看出，组合广度、长度和深度涉及内容越多，产品组合种类就越细、越多，当然成本就越高，可能会影响酒店的经济利益。因此，酒店组合策略必须以市场需求和经济效益并重为出发点，结合企业目标、资源状况进行科学的组合决策。

第二节　酒店产品设计与开发

酒店业的快速发展需要企业持续的营销创新，酒店新产品的设计与开发是营销创新的基础。如何界定酒店新产品，运用服务产品设计原理和开发原则，将成为酒店赢取消费者、增强企业竞争力的重要保证。

一、酒店服务设计

服务本身的复杂性和动态性对服务产品系统设计方法提出了很高的要求。服务设计是 20 世纪 90 年代逐步兴起，是以顾客需求为出发点，通过运用创造性的、人本的、客户参与的方法，确定服务提供内容和方式的过程。服务设计方法在服务产品开发和营销中发挥了重要的作用。

由于酒店服务是顾客参与体验的过程，因此酒店产品的开发与创新工作的核心环节就是酒店服务设计。酒店服务设计以顾客体验需求为导向，针对服务传递过程中的产品、过程、服务人员、顾客及其互动相关支撑技术和环境等因素进行分析和设计的过程，主要内容包括服务包设计、服务流程整体设计、服务环境及设施布局设计、服务接触与服务行为设计等。

其中，服务包设计主要表现为酒店产品组合的市场效果；服务流程是服务组织向顾客提供服务的操作程序和完成该过程的所需要素的组合方式，服务蓝图是酒店行业广泛使用的设计方法；服务环境是服务者提供服务和顾客进行服务体验的物质环境，既是生产场地也是消费场所，设施布局和引导标识是服务环境的核心环节，有形展示是服务环境设计的重要手段；服务接触是在服务体验过程中，顾客与服务提供者进行接触而发生的相互影响和相互作用；服务行为是在服务提供过程中服务者发生的行为。服务接触与服务行为设计主要表现在酒店内部营销、关系营销和体验营销的具体实施中。

酒店服务设计包括了从概念挖掘到服务实施细节整个设计过程中的探索、创新和评价性的各项活动，其中基于顾客需求分析的探索性研究是酒店发现市场机会进行服务创新的关键环节。科学的酒店服务设计具有可用性、满意性、高效性和有效性的特点，为酒店提供特色产品、树立品牌形象奠定重要基础。

【阅读链接 7-6】"高颜值"的酒店设计①

纵观华尔道夫、瑰丽、安缦等被业界交口称赞的酒店设计作品，会发现恰到好处的"特立独行"、避免浮夸的"唯美奢华"、独具魅力的"文化传递"、精心设计的实用细节是它们"身上"都具备的特质。

在酒店设计中通常涉及三个具有关键性的人物：业主、设计师、使用者。一个好的酒店设计作品一定是设计师在和业主进行有效沟通后，理解业主投资打造该酒店的意图，设计出的让使用者心情愉悦、感到舒适，愿意在此驻足并产生一种情感共鸣的作品。

对于业主来说，他们是决策者，所做的决定往往对作品的好坏产生直接的影响。因此，业主在确定总体设计方案之前，必须先完成市场调研，明确酒店的定位、规模、档次、品牌理念、企业文化，甚至是酒店客户群体的年龄、文化，以及个性化需求等。

作为设计师，真正的发力点首先在于创新，往往那些针对周围环境来制订的富有挑战性的新设计方案，被称为佳作。这就需要设计师在原有的酒店设计模型上根据该酒店的特性进行创新。酒店设计不仅要有设计师别具一格的创意，也要有统一的形象风格，需要做到内容与形式的统一、整体与局部的统一、文化与艺术的统一、继承与创新的统一。设计中除了要融合时尚元素，更要凸显文化内涵，包括品牌文化和在地文化。酒店的所有设计都要对使用者负责，保证其安全性、实用性和舒适度永远要放在首位。

酒店对于客人来说，不再是一张床，而是一个社交的空间，或改变生活方式的场所。这就需要设计师多花心思去打造与酒店目标客群趣味相投并富有亲和力的空间，唯有这样的设计才可以与使用者产生情感的共鸣。

二、酒店新产品开发

相对于一般产品，酒店服务无形性的特点使其缺乏专利保护，很容易被竞争对手效仿，由此导致酒店产品很难保持其独特性，产品生命周期明显缩短；同时，伴随激烈的市场竞争、变化多端的市场需求、快速进步的科学技术、分散风险和利润的驱动等，酒店必须始终保持对环境变化的敏感度，持续不断地进行产品和服务创新，在酒店服务设计上以"新"取胜。因此，酒店产品创新是市场竞争的必然结果，也是企业生存与持续发展的重要保证。

（一）酒店新产品的认识

新产品是一个相对的概念，不单指新问世的产品，还包括那些在原有产品基础上不断改进、创新、发展而来的产品，只要能满足顾客"新"的需求，给企业带来"新"的卖点。酒店新产品是根据产品和服务在功能上或形态上与现有产品和服务相比而具有的新颖程度，即产品整体概念中任何一部分的改变和创新，能够给市场带来新的利益，都称其为新产品。酒店新产品涉及服务设计中相关要素的创新与开发，包括服务包本身及服务流程的创新设计。

酒店新产品开发有以下四种模式。

（1）全新产品开发模式（或称创新型产品开发）。这种新产品是首创型产品，指为满足顾客新的需求而创新的产品和服务，无论对酒店还是顾客而言都是新产品。全新产品通常给企业经营格局带来重大影响。如汽车旅馆（motel）在美国诞生时就是一种全新产品，因

① 王玮. 如何打磨出"高颜值"的酒店设计? [N]. 中国旅游报，2018-02-08

为它的服务对象、服务设施以及经营方法都与原有酒店商业模式截然不同。这种产品在创意策划上难度较大，同时受到酒店技术水平、资金等诸多因素的制约，研制周期较长，有较高的开发成本和风险，只占新产品的10%左右。

（2）改进型新产品开发模式。这是指企业利用现有资源和技术条件对现有产品和服务进行局部改进和完善，提升产品功能和市场适应能力方面进行的新产品开发形式。改进型新产品开发模式包括新产品线、现有产品增补品以及现有产品的重新定位。例如，酒店利用新技术开发升级换代产品，打造智慧酒店、主题酒店等；面对不同市场需求的新型服务套餐组合；酒店硬件局部改革的大堂布局调整、接待设施增加、餐厅菜食改良；服务流程调整、服务延时、宠物看护服务、儿童免费加床服务等服务形式创新；酒店升级、升星改造等。改进型新产品开发模式在酒店创新中使用广泛，投入成本相对较低，风险较小，能够有效增加市场吸引力，挖掘市场潜量，是酒店保持和拓展市场份额的重要手段。

（3）仿制型新产品开发模式。仿制型新产品是指企业还没有但市场上已经存在，而企业加以模仿或稍作改变的产品。仿制型新产品占新产品的20%左右。酒店在不违反商业规则的前提下，以首创产品为示范，通过观摩、学习、借鉴和引进等方法而推出的产品，企业可以快速增加销售收入，提高企业竞争力。例如，改革开放初期，中国新建酒店委派管理人员去新加坡等国家学习先进的管理思想及方法，为快速发展中国本土酒店市场奠定了重要基础。

（4）兼并型产品开发模式。除了设立研发部进行产品开发外，还有一种渠道来开发获取新产品，即通过收购、兼并整家公司、专利或生产他人产品的许可证。随着新产品开发成本的不断攀升，许多公司都宁愿购并现有品牌，也不去开发新的品牌。例如，如家兼并七斗星、莫泰168和北京都市阳光酒店公司，开发新的市场类型，扩大经济型市场份额。这种产品开发模式可以减少经营风险，为企业加快市场扩张创造了条件。

（二）酒店新产品开发的原则

大部分企业新产品开发成本高，风险大。为避免产品开发的盲目性和随意性，酒店产品创新必须遵循科学的开发原则，以市场导向和经济效益为基本原则，才能保证新产品开发的成功率，有效提高酒店效益。

1. 市场导向

市场导向原则是指酒店坚持以顾客需要为出发点，根据市场需求的变化，有针对性地进行产品的开发与设计。例如，布丁酒店针对青年人市场开发“快时尚”产品。产品开发设计人员需要分析不同的目标市场需求，“对症下药”，才能使旅游企业占据有利的客源市场地位。

【阅读链接7-7】创新，让酒店不只是酒店[①]

家庭旅馆、共享房屋以及民宿的兴起对酒店行业产生了巨大冲击。一家好的酒店可能不仅要满足宾客的住宿需求，更要满足其心理需求，特别是要有社交属性，这样能把酒店变成不那么像传统酒店的酒店。“互联网+大数据”的风行，给行业带来一个新的思考，酒店不再只是消费场所，更应是一个社交平台。

① 裴秋菊. 创新，让酒店不只是酒店[N]. 中国文化报，2018-01-13.

● 做透社交属性，酒店不再像“酒店”

“没有床的酒店”并不代表一定没有床，只是在房间的社交空间和生活空间进行设计，打造的是一种动态的社交空间，通过这种理念引爆酒店流量。因此，创新不应只是产品、服务的创新，更是商业模式的创新、思维的创新。只有拥有社交属性的产品才会赢得客户，要在这样的思维模式中去深入思考酒店的盈利模式和创新点、利益增长点，更应在平台的基础上、在跨界思维的基础上去思考“粉丝”和社交问题。

● 挖掘当地文化特色，增加酒店文化“附加值”

湘桂边陲的桂林市龙胜各族自治县，旅游资源丰富，有“天下一绝”的国家一级景点龙脊梯田景观等。每年农历六月初六，这里的晒衣节、竹窗溪语的禅意活动都会吸引不少游客前来，促使当地的文化酒店入住率大幅提升，增加了酒店的附加值。

● 行业无边界，创意是文化酒店的核心

要做好文化酒店，不应该局限于这个行业，要做到跳出酒店做酒店、想酒店、看酒店。随着跨界合作的常态化，行业无边界的思维格局将影响酒店新的收益点。部分酒店应用VRS（虚拟参考站）技术，设计不用戴3D眼镜就可以观看虚拟实景的客房，如怀旧场景、大海场景。这种房间的设计颠覆了传统的模式和思维。这种创新思维，包括这种社交画面，未来会受到“80后”“90后”客户的青睐。

2. 特色差异

差异化和特色是新产品创新的核心。产品应具有鲜明的特色，具有“新”和“奇”的特点，因为鲜明的特色和个性往往能减弱与其他产品的雷同与冲突，能使顾客产生深刻的印象且难以忘怀，因而具有更强的吸引力。例如，根据客流量，前台接待人员可以采取主动服务方式，走出接待台，引领客人到电梯间；客房里的赠送水果可以是当地的特色时令水果辅以大众水果；餐厅里提供的餐食不再是高血糖、高蛋白的食物，而是绿色、低糖的健康食品；商场除了提供客人必需品外，还应尽可能地提供当地特产和当地工艺品等。

3. 参与互动

酒店新产品开发除了对产品核心利益的设计，还包括服务过程中服务接触和互动环境的设计与开发，满足顾客经历和体验的需求。如按照顾客需求提供宴会服务，邀请客人参与宴会食谱、请柬、仪式及其他相关事宜的计划与安排。

4. 可行性

酒店在设计产品时应考虑产品的经济可行性，一方面新产品必须能够带来效益，另一方面产品的价格不能超过目标市场的经济承受能力，同时还要考虑这些产品在设计布局上的合理性，如顾客办理入住手续的服务流程创新设计。

以上是新产品开发中可遵循的总体性原则，具体经营中还会受到来自内外环境更为复杂的因素的影响而无法达到预期效果，甚至会导致失败。导致失败的主要原因包括：对潜在市场容量的错误估计；实际产品的设计不如预期那样好；产品开发成本过高；对市场竞争的激烈程度预计不足；缺乏有效的营销管理；等等。

新产品开发涉及许多技术性和实践性问题，产品开发的成功不仅取决于这些问题的解决，也依赖于企业目标、资源、市场机会和产品研制计划之间的有机配合和协调。

（三）酒店新产品开发的过程

与其他行业一样，酒店新产品开发的过程主要包括创意形成、创意筛选、产品概念形成与测试、初拟营销战略、商业分析、产品设计与开发、试销及正式上市八个步骤，如图7-3所示。对于一些投入不多、预期消极效应不大的小型产品，一旦创意形成，就可以着手开发，如中餐菜肴、一些小型旅游项目等。但是，对于一些重要的或巨额的产品开发项目，就需要认真做好产品开发计划，采取科学的开发程序，以确保产品投入市场之后获得成功。

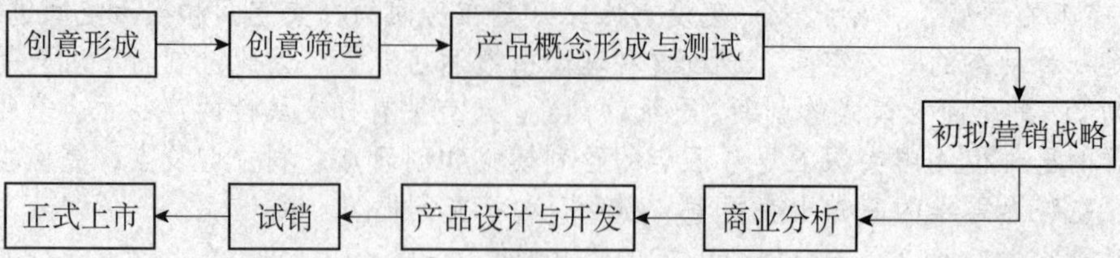

图 7-3　新产品开发的主要步骤

1. 创意形成——发现顾客需求

新产品都是从构思和创意开始的。酒店对顾客需求进行分析和评估，取得新产品创意。这些创意来源于企业内部、顾客、竞争对手以及中间商等。酒店应该保持信息渠道畅通，广泛收集新的构思和点子，为新产品开发做准备。

（1）酒店内部信息来源：大部分创意来自企业内部一线员工和营销人员，他们每天都与顾客接触，能够从顾客那里得到关于对产品的反馈和需求的信息，为解决实际问题而产生好的创意。

（2）顾客信息来源：对顾客的观察与询问也是企业创意的来源之一。酒店通过消费者调查和客户关系系统，可以发掘他们的需要；通过分析顾客的问题和投诉，可以发现能更好地解决顾客问题的新产品。

（3）竞争对手信息来源：掌握竞争对手的动态，分析其产品的成功和失败之处，往往可以发现新的创意。

（4）中间商信息来源：中间商的市场关系更为紧密，了解顾客需求更为直接，酒店可以充分利用中间商信息渠道获得市场的第一手资料，为创意提供支持。

（5）其他来源：包括行业杂志、展览和研讨会、政府机构、新产品咨询机构、广告代理机构、营销调研机构、大学和商业性实验室以及发明人等。

2. 创意筛选——评估顾客需求

本阶段的主要工作是对前期信息及构思进行分析、评估和筛选，去粗取精，综合整理，尽可能快地抓住好的创意和摒弃无用的想法，以便将目标集中在有开发前途的产品上。集中考察的问题主要是新产品的创意是否和企业总体任务目标一致，企业的内部条件和管理水平是否适合新产品的开发，是否有进行过类似产品的营销经验，销售渠道是否畅通，市场规模与潜量、市场增长状况和竞争程度如何等。

筛选工作一般由营销人员、高层管理人员及专家进行，通常利用产品构思评价表，就产品构思在销售前景、竞争能力、开发能力、资源保证、生产能力、对现有产品的冲击等方面进行加权计算，评定出构思的优劣，选出最佳的产品构思。

3. 产品概念形成与测试

产品概念化是将抽象的构思转化为具体产品的过程，是新产品开发的关键阶段。产品构思并不是一种具体产品，只是经营者希望提供给市场的一种可能的产品设想；产品概念则是把创意具体化，并用某种消费者所能理解的术语（文字、图像、模型等）加以表述，目的是在消费者心目中形成一种潜在的产品形象。

一个产品构思可以转化为若干个产品概念，企业需要了解自身营销能力、生产能力、研发能力与员工素质等内部因素，也要考虑顾客的购买意图，以便确定对目标市场吸引力最大的产品概念，也就是测试消费者的反应，并把该产品的特征与竞争对手的产品做比较，了解它在消费者心目中的位置，确定这种产品概念能否最终被市场接受。

4. 初拟营销战略

通过产品概念测试后，酒店需要进行方案可行性分析。酒店从技术、营销、经济、社会、资金、资源和法律等方面进行综合分析，设计初步的营销战略。营销战略计划包括三个部分：第一部分描述目标市场的产品定位和销售量、市场份额以及开头几年的利润目标；第二部分描述产品的计划价格、分配策略和第一年的营销预算；第三部分描述长期的销售额和利润目标以及不同时间的销售战略组合。

5. 商业分析

通常所说的商业分析，就是要预测一种产品概念的销售量、成本、利润额及收益率，预测该产品推广时所需要的人力和额外的物质资源，预测开发和投入新产品的资金风险和机会成本，预测顾客对这种创新的看法及竞争对手的可能反应，预测环境及竞争形势的变化对产品发展潜力的影响，还必须做出关于营销战略的初步决策，如目标市场定位、营销目标、主要的促销决策等。

6. 产品设计与开发

酒店新产品的设计与开发按照新产品开发方案进行资金筹集、服务设计、硬件配套安装、员工配备以及组织管理体系设置等工作。在这个过程中，酒店应该注重服务过程体验性和互动性要素的开发，需要避免由于重视实体要素、忽略服务产品本身的利益而导致产品内容的空洞。

7. 试销

试销是新产品小规模投入市场的试验阶段，其主要目的是了解顾客及其他利益群体的反应，发现可能的缺陷和潜在问题，从而降低新产品失败的风险。酒店产品在试销阶段可能遇到的困难是，由于服务产品的不可感知性特征和质量控制困难，如果说可供测试的也仅仅是实体要素部分，并不是服务产品的全部，而消费者只有对完整产品有了“体验”之后才能够做出判断。况且，不同的个体对同一服务产品的感知结果可能完全不同，这也影响了新产品的试销结果的准确性。所以，只有实际的市场销售，才是检验服务产品优劣的一个最为可靠的方法。

8. 正式上市

通过试销后，酒店新产品向市场全面推开。酒店新产品上市合适的时机、地点和方式的把握直接影响新产品能否快速打开市场，实现预期的经营目标。

（四）酒店新产品开发的趋势

酒店产品创新是基于顾客感知价值的产品设计和开发，是实现营销战略的重要环节。良好的酒店服务设计可以充分地挖掘企业资源的潜能和价值，给酒店带来不断增长的预期效益。随着互联网的快速发展，酒店新产品开发技术也赋予了新的元素，呈现出新的发展趋势。

（1）升级换代速度加快，产品生命周期逐渐缩短。旅游市场需求出现个性化和多样化趋势，酒店产品功能也从住宿和餐饮延伸为商务、娱乐、健身、文化和旅游等综合性极强的一站式服务产品。酒店新的业态不断涌现，从酒店服务对象、服务内容和流程到经营模式都有创新趋势，迎合了新的市场需求。

（2）科技含量增高，具有高附加值和多种功能。在新产品开发中，越来越多的酒店利用新的科技手段，以更好地满足游客对旅游服务质量和服务快捷性的需求，如客房结账系统，可使宾客在客房内直接按电视上的菜单提示快速结账，避免前台拥挤给宾客带来的不便等。

（3）特色化和个性化。随着市场竞争日趋激烈，酒店必须采取差异化竞争手段进行产品和服务的创新，特别是对服务传递过程中软性文化和人文元素的设计和创新，致力于产品的特色化和个性化，注重产品深层次内容的挖掘，强化产品主题，打造精品，以满足游客的个性化需求和体验互动的需求，增强自身竞争力。

（4）更加注重保护生态环境。回归自然、向往绿色的生态旅游业已成为当今世界旅游发展的主流趋势，旅游设施及服务产品对环保、对绿色的要求也越来越高，如环保材料、生态厕所、生态能源、绿色饮食、绿色酒店、绿色消费等。

【阅读链接 7-8】酒店新产品、新业态、新物种不断出现①

在顾客需求变化与新兴技术的双重推动下，大住宿业的新需求、新物种在 2017 年仍然不断出现。

亚朵酒店与网易严选打造的网易严选亚朵酒店、与腾讯合作打造的亚朵 QQ 超级会员酒店等，都是探讨“酒店+IP”的新模式，亚朵酒店在《哈佛商业评论》（中文版）举办的“新物种”大会上榜上有名，这是酒店业中少有的能出现在该榜单及该大会上的“新物种”。后续出现的 MUJI（无印良品）酒店、宜家酒店等则反映出非酒店行业的企业也希望通过“+酒店”的新业态形式闯入这个行业。

又如“中端酒店+点播影院”结合而成的“电影酒店”业态，则希望通过用电影 IP 与酒店的跨界融合方式，用差异化的增值服务和有效的会员运营来突出特色。而通过共享经济理念和新兴技术推出的“X-bed”则显得更加前卫和超前，是大住宿业中的“新新物种”。其他诸如度假民宿、精品民宿、露营地、养老养生酒店、生活方式酒店、目的地酒店等新兴类型正在不断涌现。

然而，“创新难，创新后坚持活下来更难”！创新的确是酒店业实现大发展的“新动能”，然而酒店（集团）在创新中能够形成可复制、可盈利的模式，在创新中坚持活下来，并且活得更好、更久，这是看待酒店创新的另一个重要的维度。

第三节　酒店产品生命周期及营销策略

任何产品都和生物有机体一样，经历了一个从诞生、成长、成熟到衰亡的过程。随着酒店市场竞争的加剧，成功上市的新产品面对更加复杂的市场环境，如何根据产品所处不同周期阶段采用相应营销策略，包括特色和差异化设计、提高产品和服务质量、降低产品成本等，以此延长产品生命周期，成为酒店生存和发展的关键问题。

一、酒店产品生命周期

产品生命周期（product life circle）是市场营销学中的一个重要概念，它是指一种产品从投入市场到被淘汰退出市场的过程。产品生命周期不是自然使用寿命，而是产品的市场生命周期，是指该产品满足市场需求的状态所经历的时间。

20 世纪 80 年代初，该理论被引入旅游研究领域，从而形成了旅游产品生命周期理论。

① 李彬，杨露鹭. 2017 年中国酒店业：矛盾中前行，无问西东[EB/OL]. 环球旅讯，2018（2018-03-29）. https://www.traveldaily.cn/article/121054.

酒店产品生命周期就是酒店产品在市场上持续时间的长短以及这期间所呈现的销售特征。

典型的产品生命周期变化情况是通过销售收入和利润两个要素之间的关系来表述的。从理论上来看，酒店产品的生命周期可分为四个阶段，即导入期、成长期、成熟期和衰退期，如图 7-4 所示。

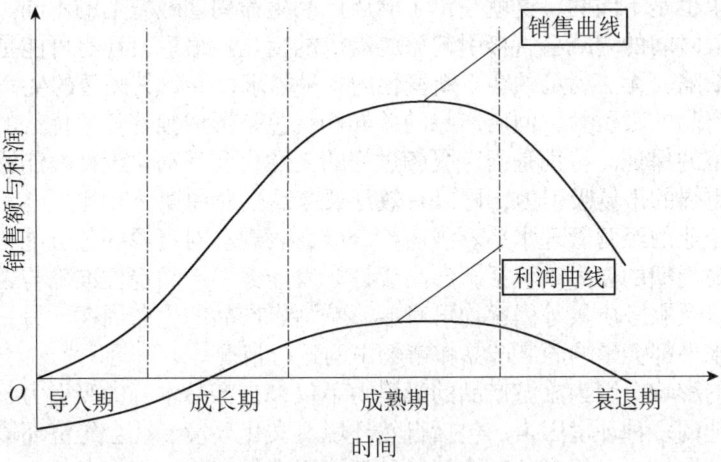

图 7-4　产品生命周期

图 7-4 中所示产品生命周期曲线是一条经验性曲线，各阶段产品销售状况具有不同的特点。导入期，市场知名度较低，销售额和利润增长较慢，利润多为负数。随着市场逐步打开，客源快速增加，销售额和利润迅速增长，同时竞争加剧，从而进入成长阶段。成熟期阶段，游客增长速度趋于平稳，利润增长处于停滞。在衰退阶段，产品逐渐被新产品所取代，销售额和利润快速下降。

并不是所有产品都符合典型的“S”形周期曲线特点，有些垄断性产品直接进入成长期，投入市场就获利；有些时尚型产品没有成熟期，大起大落的市场态势使其快速获利，快速退市；还有行业市场中处于领先地位的品牌产品进入成熟期后，一直保持平稳的市场份额，通过产品创新等营销活动进入二次成长阶段。

值得注意的是，酒店应该正确看待产品生命周期概念，它包含产品需求生命周期、产品需求-技术生命周期、产品生命周期和产品品牌生命周期等四层含义。其中，产品的需求生命周期最长，顾客某种特定的需求希望能够得到满足，酒店必须关注需求的变化规律和需求生命周期，利用先进技术和资源设计开发相应产品来满足这些需求，才能使企业持续发展。例如，自古以来，人们就有出行的需要，住宿需求使客栈、旅馆、商业饭店、豪华饭店以及经济型酒店、汽车旅馆、主题酒店和精品酒店等各种形式的住宿业得到快速发展，这些酒店业态中有很多都处在成长期或刚刚进入成熟期。产品品牌生命周期最短，随着产品更新换代的加快，酒店品牌需要动态管理和价值提升，以保证生命周期的最佳持续。

二、影响酒店产品生命周期的因素

对于酒店来说，识别出产品目前所处生命周期阶段，并分析影响产品的生命周期的各种因素，制定有效的营销战略是十分必要的。酒店产品生命周期的长短不仅受产品本身吸引力大小的影响，还受到竞争、经济状况、时间、季节、质量、价格、服务项目等因素的影响，主要可归结为以下几点。

（1）消费者需求的变化。首先，酒店顾客所追求的核心利益是“体验和感受”，因此顾客的购买行为受心理因素的影响很大。顾客观念的变化、兴趣爱好的转移、收入水平的高低、目的地旅游吸引物和环境污染状况、相关群体口碑等因素的改变或时代潮流的变化直接影响购买意愿和行为，企业就可能面临被市场淘汰的风险。其次，不同文化背景和生活方式的顾客需求也是不同的，这就决定了酒店产品生命周期地域上的不同。再次，顾客收入的变化和闲暇时间的增减会直接引起旅游需求的变化。最后，还有可能是新产品在开发和设计上存在缺陷，无法满足顾客不断变化的各种需求，导致其短暂的生命周期。

（2）酒店产品的吸引力。酒店产品的差异和特色是形成独特竞争优势的关键，也是提供最大顾客价值的保证。特别是酒店服务过程的人性化和互动化设计，能够更好地满足顾客需求，具有更强的市场吸引力，可以有效延长产品生命周期。

（3）酒店企业的经营管理水平。酒店综合能力表现在对资源的整合能力。一方面，酒店管理产品生命周期的能力，包括新产品设计开发能力、产品定位准确与否，产品组合配置、促销效果以及服务质量等因素均可直接影响酒店产品的生命周期。另一方面，酒店硬件条件和服务水平都会影响酒店产品在市场中的运行情况。

（4）环境的影响。因为旅游产品的吸引力不仅来自产品本身的吸引力，而在更大程度上依赖于目的地的多种环境因素，包括自然环境、文化环境、社会经济环境、政策法律环境、科学技术环境、企业的竞争环境等各种环境因素的变化，都将会从不同层面影响产品生命周期的变化。

营销管理人员应该注意分析影响旅游产品生命周期变化的因素，并努力延长产品的生命周期，尤其是成熟阶段，以便获得预期利润和稳定发展。对于一些经济效益不佳的酒店产品，不能机械地认为是产品老化所致而盲目地进行淘汰，而应对客源市场进行深入的分析，了解消费者有哪些需要、产品的吸引力如何、市场定位是否准确、产品推销是否到位等，从而制定出正确的经营战略来延长产品的生命周期。

产品生命周期理论也有局限性。该理论是对经营结果的总结的分析，很难作为事先预测的依据，在实践中准确地判断和预测产品的生命周期走向和趋势是很困难的。因此，管理者监控各种因素变化的能力、管理的直觉和判断力是非常重要的。

三、酒店产品生命周期各阶段的营销策略

为延长产品的生命周期，获得最大收益，酒店必须根据不同时期的特点采取相应的营销策略，并做动态调整。产品生命周期的每个阶段都需要不同的战略和战术。

1. 导入期

这一阶段新产品刚投放市场，消费者对新产品认知度较低，对价格较为敏感，市场表现为销售量少且销售成本高，企业往往无利可图或微利，具体特点如表 7-1 所示。

表 7-1　导入期产品的市场特点

销　售　额	成本与结构	利　　润	市场规模和结构	竞争者状况
很低，后期稍高	成本总水平较低，但固定成本水平很高，固定成本占总成本很大份额，单位成本很高	没有利润，或在导入期的后期有少许利润	人数很少，且多为刚性需求的消费者，其示范作用大	没有竞争者或很少，接近垄断

针对以上情况，导入期的营销目标包括培育产品认知、引导产品试用和在市场上进行产品定位。酒店营销组合策略的重点是“促销-价格”的组合策略的应用，如图 7-5 所示。

促销水平

价格水平	高	低
高	快速撇脂策略	缓慢撇脂策略
低	快速渗透策略	缓慢渗透策略

图 7-5　导入期“促销-价格”组合策略

（1）快速撇脂策略，是双高策略。应用条件：营销对象是那些对新产品陌生，但敢于接受新鲜事物、价格敏感度较低的创新消费者；酒店产品具有明显的差异特色和垄断性。酒店采取高促销投入和高价格策略，快速占领市场获得高额利润。特别要注意的是，酒店应该通过提高顾客感知质量来加深第一印象，增强顾客对产品的正面感知，以先期创新消费者的口碑和影响力带动市场规模的进一步扩大，进入快速成长的周期阶段，如某酒店集团进驻新的地区市场。

（2）缓慢撇脂策略，是低促销、高价格策略。针对那些对产品较为了解且价格敏感度较低的消费群体，且品牌知名度较高的酒店或产品而采取的营销方法。例如，知名酒店进行升级改造后重新面市。

（3）快速渗透策略，是高促销、低价格策略。应用条件：针对那些对产品陌生且价格敏感型顾客，而且企业具有明显的成本优势和综合实力。酒店采用该策略进入市场的主要目的是快速渗透竞争对手市场，赢得竞争优势，如酒店集团竞争导向的市场进入策略。

（4）缓慢渗透策略，是双低策略。应用条件：针对那些对产品陌生且价格敏感型顾客，是较适用于实力有限的中小型酒店新产品的市场进入策略。

2. 成长期

如果新产品满足市场的需求，它就会进入成长期，销售额会迅速攀升，单位成本大幅下降，利润迅速上升。受利润的吸引，竞争者开始进入市场，市场竞争加剧。该阶段产品的市场特点如表 7-2 所示。

表 7-2　成长期产品的市场特点

销　售　额	成本与结构	利　　润	市场规模和结构	竞争者状况
进入快速增长阶段，总体水平依然不高	总成本水平开始增加，其原因是变动成本增加，变动成本占总成本的比重持续增加，单位成本呈下降趋势	少许利润，但呈现快速增长趋势	人数增加，大众消费者增加，对价格开始变得敏感	竞争者少，但迅速增加，竞争激化

酒店在这个阶段所采取的营销策略应该重点解决利润与市场份额两者的平衡问题，以取得最大收益。因此，酒店收益管理在成长期的营销活动中将发挥重要作用。

酒店采取的主要营销策略包括：提高产品质量和特色品质，完善基础配套设施的建设，保证顾客感知价值最大化；跟踪市场需求的变化趋势，抓住新的市场机会，进入新的细分市场；采用差别定价获得最大收益；利用互联网技术开拓新型分销渠道，形成高效的渠道网络；促销目标从告知转向信任和偏爱为主要诉求，树立产品形象，形成品牌效应；及时做好客户关系管理工作，发挥关系营销和互动营销的作用，形成忠诚群体；在适当时候降低价格以吸引更多的购买者；等等。

3. 成熟期

该阶段产品的市场特点如表 7-3 所示。

表 7-3　成熟期产品的市场特点

销　售　额	成本与结构	利　　润	市场规模和结构	竞争者状况
增长速度放慢，水平接近高点并饱和	总成本水平达到最高点，单位成本水平达到最低点，变动成本占总成本的比例达到最高点	利润额达到最高	人数达到最多，主要为大众消费者，价格敏感，需求弹性大	竞争者众多，竞争激烈，形成竞争性市场

该市场已接近最大潜量，成熟型顾客更青睐产品的品质和品牌，经营相对稳定的企业处于盈利时期，但是也面临衰退期的威胁。因此，酒店结合这个时期的市场特点，应该采取系列营销组合策略，最大限度延长成熟期。酒店营销组合策略主要包括市场改进、产品开发、营销组合等。其中，市场改进策略是为现有产品开发新的细分市场，或重新定位，例如经济型酒店开发更多细分市场，扩展市场份额，增强竞争力。产品开发策略是针对现有市场需求变化，不断进行新产品设计和开发、改进产品功能及增加附加值，形成忠诚顾客群体，稳定市场发展。例如，麦当劳为了努力吸引新的使用者并增加老顾客的使用量，增加了早餐、色拉食品和甜点等项目；许多航空公司为了更好地服务乘客纷纷开通了网上电子客票系统；等等。营销组合策略是根据环境变数，对组合中各营销手段进行调整，特别是利用特色文化创建服务品牌，形成更广泛的市场知名度，实现企业持续发展的目标。

4. 衰退期

如果某种产品出现了更有前途、更受欢迎的替代品，那么消费者对这种产品的偏好就有可能下降，进而导致市场规模的萎缩，产品需求量和产品销量急剧下降，利润迅速减少，甚至出现亏损。这意味着该种产品可能已经进入衰退期。这个阶段的市场特点如表 7-4 所示。

表 7-4　衰退期产品的市场特点

销　售　额	成本与结构	利　　润	市场规模和结构	竞争者状况
降低和萎缩	总成本水平降低，变动成本减少，固定成本占总成本的比重上升，单位成本上升	利润降低，继续经营可能亏损	人数减少，主要为品牌忠诚者，价格敏感性较低	竞争者开始转移或减少

对于每一种衰退产品，管理人员都要做出是维持，减少成本，还是舍弃该产品的决策。面对收入下降，许多旅游企业的管理者往往采取最容易的措施——减少开支，如减少对设施维护的次数、减少一线服务人员或降低工资、压缩原料成本等；也有的管理者可能会决定维持该产品而不做任何改动，希望竞争对手会退出；或者会决定对品牌进行重新定位，希望它能回到产品生命周期的成长期；还可能采取的行动是放弃该产品。

第四节　酒店服务品牌

瞬息多变的市场环境下，成功的品牌是服务企业差异化竞争优势的来源之一。如何创建和管理酒店服务品牌，形成良好的市场形象和核心的发展动力，成为酒店关注的焦点问题。

一、酒店服务品牌概念

酒店产品是以无形服务为核心的服务产品，具有明显的服务特性，这些特性决定了酒店服务品牌与有形产品品牌的差别，因此，必须明确酒店服务品牌的内涵，才能有效发挥品牌的市场效应。

（一）服务品牌

市场营销专家菲利普·科特勒认为，品牌是一个名称、名词、符号或设计，或者是它们的组合，其目的是识别某个销售者或某群销售者的产品或劳务，并使之同竞争对手区别开来。

对于服务业来说，品牌更具重要的意义。基于品牌基本理论，服务品牌与产品品牌在基本功能和应用上是一样的。但是服务本身的特点使服务品牌内涵还应包括服务传递过程及参与过程的员工和顾客等诸多无形要素，区别于一般产品品牌。服务的无形性使品牌成为顾客感知服务价值的有形形式之一，服务的过程性使品牌成为顾客评价服务质量的重要标准。

服务品牌是在经济活动中通过服务过程来满足消费者的心理需求的一种特殊的品牌形式，它是消费者在服务过程中产生的体验和感知，是服务与消费者之间不断积累、反复变化的一种关系。服务品牌的价值取决于顾客对服务过程的体验，包括有形设施、服务环境、服务人员、互动接触、体验经验、相关群体口碑等。服务品牌与产品品牌的区别表现在要素构成、沟通方式和顾客感知几个方面，如表 7-5 所示。

表 7-5 服务品牌与产品品牌的区别

项 目	产 品 品 牌	服 务 品 牌
要素构成	核心功能、包装、价格、用途和形象	无形服务、互动体验、服务环境、员工形象、价格等
沟通方式	以广告宣传为主的基本促销手段	文化传播、互动与沟通、有形展示、服务场景及基本促销方式
顾客感知	结果性产品 产品质量控制影响顾客品牌感知的一致性	结果产品与过程产品的结合 员工和顾客同时影响品牌感知的一致性

由此可以看出，服务产品传递过程中的影响因素是形成服务品牌内涵的核心。

（1）服务企业中，员工和顾客直接参与生产过程且对服务感知价值影响很大，员工的态度和行为、顾客情绪和感受、服务氛围等都会影响服务消费过程中的顾客体验，所以，员工管理及员工与顾客的互动管理都是服务品牌化过程的重要组成部分，是品牌发展的重要基础。

（2）由于服务无形性的特点，顾客无法事先感知和评价服务质量，因此服务品牌沟通就是一种对顾客的品牌承诺。服务品牌与顾客沟通的触点很多，除了广告宣传等促销手段，也包括服务环境、互动体验、员工形象以及服务设施等，保持品牌沟通的一致性就成为服务企业兑现品牌承诺的重要任务。

【阅读链接 7-9】迪士尼的品牌效应[①]

迪士尼是依靠品牌所产生的文化效应、晕轮效应、价值效应、马太效应以及这些效应

① 谢京辉. 迪士尼品牌效应的启示[N]. 文汇报，2016-06-16（005）.

的叠加，经过近百年的精心打造而成为全球知名品牌，实现了品牌价值最大化。

● 文化效应——品牌故事

品牌底蕴是文化，品牌目标是关系，这种关系需要文化进行沟通，需要精神加以维系。在迪士尼的成长中，我们不难发现这种被改善的关系。1955 年 7 月 17 日，全球第一个迪士尼乐园在美国加利福尼亚州正式开幕。迪士尼品牌借助于动画电影、创意制作，在主题公园内成功塑造了一系列具有持久全球影响力的米老鼠和唐老鸭动画形象，将快乐与希望的故事带给受众，达到了感动人、感化人改善关系的目的，也成为一代代人成长中的精神印记。

● 晕轮效应——品牌影响力

晕轮效应是基于品牌影响力而产生的附加效应。这种影响力一般是指品牌开拓市场、占领市场并获得利润的能力，这种能力依赖于高质量、高信誉、高效益、低成本的保证。迪士尼的主要业务包括娱乐节目制作、主题公园、玩具、图书、电子游戏和传媒网络等，这些通过影视剧传播也是扩大影响力极为有效的途径。

● 价值效应——无形资产

品牌溢价的要素包括品牌知名度、认知度、满意度、美誉度、忠诚度等，这几个方面是实现品牌价值最大化的基础。在这些方面迪士尼品牌表现不俗。

● 马太效应——品牌经济

迪士尼已成为全球文化娱乐界的领军品牌，强势地位难以撼动。从价值链来看，迪士尼品牌远非主题公园空间之内的事情，由其提供的各类产品，特别是影视文化，如儿童剧、游戏产品及其生活方式等，将对相关产业的发展发挥更强的带动作用。

（二）酒店服务品牌

酒店产品品牌的界定符合服务品牌的基本内容要求，也称为酒店服务品牌。酒店服务品牌的实质是向顾客长期提供的一组特定的特点、利益和服务，满足顾客需求的一种品牌形式。

与一般品牌一样，酒店服务品牌包括名称和标志两部分。品牌名称是品牌可以用语言来表达的部分，如“香格里拉”“迪士尼”等。品牌标志是用符号、图案、颜色等视觉效果来表达的部分，如香格里拉用“S”字母做标记，迪士尼乐园用米老鼠的卡通形象做标记，麦当劳用金色的拱门作为品牌符号等。品牌或品牌的一部分在政府有关部门注册后成为商标，受法律保护，享有专利权。

【阅读链接 7-10】香格里拉酒店 LOGO 含义

SHANGRI-LA LOGO 秉承香格里拉优美名称的深切含义，品牌标志设计以融合现代化及亚洲建筑特色的“S”为主体思路，以高耸入云的山峰倒映在澄清的湖泊上，代表酒店待客亲切、和谐及崇尚自然美的服务宗旨。

SHANGRI-LA

HOTELS and RESORTS

酒店服务品牌不仅是产品和服务的标志，更是产品和服务性能、质量和信誉等方面满足顾客体验服务的可靠程度，同时品牌还凝聚了企业市场定位和认知、管理能力、市场信誉、企业文化等诸多内涵。其中，酒店服务质量是对顾客的服务效果和效率，是形成特色品牌形象的关键，所以质量是品牌的基础；酒店信誉度是服务品牌的必要条件，酒店对顾客诚信的服务态度是建立市场信任、实现服务承诺及品牌经营的重要保证。因此，服务质量和信誉保证是酒店服务品牌的基础，酒店文化是服务品牌的核心。

应该注意的是，根据旅游者出行规律及较强的流动性，对目的地及酒店的选择大多局限在特定时间内，且一次性购买居多。这些特点决定了酒店服务的重构率较低，不便于品牌的识别和记忆，导致酒店难以形成较高的品牌忠诚度。另外，酒店顾客感知品牌价值受隐性的情感因素影响较大，如游客出行的自我实现、改变个人形象、逃脱现实、追求浪漫、怀旧情结等隐性动机。因此，酒店服务品牌营销中必须充分了解市场需求，在准确定位的基础上形成特色服务价值，才能有效发挥品牌的作用。

（三）酒店服务品牌化及其作用

酒店服务品牌化是指为识别酒店产品和服务，并将其区别于竞争对手的一种营销功能，也被称为品牌营销。品牌营销的关键在于有效发挥品牌有形展示的功能，促进酒店服务特色的识别和建立，实现服务增值的市场效应。

酒店服务品牌化的条件包括：产品容易通过品牌或商标加以识别；人们对产品的感受是物有所值；很容易保证质量和标准；对一般性产品类别的需求很大，足以支持地区性、全国性甚至国际性的连锁店，在这种情况下，形成一定的量对分担广告和管理费用至为重要；存在规模经济。

在激烈的市场竞争中，服务品牌化对于提升酒店核心竞争力具有重要的战略意义。其作用表现在以下几个方面。

（1）有利于顾客对酒店服务特色的识别，影响购买决策。酒店服务品牌作为一种有形展示为顾客识别特色和高品质的专业服务提供了指导，减少顾客信息搜寻成本，降低购买风险，对顾客购买决策及顾客忠诚度的影响有十分重要的作用。

【阅读链接 7-11】KOL 在品牌营销中的作用①

在过去品牌与 KOL（关键意见领袖）的合作中，会看到很多品牌豪掷千金与某些处于金字塔顶端的 KOL 建立合作，靠它们的影响力来提高品牌知名度、带动销售。而社交媒体的崛起催生出的 KOL，跟一线意见领袖相比虽然“粉丝”数量不在一个量级上，但它们在某个垂直领域对“粉丝”的深度影响却也是一线意见领袖所难以企及的。品牌也变得务实，在 KOL 营销运作上开始走精细化路线。对于很多品牌来说，与其花高昂的代言费请明星博得知名度，不如把同样的钱花在更多能带来互动、直接转化为销量的小众 KOL 身上，由此也催生出更多的 KOL 营销方式。如阿迪达斯在暗社交领域的探索，以身边的意见领袖去发动和影响身边的人，不大张旗鼓，但潜移默化……从粗放式的合作到精细化运作，我们也从这些案例中看到 KOL 营销正在走向成熟。

（2）有利于增强顾客对酒店的信任感，提高忠诚度。服务品牌的核心是服务过程中顾客体验的感知价值的体现，酒店服务品牌化可以保证服务接触中员工与顾客之间友好和谐的互动和体验，让顾客充分享受服务的功能和情感价值，提高顾客满意度和忠诚度。

（3）有利于保护酒店服务知识产权和促进服务创新。酒店服务质量评价的主观性和服务对象的多变性使该市场品牌的忠诚度较低，易被模仿。创新的品牌经注册后就拥有了受法律保护的知识产权，因此，服务品牌化有利于促进酒店的营销创新，有其特殊的重要意义。

① 周瑞华. 如何利用小众 KOL“以小博大”？[J]. 成功营销，2017（Z5）.

（4）有利于酒店文化的传播。酒店服务品牌不仅具有识别功能，还有企业文化的传输和影响作用。品牌是企业文化的载体，它承载着企业的创新精神和经营理念，对酒店内部管理和团队建设，乃至外部顾客、相关利益群体都有重要的影响作用，以此树立良好的企业形象，使企业获得持续发展。

（5）有利于增加产品附加值，形成市场溢价。酒店服务品牌化可以形成较高的顾客感知质量，降低价格在购买决策中的重要程度，以高于市场平均水平的价格和良好的口碑获得酒店产品的增值效应。当然，这是基于酒店与顾客保持利益平衡的品牌溢价，才能持续获利。

（6）有利于拓展服务渠道和发展集团化经营。酒店服务品牌化战略有利于服务品牌价值的转化，形成规模经营效益。服务品牌化可以给酒店带来市场优势，拓展服务渠道，如特许经营授权、新市场开发、新产品开发或开辟新的服务领域等方面具有较强的可进入性，从而为酒店实现品牌扩张、网络化经营以及集团化经营创造条件。

二、酒店服务的品牌资产

品牌资产是20世纪80年代西方广告学界从品牌管理角度提出的一个概念。由于当时西方许多国家都面临经济不景气的困境，企业频繁采用以降价和促销为重点的营销方式，虽然促进了短期销售增长，但却损害了企业的品牌形象，进而影响到企业的长期利益。为了使企业加强品牌建设，促进长期发展，避免价格促销对品牌所造成的负面影响，西方广告学界在企业管理研究中提出了品牌资产这个概念并开展了一系列的研究。

从消费者心理角度看，品牌资产是一种来源于或基于消费者的资产，而品牌资产增值又是由消费者品牌消费心理驱动的[①]。Keller 将品牌资产界定为由于消费者头脑中已有品牌知识而导致的他们对品牌营销反应的差别化效应，主要包括消费者头脑中已经存在的品牌知识，消费者对产品差别化的反应，消费者对品牌营销的感知、偏好和行为。艾克（Aaker，1991）提出品牌资产的四个组成部分，分别是感知质量、品牌意识、品牌形象（联想）和品牌忠诚，被学者们广泛认可和使用。

现代意义的品牌是指消费者和产品之间的全部体验，它不仅包括物质的体验，更包括精神的体验。品牌向消费者传递一种生活方式，人们在消费某种产品时被赋予一种象征性的意义，最终改变人们的生活态度及生活观点。服务品牌是顾客的体验感知，是理性与感性要素的结合体，它不仅要满足顾客需求，更要与顾客建立一种情感联系，是企业的无形资产。

酒店服务品牌资产研究的理论基础采用了美国学者 Berry（贝里）提出的服务品牌资产的模型，如图 7-6 所示。

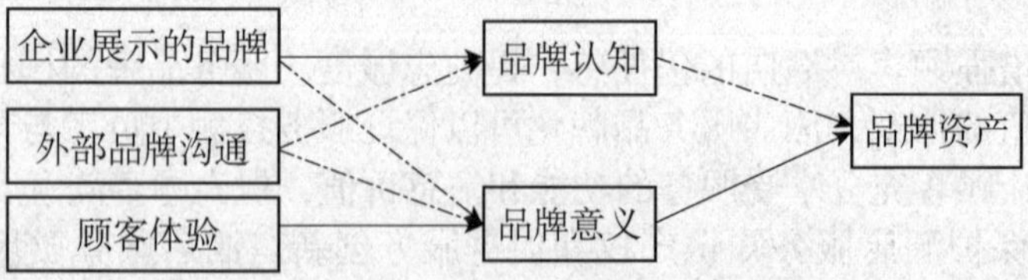

图 7-6　Berry 的服务品牌资产的模型

该模型显示，品牌认知和品牌意义是酒店服务品牌资产的构成要素，是形成顾客感知

① 丁家永. 如何让品牌更有影响力和价值[N]. 企业家日报，2013-08-19.

品牌价值的关键。图中实线表示主要影响，虚线表示次要影响。

其中，品牌认知是指顾客对于酒店或某服务品牌名称的记忆和了解程度，用社会公众中对品牌提及次数和百分比来衡量，顾客对品牌资产的感知程度决定着酒店品牌资产的价值强度；品牌意义也是品牌联想或品牌形象，由品牌满意、重构倾向、价值比和偏好等因素构成，指顾客记忆中与酒店品牌相关的任何事情，不仅是人们对个别品牌的印象，也反映了提供这一产品或服务的酒店形象，甚至能唤起顾客对品牌象征意义的感悟和情感连接，即品牌忠诚。

酒店可以通过企业展示品牌、外部展示品牌以及顾客体验来影响品牌认知和品牌意义，进而影响品牌资产的形成。具体内容包括：酒店通过整合营销沟通手段进行有效的品牌展示；通过互联网技术和移动通信技术等手段进行外部品牌交流，包括口碑宣传和公共关系等；通过提供高品质的产品和服务、高效的服务传递以及品牌形象设计，提供更高的顾客体验价值，将三个方面整合以提高顾客忠诚度，获得更高的市场溢价。

【阅读链接 7-12】投资商应重视酒店无形资产投入①

酒店资产由两部分组成：有形资产和无形资产。有形资产包括土地、建筑物、设备设施、家具用具、物料用品等；无形资产包括品牌、商标、管理系统、管理队伍、企业文化等。就目前酒店业的投资现状来说，投资有形资产的大多是地产开发商、酒店投资商等；投资无形资产的大多是国际品牌酒店管理公司以及本土酒店管理公司。

倾向于投资酒店有形资产的投资商，随经济大环境的变化，有形资产升值或贬值。同时，他们中大多数会向拥有无形资产的酒店管理公司寻求合作以提升价值。在过去几年，酒店管理企业，尤其是国际酒店管理公司，凭借其无形资产的价值，一直被拥有有形资产的投资商追逐。

国际酒店管理公司凭借无形资产获取真金白银，然后继续投资无形资产，如品牌重新定位、产品重新定位、人才培训中心建设、管理软件更新等，以此获取更大的利润。两大类投资相比，前者投资的是酒店的“躯壳”，后者投资的是酒店的“灵魂”，而且酒店的核心价值在于后者。

对于酒店有形资产的投资和管理，目前业界存在很多误区和盲点。如缺乏专业人才和开发设计的合理性，造成浪费；缺乏与管理公司的专业交接，造成账目不清；实物和账面“两张皮”，存在管理盲区；缺乏长远规划和更新改造，影响持续发展等问题。近几年，业内出现了投资方“换牌”自主管理的现象。一些酒店在“换牌”前后最大的变化是，国际品牌走的时候，“有形资产”都在计算机里留下了，但是把计算机里面的“无形资产”（如管理系统、营销渠道）都带走了。管理系统和营销渠道的重新建立是这类酒店“换牌”成功的关键。这些无形资产的重建需要专业队伍。

综上所述，我国酒店投资商、地产投资商对于无形资产的重视程度亟待提高。

三、酒店服务的品牌构建及品牌策略

随着酒店行业竞争的加剧，服务品牌战略成为酒店提高品牌价值、获得竞争优势的重要手段。通过创建品牌，酒店可以浓缩产品特征，形成独特的顾客认知和形象，获得更高的产品附加值，扩大连锁经营规模，为实现差异化和酒店发展提供重要保证。

① 袁学娅. 投资商应重视酒店无形资产投入[N]. 中国旅游报，2014-04-30.

（一）酒店服务品牌构建

酒店服务品牌构建是一系列能够实现企业品牌价值的营销和管理方法的综合运用，主要包括品牌定位与识别、品牌化战略与架构、品牌传播与拓展、品牌管理与维护等。

其中，品牌定位与识别，是在充分市场调研的基础上，对特定品牌在文化取向及个性差异上的商业性决策，从而进行准确的品牌定位和全面规划，它是建立一个与目标市场有关的品牌形象的过程和结果，为品牌建设奠定基础，如四季的“待人如己”、希尔顿的“快捷”、假日的“热情”、香格里拉的“亲情”、如家的“如家”等在顾客心目中都印象鲜明；品牌化战略与架构，结合市场需求及企业资源条件，除了对单一产品品牌的增值活动，还包括多种产品品牌的优化和整合工作，强调酒店全面品牌的架构与规划；品牌传播与拓展，是实现品牌无形资产转移和增值的有效途径，既可以降低新产品的市场风险，又强化了企业品牌的市场效应；品牌管理与维护，是企业为获得品牌持续的增值效应，必须从事包括市场沟通、产品服务创新、品牌升级、文化创新及危机管理等日常和前瞻性的品牌管理活动，以及保护服务品牌形象、市场地位和品牌价值的一系列活动。

由此可见，酒店服务品牌化经营中，品牌定位是核心，服务质量是关键，品牌文化是灵魂，连锁经营是保证。如何建立顾客感知品牌价值、培育特色品牌文化、有效利用新技术传递品牌价值、形成品牌的扩张效应，是酒店必须关注的重要问题。

（二）酒店服务品牌策略

服务品牌策略是酒店营销战略的核心，是形成酒店竞争优势的关键。酒店品牌营销要根据企业目标及资源条件，切实选择适合自身发展的策略类型，从而实现酒店经营目标。酒店服务品牌策略主要包括产品线扩展策略、品牌延伸策略、单一品牌和多品牌策略及品牌联合策略。

1. 产品线扩展策略

产品线是指同类产品的系列。一条产品线就是一个产品类别，是由使用功能相同、能满足同类需求而规格、型号、花色等不同的若干个产品项目组成的。产品线扩展是指企业在现有产品类别中增加新的产品项目，仍沿用原有的品牌名称。这种新产品往往都是现有产品的局部改进，如增加新的功能、包装、式样和风格等。产品线扩展是充分利用企业的生产能力，满足市场需求的有效策略。

产品线扩展的原因是多方面的，如可以充分利用过剩的生产能力，满足新的消费者的需要，率先成为产品线全满的公司以填补市场的空隙，与竞争者推出的新产品竞争或为了得到更多的货架位置等。

当然，产品线的扩展也会涉及多种风险。一方面，随着产品线的不断加长，会淡化品牌原有的个性和形象，增加消费者认识和选择的难度；有时因为原来的品牌过于强大，致使产品线扩展造成混乱；如果消费者未能在心目中区别出各种产品，会造成同一产品线中新老产品自相残杀的局面，这些都很有可能会抵消原有品牌的市场竞争力。另一方面，当新的产品面临销售不足时，其收入尚不能抵偿开发与促销成本。因此，成功的产品线扩张应是通过抑制竞争者产品的销售来获得本企业产品销售的增长，而不是通过本企业产品的自我抵消。

2. 品牌延伸策略

品牌延伸又称为品牌扩展，实际上是多元化战略与品牌战略的组合。酒店采取品牌延伸策略，就是在同一个市场里运用成功品牌的影响力来创建或修正其他产品，以此向市场推出新产品和新业务，借势造势，争取形成“一荣俱荣”的局面。品牌延伸并非只借用表面上的品牌名称，而是对整个品牌资产的策略性使用。

品牌延伸是实现品牌无形资产转移、发展的有效途径。品牌延伸实施可以充分利用现有的品牌资产，在新产品的推广和销售渠道建设上以较低成本快速推向市场，减少新产品的市场风险，发挥品牌共享的优势，提高整体品牌组合的投资效益。但是，在具体实践中，酒店应该注意品牌延伸和扩展可能存在的问题和风险，如顾客认知态度、新旧业务的交叉影响等，以免影响品牌价值，或导致品牌淡化。

因此，品牌扩展决策要考虑的因素有品牌核心价值与个性、新老产品的关联度、行业与产品特点、产品的市场容量、企业所处的市场环境、企业发展新产品的目的、市场竞争格局、企业财力与品牌推广能力等。在多元化发展过程中，企业很容易误入品牌延伸的陷阱。那么，品牌在什么情况下可以延伸、什么情况下不能延伸，都是决策前需要细细思量的地方。

【阅读链接 7-13】软品牌——精品酒店发展趋势①

目前，精品酒店面临着个性化与规模化如何平衡的问题，化解之道是建设精品酒店的软品牌。

传统上，那些拥有一套统一的 VI（视觉识别）系统、硬件和软件标准的品牌称为硬品牌。硬品牌严格的标准规范化，某种程度上降低了业主的独立性，也限制了创造力。软品牌集合（soft-brand collection）是一个较新的酒店集合或联盟概念，以公司化、集团化的形式运营。集合中每间单体酒店在加入各大酒店集团的同时能够保持独立个性运营。与传统硬品牌相比，软品牌的酒店不需要受品牌标准的束缚，不需要统一的标识系统、设施设备、酒店用品、人员配备等；软品牌给予业主更大的灵活性，保留酒店名字和品牌身份，自主决策，更好地保持酒店的个性特征和魅力。相关报道指出，加盟软品牌开始在国际上流行，软品牌集合在豪华和高级酒店领域增长速度接近 20%。

精品酒店软品牌模式大体可分为三类：一是独立发展的精品酒店软品牌，如国际大酒店和度假村、目的地酒店等；二是大型酒店集团旗下的精品酒店软品牌，如豪华精选（Luxury Collection）、傲途格（Autography Collection）等，这类软品牌的名字中通常冠以 Collection 或 Portfolio 后缀；三是所谓的代表公司型的精品酒店软品牌，如罗莱夏朵等。

精品酒店加入软品牌，可在保持独立性的同时收获连锁化带来的好处，鱼与熊掌兼得，同时，也带给消费者更加个性化、更加满意的体验。因而，加入软品牌将成为国内精品酒店发展的一种新趋势。

3. 单一品牌和多品牌策略

单一品牌策略是指企业生产和经营的多个种类产品使用同一个品牌的策略模式。单一品牌策略的优势主要表现在明晰市场定位、强化品牌效应、操作简单及降低营销成本等方面。同时，该策略也存在较大的市场风险，易削弱原有品牌产品的影响力等问题。例如，美国贝斯特韦斯特国际酒店集团（Best West Hotel International）在全球近一百个国家和地区拥有成员酒店 4 200 多家，总客房数超过 30 万间，是全球单一品牌下最大的酒店连锁集团。该酒店集团实行单一品牌策略，即集团所属的成员酒店均统一采用“The Best Western”这一品牌。

酒店在相同产品类别中引进多个品牌的策略称为多品牌策略，即针对顾客的不同需求和利益创立不同的品牌。该策略有助于酒店差异化营销策略的实施，提高市场吸引力，同

① 杨宏浩. 加入软品牌或成为精品酒店发展趋势[N]. 中国旅游报，2016-01-20.

时能够避免“一损俱损”的局面。多品牌提供了一种灵活性，有助于限制竞争者的扩展机会，使得竞争者感到在每个细分市场的现有品牌都是进入的障碍。特别是在价格大战中捍卫主要品牌时，多品牌是不可或缺的。

多品牌策略可以细分市场，满足不同需求的消费者，使消费者容易产生品牌忠诚度，增加客源市场，提高市场占有率。拥有多个品牌也是分担风险的有效方法，各品牌间相互独立，相互之间不会造成影响，从而提高了策略的灵活性，吸引更多消费者的目光，增加本酒店或下属酒店被选中的机会，提高了核心竞争力，有利于企业的内部管理。例如，如家酒店集团旗下设如家快捷、莫泰与和颐三个品牌；而汉庭酒店集团旗下拥有全季、星程、汉庭快捷、海友客栈四大品牌。

多品牌的局限表现在：每种品牌可能只能获得一小部分市场份额，而且每种利润都不高。对此，企业可以取消把资源分摊在众多品牌上的做法，取而代之的是建立几个利润水平较高的品牌，而且建立较为严格的新品牌审查程序。同时，企业也应该审视一下自己是否具有多品牌管理的能力和技巧，毕竟对企业来说，多品牌比统一品牌的管理难度要大得多，因为各品牌之间要实施严格的市场区分，具有鲜明的个性，这些个性还要足以吸引消费者。

【阅读链接 7-14】温德姆酒店集团品牌整合[①]

温德姆环球公布 2017 年财务报告，财报显示，2017 年公司总收入达 50.76 亿美元，归属于温德姆股东的净利润达 8.71 亿美元，较 2016 年大幅增长 42.6%。截至 2017 年，温德姆酒店集团在全球拥有遍布 81 个国家、21 个酒店品牌，超过 9 000 家酒店，其中，温德姆酒店集团在中国的酒店数量已经突破 1 380 家，客房数量达到 136 830 间。该集团实施了“全星级，多品牌，广跨界”战略，目前拥有温德姆、温德姆至尊、温德姆花园、爵怡温德姆、华美达、华美达安可、豪生、戴斯、速 8 等多个品牌，实现了高、中、低端市场的全品牌覆盖。

在实现品牌全面覆盖市场的同时，温德姆还实行了“新旧品牌齐头并进”的多品牌战略。一方面，温德姆在中国持续扩张已有品牌，如温德姆至尊、温德姆以及酒店数量在中国已突破 90 家的华美达等；另一方面则不断引进新品牌，丰富其在中国的品牌线，如落户在古都西安的精品潮牌酒店爵怡温德姆。爵怡温德姆以其前卫、个性化的风格和独特的“社交氛围”获得顾客的好评，被定位为潮牌精品酒店的这一品牌，帮助温德姆酒店集团进一步打开了年轻一代的市场。温德姆新引进的智慧酒店——麦客达温德姆品牌，致力于为宾客打造无须现金支付，可实现无纸化、智能化、数字化的入住体验。

温德姆酒店集团除了与青岛少海汇整合双方优势资源，还与厦门航空结为战略合作伙伴，将在境内外超过 38 个城市开展食宿合作和会员权益共享合作，计划不定期推出特色机酒产品，共同提升产品质量，且在多方面开展人才交流项目。

4. 品牌联合策略

越来越多的酒店开始采用品牌联合策略来实现协同效应，在共同的市场范围内运营，分享市场信息，完成交叉促销，实现双赢。酒店通过特许、联营、合作经营等方式，在不同地区开设许多分支酒店，以统一品牌对外宣传，树立品牌形象。如马里奥特和凯悦酒店与星巴克的品牌联合，星巴克在这些高档酒店内部开设了咖啡厅；必胜客与马里奥特签署了一项特许协议，允许必胜客在马里奥特酒店大堂内搭建摊棚进行销售等。特别是一些中小型酒店，由于本身具备良好的条件，可以通过特许联营或合作的形式加入一些国际或国

① 陈静. 温德姆去年在华酒店数量突破 1 380 家[N]. 中国旅游报，2018-04-12.

内著名的饭店，从而扩大其知名度；另一方面也可以提高其自身的经营管理水平和服务质量。品牌联合也包括酒店与那些主营业务不直接相关的组合进行合作，如海容大酒店与宝洁公司的品牌合作，其酒店客房所配备的洗浴用品均选择宝洁公司的品牌；麦当劳与迪士尼签署了一份以迪士尼电影主人公为主题的开心乐园套餐，如此等等。

第五节 酒店内部营销

由于服务的过程性，员工、顾客及他们之间的交互关系都是服务的重要组成部分。在服务过程中，服务提供者是影响服务质量的重要因素，如员工的态度、行为方式与顾客满意度、忠诚度及企业利益有密切的联系。酒店是以人为本的企业，员工的行为是顾客感知服务质量形成的关键，员工与顾客的互动是顾客满意和忠诚的基础。越来越多的酒店认识到，员工是体现酒店竞争优势最关键的因素。因此，酒店营销不仅着眼于外部顾客，同时还要关注内部顾客——员工，进行内部营销。

一、酒店内部营销概述

服务营销理论认为，顾客感知服务质量不仅与服务结果有关，而且与服务过程有关，即包括结果质量和功能质量。其中功能质量就是服务过程质量，是通过传递服务技术要素的方式来体现的，除了与服务人员的态度、行为、仪表以及与顾客的接触互动等因素密切相关，还与顾客的心理、认知、偏好等因素有关。因此，功能质量更多地取决于顾客的主观感受，一线员工及其与顾客的持续接触成为营销的重点。服务人员的表现和顾客感知服务质量极强的相关性，是酒店采取内部营销策略的根本动因。

内部营销概念最早出现在文献中是在20世纪70年代，由贝里（Berry，1976）等在服务企业研究中提出来的，认为服务性企业要达到自身的目标，必须像吸引外部顾客那样，运用营销观念和营销措施，吸引并留住优秀的员工。格朗鲁斯（Gronroos，1983）将内部营销视为整个组织有效发展顾客服务的一种策略，即员工必须对营销负有责任，与企业营销战略成为一体。酒店和旅游业内部营销研究是在20世纪80年代开始的，琼斯（Jones，1986）提出，员工的表现也是产品的一部分，因为他们传递了品牌和属性。刘易斯（Lewis，1989）强调酒店产品最重要的因素是服务方式，而不是有形产品，针对员工的内部营销更重要。黑尔斯（Hales，1994）等人指出，酒店内部营销与人力资源战略具有一致性特点。

综合以上观点，酒店内部营销是对员工的营销，指企业应该像吸引外部顾客那样，把员工看作内部顾客，把工作职位看作内部产品，运用营销思想和方法使内部产品满足内部顾客的需要，增加员工的满足感和忠诚感，以达到外部顾客满意和忠诚，实现企业的总体目标。内部营销的实质是一种把员工当成顾客的经营思想，是一种基于营销观念的人力资源管理哲学。由此可见，员工满意是顾客满意的基础，是酒店内部营销工作的核心。酒店借助内部营销的理念、技术和方法来获取外部竞争优势。

酒店内部营销的重要性表现在以下几个方面。

1. 内部营销是外部营销的前提条件

酒店外部营销的基础需要一个良好的内部市场做支持。这一内部市场的主体是员工，尤其是直接与宾客接触的一线员工；客体是各级管理人员以及为一线员工服务的后台员工；主体产品是适合员工需求的满意的工作。酒店内部营销在充分了解员工需求的基础上，通过营造良好的企业文化和组织氛围，提供理想的工作条件，激发员工的潜能和士气，鼓励员工提供优质服务，从而提高外部顾客的满意和忠诚。

2. 先有满意的员工，才有满意的顾客

好的内部营销计划能创造员工的满足感，反过来又会创造顾客的满足感。所以，内部营销有两个效益：顾客满意和员工满意。国外的研究发现，在顾客满意和员工满意之间存在一种关联。员工满意度提高 3%～5%，将使顾客忠诚度提高 1%，净收入增加 1%。

【阅读链接 7-15】迪士尼对新员工的精心培训①

迪士尼对新员工的培训，首先不是着眼于其素质和水平的提高，而是把它作为企业精神教育的一种重要手段。迪士尼要求每个新员工都要接受由迪士尼大学教授团的新员工企业文化训练课，以便让他们认识迪士尼的历史传统、成就、经营宗旨与方法、管理理念和风格等。

除了这些，迪士尼专为新员工制定了一个为期三天的特色个性培训。

第一天，学扫地，学照相。让员工学习怎样扫树叶不会让树叶飞起来，怎样刮纸屑才能把纸屑刮得很好，怎样掸灰才不会让灰尘飘起来。学习怎样使用最先进的相机。

第二天，学包尿布，学辨识方向。不但要学会抱小孩，还要会替小孩换尿布。每名员工要把整个迪士尼的地图都熟记在脑子里，对迪士尼的每个方向和位置都要明确。

第三天，学怎样与小孩讲话，学怎样送货。学会尊重关爱，蹲下与小孩子交流。

这一系列培训措施，体现迪士尼对员工的人性化关怀和严格的规范制度，让员工短时间快速了解企业文化，具备优秀员工的品质，为员工爱岗敬业、树立服务意识奠定了重要基础。在迪士尼，顾客站在最上面，员工在中间面对客户，经理站在员工的底下来支持员工，员工比经理重要，客户比员工重要。

3. 员工既是服务的传递者，也是服务产品的营销者

在接待业，大多数营销活动都是由营销部门以外的人完成的，而不是由营销人员。酒店的营销计划是将顾客吸引到酒店当中来，而员工必须把初次来访的客人转化为常客。有研究表明，在常客数量和利润之间存在正相关关系，常客比率增长 5%，就会使利润底线增长 25%～125%。

酒店服务营销必须是全员性的营销，而不是营销部或者销售部自己的事情。营销应该是组织内部的一种哲学思想，营销的职能是要让各条战线的员工共同完成。在制造业企业，生产和消费完全分离，员工不直接接触顾客，员工只是运用技术和资源创造产品的生产者角色。但在酒店服务企业，员工与顾客的互动与触点直接影响最终的服务质量，特别是一线员工，他们的好客、热情及专业程度，不仅可以有效完成服务的传递，更重要的是，他们代表了酒店或服务品牌的整体形象，发挥了有形展示的营销作用。因此，酒店员工既是服务员，又是营销员。

4. 内部营销是培育市场导向型服务文化和组织氛围的重要途径

酒店所提供的是人与人、面对面的服务，服务过程是员工与顾客之间的互动过程。为此，酒店员工热爱、忠诚自己的本职工作，并通过相应服务技术和服务艺术使服务对象满意，赢得更高经济效益等，成为市场导向型服务文化的重要内容。

具有服务文化和氛围的酒店，市场导向和服务导向是最主要的经营观念和行为准则，而内部营销恰恰是实现这种文化和氛围的主要手段。酒店内部营销表现为管理者的风格、支持和控制等方面，对市场导向型服务文化的构建有很大作用。酒店服务文化是组织整合的黏合剂，是具有规范性的可共享的价值观和行为准则，指导酒店开展业务。酒店组织氛

① 赵青竹. 迪士尼如何培训新员工[J]. 财富智慧，2005（Z2）.

围是酒店中个体与环境交互作用的结果和感受，提供了一个了解员工对组织的感受，从而进行判断的多角度管理手段。酒店文化和氛围塑造了员工绩效和感知，同时也成为正向影响服务质量水平和顾客满意度的关键性要素。

【阅读链接 7-16】国际酒店集团人才趋向“本土化”①

二十多年前，外资酒店品牌刚刚进驻中国的时候，酒店的总经理、财务总监、市场总监以及公关总监都是外籍人士，但是这个现象现在已经发生了根本改变。希尔顿、万豪、洲际、雅高等国际知名品牌酒店集团正在大量吸纳中国优秀的管理人才进入高管层面。

中国激烈的酒店行业竞争对于外资酒店品牌来说充满了各种不确定因素。例如，文化差异、中国各地区的经济发展差异以及一些独特的客户偏好消费方式等，都影响着其品牌在中国的成功运营。本土管理人才对此更加了解，有助于外资品牌在中国市场的开发、发展、运营。因此，人才本土化对外资品牌酒店集团在中国的发展至关重要。

本土人才可以帮助国际酒店品牌缩小它们与中国客人之间在文化和情感上的差异，对其在中国建立强有力的运营以及营销网络也具有重要作用。外资酒店品牌都已经意识到人才本土化的重要性，例如，洲际酒店集团已在大中华区推出了“锦鲤还乡”计划，以吸引更多的本土优秀酒店人才从国外“回流”，让员工获得更多地域间流动、自我提升的机会。

但是，各大酒店集团在实施人才“本土化”战略中也遇到了一些困难。例如，很多本土人才的专业水平还有待进一步提高，他们需要有更高的语言水平、更好的沟通技巧以及更广泛深入的国际工作经验。

二、酒店内部营销管理

（一）酒店内部营销管理的基本内容

在酒店内部营销活动中，态度管理和沟通管理是酒店内部营销活动的重要组成部分，相互关联、相互作用，共同决定内部营销的整体效果。

员工的服务意愿和行为直接影响顾客感知和体验，因此，态度管理是酒店正确引导和改变员工动机和态度，乃至行为的重要方法。态度管理主要是酒店采取有效的激励机制（包括培训和非正式途径）端正员工工作态度，树立员工爱岗敬业的思想意识，提高员工为顾客提供优质服务的自觉性，以保证服务质量。沟通管理强调酒店内部各部门之间、前后台之间、员工之间以及员工与顾客之间的有效的信息传递，包括相关制度规章、产品服务信息、市场承诺及战略目标等，以确保减少冲突，为内外顾客提供优质的产品和服务。

态度管理和沟通管理是企业服务文化传播和扩散的重要方法，也是内部营销的核心要素。因此，酒店应该将两者结合起来，在员工信心共享、互动沟通中树立员工敬岗爱业、爱店如家的职业精神，形成顾客导向型的服务意识和态度，从而实现预期目标。

（二）酒店内部营销策略

酒店内部营销是以内部员工为目标的营销活动，主要有以下策略。

1. 服务文化的塑造

服务文化作为组织流程的组成部分，受到多种因素的影响。服务文化是顾客导向型的服务价值观念和行为准则。由于酒店服务质量是各种资源长期作用和发展的结果，并且受

① 陈静. 国际品牌酒店人才趋向“本土化”[N]. 中国旅游报，2017-08-31.

准则规范、组织结构和管理程序的影响，因此，酒店要保证优质服务的一致性和稳定性，必须培育和塑造具有企业特色的服务文化。

塑造服务文化是酒店实施内部营销的先决条件。酒店服务文化影响和控制着管理者、员工，甚至顾客的态度和行为，同时服务文化也是形成酒店各利益群体彼此联系和相互支持，形成整体效应的重要基础。在服务文化塑造过程中，管理者身体力行的影响力对全员服务文化意识的提升以及员工行为的价值观内化都将起到积极的促进作用。

2. 组织结构的重塑

传统的组织结构是一种金字塔结构，采取这种结构的企业存在一个通病，所有人都是为金字塔的顶端服务，人人取悦最高管理者。这种行为恰恰是与内部营销理念背道而驰的，因而我们需要重新认识企业的结构，如图 7-7 所示。

图 7-7　重塑组织结构①

正是在内部营销观念的影响下，企业重塑了组织结构。在新的组织结构中，顾客位居组织的顶部，每个人都为服务于顾客而工作。公司管理层帮助经理们为顾客服务，经理们要为各部门经理提供支持，以此类推。重塑组织结构的另一方面是建立经营系统、规章制度和工作流程。这样做避免了由于经营系统过于复杂所造成的许多不必要的延误和信息中断，这会使员工感到他们的工作更有意义，进而工作起来更有积极性。

3. 内部员工的培训

为了达到内部营销的效果，提高员工的知识和态度所进行的培训工作成为提高服务质量的重要基础工作。培训可以采取在职培训和脱产培训的方式，如主管或资深同事可以对新员工或得到提升的员工言传身教，传授服务技能及传递企业文化并行，同时将培训与授权联系起来，这对实现高水平的组织绩效是不可或缺的。

培训内容主要包括态度培训、目标培训和知识培训。态度培训，是对员工顾客意识和服务观念的态度和动机的培训管理。酒店只有改变制造业或官僚式的方法经营，管理者彻底转变思维，才可能达到内部营销的目的。目标培训，一线员工不仅需要知道自己部门和所属职位的目标以及个人目标，而且要对公司的使命和战略有所了解，只有这样，员工才可能和企业一心共同为顾客服务。知识培训，此类培训是和态度培训相辅相成的。

4. 管理支持和内部的互动沟通

在内部营销方案中，来自高层管理者的支持更为重要。例如，在日常管理中，保持培训方案的连续性的标准化操作规程；调动下属的积极性；授权下属参与计划和决策；建立

① 科特勒．旅游市场营销[M]. 4 版．谢彦君，译．大连：东北财经大学出版社，2006.

一种开放的内部氛围；建设员工的服务文化；等等。标准化和授权管理是内部营销活动有效进行的重要保证。员工在提供服务的过程中，管理者必须按照标准化要求给予员工适当水平的资源和条件保证，实现高品质的顾客服务。有效的授权必须以服务文化和组织氛围的合理设置以及适当的培训为基础。酒店员工授权是在特殊服务环境中，针对特殊客人的要求，酒店允许员工在没有上级指示的情况下做出操作决定的一个过程，如酒店个性化服务、服务失败、服务补救及突发事件的处理等。

5. 人力资源管理的内部营销导向

要使员工具有良好的态度，就要从招聘开始。如西南航空公司对员工设定了高标准的要求，他们为选择一个员工要观察数十个应聘者。他们使用大量的面试与分析筛选方法，来断定这个人是否具备企业所要求的要素，是否适应企业文化。

另外，组织还要实行全面的激励方案，如采用工作说明书、职业生涯规划、薪酬、奖金和分红制度。要追求内部营销的目标，组织就应该主动地运用激励方案以及人事管理工具，使之成为积极的营销式工具，以达到组织的营销目的。

引入案例解析

中国消费群体差异性大，根据不同年龄、不同阶层、不同性别、不同区域等特征都可以细分出不同的消费群体。但从目前市场调查来看，最具市场价值的主流消费群体仍是“80 后”“90 后”“00 后”消费潜力巨大。了解这部分消费群体的特征是万豪酒店集团开展品牌营销的基础。

据迈点网数据显示，2017 年高端酒店市场消费者仍以 26～35 岁人群所占比例最高。数据显示，35 岁以下消费者合计占比接近 80%，可以看出，“80 后”“90 后”正在成为消费市场的主力军。进一步对比 2016 年的数据可以发现，2017 年 19～25 岁消费人群增长比例明显提升，对于酒店经营者而言，整个市场正传达出“年轻化”的信号。在职业分布上，大学生消费比例接近 10%，同样是不容忽视的力量。

高端酒店消费的愈加年轻化，以“80 后”“90 后”消费者为代表的高端酒店消费人群，在过去一年呈现出更加多元化的消费喜好。“80 后”追求乐观消费主义，敢于冒险，消费目的更强调追求快乐、享受生活。“90 后”是网络时代的“原住民”，他们有自己的文化、自己的语言、自己的价值体系。“00 后”追逐奢华品质，又注重便利支付的时尚购物方式。这些年轻群体，消费观念新，自我意识强，追求时尚、奢华及互动体验等。

年轻群体是未来消费市场的主力军，万豪计划针对该市场提供主题性旅游产品，将会有很大市场空间。

本章小结

酒店产品是一个整体的概念，分为核心产品、形式产品、期望产品、附加产品和潜在产品五个层次，其中核心部分是顾客所需要的最基本的效用或利益。

酒店产品有许多不同于一般产品的特点，如生产和消费的同时性、产品价值的不可储存性、所有权的不可转让性等，这需要酒店在产品开发时加以重视。

酒店产品组合及服务包设计是酒店产品满足不同市场需求的重要的产品策略，可以充分配置酒店资源和条件，最大限度地平衡供求关系。

酒店新产品的开发过程包括创意形成、创意筛选、产品概念形成与测试、初拟营销战略、商业分析、产品设计与开发、试销、正式上市八个主要步骤，除此之外，酒店还可以通过收购、兼并等手段进行新产品的开发。

酒店产品存在导入、成长、成熟、衰退的生命周期，每个阶段都要采取不同的营销策略，以此延长生命周期。

酒店最重要的产品策略就是服务品牌化建设与传播，以此树立企业或产品品牌形象。

内部营销是顾客导向型服务文化在酒店人力资源管理中的体现，是增加员工向心力和凝聚力、提高顾客满意度的重要保证。内部营销与外部营销相结合，有利于保证酒店营销目的的实现。

问题与讨论

1. 酒店产品的特点有哪些？举例说明。
2. 酒店新产品有哪几种？分别有哪些特点？结合自己的经历，谈谈你对酒店新产品的看法。
3. 酒店不同的星级与顾客需要的关系是什么？
4. 简述酒店产品生命周期的特点及不同阶段的营销策略。
5. 简述经济型酒店品牌建设存在的问题，及改进策略。
6. 结合自己的酒店消费经历，谈谈你对酒店有形展示的认识。
7. 举例说明酒店服务包的概念并阐述进行服务包设计应该注意的问题。
8. 你喜欢哪些知名的酒店品牌？请说明原因。
9. 请说明酒店内部营销和外部营销的关系并阐述内部营销对服务企业的重要意义。

延伸阅读资料

7-1　主题酒店：借情怀起家　靠市场立身

7-2　有了中文名，Airbnb 就能圆中国梦

7-3　酒店品牌故事

7-4　酒店离职率全行业第一　如何留住酒店人才

7-5　酒店科技创新　提高人效是核心

第八章　酒店价格策略

本章目标

了解酒店产品价格的构成和影响因素；掌握酒店产品价格的特点和类型；了解酒店如何选择定价目标；掌握酒店产品定价的一般方法；了解收益管理在酒店定价中的应用；了解酒店产品的定价策略以及价格调整策略。

引入案例

大数据“杀熟”，是赤裸裸的价格歧视①

据报道，微博网友“廖师傅”自述了被大数据“杀熟”的经历。他经常通过某旅行服务网站订某个特定酒店的房间，长年价格 380 元到 400 元不等。偶然一次，通过前台人员他了解到，该酒店淡季的价格在 300 元上下。他用朋友的账号查询后发现，果然是 300 元，但用自己的账号去查，还是 380 元。

在经济学里面，“歧视”是一个中性词，主要是区别对待的意思。凡选择必有歧视。因为资源是稀缺的，不同的消费者要争夺有限的好东西，不同的商家也要争夺有限的好顾客，很多排他性选择的做出，其实就是歧视。“廖师傅”案例就是商家利用大数据“杀熟”的行为，在互联网世界颇为普遍。

大数据“杀熟”属于赤裸裸的价格歧视，而且这种歧视行为十分隐蔽，它滥用消费者的个人消费偏好数据，在消费者完全不知情的情况下，借助信息不对称，让消费者掏了更多的钱，从而让自己获得更大的利润。对于这样的行为，除了寄望相关部门查处，消费者恐怕很难在每一次具体的消费行为中及时发现，用脚投票：抛弃那些玩大数据歧视的企业。

电商网站通过对顾客的碎片数据进行分析，为消费者画像，进而精准提供服务。这对于买卖双方都有一定的益处。但是，当大数据的运用过界，侵犯到消费者隐私并且以此谋取不正当利益时，却不能以“精准营销”作为遮羞布。

第一节　酒店产品价格概述

价格作为一种重要的竞争手段，既可以反映竞争状况，调节市场需求，也可以在成本不变的情况下改变酒店的收益。对于酒店来说，酒店产品价格不仅仅代表着顾客必须补偿

① 崔玉玉. 大数据缘何变身“杀熟”帮凶[N]. 人民日报（海外版），2018-04-11（008）.

的成本，同时也是传递酒店服务质量、树立企业品牌形象的重要手段。

一、酒店产品价格概念

（一）服务价格的含义及特点

1. 服务价格的含义

酒店产品是服务性产品，同其他产品一样，酒店产品价格符合价值规律的基本要求。同时，由于酒店服务的特殊性，酒店产品价格形成的影响因素更为复杂，制定科学合理的酒店价格策略成为营销成功的关键。

2. 服务价格的特点

服务的无形性与易逝性是服务需求波动的根本动因，而且服务内容和质量也受到企业自身能力的限制，使得服务价格成为一种重要的营销工具。同商品价格一样，服务价格是服务价值的货币表现，是由社会必要劳动时间决定的，体现的是以货币为媒介的交换行为和交换关系。服务价格也受价值规律的调节支配，遵循等价交换的原则。

基于服务本身的特殊性，服务价格的特点主要表现在以下四个方面。

（1）价格是服务质量的关键信号。由于服务的无形性，顾客很难在购买前对服务品质做出准确判断，其判断主要取决于服务价值感知，即对服务效用和成本的评价。因此，价格成为购买决策的参考预期和重要线索。

（2）服务价格中活劳动成本比重大。服务商品交换中，消费者购买的是一种非实物形态的有特定服务的内容、时间与空间，所以，服务价格是一种劳务价格，服务质量好坏是影响价格高低的关键因素，服务的难度、强度和复杂程度影响价格比价体系的形成。

（3）服务价格灵活性强、波动性大。服务的需求多变性和不可储存性表现为一种现场行为，其价格有较大的回旋余地，在交换过程中灵活性较大。

（4）服务价格的复杂性。不同服务门类，其价格构成及特点各有不同，因此，影响服务价值形成的因素更为复杂。

服务定价的基础是服务成本、竞争者价格和顾客的感知价值，如图 8-1 所示。从理论上说，服务价格不低于服务成本，不高于顾客感知价值，即顾客愿意为服务支付的最高金额，竞争者的价格则调节服务价格在上限和下限之间波动。另外，企业目标、市场定位、产品生命周期、替代品价格、政府管制等多种因素都影响着服务价格的波动。

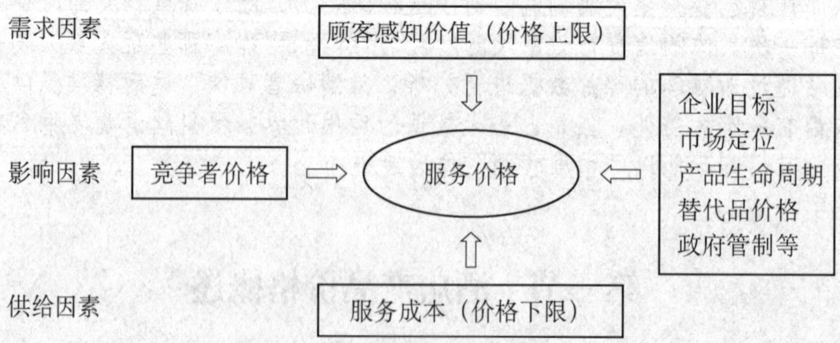

图 8-1 服务定价的概念模型

在供应链管理理念被提出后，出现了以供应链上下游企业组成的系统利润最大化为目标的企业间产品定价行为研究，被称为供应链协调（supply chain coordination）或者供应链契约（supply chain contract）。供应链企业间产品定价中，定价影响因素不仅要考虑单个企业面临的环境，还要考虑供应链中其他企业面临的环境；定价策略不仅要从个体目标最大化的角度做出决策，还要从供应链整体目标最大化的角度共同做出决策。

（二）酒店产品价格的含义及特点

酒店产品具有服务价格的一般特点，符合服务价格的基本规律。酒店产品价格同成本、业务量等要素一样影响着企业的盈利水平。科学的定价策略可以迅速反映市场需求和竞争的变化，吸引顾客注意力，引导顾客需求向高收益的服务时间或服务产品系列转移，成为提升酒店竞争力的强大利器。

1. 酒店产品价格的含义

酒店产品价格也是价值、供求和币值综合变化的反映。所谓酒店产品价格，就是顾客为满足自身需要而购买的酒店产品或服务价值的货币体现。酒店产品价格体现了物化劳动和活劳动本身的价值，具有满足顾客以住宿、餐饮、休闲、娱乐以及其他活动的物质和精神需求的使用价值。

从营销角度看，酒店产品价格由内在价值和外在价值组成。内在价值由生产成本、流通费用、税金和利润四个部分组成。外在价值则取决于顾客对酒店服务的认同度，是指顾客服务感知的心理定价。

顾客住宿需求是酒店产品核心价值的体现，从某种意义上说，酒店产品价格就是客房价格。根据酒店服务的性质，其价格构成呈多样化特点。例如，综合型酒店（如中国的星级酒店）价格涉及客房、餐饮、康乐费用等；经济型酒店价格则体现为客房费用等。

2. 酒店产品价格的特点

（1）复杂性。酒店产品价格受多种因素影响，包括酒店内部影响因素，如成本、人员、过程、设施等；外部影响因素，如市场结构、需求、竞争、自然、汇率等。因此，酒店价格的构成及定价过程都更为复杂。

（2）高固定成本。酒店建造投资大，酒店资本摊到每年经营的固定成本就很大。除了直接餐饮材料、消耗品、水电能耗等为变动成本外，折旧费、人工成本、部分电力等能耗都是酒店的固定成本，这是酒店行业的固定成本比例比较高的原因。

酒店较低的可变成本意味着较高的边际收益，酒店价格（客房价格）可以近似看作是边际收益。国外的研究表明，酒店企业在开始营业之前，已有 85%的成本为固定成本。从理论上来说，在已出售的客房收入能够抵消当天酒店客房固定成本的前提下，酒店为客人提供的房价只要能够达到收回变动成本或边际成本的水平就可以了。

（3）灵活性和动态性。由于顾客购前对服务价值认知和评价具有一定的局限性，不同细分市场的客户群愿意为同样的服务支付不同的价格，酒店产品价格必须考虑顾客对服务价值的认同等因素，体现价格的灵活性和差异性。由于服务的不可储存性和需求的不稳定性，酒店需以差别定价策略和边际定价策略为主要定价策略，有效进行生产能力调节和动态管理，以获得最大收益。

（4）前置性。酒店必须及时调整产品价格，以应对生产能力固定和竞争的压力。酒店经营者在其提供产品前的一段时间必须将有关产品的价格信息传递到目标市场，才可能按照企业预期实现顾客的购买行为。价格决策和产品销售之间的前置时间较长，在这一段时间内，如果酒店产品价格发生频繁、大幅的变动就会给顾客带来不信任感，导致旅游产品的吸引力下降。因此，由于酒店价格的前置性，价格所表现出的相对稳定和价格变动都将给酒店定价策略带来挑战。

二、酒店产品价格的表现形式

（一）酒店产品的计价方式

按照国际惯例，酒店产品计价方式主要包括以下五种。

（1）欧式计价：European Plan（EP）。这种计价方式源于欧洲，是指酒店客房价格仅包括房租，不含食品、饮料等其他费用。世界各地绝大多数饭店均采用此类计价方式。我国的旅游涉外饭店也基本上采用这种计价方式。

（2）美式计价：American Plan（AP）。酒店价格包括房租以及一日早、中、晚三餐的费用。因此，美式计价又被称为全费用计价。这种计价方式多用于度假型饭店。

（3）修正美式计价：Modified America Plan（MAP）。采用修正美式计价方式，酒店价格包括房租、早餐及午餐或晚餐的费用。这种计价方式多适用于旅行社组织的旅游团队，以便宾客有较大的自由安排白天活动。

（4）欧陆式计价：Continental Plan（CP）。采用欧陆式计价方式，酒店价格包括房租及一份简单的欧陆式早餐，即咖啡、面包和果汁。采用这种计价方式的酒店一般不设餐厅，有些国家称其为"床位+早餐"（B & B—Bed and Breakfast）计价。

（5）百慕大计价：Bermuda Plan（BP）。采用百慕大计价，酒店价格包括房租及美式早餐的费用。美式早餐除含有欧陆式早餐的内容以外，通常还包括火腿、香肠、咸肉等肉类和鸡蛋。

（二）酒店产品的价格类型

酒店是综合性服务企业，其产品涉及客房、餐饮、商品和康乐等不同部门，且每种产品又包含更具体的产品项目和类型。酒店产品价格种类繁多，呈现多样化的特点。

1. 基准价、特别价、追加价、协议价

基准价：门市价、公布房价，一般不包括税金和服务费。特别价：优惠价，包括团队价、包价、折扣价、优惠价和免费价。追加价：在标准价的基础上，根据客人的实际情况，另外加收的房费，包括白天租用价、退房超时价、加床费、深夜房价和保留房价等。协议价：是公司与酒店签署协议，在保证入住率的情况下给予该公司客人或员工的酒店优惠价。

2. 单项价格和组合价格

单项价格是指顾客以单项产品或服务为购买对象所构成的价格。组合价格是指基于特定目标市场所提供的由多种产品和服务构成的整体产品价格的总和，即特定产品组合的价格，如旅游包价等。

3. 差价和优惠价

酒店产品差价，是指对外公开的基准价格，是同类酒店产品由于时间、地点或其他情况而引起差额的价格，主要有季节差价（淡季与旺季）、批零差价（批发与零售）、地区差价、质量差价、机会差价、团体与散客差价等。例如，相同的客房类型对散客、团体、家庭等价格不同；又如，相同景区门票对儿童、成人及其他特殊群体等价格不同；再如，相同餐食对餐厅用餐和客房送餐价格不同。

酒店产品优惠价，是指在基准价格的基础上，给予特定顾客一定比例的折扣或其他优惠条件的价格。优惠是酒店争取客源市场的手段之一，也是酒店短期内调节市场需求的有效方法。

【阅读链接 8-1】酒店差别定价法的运用①

如家快捷酒店根据顾客的回头率将顾客分为普通顾客、E 会员、一般会员和金卡会员。根据市场需求，如家设计了不同的房型。相同的房型对于不同等级的顾客而言价格不同；相同等级的顾客对于不同的房型价格也不同，如表 8-1 所示。

表 8-1　如家昆明学府路云上城店的价格比对　　单位：元

房　型	门 市 价	E 会员	普　卡	金　卡	周 末 价
特惠大床房	179	170	165	158	229
特惠商务房	189	180	174	166	239
标准双人房	219	208	201	193	269
商务大床房	219	208	201	193	269
时尚双人房	229	218	211	202	209

可见，如家快捷酒店形成了以顾客为基础和以产品为基础的差别定价。此外，酒店根据不同地区的经济指标和消费情况，采取了以空间为基础的差别定价。表 8-2 所示为云南省如家快捷酒店的分布及门市价格比对情况。

表 8-2　如家快捷酒店在云南省各地区分布及门市价比较　　单位：元

<table>
<tr><th>地区</th><th>昆明</th><th>曲靖</th><th>保山</th><th>玉溪</th><th>昭通</th><th>丽江</th><th>红河</th><th>西双版纳</th><th>德宏</th><th>普洱</th><th>文山</th><th>临沧</th><th>大理</th><th>楚雄</th><th>怒江</th><th>迪庆</th></tr>
<tr><td>最高价格</td><td>299</td><td>159</td><td>169</td><td>129</td><td>89</td><td>179</td><td>139</td><td>179</td><td>159</td><td colspan="7" rowspan="3">无覆盖</td></tr>
<tr><td>最低价格</td><td>129</td><td>139</td><td>139</td><td>109</td><td>89</td><td>139</td><td>129</td><td>159</td><td>139</td></tr>
<tr><td>说明</td><td></td><td></td><td>腾冲县</td><td></td><td></td><td></td><td>开远市</td><td></td><td>瑞丽市</td></tr>
</table>

由表 8-2 可知，如家快捷酒店在云南各地区的门市价格是不一样的，个别经济欠发达地区尚且没有该酒店。市中心所在地，经济较发达，价格较高；离市区较远区，价格相对较低。除了上述因素外，时间因素也会造成定价的差异化。以云上城店特惠大床房为例，6 月份的价格为 179 元，而暑期其价格则为 229 元，有小幅度的上涨。

随着团购、微信等的兴起，如家快捷酒店根据不同的支付方式也采取了一定的差别定价。对于团购来讲，原价是 119 元的房间只需支付 99 元；用微信支付则可享受减免 5 元的优惠，而到门店支付是原始价格。

4. 战略性价格和战术性价格

战略性价格与企业的营销战略相符，是经营者在生产之前数月就必须在宣传册、指南、门票等处予以公开发布的价格，如酒店门市价。该价格结构是战略性营销决策的反映，它涉及产品定位、货币价值、投资的长期回报以及企业目标，如增长、市场份额和预先确定的经营利润水平等。

战术性价格与企业的营销组合策略相一致，是经营者以周、日或小时为单位开展业务

① 林安凡. 差别定价法在酒店营销管理中的应用[J]. 中国商贸，2014（21）.

的价格。这个价格随着生产日期的临近，根据当时的预定情况和预测而有所变动。酒店战术性价格可以通过奖励措施来操纵边际需求，应对特定时期的竞争状况，吸引新顾客，有效进行短期危机管理等。

【阅读链接 8-2】酒店产品价格的多样化（见表 8-3）

表 8-3　酒店产品价格

客房产品（按间/天）		餐饮产品	康乐产品	…
散客房价 团队房价 公司房价 会议房价 长住房价 协议房价 ⋮	单人房价 双人房价 标准房价 套房房价 公寓房价 单开房价 双开房价 ⋮	盘菜价格 套餐价格 自助餐价格 团队餐价 会议餐价 宴会预订价格 客房送餐价格 ⋮	保龄球（按时间计价） 夜总会（按场次计价） 台球厅（按时间计价） 按摩美容（按人次和时间计价）	…

第二节　酒店定价的影响因素

由于酒店市场供求关系的影响因素较多，变化较大，从总体上这些因素可分为内部因素和外部因素，而这些因素也影响着酒店的定价。

一、内部因素

酒店定价首先要考虑的就是内部因素，即酒店的经营条件。

（一）酒店服务成本

酒店服务成本是构成酒店服务价格的主要组成部分，是影响价格的最主要、最直接的因素。酒店产品在生产与流通过程中耗费的一定数量的物化劳动和活劳动之和构成产品成本，是价格下限。酒店定价必须保证价格不能低于平均成本费用，才能使总成本费用得到补偿。从长期来看，酒店产品价格如果低于平均成本，企业将难以生存。就短期而言，产品价格必须高于平均变动成本，即获得边际利润。否则，亏损将随着生产经营产品数量的增加而增多。

酒店成本的构成如表 8-4 所示。

表 8-4　酒店成本构成表

固定成本	变动成本
建筑与设施的折旧	食品和一次性用品消耗
建筑与设施的租金	易耗品的维修
部分电力能源	水电等能源消耗
固定人员的酬金	流动员工工资

【阅读链接 8-3】纠正认知偏差 全服务酒店“自助餐”服务成本可节省[①]

认知也是酒店业的一种无形资产

酒店业在中国的兴起源于改革开放，很多的标准和流程都是从引进国际品牌开始制定。我国酒店业在不断学习和完善中，也有为了满足国内顾客需求而有违常理浪费人力资源和物耗过度的产品，如国内各家酒店的自助餐服务。

自助餐，其标签已经告诉顾客需自助，但这项餐饮产品在中国的酒店比较例外。当多年前中国劳动力成本还有红利时，自助餐厅基本都有服务，除了顾客自己到不同餐饮供应台挑选喜欢的食品和饮品外，服务员还需要不断为顾客上饮料、送挑点的煎烤食品、送点要的咖啡等。由于有服务员不停帮助更换餐碟，每位顾客至少使用平均 5 个不同餐碟（冷菜、海鲜、烧烤、热菜、汤类、甜点），更有些员工在顾客还在碟中享受美味佳肴时就主动帮助其更换餐碟。酒店提供自助餐的咖啡厅往往从早到晚配备不少员工，就人效分析，咖啡厅的人效并不高。虽然目前我国酒店的劳动力成本红利消失，但酒店自助餐厅的服务标准和流程并没有太大的改变。

比较对照国外酒店的自助餐厅做法，再粗略地算一笔经济账。根据不完全统计的万家全服务酒店（奢华酒店不在统计范围）数量计算，保守估算人工成本每年多花费了三十个亿。如果酒店改变认知和方法，调整服务标准和流程，正确引导和提醒顾客需要，就可以节约运营成本，改善行业亏损的局面。

中国特色的酒店服务业，提升对于无形资产的认知，是行业持续发展的必要条件、又一个几十亿的大红包。

（二）营销目标和营销组合策略

酒店定价必须以企业整体经营政策为依据，在明确营销目标的基础上进行，并做及时调整和跟进。酒店总体目标体现服务对象、定价目标以及竞争方式，是价格制定与调整的重要基础。价格作为营销组合策略中的重要因素，必须协调组合中其他要素的相互关系，包括产品、品牌、渠道、促销、展示等，形成组合的整体效应。酒店产品价格是顾客衡量酒店服务质量的关键指标，由此产生的参考预期，影响顾客对酒店服务的选择。当组合以价格为主要诉求时，价格将制约其他营销要素的决策；当非价格因素为组合核心诉求时，价格则成为组合的辅助性要素。但是，即使价格为营销组合的特色，顾客也很少仅仅根据价格做出购买决策，顾客价值最大化才是酒店营销的宗旨。

（三）产品特点

酒店产品定价需要考虑产品和服务自身的特点，包括品牌价值较高产品的市场溢价水平、良好口碑快速的市场扩散范围、季节性产品的价格平衡与调整、标准化产品和服务的价格波动、特色产品和服务的市场认知度以及不同生命周期产品和服务价格差异化等。

（四）企业条件

企业规模、组织结构、管理方式以及营销能力等酒店企业综合条件也是价格策略的影响因素。酒店定价权、调价自由度以及价格管理机制等都受企业自身条件的影响和制约。

① 袁学娅. 从酒店自助餐谈成本管控：小小举措能节省 39 个亿. 星硕袁学娅专栏，2018-03-05.

特别是一些大型酒店连锁集团、航空公司、游船公司等设有收益管理部，负责定价和协调工作，在价格管理中发挥了重要的作用。

二、外部因素

（一）市场结构

不同的市场结构，酒店定价模式也有所不同。市场竞争格局可分为完全竞争、完全垄断、垄断竞争和寡头竞争四种类型。

（1）完全竞争市场中，产品同质化，酒店没有定价的自由权，只能被动接受市场价格。企业只能通过降低成本、提高劳动生产率获得效益。

（2）完全垄断市场中，企业没有竞争对手，独家或少数几家企业联合控制市场价格。企业主要通过市场供给量来调节市场价格。由于资源的独占性和政府的保护，这类产品价格属于垄断性价格。这种情况在资源依托型的旅游产品中常见，但饭店或旅行社很难形成该市场格局。

（3）垄断竞争市场中，同类产品在市场上有较多的生产者，市场竞争激烈，产品特色和差异性成为价格的核心，如酒店主题或品牌等。在这种市场格局中，拥有某些优势的酒店可以创造独特的市场地位，影响并控制市场价格。垄断竞争市场是现代市场经济中普遍存在的典型竞争形式。

（4）寡头竞争市场中，少数大企业相互依存和影响，共同占有大部分市场份额，控制和影响市场价格，对彼此营销战略和定价策略非常敏感。在寡头竞争条件下，商品的价格主要实行操纵价格，即由寡头们通过协议或默契决定，各寡头在广告宣传、促销方面竞争较激烈。

（二）需求价格弹性

价格弹性反映了顾客对价格变化的敏感程度。经济学把价格变动引起需求量变化的程度称为需求价格弹性，用 E_P 表示需求价格弹性系数（E_P 取绝对值），其计算公式为

$$E_P=需求量变化的百分比/价格变化的百分比$$

对于不同类型的酒店产品和服务，需求量对价格变化的敏感程度是不一样的，应采取不同的价格策略，以实现最大收益。当 $E_P>1$ 时，富有弹性，适合采取降价策略；当 $E_P<1$ 时，缺乏弹性，适合采取提价策略；当 $E_P=1$ 时，单位弹性，选择非价格竞争策略更为有效。酒店服务需求弹性的高低主要受选择余地、替代品、时间宽松度、购买目的、各种单项酒店产品的功能等要素的影响。如度假旅游的弹性比商务旅游高、酒店住宿弹性比景区景点高，特别是垄断性的旅游资源。另外，酒店产品的不可感知性意味着较高的购买风险，直接影响需求弹性的改变。

（三）心理因素

顾客心理行为是企业定价时非常重要的影响因素，同时也是最不易考察的因素。对酒店产品价格起较强影响的心理因素有三种：一是价格预期心理，是顾客对未来一定时期内价格水平变动趋势和变动幅度的心理估测；二是价格观望心理，是顾客对价格水平变动趋势和变动量的观察等待，以求达到预期并进行购买；三是价格攀比心理，通常会产生盲目争购、超前消费乃至诱发和加重消费膨胀态势，成为价格上涨的重要推手。

【阅读链接 8-4】选酒店，国人对价格的敏感度持续降低[①]

携程旅行网第二届全球酒店合作伙伴峰会在上海举办，本次峰会就旅游与经济发展、创新以及合作等内容进行了深入讨论。据业内人士分析，消费者对酒店品质关注日渐提高。

所有酒店关键词搜索的数据里，接近60%的用户都会选择位置搜索，接近40%的用户用了酒店星级筛选，而用价格作为筛选条件的只占总关键词搜索用户的 11.6%，这说明消费者对价格越来越不敏感了，他们愿意用更高一点的价格换取更加便捷的服务、更高的安全性、更优质的服务和品质，他们更注重酒店本身。

研究还发现，顾客在浏览数据时，从开始浏览到最终选择一个酒店，平均浏览 26 家。这 26 家并不是一次性浏览的，而是陆陆续续看的。消费者花很长时间来预订，不停地打开、关闭应用，或者每天都做这件事，他每看一家酒店都意味着有可能到不了你的酒店了，有可能已经产生预订了，这是非常恐怖的数据，也说明竞争非常激烈。

预订环节的数据比较显著的特点就是说走就走，例如，超过一半以上的消费者是当天预订当天入住，这在移动互联网时代之前是不可想象的；20%的消费者是提前 1～3 天预订；只有 13%的消费者是提前一周预订。这意味着消费者有钱任性，大家现在都是在移动互联网时代下，以碎片化的时间做这些工作，可能更多是做即时决策。专家分析认为，为什么选择了这家而没有选择另外 25 家酒店？可以看到消费者对于“是否含早”、床型、房间面积、取消预订的政策等关注度在增加，而对于是否价格最低，处于关注度减弱的趋势。现在国人对于价格的关注度越来越低，对酒店品质关注日渐提高。这个信息预示着酒店在展示价格优势的同时，更应关注消费者关注的其他问题，如特色和品质。

（四）政策法律因素

政府的政策和法规，既有监督性、保护性，也有限制性。这些因素在经济活动中制约着市场价格的形成，是各类企业定价的重要依据。酒店在经营过程中应密切注意货币政策、贸易政策、法律和行政调控体系等对市场流通和价格的影响，尽可能地规避政策风险。例如，中国政府出台的相关政策《八项规定》、新《旅游法》以及《中央和国家机关会议费管理办法》等，给会议旅游市场、服务行业的中下游企业，特别是餐饮和酒店企业带来了不同程度的影响。

第三节　酒店产品定价目标及方法

酒店定价只有在影响因素分析的基础上明确定价目标，选择正确的定价方法和策略，才能科学定价。一般来说，定价程序经过的步骤如图 8-2 所示。

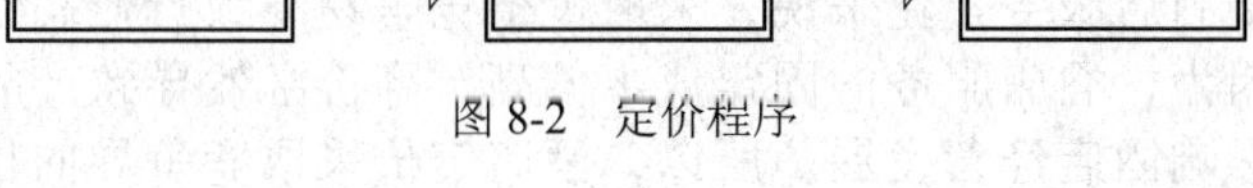

图 8-2　定价程序

① 鄢光哲. 旅游文化[N]. 中国青年报，2017-11-02（008）.

一、酒店定价目标

酒店定价目标取决于酒店企业营销战略，是酒店定价方法和策略的基础。常见的酒店定价目标有以下几种。

（一）利润导向目标

利润导向目标是建立在财务分析基础上的定价目标，包括以下几方面。

1. 当期最大利润目标

该目标是谋求企业当前利润最大化，即短期目标，一般多采用高价政策。短期最大利润目标在竞争激烈市场条件下很难持久，仅限于具有绝对优势的垄断企业。

2. 理想利润目标

酒店在市场信息和需求预测的基础上，根据自身的成本水平所能获得的最大利润为目标进行定价。在酒店实际运营中，该定价目标应用较为广泛，但也易出现问题。基于理想利润目标的价格水平，主要是完全补偿的成本和企业预期利润的总和，却忽略了市场需求的影响。根据需求价格弹性理论，高价不代表高利润，当顾客对价格敏感程度高时，反而因高价格减少销售量。另外，酒店服务性产品也决定了其价格波动性较强，所以酒店仅仅使用利润目标定价是不现实的。

3. 投资收益率

投资收益率是酒店常用的定价目标。采取此类定价目标的酒店，一般是把价格固定在能够得到税后投资回报水平上，是根据投资额确定利润率进行酒店定价。采用这种定价目标的酒店应该具备较强的实力，拥有竞争力的产品，否则很难实现预期目标。投资收益率可有短期和长期之分，追求不同的投资收益率必须有不同的定价决策。

（二）销售导向目标

以销售导向为定价目标的企业更关注市场占有率及销售量的最大化，而非短期利润。酒店采取该目标定价，将价格定位在低于行业平均市场水平上来获得预期销售量和市场份额。酒店业是一种数量敏感性行业——固定成本高而变动成本低，一旦固定成本回收后，销售量的少量增加就会导致利润的大幅度提高。采取该目标定价的酒店在获得规模经营效益的同时，也应该注意避免低价所带来的负面影响，优质的产品和服务质量与客户关系维护才是企业持续盈利的重要保证。

（三）竞争导向目标

大多数企业的战术性价格调整都是为了应对竞争对手的价格变化。当竞争主要围绕价格展开时，降价可以取得战术上的优势，但竞争对手也可能随之降价，使全行业面临利润下降的危险，而降价组织自身也失去了再投资开发长期产品或服务的能力。因此，酒店以竞争为目标而降低价格必须谨慎。酒店应该根据市场地位和发展目标选择低于、高于或者与竞争者相同的价格策略，并跟随竞争对手价格的变化做出及时的调整。

很明显，对于酒店服务企业来说，采取价格竞争易导致行业恶性竞争，不利于企业的健康发展。因为，酒店服务的固定成本偏高，降价必然导致产品质量受损，顾客感知价值降低，影响酒店经营发展。所以，酒店定价采取竞争导向目标，必须结合营销组合策略其他非价格竞争手段，依托组合整体优势向顾客提供最大价值，增强酒店综合竞争力。

（四）顾客导向目标

顾客导向目标是指企业能引导、影响和促进消费者购买行为的定价目标。对于酒店服务来说，无形性和同时性特点影响和制约了顾客选购前的评价和判断，当这些信息越少时，顾客对价格的依赖性就越强，即价格成为人们选择的首要标准。在这种情况下，价格作为有形展示的重要工具，可以传递企业和产品的形象信息，与市场进行有效的沟通。所以，酒店在充分了解不同细分市场顾客需求的基础上，利用多种定价方法制定适当的价格水平，有效传递市场定位信息，更好地帮助顾客目标的实现。例如，豪华型饭店和经济型饭店各自的高价和低价已成为其战略性定价策略的一部分。

采取该定价目标的企业应该注意，基于顾客导向目标的价格具有促销的功效，酒店必须维持价格相对稳定，保证产品货真价实，才能真正赢得顾客的信任，提升顾客忠诚度。

（五）社会责任导向目标

社会责任导向目标是酒店定价基于社会市场营销观念，以社会责任为首要目标，利润目标其次，强调企业的社会效益和长期收益。定价的社会责任导向体现酒店为社区、公众谋求福利，在保护自然环境、改善社会环境中扮演积极的倡导者角色。例如，生态旅游景区根据游客承载量确定适当价格；绿色酒店根据环保节能和新技术条件等因素科学定价等。对于酒店来说，承担社会责任尽管意味着经营成本的加大和现有服务范围的限制，但从长期看，在企业文化、顾客认知以及目的地形象等方面将会得到极大的提升，为企业获得长期绩效奠定了基础。

二、酒店定价方法

酒店定价必须考虑定价目标及各种影响因素，选择适合的定价方法，以此确定适当的价格水平。常用的酒店定价方法有成本导向定价法、需求导向定价法和竞争导向定价法。

现有的酒店定价理念和方法如表8-5所示，其中成本导向定价法是服务型企业最基本、最常用的定价方法；需求导向定价法是以顾客感知价值为核心的定价方法；竞争导向定价法则是市场经济条件下的一般定价方法。

表 8-5　定价目标和定价方法

类型	定价目标	定价方法
成本导向定价法	使酒店资源消耗得到充分补偿并获得一定利润	成本加成定价法、变动成本定价法、盈亏平衡定价法、目标收益定价法、边际贡献定价法
需求导向定价法	根据市场需求确定服务价格，满足顾客需求的同时，刺激顾客购买行为	感知价值定价法、需求差异定价法、折扣定价法、尾数定价法、同步定价法、渗透和撇脂定价法、声望定价法、逆向定价法、捆绑定价法、互补定价法、习惯定价法等
竞争导向定价法	以应对竞争为主要目标时，依据竞争对手的产品价格来确定自己产品的价格	随行就市定价法、主动竞争定价法、投标定价法等

（一）成本导向定价法

成本导向定价法是企业在定价时以成本为依据，一方面要补偿全部成本，另一方面为企业带来合理的利润。对于酒店来说，成本导向定价法是基准价格制定的重要手段，但是这种方法易忽略市场需求、竞争格局及政策法规等因素的影响，酒店定价仅使用这种方法是不可取的。

1. 成本加成定价法

成本加成定价法，是在成本的基础上，加上一定比例的预期利润或税金，作为酒店产品的销售价格的一种方法。由于利润的多少是按一定比例确定的，习惯上称为“几成”（毛利率），因此，这种方法被称为成本加成定价法。这种定价方法计算简便，较容易操作。如果同行业都采用这种定价方法，所制定的价格水平大致相同而避免了削价竞争的损失。其计算公式为

单位产品价格＝[单位产品成本×（1+成本加成率）]/（1−税率）

酒店定价中，成本加成定价法主要用于制定酒店餐食和酒水的价格。采用这种方法必须事前能准确核算产品成本，并以社会平均标准进行适当调整，还要有一个适当的成本利润率。这种方法适合在需求及竞争状况相对稳定的环境中使用，但在市场疲软、成本增大、销售不畅的情况下难以适用。

【阅读链接 8-5】酒店餐饮产品的基价[①]

餐饮产品的销售价格由成本和毛利两大部分组成。制定餐饮产品价格时，首先要依据酒店的档次、菜肴特点、服务水平等，确定产品毛利率（餐饮企业的平均毛利率要大大高于制造企业，一般在 30%～60%，这是由餐饮企业独特的经营特点所决定的）后，再根据餐饮产品的原材料成本计算制定。餐饮产品定价方法如下。

（1）销售毛利率法。销售毛利率是餐饮产品的毛利与销售价格之间的比率，又称内扣毛利率法。采用这种方法有利于销售核算。其计算方法为

销售毛利率=（产品毛利/产品销售价格）×100%

餐饮产品基价=食品原材料成本/（1−销售毛利率）

（2）成本毛利率法。成本毛利率法是餐饮产品的毛利与食品原材料成本之间的比率，又称外加毛利率法。该方法是按既定的成本毛利率加成计算出产品基价的方法。该方法计算简单明了，但不易反映产品营业收入中毛利所占比例，所以较少采用。其计算公式为

成本毛利率=（产品毛利/产品原材料成本）×100%

餐饮产品基价=食品原材料成本×（1+成本毛利率）

2. 盈亏平衡定价法

该定价法是运用损益平衡实行的一种保本定价法。在一定销售量的水平上，以盈亏分界点的总成本为依据来确定产品价格的定价方法，或者是在一定价格水平下找到保本时的销售量。盈亏分界点是指企业在收支平衡、利润为零时的销售水平。分界点上的产品价格为

保本点单价=单位变动成本+（总固定成本/销售量）

例如，某酒店有客房 300 间，每天应摊销的固定成本为 900 万元。预计客房出租率为 60%，每间客房日平均变动成本为 45 元，试计算该饭店盈亏平衡点的价格水平是多少。

根据公式，保本价格=45+9 000 000/（300×365×60%）=181.99（元）。

假设定价为 300 元/间，那么此时的保本销售量为

保本销售量=固定成本/（价格−单位变动成本）=9 000 000/（300−45）=35 295 元/（间·天）。

---

① 蔡万坤. 现代酒店市场营销管理[M]. 广州：广东旅游教育出版社，2012.

这种方法会确保酒店生产耗费得以补偿，而且可以通过固定成本和单位变动成本的降低来降低保本点，获得更大的收益，因为超过保本点就意味着盈利。因此，酒店可以利用盈亏定价法确定最低价格以实现减亏、保本的目标。

3. 目标收益定价法

目标收益定价法，又称目标利润定价法或投资收益定价法，是确定一个目标收益率或投资收益率，再根据酒店总成本和总销售量的估测，确定产品的最终价格。这种定价方法用公式表示为

单位产品价格=（固定成本+变动成本+目标利润）/预期销售量

目标收益定价法可以保证企业既定目标利润的实现，一般是用于在市场上具有一定影响力的企业、市场占有率较高或具有垄断性质的酒店企业。该方法的局限性表现在仅从卖方利益出发，忽略市场需求和市场竞争的情况，销售量估测主观性等方面。酒店采取该方法定价必须注意将预期目标收益率与其他影响因素结合起来，特别是及时跟踪和准确掌握顾客需求，合理定价。

【阅读链接 8-6】酒店客房产品定价常用方法

- 千分之一定价法

千分之一定价法也称作建筑成本定价法，就是以酒店建筑投资总额为基数进行定价的方法。由于酒店建筑所需投资通常占总投资的 60%～70%，因此房价与造价挂钩是酒店经营考虑目标利润的着眼点。千分之一定价法是指房价为平均每个客房建筑造价的千分之一。具体公式如下：

平均房价=（建造成本总额/房间数）/1 000

例如，饭店有 800 个房间，总投资 1 亿美元，那么 1 亿美元的千分之一是 10 万美元，即为 800 个房间的总价格，而每个房间的平均价格则是 125 美元/（间・天）。

千分之一定价法得出的房价是酒店拥有全部客房的平均房价。该方法的不足之处是：受条件限制，客房的年平均出租率应达到 70%以上；其他营业部门，如餐饮、商场等能够提供一定的利润；饭店的营业毛利要达到 55%；等等。如果这些假设条件与实际情况不符，那么千分之一法就不能制定出合理的房价。千分之一法只考虑了投资成本的因素，而没有考虑酒店的实际经营费用、酒店位置、供求关系和市场竞争状况等因素。所以该方法大多被用于客房定价的基数或参考因素，而不是最终价格的决策工具。

- 赫伯特公式定价法

赫伯特公式定价法又称投资回收定价法，是以目标收益作为定价的出发点，预测饭店经营的各项收入和费用，测算出计划平均房价。具体公式如下：

客房基价=客房年度总收入/（客房总数×预测客房出租率×365）

客房部年度总收入=酒店总投资×目标投资回收率−其他部门经营利润+酒店管理、营业费用+客房部经营费用

相比千分之一定价法，赫伯特公式定价法计算房价时充分考虑了酒店的目标利润、经营成本和费用，以及对非客房部的收入等相关因素进行了综合考虑，更加客观、准确。但是，公式中各项估算值与实际的差距影响价格的合理性，特别是根据营业额来推算房价，而价格又是影响营业额的一个重要因素，存在概念性局限。

4. 边际贡献定价法

边际贡献是运用盈亏分析原理，进行产品价格决策的重要指标。边际贡献是指销售收

入减去变动成本后的余额，通常又被称为边际利润等。计算公式为

单位产品边际贡献=销售单价−单位变动成本

在产品销售过程中，边际贡献首先是用来弥补固定成本，若全部补偿固定成本，则企业保本；若高于固定成本总额，则企业盈利。边际贡献的实质是某种产品为企业盈利所能做出的贡献的大小，只有当产品销售达到一定的数量后，所得边际贡献才有可能弥补所发生的固定成本总额，为企业盈利做贡献。在定价决策中，即使产品售价低于基本平均单位成本，只要其售价大于单位变动成本，该种产品就能够提供边际贡献，所以，产品的单位变动成本是定价决策的最低价格。

根据酒店产品的不可储存、高固定成本以及需求波动性等特点，边际贡献定价法被酒店业广泛应用。特别是在酒店销售淡季、市场销量下降、无利润的情况下，不销售则亏损更多，可按边际贡献法进行定价决策。但应注意的是，采用该定价方法有一定的条件限制，且仅短期使用，避免给企业形象带来负面影响。

（二）需求导向定价法

产品的价格不仅取决于提供者，而且更取决于消费者，消费者需求的多样性决定了其对不同价格水平的接受程度。需求导向定价法是以顾客需求为基础，按照顾客对产品价值的理解和需求程度来确定和调整产品价格的定价方法。

传统的成本导向定价与需求导向定价法的对比，如图 8-3 所示。成本导向定价法是从经营者角度出发，以产品成本为基础进行定价，计算简单，价格稳定性较强；而需求导向定价法则是从顾客需求出发，以顾客认知价值为依据进行定价，主观因素对定价影响较大，价格差异和波动较大。

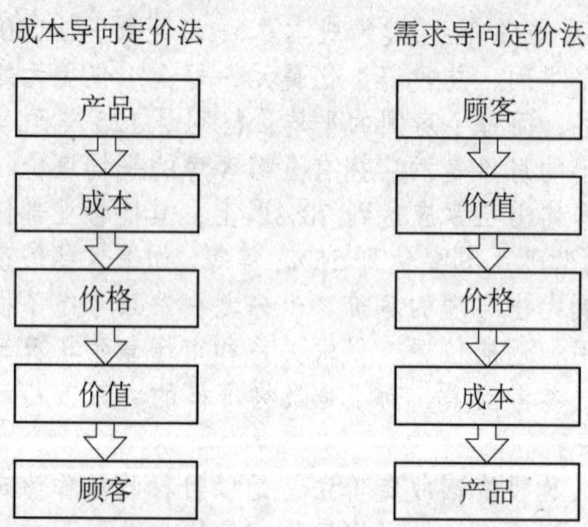

图 8-3　成本导向定价法与需求导向定价法的对比

需求导向定价法主要包括感知价值定价法、需求差异定价法、逆向定价法和习惯定价法。

1. 感知价值定价法

感知价值定价法也称理解价值定价法，是酒店以顾客对产品价值的认知和理解程度为依据的定价方法。该方法的特点是企业利用营销组合中的非价格变量来建立购买者头脑中的感知价值，并确定适当的价格来与这种价值相匹配。

消费者愿意支付的价格的高低取决于酒店产品满足顾客欲望程度的高低，即酒店产品提供产品效用的大小。酒店产品效用的大小不仅取决于酒店产品满足顾客欲望的某种物质属性，还取决于顾客的主观感受和评价，即对产品的理解价值。根据顾客价值理论，消费

者对价值的感受反映了对于所购买酒店产品和服务感受到的利益（产品、服务、人员和形象利益）与根据支付成本（货币、时间、体力和精力成本）决定的感受到的损失之间的权衡，决定了酒店产品价格水平。一方面，酒店针对顾客需求进行准确定位，提供差异化的服务，增大酒店服务附加值，以此制定高于酒店产品基准价格水平的溢价；另一方面，酒店尽量减少顾客对酒店产品的认知成本，提供高效的信息渠道和便利的消费方式，并对此进行促销和宣传，让顾客了解产品的价值。更重要的是运用品牌战略，建立和维护品牌忠诚，减少顾客搜寻成本，形成较高的产品认知价值。在实践中，酒店定价决策将两个方面因素结合起来使用能够更好地将价格和价值无缝对接。

感知价值定价法的关键就是确定顾客对所提供酒店服务价值的认知，主要方法包括：邀请与产品相关的人员，如顾客、中间商和员工等对产品直接评价；或通过对其他同类产品评价而推算产品理解价值；或通过产品属性评价等方法进行定价。

酒店在使用该方法定价时应注意对各类消费者的认知价值进行正确定位，避免发生定价过高或过低的失误。如休闲旅游者和商务旅游者对价值的认知和对价格的敏感度是不同的。此外，酒店还要充分利用营销组合中的非价格变量和产品质量、广告宣传、额外的利益等来影响、诱导消费者，使他们对产品的功能、质量、档次有一个大致的“定位”，然后再确定既适应市场需要，又能让企业获取预期利润的价格。

2. *需求差异定价法*

需求差异定价法，又称差别定价法、歧视定价法。这种定价方法是以同种产品因条件变化而产生的需求强度差异性作为定价的基本依据，着眼点在于减少消费者剩余，增加收益。消费者剩余是指消费者愿意为某产品付出的最高价格与其实际支付价格的差额。不同的消费者对同样的一种产品的需求弹性是不同的，购买欲望和能力也不同，采取歧视定价就是让不同的消费者按自己最大的支付能力和愿望出钱，从而使企业的收益最大化。在供给量不变的情况下，酒店通过需求差异定价可以增加总收益，成为酒店首选的定价方法。

引起需求强度变化的条件可能因销售时间、地点和对象的改变而改变。

（1）因时间差异制定价格。由于酒店产品的易逝性和需求的季节性特征，酒店可以根据不同季节（淡、旺季）、时间（平时、周末和节假日等），甚至不同钟点（白天、午夜入住）规定不同的价格。

（2）因地点差异制定价格。消费者对不同位置的酒店客房产品有不同的偏好，如客房坐落楼层的高低、同一楼层客房的不同朝向和风景（街景、海景、山景）等都可以作为需求差别定价的依据，这些依据都可以被充分利用。

（3）因对象差异制定价格。这主要是对顾客群体按照不同的标准进行细分制定不同的价格。由于顾客购买力水平的差异、对酒店服务需求程度不同等，他们对酒店服务价格敏感程度不尽相同，因此所支付的产品最高价格也不同，酒店就可以运用这种差别来制定合适的价格，使其更接近最高价格，获取更高的产品效益。例如，酒店团队客人和散客价格不同；商务、会议和度假客人定价不同；客房价格实行美元和人民币两种价目表以区分价格水平；景区、航空等交通服务推出学生票，公园采用年票收取较低费用以吸引常客等都是利用消费者差价。

酒店采用需求差别定价法应注意的问题：顾客对产品的需求有明显差异，市场能够细分；价格不同的细分市场之间能够完全隔离；酒店须遵循按质论价的原则进行差价制定，以确保顾客相信其合理性；产品价差要适当，不宜过高或过低，避免出现违反价值规律和差别识别失效等现象；不违反国内外的相关法律规定。

3. *逆向定价法*

逆向定价法，又称可销价格倒推法，是指企业通过价格预测和试销、评估，依据消费者能够接受的最终销售价格，逆向推算出中间商的批发价和生产企业的出厂价格的定价方法。这种定价方法的依据不是产品成本，而是市场需求，力求使价格为消费者所接受。与一般正向定价的销售模式相反，逆向定价法则是让消费者参与生产决策和定价，价格可以直接反映市场需求状况，同时在保证中间商利益的前提下快速打开市场。近年来，该方法在酒店行业得到广泛使用。

逆向定价模式主要运用心理博弈。由用户给定价格，商家选择是否接受。但由于产品属性、交流机制等客观因素，逆向定价并没有在太多行业普及，而是只局限于个别行业。在国外，C2B（customer to business）逆向定价模式最早应用于酒店预订业，Priceline（普利斯林）就是以此为独门绝技在美国酒店预订业称雄的。Priceline 和其自主定价的商业模式得到广泛应用。

4. 习惯定价法

习惯定价法是根据顾客习惯价格进行定价的心理定价方法。顾客长期形成了对某种商品价格的一种稳定的价值评估和习惯标准，企业定价若符合则顺利接受，若偏离则引起疑虑。这类商品要力求稳定，避免因价格波动带来损失。当酒店必须调价时，应选择非价格因素来避开习惯价格对新价格的抵触心理，引导顾客逐步形成新的价格习惯。

随着互联网的发展和市场竞争的加剧，需求导向定价法在酒店营销中心发挥越来越重要的作用。许多酒店利用网络技术和平台，不断适应和满足越来越主动的消费者的购买和体验需求，尝试新的定价方式，提高酒店收益。

（三）竞争导向定价法

竞争导向定价法是以竞争者实力和价格作为定价基础的定价方法，不过多考虑成本及市场需求因素的定价方法。

竞争导向定价法使用中应注意的问题有：酒店应注意价格和非价格手段的综合运用，特别是处于弱势的酒店企业，不能盲目跟风降价，陷入恶性竞争的旋涡；客观预测竞争者的价格的变化趋势，结合其他影响因素综合判断竞争态势，制定具有竞争性的价格。

1. 随行就市定价法

随行就市定价法，也叫通行价格定价法，是指企业产品价格与竞争者保持一致，以平均价格水平定价，易于被顾客接受，避免激烈竞争所产生的风险。这种方法更适用于产品成本难以估算和预测、市场竞争激烈、产品同质化的企业，在寡头垄断竞争条件下也很普遍。

显然，随行就市是一种被动的定价方法。为了改变这种局面，一些富有活力和进取心的企业则在保持行业平均价格的同时，通过改善服务而增加客源，通过降低成本而增加利润。

2. 主动竞争定价法

主动竞争定价法，也称为领先定价法，是实力雄厚或产品独具特色的酒店采用的定价方法。与通行的价格定价法相反，这种方法不是追随竞争者的价格，而是根据企业产品的实际情况及与竞争对手的差异状况来确定价格。所确定的产品价格若能符合市场的实际需要，率先定价的酒店会在竞争激烈的市场环境中获得较大的收益，居于主动地位。

3. 投标定价法

投标定价法主要用于投标交易方式。投标价格是经营者根据对竞争者的报价估计确定的，而不是按经营者自己的成本费用或市场需求来制定的，多以低于竞争对手报价的方式寻求中标。因此，企业报价既要考虑实现企业预期目标，也要结合竞争状况考虑中标概率。最佳报价应是目标利润与中标概率两者之间的最佳组合。

第四节　酒店收益管理

随着市场竞争的加剧，酒店客容能力的过剩和投资回收的压力日益增大，如何通过有效的管理提高酒店服务和收益水平成为酒店竞争关注的焦点。收益管理（revenue management）作为管理过程的战略角色，在酒店业受到广泛重视和应用，它不仅强调了顾客的销售价值，而且强调了细分市场的盈利能力，成为实现酒店收益最大化的重要工具。

一、收益管理

（一）收益管理的概念

酒店收益管理是为酒店业主提供的酒店盈利能力最大化的服务系统。该系统通过基于细分市场的盈利能力的识别，科学预测供需关系、市场价格及消费者行为的变化规律，实施市场导向的动态定价方法，以实现利润最大化的目标。

收益管理是指在综合运用经济学、营销学、心理学、统计学及计算机网络技术和信息技术等理论的基础上，将细分市场、市场定位、价格制定及渠道整合等因素进行优化组合的过程。

酒店实施收益管理可以最大限度地调节市场需求，同时提高销售量和平均售价，减少生产力和产品及服务空置浪费，提高受时间、空间和生产力限制的产品及服务的使用率，从而实现收益最大化的目的。

一般来说，酒店作为提供以住宿为核心产品的企业，客房收入占总收入的 70%以上，是收入和利润的主要来源，因此，客房销售管理是收益管理的重点。在房间数量基本不变、固定成本相对稳定、边际成本很低或基本可以忽略的前提下，只要提升出租率和平均房价就能获得更多的营业收入，从而有效地提升客房净收益。然而，酒店出租率和平均房价之间是负相关的一对矛盾，酒店收益管理就是寻求两者的最佳组合——乘积最大化，即把适当的产品通过适当的销售渠道，在适当的时间，以适当的价格，销售给适当的顾客，从而提升总体收益的过程。

（二）收益管理的适用条件

收益管理起源于 20 世纪 80 年代初的美国航空业，是随着市场经济发展和激烈的市场竞争，企业必须依靠精细化管理才能有效提高效益和竞争力的产物。美国万豪酒店集团最先引入收益管理模式，并投资建设了世界上第一个酒店收益管理系统，年收益迅速提升，其盈利能力远高于同业其他酒店，收益管理发挥了重要作用。

根据 Kimes 等人的研究，收益管理适用于具有以下特征的企业：

（1）公司的能力相对稳定；

（2）用户的需求可清楚地分类；

（3）产品或服务具有时效性；

（4）产品或服务可以预销售；

（5）用户需求波动较大；

（6）产品或服务本身的成本和销售成本低，而公司能力的变动成本高。

酒店业具有收益管理应用的典型特征，具体如下。

（1）酒店产品的服务性。酒店产品的服务性特点是实施收益管理的基础，表现在以下几个方面。

① 不可储存性。酒店未被充分利用的服务能力和生产能力就是价值损失，无法弥补，收益管理帮助酒店把闲置降到最低限度，以获得更高收入。

② 需求的波动性。酒店需求明显呈现淡旺季波动，有需求高峰期，也有低谷期，在不同季节、不同时段变化都很大，收益管理可以通过价格来调节需求，获得较高收益。

③ 高固定成本。酒店属于能力约束性企业，固定资产投资巨大，固定成本高，而变动成本却很低。酒店的客房数量、餐厅座位数以及会议室的面积等接待能力都是相对固定有限的，酒店收益管理将发挥作用，可以通过扩大销量获得收益。

（2）酒店可以基于细分市场定价。市场细分是酒店实行差别化定价和收益管理的重要基础。由于酒店产品属于享受型消费，不同顾客对同样的产品主观感受不同，因此愿意支付的价格差别较大。即使对相同水平的产品和服务，他们愿意承担的价格也是不同的，例如商务客人和度假客人、公司客人和政府客人、公差报销客人和自费客人等。酒店在市场细分的基础上，针对不同消费能力、行为模式和需求，实施收益管理，制定营销组合策略，使总体收益最大化。

（3）酒店产品和服务可提前预订。酒店管理者可通过预订系统在一定程度上获知未来需求量水平、预订进度以及来源等信息，从而进行预订控制，形成并达到最佳营销组合。

二、酒店收益管理的衡量

酒店收益管理可以通过一系列的指标进行衡量，这些指标也成为考核饭店的经营状况和管理人员的工作业绩的标准之一。酒店收益管理是一种控制房价和出租率，以实现收益最大化的方法。收益管理效果度量指标是收益率，即酒店资源实现最大产能的程度，最大值为 1。只要收益率小于 1，就意味着有增加收益的潜力。相关计算公式如下：

收益率=实际收益/潜在收益

实际收益=实际销售产品数量×实际交易价格

潜在收益=酒店可供出租产品数量×门市价

传统酒店的经营业绩评价指标包括客房出租率、销售量、平均每日房价、客房总收入等。这些指标各有其用途，但并不能全面反映酒店客房收益质量。如客房出租率是酒店客房产品被销售或消费的情况，可以用于不同类型酒店的对比，但只能反映销售量的状况；平均每日房价反映了酒店客房质量对应的价值表现，不同类型的酒店不具有可比性；客房总收入包含了销售量和平均房价因素，是反映酒店客房效益的重要指标，但不同类型、规模的酒店也难以比较。因此需要引入既能全面反映酒店客房质量，又具备可比性的指标，即酒店平均每房收入（RevPAR）。它既考虑了销售量（出租率），又能够反映客房价值质量（平均房价），可以全面反映酒店收益的质量。具体计算公式为

酒店平均每房收入（RevPAR）=平均每日房价 × 客房出租率

基于以上公式，我们来评价某家酒店收益管理情况。假设某酒店共有 500 间客房，采用不同的价格策略会产生不同的结果，具体情况如表 8-6 所示。

表 8-6　某酒店客房收益情况对比

策　略	出租率/%	已出租客房/间	平均每日房价/元	客房总收入/万元	RevPAR/元
A	90	450	100	4.5	90
B	50	250	300	7.5	150
C	15	75	600	4.5	90

表 8-6 显示，酒店采取 A、C 策略时，虽然或出租率高或平均每日房价高，但收益却并不是最好的，而 B 策略则是酒店更希望的结果，总收益和平均每房收益都达到最高。另外，虽然 A 和 C 策略收益水平相当，但从不同角度分析有不同结论。从客房部角度看，同等收益情况下，C 策略开房率最低，经营成本也最低，价格最高，则利润较高。因此，C 策略情况较好。从整个酒店角度看，A 策略开房率接近 100%，实售客房数较 C 多 375 间的客人，这些客人会给酒店带来更高的非客房收入，如餐厅消费、电话服务、商务服务、网络服务的可能性增加等，所以 A 策略更佳。

由此可看出，酒店降低价格基准线进行所谓的薄利多销，最后反而会对酒店的收益造成较大的冲击，导致收益大幅降低。所以，平均可出租客房收入是评价收益管理工作的重要指标。酒店应结合整体需要及对成本和利润的影响，科学评价平均房价和客房出租率高低的优劣，以获得单价与销量的最佳组合，实现收益最大化。

综上所述，RevPAR 不仅可以提高酒店的经营效益，还可以为酒店横向比较提供科学依据，促使酒店正确定位，提升竞争力。

三、酒店收益管理的方法

收益管理通过整合科学的预测方法、统计分析技术以及计算机系统应用等，为酒店在合理定价和分配客房资源的基础上获得最大收益发挥了重要的作用。

收益管理由酒店统筹安排，并综合营销部和前厅部协调运作。酒店收益管理的过程由预测、分析、优化、实施和回馈等五个环节构成。首先，需求预测。准确地预测是收益管理的基础，收益管理是基于市场供求状况所做出的对策组合，主要预测的信息包括细分市场需求特点、预订量及时间、顾客预订行为等。其次，需求分析和优化组合。酒店在掌握需求变化规律的基础上，通过收益管理系统将历史数据和现在已经获得的预订情况进行优化组合，获得提升客房出租率和平均每房售价水平的具体方案，并具体实施。最后，酒店销售部通过评价每日经营状况，根据实际情况调整组合策略和价格水平，并向有关部门及时反馈相关信息，实现收益的动态管理。

酒店存在预订的宾客应到未到（no show）、推迟抵达（late arrival）、取消（cancel）、未预订入住散客（walk-in）以及细分市场客房比例不同的实际情况，一般常用的收益管理方法有以下几种。

1. 超额预订

超额预订（overbooking）是在订房已满的情况下，适当增加订房量，即酒店预订出比客房总量更多的预订量。这种方法可以防止由于宾客取消订房或应到未到而造成当天酒店较低的出租率，从而引起饭店收益的损失，是收益管理重要的技术之一。

确定合理的超预订比例是酒店收益管理的重要环节。由于酒店顾客预订经常会出现延迟入住、无人入住、临时取消及提前退房等情况，预售和实际入住存在一定差异，因此酒店实行一定比例的超预订以减少这种差异带来的损失。较低比例使酒店仍然存在较高水平的空房浪费，而比例偏高使酒店易出现“拒住”现象，酒店因此而承担的违约和再安排成本很高，更重要的是给酒店形象带来负面效应。因此，超额预订比例的高低应取决于酒店前厅和营销部的协作，对历史数据进行分析以确定一个合适的比例，以保证收益管理的有效性。

实施超额预订的关键是如何准确预测和确定超额预订的房间数，可以通过以下公式进行计算：

超额预订房间数=预计临时取消预订的房间数+预计预订而未到的房间数+预计提前退房的房间数−预计延长住宿的房间数

在实际应用中，根据具体情况进行调整。如团队客人比例大，可调高该指标，散客较多则调低相应数量等。

2. 容量控制法

酒店收益管理中，除价格外，客房存量也是影响收益的重要因素。酒店的客房数量是一定的，必须根据目标市场分布来确定客房价格水平，保证最佳客房容量分配，以获取最大收益。容量控制法（room inventory allocation）就是预留一定数量的客房，在特定的时间以特定的价格销售的做法。该方法要取得成功，关键是要预测准确和控制各细分市场的价格和客房数量，包括：确定每一细分市场与预留客房比例；确定每一价格等级的客房预订上限；预留多少客房卖给高价宾客，同时根据不同的销售季节以及不同目标市场，参考以往的历史数据，依据宾客需求与客房供给预测以及在考虑竞争对手的情况下，制订出最佳房价和最佳空房方案。

3. 升档销售法

升档销售法（up-selling）是通过产品的高卖提高酒店收益的策略，是通过告知顾客酒店可提供不同价位的客房档次来说服顾客尽可能接受更高档次的服务，从而提升酒店收益的方法。一般来说，对低价客房实行升档销售法，尽量引导顾客购买酒店中价格较高的高档客房。特别是在超额预订客房数量不够时，可动员顾客改住价位较高的高档客房；或者直接鼓励前台预订员尽量推销高价客房。这种方法较适用于那些需求价格弹性较低的商务旅游者。

第五节　酒店产品价格策略

价格策略是营销组合策略中重要的组成部分，是企业根据市场供求、市场竞争等具体情况，运用定价方法和技巧实现企业定价目标，以促进销售、获得更高利润的重要手段。酒店必须根据战略目标和市场状况，按有助于改善酒店盈亏状况的方式来实施定价。

一、酒店产品定价策略

（一）新产品定价策略

新产品关系到酒店的未来发展，新产品定价策略则直接影响市场对新产品的认同，能否迅速打开市场，同时也能反映企业实现预期目标的可能性。新产品的定价策略一般有以下几种。

1. 撇脂定价策略

撇脂定价策略是指在新产品上市之初，将价格定得很高，是以获取短期高回报和高收益为主的高价策略。这种策略如同从鲜奶中撇取奶油一样，所以称其为“撇脂”。酒店运用该策略应该具备以下条件：较高价格水平应该在目标市场顾客支付能力可以接受的范围内；产品的需求价格弹性较低，顾客不会因较高价格而降低购买意愿，即价格不是影响顾客购买行为的主要因素；产品的质量、形象及品牌的价值必须与高价相符，并且能够以明显特色区别于竞争者的垄断优势。在符合以上条件的基础上，酒店采取该策略可以迅速补偿研究与开发费用，便于企业筹集资金，并掌握调价主动权。但是，当新产品缺乏品牌声誉，高价不利于打开市场，风险较大，同时，高价易诱发竞争，企业压力较大。

2. 渗透定价策略

与撇脂定价策略相反，渗透定价策略是一种关注企业长远利益的低价策略。该策略将新产品价格定得较低，利用价廉物美迅速占领市场，取得较高的市场占有率，以获得长期稳定收益。采取渗透定价策略的条件是：产品的需求价格弹性较大，偏低的价格有利于迅速打开产品销路，扩大市场占有率；市场潜量较大，酒店具备规模经营的条件；酒店在同类行业中具有明显的成本优势，低价策略可以有效地抑制竞争者进入市场。但是该方法投资回收期较长，见效慢。

3. 满意定价策略

这是介于上述两种方法之间的折中定价策略。该策略是在同时兼顾企业、中间商及消费者利益的基础上，产品销售以适中的价格和预期销售额的稳定增长为目标，也被称为稳定价格策略。该策略主要适用于大批量生产和销售、市场稳定的日用工业品和部分生产资料产品。虽然这种价格比较稳定，但是从长期来看，这种策略比较保守，不适于复杂多变及竞争激烈的市场环境。

（二）心理定价策略

酒店产品的价值与消费者的心理感知密切相关。心理定价策略主要针对价格敏感型顾客，利用顾客对产品价值的心理感知，确定合理价格水平以暗示和引导顾客完成购买行为的定价方式。心理定价策略一般有尾数定价策略、整数定价策略、分级定价策略、声望定价策略和折扣定价策略等。

1. 根据习惯心理定价

根据习惯心理定价是酒店根据顾客心理习惯进行价格设计，通过价格尾数加以心理暗示的一种定价策略。一般来讲，酒店客房产品为体现高品质形象，其价格较少采用尾数定价，而多采用整数定价。高档次的酒店可以利用客人仰慕酒店品牌的心理来制定价格，房价采取高价位的整数形式，充分体现价格对产品价值的展示功能，从而满足客人显示身份、地位的心理。酒店有时也会迎合顾客的美好心理企盼去定价，如利用客人对某些数字的联想和偏好，在价格中使用“6”“8”“9”等吉利数字去满足客人心理暗示的需要，促进购买行为的实现。

随着人们消费心理的不断成熟，人们对过多地运用尾数心理定价会产生与定价目标相反的心理反应。尾数定价原本给人以定价精确、优惠便宜的感觉，顾客可能会误解或产生反感情绪。因此，酒店应该针对不同市场群体采用差异化的价格策略，对那些不关注吉祥头彩的顾客，尽量少用该策略。

2. 根据角色心理定价

许多消费者有一种用价格来衡量质量的心理，认为高价必定高质量。根据角色心理定价是酒店利用顾客角色心理因素进行较高价格的制定，以显示产品与众不同的品质，从而达到促销的目的的一种定价策略。声望定价策略就是酒店利用顾客高价显示心理进行定价的一种策略。这种心理表现为顾客受相关群体等外部因素的影响，对某些特殊商品愿意花高价购买，以达到显示身份、地位和实现自我价值的目的。该策略的运用必须做到质价相符，维护品牌声望，才能长期保证产品的畅销。

3. 根据求廉心理定价

酒店利用客人的对比和求廉心理，适时展示产品的参考价格或门市价格，使顾客产生“划算”的感受，从而快速购买。招徕定价策略是酒店满足顾客求廉心理，有意将少数几种产品的价格降到市价以下，甚至低于成本，目的是通过低价产品吸引顾客购买，带动和扩大正价产品的销售，从而提高总体效益。例如，商务酒店周末特价房、特色餐厅饮料免费等都属于这种情况。但是，酒店在采用这种定价方法时，应该注意将这种低价产品与低质或过时产品区分开来，否则会起到副作用，使企业声誉受损。

【阅读链接 8-7】“1 元出境游”是无底线的低价竞争①

“1 元出境游”是在途牛、同程等线上旅游网站推出的 1 元钱不但可以逛景点，还可以出境玩的旅游项目。针对 1 元旅游产品，旅游主管部门约谈了同程、途牛，并且叫停，引起多方关注。

互联网让部分产品消费迈向“免费时代”。“1 元出境游”作为一项基于互联网平台的促销手段有存在的合理性。但是，我们不能忽视互联网“免费”背后深层次的“变相消费”诱导。“1 元出境游”业务的背后，除了以大规模招揽游客作为参与市场竞争的筹码，还有连续的甚至没底儿的实际消费行为，很多都是以更多响当当的银子购买的旅游服务、体验消费。

因此，“1 元出境游”业务只是诱客深入，放长线钓大鱼，以“1 元”换取“N 元”的促销策略。诚然，只要不扰乱旅游市场秩序，不侵害游客权益，就是一种合理的市场行为。但问题是，这种无底线的促销策略引发的在线旅游价格大战，扰乱了市场秩序。以低端产品和服务，甚至变相购物消费等瞒天过海的供给行为，侵害了消费者权益，就是不合理的，也是不合法的，相关部门有权出面监管、督导和处理。所以，如果作为一种促销手段，“1 元出境游”业务不是在线旅游的根本问题，在线旅游商服务不到位，投诉处理不及时，随意扣除游客预订费用，在线旅游商、代理商等之间衔接不通畅让游客订而不得，单方面取消订单或改变行程等问题，才是在线旅游市场的问题和危机。

（三）折扣定价策略

折扣定价是根据消费者购买商品的金额与数量给予一定的折扣优惠，以吸引消费者的定价策略。一般来说，折扣价格就是成交价格，是给基本价格以适当的折扣而形成的价格，主要包括数量折扣、现金折扣、功能折扣、季节折扣等。折扣优惠价格对顾客的求廉心理的作用是显而易见的，因为消费者确实从中得到了实惠，从而有效地刺激和鼓励消费者大量购买和持续购买。价格折扣可以促进营销目标的实现：一是促销，扩大市场，体现规模效益；二是鼓励顾客提前预订付款、大量购买和淡季消费等。但是酒店需注意不能长期使用该策略，以避免给企业产品品质和形象带来负面影响。这里重点介绍数量折扣和功能折扣。

数量折扣，是对购买数量达到规定标准的顾客给予一定的价格折扣，包括一次性数量折扣和累计数量折扣。其中，一次性数量折扣的目的是鼓励顾客一次性大批量购买，促进短期销售。如旅游景点门票的团队价、饭店的会议价等。累计数量折扣能够有效鼓励顾客购买，建立长期合作关系。例如，航空公司推行的常客奖励计划、饭店提供的公司协议价格等均属于这种策略。

功能折扣，也是贸易折扣，是酒店给予中间商的一种价格补偿，用以鼓励中间商帮助企业履行某项经营职能。这种补偿通常是按照基本价格的一定百分比计算的，折扣比例大小因分销渠道的不同而存在很大的差异，这主要取决于中间商对工作的完成情况等多种因素。

---

① 孙晓荣. “1 元出境游”是无底线的低价竞争[N]. 中国旅游报，2015-04-06.

二、酒店产品价格的调整

尽管价格应该保持一定时间内的相对稳定，但是，企业为适应多变的环境，必须对现有产品和服务的价格进行动态调整和管理。这种调整可以是为企业达到某预定目标而主动进行的，也可以是迫于环境压力而被动采取的。无论是哪种情况，价格调整与价格制定同等重要，是保证企业稳定发展的重要基础。

价格调整幅度的确定也是调价决策中重要的环节。为保证酒店产品价格的稳定性，调价必须选择合理的变动幅度，准确判断是一次调整还是分步到位。现实中许多酒店价格变动频繁，调整幅度不合理，给酒店经营造成负面的影响。

【阅读链接 8-8】三亚“天价”酒店的尴尬①

2010 年春节，海南三亚酒店客房每晚均价都突破万元大关，其中也不乏“叫价”数万元的天价房。然而，高房价却吓退了不少游客，使得整个黄金周下来，当地部分酒店的入住率比往年有所下跌，有的甚至不足五成。房价虚高使许多酒店房间最终被闲置。有游客不堪昂贵的酒店房价，索性在海边搭起了帐篷。

三亚酒店与海口的酒店相比较，海口酒店的价格相对稳定，而三亚酒店由于旅游市场的不稳定性造成价格变数太大，还有酒店业主方的投资回报以及目前经济市场的浮躁等因素也加大了酒店价格的不稳定性。三亚酒店在制定价格上缺少前瞻性、战略性、可持续性，目前酒店的定价太随意，国外酒店的价格制定都能维持一年到两年不变，而三亚酒店的价格刚定下来，变数太多。年前标价 14 000 元/晚的酒店客房，在年三十晚上突然暴跌至 550 元，导致了客户的不信任感以及旅行社陷入两难境地。

国内强劲的消费需求和特殊的“三公”消费造成的三亚酒店“天价”现象，使酒店企业和消费者利益受到损害，更影响了海南旅游市场的整体形象。

（一）主动调整价格

主动调整价格是一种进攻性的调价策略，指行业内其他企业尚未变动价格时，本企业出于自身条件考虑而先期调整价格的方法，包括调高或调低价格。

酒店主动提价的原因包括应对成本上升、产品供不应求、市场垄断等。主动提价容易招致顾客、经销商，甚至本企业销售人员的不满。为避免主动调高价格所带来的负面影响，酒店应该做好宣传和促销工作，改变顾客认知价值，才能有效增加利润。

酒店主动降价的适用条件包括企业生产能力过剩，顾客对价格不敏感以及企业产品成本低于行业平均水平等。基于以上条件，有效地调低价格有利于企业获得较大的市场占有率，提高竞争优势。但是，主动降价也易引发激烈的价格竞争，对企业本身来说也存在一些风险。如低质量陷阱（low-quality trap），消费者会认为低价产品的质量不如竞争者的高价产品的质量；脆弱的市场占有率陷阱（fragile-market-share trap），低价能买到市场占有率，但是买不到市场的忠诚，顾客会转向另一个价格更低的企业；浅钱袋陷阱（shallow-pockets trap），因为售价高的竞争者具有深厚的现金储备，他们也能降价并能持续更长时间。

调价有直接调价和间接调价两种方式。直接调价就是直接提高或降低产品的销售价格或销售折扣；间接调价则是通过改变产品组合、包装条件、交易条件、付款条件及售后服务条件等手段间接地提高或降低价格。一般来说，间接调价较隐蔽而不易引起顾客的直接

① 三亚游客不住酒店住帐篷[N]. 羊城晚报，2010-02-22.

反感和竞争者的直接反应，但其调价幅度有限。选择直接还是间接需要权衡利弊，或把这两者结合起来也许效果更好。

（二）被动调整价格

被动调价是企业对市场价格变化或竞争对手的价格变化做出的反应，采取的价格调整行为。由于竞争者率先调整价格，企业被迫采取防御性战略来应对竞争，进行相应的价格调整。被动调价也有提价与降价两种情况。

面对竞争对手的调价策略，企业必须认真分析对方调价的真实原因及其对企业的预期影响，同时也结合自身经营现状，做到知彼知己，才能选择正确的调价策略。当竞争对手提价时，企业可以根据具体情况选择跟进，也可以利用低价格的优势去抢占对方的市场份额。当竞争对手降价时，企业必须特别关注，在做出反应之前，做全面分析，谨慎选择。应对降价措施有以下几种情况：当对方降价对企业销售影响很大时，可以随行就市，跟随降价；当随之降价可能给企业品牌形象带来不利影响时，可以维持原价，通过提高顾客价值等非价格竞争策略来应对竞争，更好地维护忠诚群体的利益。

由于竞争对手可能用了很长时间来做出调价决定，而本企业必须在短时间内做出反应，因此，有远见的企业会提前制定应对市场和竞争变化的价格预警系统，快速做出正确的决策。

（三）对价格调整的各方反应

酒店是一个综合性的服务企业，其价格变动会对相关利益群体产生多米诺效应。不管是提价还是降价，都会影响到购买者、竞争者、分销商和供应商等，还会引起政府部门的兴趣。因此，酒店调价必须审慎，随时关注各方的反应，占据有利竞争地位。

（1）顾客对价格调整的反应。不同市场的消费者对价格变动的反应是不同的，即使处在同一市场的消费者对价格变动的反应也可能不同。从理论上来说，可以通过需求的价格弹性来分析消费者对价格变动的反应，弹性大表明反应强烈，弹性小表明反应微弱。例如，并不是所有的降价或折扣都能引起消费者的兴趣。在节假日，高星级商务酒店为吸引度假团队而采取降价策略，对休闲观光的客人来说具有较强吸引力，然而对原有的商务客人来说，其反应更多表现为质疑和反感，可能会造成客源流失现象，对酒店市场形象有一定的影响。

（2）竞争者对价格变动的反应。价格调整很可能引起竞争对手的系列反应。企业应充分了解竞争者情况，特别是其价格构成，或基于成本的进攻性定价，或基于行业平均水平的避免竞争的保守定价，预测价格调整可能带来的反应。特别是降价调整策略的使用往往会引起一场价格战，由此导致的将不仅是被效仿的企业失去竞争优势甚至血本无归，还会损及整个行业。例如，近两年一些旅行社为了吸引旅游者参与团体旅游、打压竞争对手，经常打出“零团费”“负团费”“超值回报”“超值享受”的旗帜，而其他一些旅行社也闻风而动，“价格战”是此起彼伏，但相应的服务质量水平并没有提升甚至有缩水的嫌疑，导致游客投诉不断，旅行社业管理混乱且整个行业的名声备受损害。

（3）其他市场主体对价格变动的反应。旅游业涉及相关行业的范围非常广泛，关联带动功能很强。例如，度假地和会议城市对酒店、航空公司、滑雪度假地等相关行业的价格变动就甚为关注，寻求低价合作，带动区域旅游业整体发展。

引入案例解析

大数据“杀熟”反映了在大数据时代，科技公司通过技术和网络垄断地位，对消费者形成信息孤岛；暴露了大数据产业发展过程中的非对称以及不透明。同一平台针对不同的消费者制定了不同的价格，这种大数据“杀熟”已属于违法行为，违反了《消费者权益保护法》中规定的公平、诚实信用原则，侵犯了消费者的知情权，有可能还涉嫌价格欺诈。大数据是一把“双刃剑”，用得好可以更好地为消费者服务，提升用户体验。通过大数据进行违背道德的操作，是一个平台的悲哀。

“杀熟”要“刹住”

以牺牲老用户的利益来获得新用户的好感，吸引新用户，是大部分“杀熟”企业的出发点。但是当新用户转变成老用户，“杀熟”的刀子也会迎面割来，而消费者则沦为了一茬儿又一茬儿待收割的韭菜。长远来看，“杀熟”无异于杀鸡取卵。

大数据只是商业工具的一种，单纯通过流量垄断、信息不对称，利用大数据来获得不义之财的商家势必会在市场竞争中被逐步淘汰。

有业内人士建议：消费者尽量将自己的消费行为碎片化。这样某个单一平台通过大数据看到你的画像就是不完整的，被“杀熟”的概率会低一些；消除“杀熟”现象还是要依靠企业的自觉以及政府的管控，毕竟数据掌握在平台手中，对于数据的处理方式外人不得而知，只能通过政策法规加以规范，对于违规者进行严厉打击，起到杀鸡儆猴的作用；定价要体现公平公正，对于特殊的价格也要进行公开的声明。

本章小结

酒店价格策略是营销组合策略的重要组成部分。酒店产品价格是否合理，定价策略运用恰当与否，直接关系到酒店市场营销组合的科学性和合理性，进而影响到营销的有效性。酒店价格策略制定和实施过程中，必须注意与营销组合中其他要素的有机衔接，体现组合的整合效应。酒店产品定价策略包括旅游产品的定价原理、定价方法和定价策略等。

酒店必须根据不同市场需求状况，结合自身条件和经营目标，合理制定价格策略。当产品价格弹性较大时，价格成为影响购买决策的主要因素，酒店应该利用价格调整需求状况，但不能过度使用，以免引起价格战。当价格敏感度较低时，企业应充分利用组合中其他非价格竞争手段，如改善产品质量、提供特色服务以及提升品牌效应等，以赢得竞争优势。但在我国，由于收入水平还比较低，价格仍然是大部分消费者购买决策的首要因素；同时，先付款、后消费的交易模式使质、价是否相符成为一种后验行为，尤其像旅游业这种以提供无形使用价值为主的行业，产品或服务定价在营销活动中的重要性自然是人们十分关心的。

问题与讨论

1. 简述酒店产品价格的特点并举例说明。

2. 经济型酒店在确定其产品价格时的依据是什么？以如家为例说明。

3. 如果你经营一家小规模的社会旅馆，你如何应对连锁经济型酒店调高价格的政策？

4. 你是怎样看心理定价策略的？酒店应该如何利用顾客心理来有效制定产品价格？

5. 某市新建一座四星级宾馆，总投资 1 亿元，共有客房 400 间，预计投资回收期 5 年，每间客房平均年服务管理费为 12 000 元。若要定房价为 240 元/天，则客房年平均出租率为多少才能保证在 5 年内收回投资?

6. 你如何看待大连凯宾斯基提出的“以四星级的价格享受五星级的服务”？

延伸阅读资料

8-1 “一价全包”产品的正确打开方式

8-2 酒店冰点价——反向酒店预订

8-3 酒店应该提供什么样的价格给 OTA

第九章　酒店销售渠道策略

本章目标

了解酒店销售渠道的基本概念、类型；了解各种酒店中间商的性质和职能；掌握酒店销售渠道设计、中间商选择及其管理方法；了解互联网环境下酒店销售渠道的发展趋势。

引入案例

高星酒店分销渠道谋变　OTA 掀起佣金价格战①

在经历了大刀阔斧的并购后，OTA 行业依然处于混战的态势。2016 年，阿里巴巴飞猪为高星酒店拉新会员达 600 万，预计 2017 年将助力高星酒店拉新会员 1 000 万。目前，希尔顿、万豪、洲际酒店集团等均已入驻飞猪。与携程、美团等平台相比，飞猪可谓不折不扣的挑战者。据悉，飞猪向酒店方收取的服务费为 2%～8%，美团的佣金比例为 8%～10%，携程网的佣金比例为 15%～20%。

在此背景下，部分高星酒店也在试图建立自己的渠道，培养用户的忠诚度。此前，希尔顿已经开始建设自有渠道，并推出大型的市场活动引导消费者去其官网下单订房。但是，收效并不显著。有分析人士认为，线上分销渠道越强大，酒店的话语权就越弱小。一些酒店组建联盟、发力直销的目的是实现渠道多元化和追求平衡。

互联网的快速发展，改变了酒店业产品和服务的营销方式，带来了酒店分销渠道的变革。新技术环境下，销售渠道在酒店市场竞争中扮演着越来越重要的角色。如何通过渠道的特色和差异形成竞争优势，建立高效畅通的现代渠道网络系统，发挥渠道在企业营销活动中的作用，已经成为酒店实现营销战略目标的重要任务。

第一节　酒店销售渠道概述

酒店服务区别于有形商品的特殊性，使其销售和传递方式更加复杂和多样，酒店必须从服务特点入手，了解酒店渠道及其运作模式，制定合理的渠道策略，才能有效发挥渠道的沟通和增值效应。

① 陶力. 高星酒店分销渠道谋变　OTA 掀起佣金价格战[N]. 21 世纪经济报道，2017-07-13（016）.

一、酒店销售渠道概念

（一）酒店销售渠道的含义

销售渠道，通常也被称为营销渠道（marketing channel），是指企业向目标市场传递产品和服务的通道和路径，即促使产品或服务顺利地被使用或消费的一系列相互依存、相互协调的组织系统。销售渠道的起点是生产者，终点是消费者或用户，中间环节包括各种批发商、零售商、商业服务机构（如经纪人、交易市场等），他们在转移产品和服务所有权的过程中发挥着各自的职能，并进行有机的衔接和合作，以此形成相互依存的网络系统，满足目标市场的需求。

相对于营销组合其他手段，销售渠道是企业的一项重要的外部资源，它的重要性不亚于其他关键性的内部资源，如企业产品的研发、生产、定价、销售及服务等环节，它是企业与市场之间商品交换和流通的重要载体，是消费者市场价值最大化的重要保证。

酒店销售渠道，是酒店将产品和服务转移至最终消费者所经历的通道和途径，主要由参与、促进产品和服务转移、销售和消费的各种组织和个人组成，其目的是给可能的买主（终端顾客或中间商）提供信息，并建立一种机制，以方便顾客预订、查证和支付预订。酒店销售渠道与一般企业渠道一样，也是一个多功能的系统，不仅可以发挥调研、购销、融资、储运等多种职能，实现旅游产品和服务的时间和空间效应，满足市场需求，而且还有刺激需求和开发市场的作用，更重要的是酒店销售渠道具备自我调节和创新的功能，以便适应市场和竞争的变化。

（二）酒店销售渠道的特点

酒店销售渠道的特殊性表现在以下几个方面。

（1）直接销售是酒店销售渠道的主要组成部分。有形商品生产与消费完全分离，销售渠道是以传统的中介方式为主；而服务销售渠道则以直销渠道为主，即由服务人员将产品或服务直接提供给顾客。服务产品的特性使服务的提供者和接受者同时参与服务过程，服务价值的传递是在买卖双方现场接触和互动中完成的，因此酒店销售渠道除了传统意义上的渠道概念，还包括服务现场的直接销售方式。

（2）酒店服务使用权的转移使酒店渠道时效性很强。酒店产品和服务被转移的是特定时间内的使用权，而非永久性所用权。渠道中酒店服务使用权的转移与交付受时间、地点和资格等因素的限制。顾客只有在规定的时间内进行消费，酒店才能有效发挥渠道的作用，完成服务的交付。

（3）选址是酒店销售渠道的重要方式。酒店是提供集生产、销售与消费为一体的终端服务场所。由于酒店产品具有同时性、不可储存性、服务的转移必须以顾客向生产现场移动为前提等特点，消费者更关注服务地点的便利性，“选址”成为顾客判断渠道便利性的重要因素。因此，酒店业中，特别是松散经营的单体酒店，影响其销售渠道有效发挥作用的重要因素就是地理位置。

【阅读链接 9-1】艺龙携谷歌推出酒店地图搜索[①]

艺龙旅行网与谷歌联手，就酒店电子地图搜索进行全方位的战略合作。此次，首先是

① 向阳·艺龙携谷歌推出酒店地图搜索. 科技日报，2008-09-24（007）.

通过对艺龙旅行网近 7 000 家国内酒店信息和谷歌地图搜索功能的完美结合，艺龙推出此项功能可以让广大艺龙用户随心所欲地查找和挑选指定位置的周边酒店，酒店预订变得前所未有的便捷和舒适。

强大的酒店地图搜索功能和人性化的搜索关键词设定，是广大用户首先感受到的变化。框选搜索功能，则是艺龙地图搜索功能的另一大“绝招”。在艺龙全新的酒店地图搜索中，用户只需在地图上对目的地周围区域进行框选，框选范围内的所有酒店就会和点选搜索的结果一样，完整地呈现在用户面前。这项功能为不知道酒店名字，甚至连目的地具体地点也不太清楚，而仅知道大概方位的用户带来了前所未有的便利。

与酒店预订的紧密结合，是艺龙全新地图搜索功能的一大亮点。框选或者点选后，用户点击地图中以数字标注方式呈现出来的酒店编号，包括酒店等级、位置、房价等详细酒店信息就会以弹出窗口的形式显现出来，这大大方便了用户对酒店进行比较和预订。

除以上强大的实用功能外，地图打印功能则是艺龙提供的另外一个贴心服务。通过框选或者点选查到心仪的酒店后，用户可直接将此页地图打印出来，这样，用户就可以拿着标注了酒店位置和酒店信息的地图，轻松找到预订的酒店，完全免去了到达目的地后寻找酒店的烦琐。

（三）酒店销售渠道的作用

由于酒店产品高度的易逝性，建立有效的销售渠道显得尤为重要。像企业内部资源一样，销售渠道作为酒店的外部循环系统发挥着重要的作用。销售渠道作为营销组合重要的组成部分，与组合中其他营销手段通过有机衔接发挥组合的整体增值效应，从而保证目标顾客价值的最大化。酒店渠道的选择与管理已不仅仅是作为管理的职能与日常运作，而是成为提升企业核心能力的重要保证。对于酒店来说，能够有效覆盖和控制整个目标市场的营销网络，并建立高效的渠道管理体制已经成为企业最宝贵、最重要的资本。

面对激烈的市场竞争、经济全球化、电子分销技术以及酒店供给能力的提高等因素的变化，酒店仅仅依靠自身的“位置”优势、中央预订系统以及企业内部的销售力量是远远不够的，必须研究和开发新的合作伙伴和渠道模式，充分利用高科技手段增补生产现场以外的销售途径；通过市场调查和分析，评估和遴选优秀的中间商作为合作伙伴，不断完善和发展企业的销售网络，才能在竞争中取胜。

二、酒店销售渠道的类型

随着网络技术的发展，受市场、产品、中间商以及环境等多种因素影响，酒店销售渠道的类型呈现多样化趋势。

（一）销售渠道的基本模式

按照渠道中是否涉及中间商及其层级分类，酒店销售渠道类型包括直接销售渠道和间接销售渠道。

直接销售渠道是不经过任何中间环节，将产品与服务直接销售给最终顾客的方式。传统上，直接销售渠道是工业品销售的重要方式。旅游企业直销渠道的主要方式包括顾客上门购买、邮购、酒店官网、酒店 App、会员俱乐部以及企业自设销售机构等。

间接销售渠道是指企业借助中间商将其产品最终转移到消费者手中的流通途径，也被称为分销渠道。所谓中间商是从事转售旅游企业产品或服务，具有法人资格的经济组织或个人，是连接生产者和消费者的重要桥梁。例如，各类旅行社、旅游代理商、旅游经销商

（批发商和零售商）、会议组织者、在线旅游中间组织以及奖励旅游组织等。对于大部分旅游企业来说，旅游产品是旅游者向生产场地移动才能完成消费，并且旅游者的客源地分布复杂分散，需要借助中间商来更有效地完成市场开发及销售工作。因此，间接销售渠道仍然是目前企业的主要渠道类型。

根据渠道中间商层级的多少可以将酒店渠道划分为零级、一级、二级、三级或多级渠道，如表 9-1 所示。其中，零级渠道为不通过中间商的直接销售渠道，其余为通过中间商的间接销售渠道；零级渠道和一级渠道被称为短渠道，而二级以上渠道被称为长渠道。

表 9-1　酒店销售渠道模式

<table>
<tr><td rowspan="2">短渠道</td><td>零级渠道</td><td rowspan="5">酒店</td><td>————————————→</td><td rowspan="5">顾客</td></tr>
<tr><td>一级渠道</td><td>——→ 零售商 ——→</td></tr>
<tr><td rowspan="3">长渠道</td><td>二级渠道</td><td>——→ 批发商　零售商 ——→</td></tr>
<tr><td>三级渠道</td><td>—→ 批发商 1　批发商 2　零售商 —→</td></tr>
<tr><td>多级渠道</td><td>→ 批发商 1　批发商 2　…　零售商 —→</td></tr>
</table>

（二）酒店传统的销售渠道的类型

1. 直接销售渠道

酒店传统的直接销售渠道的主要方式包括酒店前台、自设销售网点及协议客户等，如表 9-2 所示。

表 9-2　酒店直接销售渠道的主要类型

<table>
<tr><th>基本模式</th><th>形　式</th><th>说　明</th></tr>
<tr><td rowspan="2">1. 酒店前台</td><td>酒店服务现场</td><td>顾客上门购买，生产商兼有零售功能</td></tr>
<tr><td>酒店中央预订系统、电话预订系统</td><td>顾客通过企业中央预订系统进行信息征询和预订，多见于饭店集团、航空公司和大型旅游公司</td></tr>
<tr><td>2. 自设销售网点</td><td>销售点现场</td><td>旅游者在酒店自设零售系统内进行购买。如饭店集团通过成员之间的相互代理预订来方便顾客购买等</td></tr>
<tr><td>3. 协议客户</td><td>协议签约</td><td>酒店与商务组织机构签订协议，提供长期服务</td></tr>
</table>

（1）酒店前台。在酒店业发展初期，主要通过地理位置来吸引客户，酒店前台接待处是主要的销售渠道。随着网络技术的发展和酒店产品的日趋多元化，客人不仅在酒店消费客房产品，还需要消费餐饮、娱乐、商务等其他衍生产品与服务。酒店前台的工作人员直接对客服务，通过介绍酒店产品和服务、提供各种信息、解决疑难问题、提供各种帮助等面对面沟通方式，诱发客人购买动机，及时捕捉机会，促成当场预订，直接成交，以此增加销售额，使利润最大化。这种营销方式容易获取客户的好感，可以有效提升客户的二次入住率。前台直销同酒店电子营销渠道一样，在扩大酒店产品和服务销量、提升酒店市场形象方面发挥了重要的作用。

前台直销是指酒店通过前台工作人员直接销售酒店各类产品的一种传统营销方式。前台直销以散客为主，包括客人直接入住、通过酒店中央预订系统（central reservation system，CRS）、电话预订系统，以及自设销售网点等方式进行直接销售。其中，CRS 迅速发展成为酒店销售渠道建设的重要成员，特别是在酒店集团的市场运作中发挥了重要的作用。CRS 系统下端连接旅行社、协议公司、订房中心、GDS（global distribution system，全球分销系统）等各类渠道，上端连接旗下自有的、管理的、特许加盟的各成员酒店，使成员酒店能在全球范围实现即时预订，并且对各个渠道进行有效的管理。

（2）自设销售网点。即酒店在经营区域或目标市场领域自设销售点，面向宾客直接销售。这一模式还包括酒店集团成员之间相互代理预订，互相推荐客源。

（3）协议客户。酒店协议客户在传统的直销渠道中占很大比例，是酒店与之签约的非营利性组织机构。协议客户以酒店周围几千米内的商务公司为主要公关对象，主要包括企事业单位、公关会展公司、长住机构以及航空公司、旅行社业内人员等协议商务单位。该市场需求波动较小，被视为酒店的重点客户，是酒店稳定经营的基础。酒店通常采用人员推销的方式进行协议客户拓展，许多酒店销售部高层会亲自维护与协议单位之间的关系，定价低于订房中心价格，以获得该市场长期稳定的收益。但是，由于大型的协议客户数量增长有限，而且许多客户可能同时与几家酒店签订协议，协议单位这种营销渠道易受国家政策的影响，如 2013 年国务院颁发的“国八条”政策，就使许多高端酒店受到严重冲击。另外，酒店的地理位置、品牌口碑以及公关水平等是影响协议客户购买决策的重要因素。

2. 间接销售渠道

传统酒店间接销售渠道包括旅行社、专业预订系统、旅游协会组织和旅行管理公司等。

（1）旅行社。旅行社是具有分销和代理功能的从事旅游业务的营利性机构和组织，是酒店传统的间接销售渠道。对于酒店来说，旅行社具有独特的中介性质，特别是旅游分销商，它们将住宿产品一次性购买下来，与其他旅游项目或产品，如景区、交通和活动等结合起来，形成旅游产品项目，满足特定旅游市场的需求，在分销中发挥了重要的作用。主要分为两种形式：一种是旅行社以极低的价格一次性购买酒店一定数量的产品进行销售；另一种是旅行社代销酒店产品，酒店按照客房的销售数量支付相应的佣金。目前，我国旅游团队市场占比较大，旅行社仍是酒店重要的渠道成员。旅行社与酒店相容共生，旅行社订房量大，连续性强，对酒店入住率的拉动效应十分明显。但是，旅行社销售虽然为酒店保障了客源数量，能给酒店带来保本收益，但高额的佣金或者极低的购买价格也增加了酒店营销渠道的成本。另外，旅行社集中了大部分的客源及客户资料，这部分资料酒店无法获取，不利于酒店后期的客户关系维护。

（2）专业预订系统。20 世纪 60 年代，旅游业电子分销系统得到快速发展。全球分销系统（GDS）是在全球航空业和旅游业得到广泛应用的大型计算机网络信息服务系统平台。20 世纪 80 年代初，GDS 开始拓展旅游服务平台业务，除了航空座位之外，还整合了互补性的旅游产品，如酒店住宿、汽车租赁和交通票务等，并在系统中直接提供进入旅行社系统的通道，由此形成“一站式服务”及 GDS，极大地提升酒店销售能力。GDS 为酒店业拓宽销售渠道带来发展空间，国际上目前已经形成以 Amadeus、Abacus、Galileo 等为代表性的全球分销平台，基本垄断了全球航空旅游分销市场。由中国航信运营的中国唯一的分销平台 TravelSky，凭借庞大的国内航空旅游市场和快速的增长，已经进入全球分销前四强的行列，并在技术开发能力、客户体验、数据挖掘，以及后期培训服务方面形成了成熟的机制。但是 GDS 的局限性表现在仅有旅行社这一用户群，其他企业应用受限，费用较高。

20 世纪 80 年代，许多旅游企业开发了更适合自身特点的中央预订系统，并且开始为分散经营的小规模非连锁酒店提供分销服务，提升了渠道效益。

（3）旅游协会组织和旅行管理公司。旅游协会组织是旅游企业为了共同的利益而联合成立的组织。例如，地区饭店协会允许其成员饭店独立地拥有资产所有权和经营权，同时使每个饭店都得益于协会的整体营销。还有许多旅游社会中介组织，如奖励旅游协会、政府旅游协会、行业公会、会议招商局等组织也是酒店分销渠道的组成部分，承担着向市场提供信息，在国家、地区或更大范围内促销酒店产品和服务的工作，是为酒店开发团队客源市场的重要渠道。

【阅读链接 9-2】旅游协会组织

世界一流饭店集团（leading hotels of the world）就是行业协会的一个典型的例子。由于有些预订服务正把业务扩展至营销的领域，使得预订服务与行业协会的功能越来越接近。旅游企业的预订系统为更加广泛的旅游客源市场提供了预订服务项目，成为销售渠道中重要的组成部分。

以旅游行业协会所代表的客房数量的多少作为衡量依据的话，五大行业协会就分别为Utell（尤特尔）、Supranational（超国家饭店组织）、世界一流饭店集团和金色郁金香（golden tulip）。其中，Utell 主要提供预订服务，代表近 7 000 家饭店的 130 万间客房。该网站的特点是设有 Utell 视窗，这个系统让全世界的预订代理商通过他们的计算机终端看到饭店的图片，有利于企业产品的销售。

（三）新型酒店销售渠道

20 世纪 90 年代，互联网技术为旅游企业营销创新带来机遇，以美国 Expedia（亿客行）、Travelocity（旅游城）及 Priceline（普利斯林）为代表的三大知名旅游网站发展迅速，互联网成为一种高效、具有潜力的分销渠道。近几年，全球在线旅游业务每年保持 10%以上的增长势头，在线旅游市场的交易将成为全球电子商务交易最大的产业之一。互联网公共商业两用、体验互动性强等特点促使酒店供应商越过控制着分销渠道的中介组织，以较低成本的运作模式，直接与顾客进行沟通和交易，在线直销受到酒店广泛关注，如酒店官网直销、会员制营销、互联网第三方分销、移动互联网营销平台等模式。

1. 酒店官网直销

酒店官网直销是指酒店通过自己的网站直接进行产品销售，是未来酒店线上直销的主要方式。酒店官网不仅是形象展示窗口，也是酒店与客户互动和交易的重要媒介，酒店可以实现网上销售、客户关系管理、会员管理、信息发布、形象展示等。

官网直销的发展，一方面可以降低酒店对中介服务系统的依赖，提高营销管理水平，逐步建立品牌意识；另一方面也可以提高酒店的自主定价和控制权，符合酒店的长期发展战略。虽然官网直销模式是未来酒店在行业竞争中取胜的重要渠道，然而，对于一些单体酒店来说，客户主要是来自其他分销渠道，只有少部分客户来自直销预订渠道，酒店在线直销方式目前还较为薄弱。

2. 会员制营销

会员制营销是商家在对客户群进行区分，识别出重要客户并分析其需求的基础上，利用其经营优势为特定消费群提供产品和服务，并通过消费者信息及数据分析管理，实施精准营销和定制营销，提高顾客忠诚度，以实现营销预期目标的营销手段。会员制营销的前提条件是“20/80 法则”，即企业 80%的利润来源于 20%的忠诚客户，而留住一个现有客户所付出的时间、精力、成本都要远远小于吸引一个新客户。因此，从长远的角度来看，酒店通过一系列的优惠、奖励计划，与目标市场互动沟通，加深与消费者的情感联系和对消费者的了解，将有可能成为深入挖掘潜在会员的机会，巩固关系，使他们真正成为酒店的消费常客；扩大酒店真正有效的市场份额，从而提高酒店的市场收益，与此同时，更可能提高酒店的知名度和市场影响力。

互联网下的会员与传统会员不同，入会资格、时效性都有差别，因此互联网下的会员制营销也区别于传统会员营销，它具有跨时空、多媒体、互动式、个性化、低成本、有竞争力、有成长性、全天候服务以及直接同用户沟通交流等特点。

【阅读链接 9-3】亚朵如何通过忠诚计划改造来打动消费者①

在新的消费环境下，什么样的忠诚计划才能重新打动消费者。忠诚计划所代表的已不仅仅是复购或只是更多的自有渠道预订，新住宿时代下，忠诚计划或是其取得业务短期或长期成功的关键所在。

● "过时"的酒店忠诚计划

美国年度忠诚度计划监测报告将传统的忠诚度计划称为"遗弃的趋势"。该公司的研究发现，在美国一半以上的忠诚会员都是不活跃的。相关数据还显示，28%的客人最后脱离了会员计划，而且没有使用过任何一个积分。

酒店行业的情况更令人担忧。许多消费者加入了酒店忠诚计划，并获得了积分奖励，但他们却从来没有兑换过一个积分，他们甚至不知道会员卡中有多少积分。这样的现状使酒店忠诚计划形同虚设。然而，忠诚计划作为"去中介化"的重要手段又是酒店无法割舍的一环。从酒店收益管理的角度来说，忠诚计划结合了市场营销和收益管理，可以有效推动酒店管理公司各部门的内部协作。

● 体验，比价格更重要

传统的忠诚计划通常是积分制，并提供免费住宿奖励或房费折扣，这些方式或许会提升预订率，却不能成为提升客户忠诚度的最佳方案。价格或许是客户首次选择入住的原因，而个性化的入住体验才能吸引客户再次入住。显然，忠诚计划的核心在于为客户提供最佳的入住体验，而不在于以简单的打折促销来提高酒店收入。如果酒店经营者无法把握客户的核心需求，将不可避免地面临酒店经营危机。

● "内容"到交易，激活会员黏性

"会员资产和技术系统，是平台型酒店管理公司的核心。"以国际酒店集团和国内快捷酒店为代表的平台化酒店管理公司，以会员为核心，以系统为内力，以资本为扩张基础，进行市场化运作。例如，万豪酒店集团忠诚会员整合计划、希尔顿荣誉客会计划、凯悦集团 World of Hyatt（凯悦世界）计划、温德姆全新的会员奖赏计划等。

在国内，亚朵集团也从会员权益货币化、流通化和体验超预期三个方面重塑忠诚计划。目前，登录亚朵 App 会员，元气早餐、延迟退房、客房升级等会员权益，已经直接变成权益券，以满足会员更多个性化需求。亚朵定位是覆盖中高端住宿业态的生活方式品牌，住宿并不是亚朵的全部。如何基于酒店这一场景来赋予会员更多的生活体验感，从而刺激消费，才是亚朵希望达到的目的。

3. 互联网第三方分销

互联网最为显著的影响就是分销渠道结构发生了重大变化，以美国 Travelocity（旅游城）和 Expedia（亿客行）、中国携程和艺龙为代表的在线旅行分销商迅速发展起来，机票和酒店的佣金收入是其主要营收。网络运营商凭借自身拥有的大量终端用户资源获得了较低的采购成本，或者是 8%～15%不等的佣金。目前，大多单体酒店缺乏对构建直销平台的关注以及相应的构建能力，对在线分销渠道依赖性较强，使得这些酒店在行业竞争中极易受到在线旅行分销商的牵制。

许多酒店也采取团购、尾房、惠选和反向竞拍等新型在线分销模式。这些渠道针对用户体验需求较强的特点，以适当的价格，最大限度扩大客房销售量，使酒店收益最大化。以团购为例，团购在酒店行业中普及速度最快，低价销售模式更易吸引中低档、经济型连

① 洛桥. 亚朵如何通过忠诚计划改造来打动消费者. [EB/OL].（2017-10-11）[2018-06-15]. https://www.traveldaily.cn/article/117787.

锁等面向价格敏感型人群的酒店开展。另外，尾房模式主要在国内中低档酒店和酒店式公寓中应用更多。惠选模式帮助酒店“隐名”销售剩余客房，更多应用于中高档酒店。然而，酒店方面对分销新模式大都持谨慎态度，仅作为一种补充性分销渠道。

随着行业环境急剧变化，包括酒店供应商在线直销、网购平台商（携程旅行、去哪儿网等）、移动应用终端以及酒店点评和垂直搜索网站等在线营销平台的迅速崛起，都对传统在线旅行社带来巨大的冲击。

4. 移动互联网营销平台

随着网络环境的不断更新、移动终端的普及，用户行为习惯随之改变，移动互联网时代应运而生。按照美国移动营销协会的定义，移动营销就是“组织通过移动设备或者网络，以互动的贴近的方式与消费者沟通，吸引消费者参与的一系列营销活动”。移动互联网营销（mobile internet marketing）是依靠网络，面向移动终端客户群体，利用移动通信设备与无线通信技术和设备联合而成的互联网营销形式。相对于传统的市场营销，它具有以下优势。

（1）内容的精准性。大数据环境下，利用移动终端的应用程序，企业可根据用户的行为特征、偏好、地理位置等方面的情况，相对精准地将已通过匹配的信息传递给与之适配的目标用户群体。移动互联网营销运用网络技术分析客户数据，判断用户未来消费特征预期，从而实现营销活动或者广告的精准投放和管理。

（2）便携性和互动黏性。移动终端本身具备移动便携式的特点，迎合了碎片化时代客户需求的特点，并且为客户提供了互动交流的平台，也为企业提供了实现品牌传播的高效渠道，体现了高度的黏性特征。

（3）营销的整合性。一个完整的移动营销链条由新品的发布、完成业务操作以及后续的售后等活动构成。移动网络拥有强大的信息传送和承载能力，弥补了互联网功能的局限性，为营销整合提供了保证。

（4）低成本。移动营销具有大规模的用户群体，不受时间、地域的限制，是成本最低、效果最高、覆盖面最广的一种营销模式。这种方式为企业降低营销成本开拓了新的销售渠道。

移动互联网市场已广泛渗透到酒店行业的各个领域，酒店移动互联网营销是一个重要转型，对于适应未来社会的主流消费人群、新技术变革及新客户的消费模式等具有深远的意义。在酒店进行多渠道品牌营销的过程中，移动 App、社交媒体和其他在线渠道成为它们提升顾客体验和品牌营销的新触点。许多酒店为帮助了解客人的需求和建议，它们有的开始在 App 上增设对话功能，提升住客满意度；有的（如万豪和希尔顿）通过自身的 App 收集更多的住客个人信息，从而为其提供个性化的住宿体验；有的通过社交媒体渠道让用户自主参与品牌的互动，让他们参与改造、制定品牌营销的建设。Facebook 旅游的负责人也表示，酒店业尤其不能错失移动平台的机会，特别是社交平台的营销机遇。如希尔顿的数字密钥、携程的在线定制旅游平台、Adobe 移动端营销的受众画像等。

三、不同渠道模式的优劣对比

不论是直接渠道还是间接渠道，在酒店营销活动中都发挥了重要的作用。互联网环境下，酒店直销渠道得到快速发展，满足了顾客体验与互动的个性化需求，成为未来酒店销售渠道发展的必然趋势。对不同渠道模式优劣进行对比和评价是酒店渠道决策的重要基础。

（一）酒店直接销售渠道的优缺点分析

优点：其一，可以减少企业流通费用和销售成本，缩短流通时间，保证自身产品在价格上的竞争优势。其二，可以直接及时掌握目标市场动态及信息反馈，有利于促进交易，树立企业和产品形象。其三，可以跟踪渠道运营效果，及时发现问题，优化渠道结构，提升渠道竞争力。

缺点：其一，渠道建设和管理费用较高，如销售人员队伍建设和管理、渠道网络的设置和维护的成本较高。酒店实行"全员营销"，必须加强人力资源管理投入，成本较高。另外，直销渠道网点和预订系统的建设和管理，不仅需要大量投入，还受到许多环境因素的制约，特别是对于实力较弱的中小型企业来说，盈利空间有限。其二，相对于中间商，酒店营销能力有限，可能会制约市场拓展效果。其三，直销渠道的风险和销售压力较大，短期内市场需求得不到及时满足，竞争对手则乘机进入。

（二）酒店间接销售渠道的优缺点分析

优点：其一，中间商作为连接企业和市场的纽带和桥梁，可以解决在生产与消费过程中所产生的各种矛盾，帮助生产者将产品或服务传达到消费者，简化了营销渠道机构，减少了交易次数，从而减少了社会资源的浪费。其二，中间商就是专门化的市场营销组织，他们具有更强的市场开发和营销能力，可以凭借其信息灵通、接触面广、熟悉市场以及其专业化和规模化的经营，比生产企业更有效地推动产品进入目标市场。其三，酒店产品综合性特征要求中间商将各旅游供应商的单体产品进行整合，如旅游线路设计等，形成最终旅游产品或服务，满足目标市场的需求，因此，间接渠道是酒店销售渠道的重要组成部分。其四，中间商可以帮助酒店进行融资，加快商品流通速度，并承担部分分销职能，分担市场风险。

缺点：其一，分销渠道管理费用较高。其二，产销信息沟通易失真。其三，个性化定制的专业化服务的提供受到制约。其四，酒店对分销渠道的管理和控制较难，易受中介机构的牵制等。

以上所述是酒店销售渠道的主要类型和基本模式。许多酒店所选渠道类型都不止一种，特别是规模较大的酒店集团往往同时选用多种渠道模式。如何建立销售渠道系统、选择渠道成员以及管理和优化销售渠道，成为市场营销工作中的一项重要的课题。

第二节　酒店销售渠道策略设计与选择

科学地设计和选择销售渠道是酒店有效传递产品价值、实现预期营销目标的重要保证。酒店应针对自身特点，分析渠道的影响因素，合理构建渠道结构和选择渠道成员，并进行渠道的动态管理和优化创新，从而提高渠道的增值效应。

一、酒店销售渠道设计的基本原则

互联网发展促使酒店销售渠道呈现多样化趋势，直接渠道与间接渠道互补，在线分销渠道与线下传统的中间商并存，成为新时期酒店销售渠道模式的新特点。对于酒店来说，渠道越多，则市场覆盖率越高，但是渠道维护成本也越高。因此，科学的酒店渠道决策不仅能够带来市场销量和占有率的提升，更重要的是增加获得渠道最大收益的可能性。

作为营销组合策略中的重要手段，酒店销售渠道的设计与管理应该以营销目标为指导，遵循市场导向和效益导向并重的原则，既能保证酒店产品高效便利地传递到顾客，又要考虑以最低成本获得较大市场覆盖和收益。这是渠道设计的基本原则，也是衡量渠道优劣的重要标准，即“高效率–低成本”。

二、酒店销售渠道模式选择的影响因素

一般情况下，酒店渠道模式选择的影响因素包括酒店产品特征、目标市场特征、酒店自身条件以及其他环境因素等。

（一）酒店产品特征

酒店产品特征是渠道模式选择的首要影响因素。该因素主要涉及产品的性质、种类以及档次或等级等方面。一般来说，非季节性、重复购买率高、随机性较强的酒店产品采用直接渠道模式，如餐厅、商务酒店、汽车旅馆等。相反，度假酒店由于该产品类型的季节性较强、购买频率低以及市场销售面广等特点，则采用间接营销渠道。另外，酒店产品的价格和等级的高低也对渠道的选择有重要的影响。对于高档产品，散客、回头客居多，因而这类产品的营销工作往往采用直接渠道或短渠道模式；而以团队形式为主的客源，由于具有市场面较广、旅游人数较多及产品价格偏低等特点，酒店往往采用间接营销渠道或较长渠道模式。

（二）目标市场特征

市场需求的动态变化是直接影响因素。该因素包括目标市场的规模与集中度、空间、竞争状态等。首先，市场规模越大、越分散，所需的销售网点就越多，酒店必须利用中间商开辟间接销售渠道。相反，市场规模越小、越集中，所需的销售网点就越少，则适合采用直销模式，即使采用间接渠道，也应选择短渠道。其次，客源地的空间距离的远近也影响渠道的选择。如远程客源市场较为分散，特别是海外市场，企业应选择间接销售渠道；反之，则选择直销或短渠道。最后，根据竞争状态提出渠道的特色和差异也很重要。一般认为，采用与竞争者相同的销售渠道或同一渠道，可以借助完善已有资源和信誉，快速进入市场。但是这些企业必须建立特色渠道模式，以此提升竞争实力，避免与竞争强手的正面交锋。

（三）酒店自身条件

酒店本身的资本实力、承担风险的意愿、接待能力和营销能力等也对销售渠道模式的选择产生影响。如果酒店财力雄厚，营销能力较强，则采取以直销渠道为主，兼有间接渠道的渠道模式。特别是对于那些具有整体营销策略的制定能力、拥有高水平的营销人员和丰富的管理经验的企业，宜建立自己的销售渠道和网点，直接向目标顾客开展销售，即采取直接销售渠道策略。例如，品牌酒店和酒店集团，在依靠成熟的网络及电话预订平台积累一批较为稳定的客户后建立直销平台，以获取更高的渠道收益。例如，洲际、希尔顿、万豪等品牌酒店集团通过自己的在线网络进行直销的收入是通过第三方渠道商分销收入的两倍①。相反，实力有限的中小型企业则可能更依赖于中介组织和机构销售产品和服务，采取间接销售渠道。

【阅读链接 9-4】洲际酒店着眼移动端的客户体验②

洲际酒店尝试通过移动端搜索和预订功能，为客户创造端对端的最佳体验，提升品牌

① 周人果. 会员制兴起 酒店纷纷发展直销渠道[N]. 南方日报，2010-08-28.

② 洲际酒店着眼移动端，对抗 OTA 竞争[EB/OL].（2013-09-18）[2018-06-15]. http://blog.sina.cn/dpool/blog/s/blog_ea7c0050101sjzq.html.

忠诚度，以对抗诸如 Expedia（亿客行）和 Booking.com 等 OTA（在线旅行社）带来的竞争压力。

洲际酒店相信移动端的功能不仅仅局限于一个交易平台。在名为“让移动连通客途”的环节中，洲际酒店通过移动应用提高客户酒店入住体验的多种方式，覆盖了从搜索到浏览，一直到结账的全过程。

目前，以 Expedia 为代表的 OTA“搜索和预订”功能主要表现在地点和价格展示上，拥有来自各方的整合资源，以偏低价格获得更大范围市场的青睐。酒店在线直销如何发挥自身特色和优势，如何提高顾客的直接预订量，如何更好地展现品牌价值，如何应对 OTA 的竞争，是对酒店营销能力的挑战。

洲际酒店调研发现：手机用户、平板电脑用户及桌面电脑用户在 48 小时预订窗口内下单的比例分别是 62%、33%和 28%。许多用户使用移动应用浏览目前订单的次数是他们进行新预订的五倍。PC 端网站倾向于新顾客的获得，而移动应用则主要用来服务忠诚客户。忠诚度高的商旅客户会在一周开始之初预订，而网络冲动消费型预订者一般在周末下单。洲际酒店针对不同的市场需求采用不同渠道，以最大限度拓展渠道空间。

洲际酒店针对酒店产品的服务性特点，通过客户移动端服务平台，提供特色的酒店入住体验，使顾客感受到整个端对端服务的价值，而不仅仅是交易。移动端不仅仅是一个新媒介，还是一个在客户购买周期和酒店体验的每个阶段都能与客户交互的渠道。洲际酒店着眼于客户在整个移动端，包括搜索、购物、比较、预订、确认、行前、到店、入住、退房的全过程。

洲际酒店的移动渠道策略更加关注客户忠诚度和客户体验，为顾客提供方位、休闲和人性化服务等各方面的全方位信息，如与 Passbook、Google Pass 服务进行整合，介绍城市徒步旅行的礼宾服务，以及推荐餐饮购物等。这能帮助酒店对抗酒店分销网站带来的挑战。

综合以上信息，洲际酒店坚定地相信忠诚度是基于服务体验的，而不仅仅是基于电子商务。因此，洲际酒店正努力地为自己的客户创造端对端的最佳体验，不管用户使用何种渠道。

（四）其他环境因素

酒店自身综合性极强，与环境中的其他因素有密切的关系。政策因素影响旅游渠道的可进入性。政府对有些旅游产品项目的管制影响渠道的选择。如国家取消外资旅行社设立分支机构的限制，实行国民待遇的政策，使内资企业面临更严峻的市场挑战。技术因素影响旅游渠道的沟通方式。互联网和电子商务技术迅速改变了人们的生活方式和沟通方式，特别是市场与企业的相互关系的转变，使消费者在营销中的角色从被动接受者转为主动寻求者，因此，旅游企业利用网络技术建立高效快捷的直接销售渠道成为重要的发展趋势。

三、酒店销售渠道策略

（一）酒店销售渠道结构设计

酒店销售渠道结构设计主要包括渠道长度、宽度和关联度的确定。渠道的长度和宽度体现酒店销售渠道的市场覆盖程度，而渠道的关联度则反映渠道成员及其结构的高效性。

渠道长度通常是指产品从生产者（或供应商）向最终消费者转移过程中所经历的中间

环节的多少。所经层次越多，则渠道就越长；相反，则越短。最短的销售渠道是不经过任何中间环节，直接向旅游者出售其产品的直销渠道。而渠道宽度通常是指销售渠道中某一层次中间商的个数及销售网点的数目和分布格局。如果一个企业在各目标市场区域以方便顾客的原则设置了足够数量的销售网点，则该渠道类型属于宽渠道；反之，则是窄渠道。产品销售渠道的长短、宽窄的适宜程度不能一概而论，需要视具体企业、产品以及目标市场的情况而定。

1. 渠道长度策略

一般情况下，两种渠道类型在酒店营销中兼而有之，这是由酒店经营特点所决定的。酒店选择直接或间接渠道还应考虑销售业绩和经济效果两个方面，涉及销售量和利润两个因素。对于酒店来说，侧重哪个因素必须从企业的营销战略出发。如果追求市场占有率，则重视销售量业绩；若追求利润最大化，则重视销售效果。因此，酒店应该将最大市场覆盖率和最低销售成本作为选择渠道类型的重要依据。如图 9-1 所示，采用中间商分销的成本随销售量扩大而有较大幅度上升，而企业自销成本则不明显，较为平坦。因此，在销售初期，销售量较少时，利用中间商的间接渠道成本低于自销成本，但销售量超过一定水平（图中点 S_B）时，间接渠道成本就会快速增加，远远高于自销成本。

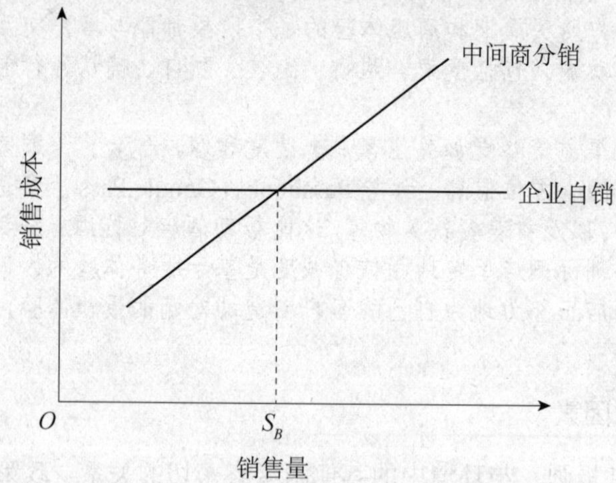

图 9-1　直接渠道和间接渠道的经济性比较

2. 渠道宽度策略

通过选择销售渠道类型确定了向消费者提供产品和服务的具体路线，这是纵向渠道策略的基本方法。而销售渠道的横向策略则表现为渠道宽度选择，包括不同类型中间商在渠道中的构成及数量。它能够影响销售渠道的市场覆盖面（即产品销售能够达到的最大市场空间），也能影响销售渠道的网点密度。

这种市场覆盖策略主要表现为产品传递渠道中同一层级中间商设置情况，以满足目标顾客便利购买为前提。酒店集团和特许经营酒店多采取密集型分销渠道，即较宽渠道策略，包括在线直销预订、会员制管理、协议客户、移动客户端预订以及在线旅行社、全球分销系统、社交媒体等。他们尽可能多地选择中间商，充分与市场接触，提高销售网点在目标市场上的覆盖密度，方便顾客购买。而那些自身条件有限的中小型分散经营的酒店和社会旅馆大都采用传统旅行社及在线旅行社分销方式，渠道较窄。特色酒店、主题酒店较多采用直销渠道，特别是酒店在线直销方式，以展示更多顾客体验为主，提升品牌在市场的认知。

【阅读链接 9-5】主题酒店营销渠道的设计①

主题酒店是以酒店所在地最有影响力的地域特征、文化特质为素材，设计、建造、装饰、生产和提供服务的酒店，其最大特点是赋予酒店某种文化主题，并围绕这种主题建设具有全方位差异性的酒店氛围和经营体系，从而营造出一种无法模仿和复制的独特魅力与个性特征。营销渠道的设计是主题酒店与目标市场有效沟通，实现销售目标的重要途径。

主题酒店产品的核心在于体现某种主题文化，实现客人入住后对环境与氛围的体验性，这种特点决定了其目标客源非大众化，而是追求某种文化体验的“小众化”，也就是说，每一家主题酒店的目标市场是对其主题能产生兴趣与向往的局部人群；由于一些主题酒店的文化氛围借助了当地文化元素进行设计，其目标顾客则往往远离酒店所在地。因此，传播其文化独特性、满足“小众化”客源的需求、获取远距离市场，是主题酒店营销渠道设计的核心目标。

依据主题酒店的特点，渠道设计可以做如下选择。

（1）酒店网站。主题酒店要突出其文化独特性，必须做企业的形象传播，以激发目标客源对酒店的好奇与向往。酒店自营网站是传播与销售的首选。酒店网站不仅要介绍酒店的核心住宿功能，更重要的是要推出带有文化元素建筑与装饰风格的图片或者视频，介绍与主题有关的历史、风情、民俗、时尚等，形成酒店整体产品的信息传播，激发消费者体验酒店主题产品的愿望。基于日益扩大的移动网络用户规模，酒店网站既包括电脑版，也包括手机版，除了信息传播，预订与交易功能是网站内容的重要组成部分。

（2）微信息渠道。在移动互联网时代，微信中往往汇聚相同类型的顾客群，受众关联性极大，可以帮助酒店更快、更准确地吸引顾客。这就要求酒店一要建有自己的微信息传播平台，直接面向相关受众，既能够传播信息，又能及时通过与受众直接交流进行顾客跟踪与维护；二要在酒店建筑体内建设无障碍无线网络，为顾客创造微信息提供通畅的传播环境。

（3）第三方专业机构。第三方专业机构是指专业化提供酒店信息或者代理旅游产品的渠道形式，如以酒店预订为主要业务的专业网站、专业杂志、会议组织等，是潜在消费市场获得酒店信息的主渠道。由于主题酒店的目标顾客是“小众化”的，为提高中间渠道传播的有效性，要实施窄渠道策略，通过渠道评估降低渠道成本，尤其应注重选择以传播文化为特色的第三方机构。

（4）营销联盟。营销联盟是指酒店实行跨组织的合作来实现信息传播与产品推广。主题酒店可以成为非景点旅游资源，可以尝试与相关文化的学术组织建立联系，吸引会议客源；也可以与旅行社合作，设计文化旅游线路；还可以与其他主题酒店建立联盟，利用客源的相似性、相关性实现酒店销售。

3. 渠道联合策略

传统的营销渠道由一个或多个独立的生产者、批发商和零售商构成，每个成员都是独立的企业实体，追求个体利润最大化，甚全会以牺牲整体利益为代价。现代企业的销售渠道则不同，它是由生产者、批发商和零售商组成的统一的联合体。这种转变使企业竞争出

① 张青. 酒店・管理[N]. 中国旅游报，2013-03-06（007）.

现了从个体竞争向联合体竞争模式发展的趋势。渠道联合的具体形式包括以下几种。

（1）渠道的纵向联合。渠道的纵向联合是指用一定的方式将营销渠道中各成员，包括生产企业、中间商联合在一起，采取共同目标下的协调行动，以促使旅游产品或服务营销整体效益的提高。渠道的纵向联合分为三种形式：公司式渠道系统、合同式渠道系统和管理式渠道系统。公司式渠道系统是酒店以延伸或兼并的方式，建立起隶属于同一所有权的相关的生产部门和分销部门组合而成的系统。例如，如家酒店收购七斗星及莫泰 168 酒店经济型连锁酒店。合同式渠道系统是指酒店同其所选定的各个环节的中间商，以合同的形式，来确定各自在实现同一营销目标基础上的责权利管理和相互协调行动。合同式渠道系统的一种重要的形式就是特许经营。例如，如家快捷酒店采用特许加盟方式，加盟店比例接近 60%。管理式渠道模式是指通过渠道中某个有实力的成员来协调整个渠道系统，减少渠道冲突，提升渠道整体价值。

（2）渠道的横向联合。渠道的横向联合是指由两个以上的企业联合开发同一市场的营销渠道。酒店采取该渠道策略，可以把资金、生产能力或营销资源结合在一起，完成单靠一个企业难以达到的目标，如最佳西部饭店集团。

【阅读链接 9-6】Best Western 国际酒店管理集团

Best Western（贝斯特韦斯特）国际酒店管理集团是由美国人 M. K. 格廷于 1946 年在美国创立。格廷的最初理念是建立一种非正式性的旅馆间相互推荐的体系，时至今日，这种理念已使 Best Western 发展成为全球最大的酒店家族。现在，Best Western 旗下拥有且经营包括 Best Western，Best Western Plus 及 Best Western Premier 在内的超过 4 000 家具有独立产权和自主经营的酒店，分布在世界各地 80 多个国家和地区，客房总间数超过 30 万间，是全球单一品牌最大的酒店连锁集团。1996 年，Best Western 启动全新的中央预订 LYNX 系统。2002 年，Best Western 开始拓展中国酒店业市场。

激烈竞争的环境下，“竞争性合作”模式成为在线旅游分销发展的新趋势。成功的旅游网站利用资源优势，提供来自多个经销商的多种产品和服务（航班、酒店、汽车、景区等）的全方位的旅游服务，同时提供在线信息搜索评估及交易平台等服务，作为其主要卖点。因此，对于在线旅游分销商来说，与供应链上下游组织合作，与竞争对手进行联合，结成非排他性的虚拟联盟，发挥战略系统效应，形成独特的和不可替代的优势网络资源。在线分销的合作联盟方式为酒店拓展销售渠道提供了更广阔的市场空间。

综上所述，随着社会的进步和技术的发展，联合化的销售渠道将成为未来企业参与竞争的重要手段。同时，由于市场面的扩大，在线旅游组织业务更加复杂化和宽泛化，因此，研究环境并进行科学的渠道决策将是酒店参与竞争的重要手段。

（二）酒店中间商及其选择

中间商的选择是酒店间接渠道建设和管理的重要工作，中间商的综合能力直接关系到渠道分销效果。

1. 中间商的概念及类型

中间商是介于企业与消费者之间，专门从事转售旅游产品或服务，具有法人资格的经济组织或个人，也被称为中介。由于旅游中间商在营销活动中的角色、责权关系的不同，其类型也不同。中介组织是帮助酒店完成产品和服务销售的渠道成员，主要包括旅行社、酒店中央预订系统（CRS）及酒店预订组织、全球分销系统（GDS）、在线旅行社（OTA）、移动服务运营商、社交媒体网站以及电子商务服务平台等，根据各自经营业务的不同，其收益模式也不同。

旅行社是酒店传统的分销渠道，在互联网盛行的今天仍然发挥着重要的作用。按照中间商参与所用权转移的情况，酒店中间商分为旅游经销商和旅游代理商。

（1）旅游经销商（tour operator）。旅游经销商是指那些在转售产品过程中，拥有产品"所有权"的旅游中间商，包括旅游批发商和旅游零售商，即组团社。旅游经销商与旅游生产企业一样，自己承担市场风险，它的利润来源于旅游产品购进价与销出价之间的差额。其中，旅游批发商（tour wholesaler）是指从事包价旅游产品批发业务的旅行社或旅游公司，不直接面对最终旅游者。旅游批发商一般是实力雄厚的大型旅游经销商，通过与交通部门（航空公司、铁路及旅游车船公司等）、饭店、景点以及其他餐饮娱乐公司直接谈判，将这些旅游单项产品组合成旅游线路，确定一个包价（大包、小包），通过其他旅游经销商，主要是零售商或代理商将包价产品出售给最终旅游者。因此，旅游批发商兼有生产和转售两项功能。旅游零售商（tour dealer）是指直接面向最终旅游者从事旅游产品零售业务的旅游中间商，即接团社。许多旅游经销商同时兼有旅游批发商和零售商的双重身份。

（2）旅游代理商（travel agent）。旅游代理商是指那些只是接受旅游产品生产者或供给者的委托，在一定区域内代理销售其产品的旅游中间商。旅游代理商对旅游产品没有"所有权"，只履行"代销"的职责，不能独立定价。旅游代理商受委托销售，按合同规定的价格出售给旅游者，按销售额的一定比例提取佣金，通常为销售额的 10%～20%。旅游代理商几乎不承担旅游产品销售的市场风险。

除了旅行社、旅游协会、会议组织和协议客户等传统渠道，酒店新型渠道还包括在线直销渠道、在线旅游分销商、电商平台、在线交易和在线营销网站、移动客户端营销等伴随互联网发展而快速壮大起来。

2. 中间商的选择原则

如何选择渠道成员——旅游中间商，是酒店渠道决策的关键。由于旅游中间商的类别多种多样，业务范围和市场对象各有不同，酒店选择中间商应该遵循以下原则。

（1）目标市场的一致性。酒店渠道成员目标市场应该与企业保持一致，而且具有优越地理位置的客源优势，有利于扩大市场销量。例如，经济型酒店和一些小型分散经营酒店是团购网的主要用户，而高端品牌酒店和酒店集团却很少选择团购。

（2）经营规模和能力。中间商的规模大小意味着其销售网点的众寡，因此在相同条件下应优先选择经营规模较大的旅游中间商。对中间商经营能力的考察，可以通过该中间商目前经营景气程度、知名度以及对环境的适应能力等方面进行考察，获得相应资料，正确选择中间商。

（3）偿付能力和信誉程度。中间商的资本实力直接影响资金的周转以及再生产；中间商的信誉程度对企业形象及正常运转都有很大影响。

（4）合作意愿。酒店与中间商的合作其实是一个双向选择的过程。双方合作意愿及实力条件等因素都是选择的重要依据。

（5）成本费用。不同渠道模式和渠道成员的选择，都会给企业带来不同的销售量和成本费用。酒店应选择那些具有强大市场开拓能力，能够使其带来销售量抵消渠道维持费用的中间商，即企业应该选择那些销售量增长大、成本费用小的中间商。如果对方是从事零售代理业务的中间商，则还需要考虑对方对佣金率的要求。

（6）制约能力。从长远目标考虑，酒店对中间商的选择不仅要考虑经济效益，还应考虑是否能对其实施有效的控制。因为渠道成员的稳定直接影响渠道的正常运行、企业客源市场的持续发展及其长远预期目标的实现。而酒店与中间商都是相对独立的经济实体，他们之间在管理上不存在从属关系，因此，酒店应充分考虑对中间商的控制程度。例如，中间商对酒店的依赖性较强，对其控制就越容易，选择中间商的风险就更小些。

第三节　酒店销售渠道管理

销售渠道管理的最终目的就是根据渠道运行情况，对渠道成员的业绩与合作状况进行评价，优化调整渠道成员组成及渠道类型，保证渠道“高效-低成本”目标的实现。

一、中间商的考评及调整

高效运行的销售渠道主要取决于渠道成员绩效与合作状况。酒店通过考评中间商的业绩，及时调整渠道成员的关系及结构，建立奖惩机制，才能加强渠道控制能力，提高渠道收益，更有效地服务目标市场。

（一）考评

酒店对中间商的考评主要包括目标市场适应性评估、实力与规模评估、信誉评估和费用评估等，具体如下：

（1）目标市场适应性评估：包括经营地点与目标市场的接近程度、与目标市场旅游者购买习惯的适应程度等。

（2）实力与规模评估：不仅要考察中间商的渠道网络覆盖能力，而且要看其实际的销售状况，全面评估中间商经营本企业产品的意愿、能力和获利性。

（3）信誉评估：是指通过市场测评，确定中间商在旅游市场上的知晓度、满意度、忠诚度及诚信度。

（4）费用评估：有利于旅游企业合理配置渠道资源，保留盈利成长性好的成员，淘汰获利能力差、费用高的渠道成员。

（二）调整与激励

为了确保销售渠道的高效率，企业应根据战略目标以及中间商的表现，对销售渠道进行及时调整。渠道的调整方法通常有两种：第一，渠道质量调整。对效率低下、经营不善的中间商，生产企业可终止与该中间商的协作关系，并适时增加能力较强的中间商。但企业必须慎重决策，这种调整对企业盈利水平及其他渠道成员的反应可能会产生负面影响。第二，渠道层级调整。随着市场需求和企业能力的变化和改善，现有渠道的市场适应性需要及时调整。例如，随着互联网技术的发展，渠道层级趋向扁平化。许多企业在自设网络渠道系统建设上加大投入，增加直销渠道的比例，提高渠道效益。

由于中间商的独立性，有各自的价值取向和目标，因此酒店在管理过程中应采取必要的激励措施，使其有良好的表现。酒店对中间商的激励措施主要有以下四种。

（1）返利政策。为了促使中间商注重推销自己的产品，酒店通常采取高销量、高佣金的奖励办法，还有减收或免收预订金、邀请考察旅游、组织奖励旅游等措施。

（2）促销合作。从市场定位出发，酒店通过采取与中间商合作进行广告宣传，共同承担广告费用，提供免费电话及保证提供宣传材料等各种促销手段，为产品销售创造条件。

（3）信息共享。酒店及时将市场信息传递给中间商，及时沟通市场需求动向；不定期邀请中间商座谈，共同研究市场开发策略，为中间商市场开发提供依据。

（4）建立战略合作关系。与中间商采取渠道合作模式，建立纵向联合销售系统，以提高渠道终端最大价值。

二、酒店销售渠道冲突管理

（一）渠道冲突的含义及分类

渠道冲突是指渠道成员因为各自的目标、利益和角色的不同而产生的矛盾和冲突的现象。渠道冲突与渠道竞争有所不同。渠道竞争是指各企业、各系统之间为了实现相同目标而进行的正常竞争，也被称为适度的渠道冲突。在营销渠道中，成员之间的适度竞争不仅不会产生消极影响，而且有可能使顾客获得更大价值，有利于整个渠道组织绩效的提高。但是，如果渠道竞争妨碍了成员之间的有效合作，阻碍了旅游产品的正常流通，影响了整个渠道系统的和谐发展，竞争就会演变为冲突。面对渠道冲突，酒店必须高度重视，采取相应措施对冲突进行有效控制和管理，保证渠道的正常运行。

销售渠道冲突有水平冲突、垂直冲突和多渠道冲突。

（1）水平冲突是指同一渠道模式中同一层次的中间商之间的冲突。

（2）垂直冲突是指同一渠道中不同层次企业之间的冲突。这种冲突较之水平渠道冲突更常见，如酒店同一条渠道中不同层次中间商之间的冲突（批发商与零售商之间、批发商与代理商之间的冲突）。

（3）多渠道冲突又称交叉冲突，是指旅游生产企业建立多个营销渠道后，不同渠道形式的成员之间的冲突。例如，某企业直销渠道与间接渠道之间的冲突，企业自设网络预订系统与全球分销系统（GDS）之间的矛盾等。

企业渠道运行中，各种冲突随时可能出现，其主要原因具体如下：渠道职能模糊，导致渠道成员所承担的任务和拥有的权利不明确而产生冲突；渠道沟通不顺畅，使企业产品和服务的信息无法及时准确地传达到渠道成员，导致渠道冲突。此外，还包括渠道目标和利益分歧、奖励制度不健全以及竞争机制管理不当等原因。

（二）冲突的协调和管理

在渠道冲突的协调中应把握好以下几个基本原则：

（1）效率原则。不断增进渠道成员间的合作，减少渠道的运行成本，提高渠道运行效率。

（2）系统性原则。结合企业战略目标，合理配置渠道资源和优化渠道结构设计，体现渠道系统的整体性。

（3）创新原则。旅游企业应该结合市场需求和企业优势，充分运用现代信息技术和手段，创新渠道结构，增强必要的灵活性和适应性，提升渠道的竞争力。

（1）渠道整合。渠道整合是解决渠道冲突的根本方法，主要是指酒店向前整合渠道中间商的方法，加强企业自身对渠道的控制，追求和创造更高的附加价值。该方法适合于具有较强的综合实力的一些专业性较强、受众面相对较小的产品销售的酒店企业等。

（2）渠道合作。渠道合作相对于渠道整合策略，更加寻求扩大选择范围，而不是对固定资源或利益的瓜分，是一种双赢的冲突解决策略。但是这种策略的实施必须要有严格的约束条件，否则难以实现。

（3）渠道扁平化。传统渠道以多层次的长渠道为主，这种渠道的企业控制能力较低，特别是竞争激烈的市场环境，易导致垂直渠道的冲突的产生，同时削弱渠道的附加价值。

因此，为适应市场需求的快速变化，渠道扁平化成为渠道发展的主要趋势，该渠道模式可以最大限度地减少销售层级，减少中间环节过多导致的信息失真，以实现渠道的成本优势。渠道扁平化可以通过缩短销售渠道增强企业渠道的控制能力，还通过增加销售网点加大企业产品的市场覆盖面。例如，酒店从多级渠道转变为一级渠道或直销渠道等。

综上所述，要实现销售渠道的冲突控制，保证渠道的高效性和适应性，激励、约束或整合的机制都是很重要的。

第四节　酒店销售渠道的变革与创新

随着旅游市场的个性化趋势和网络技术的快速发展，企业与市场的链接方式发生了革命性的改变，传统销售渠道模式已经不适应新的时代要求，渠道的变革与创新成为旅游企业必须面对的重要课题。

影响和决定销售渠道变革的因素有很多，主要表现在两个方面：一是企业自身发展的需要。随着旅游企业产品生命周期阶段的变化，渠道需要进行适应性调整和改变。二是企业适应外部环境的要求。酒店外部环境中诸如市场、竞争、技术以及政策环境等因素的影响，加速了渠道从效率到增值、从传统到网络、从松散到联合、从长宽并重到扁平化的变革。

一、旅行综合服务商——突出渠道的“服务增值”效应

旅游销售渠道的变革与创新的意义不仅是提供一个高效的产品和资金流通的渠道，更为重要的是体现渠道的“增值”效应，提升渠道的服务竞争力，加快推动旅游业向现代服务业转变。渠道的增值功能强调以终端顾客价值为出发点，优化核心业务流程，降低渠道经营成本，从而实现对既定产品综合服务的深度开发，以整体解决方案和增值服务赢得用户的青睐。

现在的市场竞争已不仅是企业单体之间的竞争，而是企业所处的价值链之间的竞争。渠道的服务化过程是价值链效应提升的关键。随着市场需求和消费行为的精细化，许多旅游者更看重旅游企业产品和服务的让渡价值而不仅仅是价格，希望通过一站式的服务解决方案体验到美好的旅游经历和感受，满足个性化的需求。酒店应充分发挥渠道成员的资源优势，形成特色的组合产品和服务，强化客户关系管理系统，主要面向非价格敏感型的中高端用户，以“体验营销+解决方案”的方式构建特色销售渠道，提高竞争力。

【阅读链接 9-7】私人定制旅游快速发展，手机客户端成首选渠道①

随着旅游消费的不断升级，消费者对旅游产品也提出了新要求，中高收入阶层开始热衷私人定制旅游服务，在线旅行社（OTA）手机客户端成为首选。定制旅游产品偏向多样化、个性化、主题化、信息化。

随着旅游产业的快速发展，定制旅游产品正从“云端”落入大众范围。2016 年被业界

① 蒋洁琼. 私人定制旅游快速发展，手机客户端成首选渠道[N]. 中国证券报，2016-12-13.

定义为“定制旅游元年”，不少定制旅游公司都在这两年起步，并受到资本和消费者的关注。携程定制旅游已实现交易额单月过亿的行业新纪录，平台上的定制供应商数量超过 1 200 家，使用手机来提交定制需求、与定制师沟通成为最主要的方式。

有定制游需求消费者在手机上提交需求单，有数千名专业定制师会迅速响应。与其他在线预订各类旅游产品不同，定制旅游是根据用户需求提供服务 C2B 模式。

业内人士介绍，出境游市场的快速发展，催生出了大量服务于定制旅游市场的成长型公司，并以在线旅行社（OTA）为主。这些定制旅游公司主要利用互联网技术解决用户在行前、行中的服务问题，用户获得的目的地信息则多来源于对目的地有足够生活或旅行经验的群体。

尽管定制旅游快速发展，但用户体验还具备很大成长的空间。目前欧美主流创意定制游更加注重享受，游客不需要对目的地有太多了解，甚至可以没有明确目的地，创意定制服务机构通过了解游客个体特征、出行人情况和预算，即可创造出一系列具有特色的创意行程。

二、网络营销渠道的多元化趋势

随着互联网和电子商务的出现，信息的交换和处理变得高效和便捷，越来越多的旅游者直接通过互联网来完成搜索和预订，基于互联网技术的旅游网络营销渠道迅速发展起来，并呈现多元化的发展趋势。与传统营销渠道相比，旅游网络营销渠道有许多更具竞争优势的特点，它利用互联网的信息交互特点，通过互联网进行信息沟通和商品交易，从而改变了原有渠道成员之间的沟通与合作方式，也改变了原有渠道的互依结构与权力结构，从而为渠道扁平化提供了重要的条件。酒店网络营销渠道体现了更强大的企业竞争力，并将超越传统的旅游代理而成为最主要的旅游分销方式。

在线营销渠道在带来便捷的同时，也受到一些环境因素（如企业互联网技术的应用、企业诚信问题、旅游者在线消费意识和能力以及行业政策等）的影响，存在一些局限性。中国旅游研究院发布的 2017 年全国游客满意度调查报告显示，相对于散客和自助旅游者，团队游客的满意度指数稳居高位，首次高于国内散客满意度，进一步凸显了在大众旅游发展的初级阶段包价旅游服务的传统优势。由此可看出，目前，旅游网络分销渠道主要是针对那些功能单一的旅游产品（如机票代理商）的影响较为显著，不能完全取代传统的旅游分销渠道，如旅行社在主要客源地广泛设立的门市部等。酒店应注重传统和网络渠道的整合，充分发挥各自优势资源，即传统渠道的人性化、个性化服务特点以及网络渠道的高效、低成本、便利的沟通和交易方式，形成多元立体化的渠道体系，是现代渠道结构创新的重要方向。

【阅读链接 9-8】调查：旅游 App 何以击败网站成为首选预订渠道[①]

调查显示，超过 85%的人会在旅途中一直使用手机，日均使用时间超过 6 个小时，主要的时间都花在使用各类 App 上。本土旅游 App 在响应速度、功能和整体用户体验等方面超越网站，成为旅行者机票、酒店方面首选的预订渠道；而网站则是租车和目的地旅游预订的首选渠道。

① David MacHale. 调查：旅游 App 何以击败网站成为首选预订渠道[EB/OL].（2018-03-15）[2018-06-15]. https://www.traveldaily. cn/article/120809

旅行者希望旅游品牌能够提供出色的移动端体验，否则他们会改用其他服务。对 955 名旅行者进行的一项全球研究表明，58%的受访者更喜欢使用 App 搜索机票，53%的受访者更喜欢使用 App 查找住宿。研究发现，消费者想要快速的移动端体验，他们认为这最好通过 App 来提供。

一项研究对旅行者更愿意选择 App 而不是移动网站的原因进行了分析，为旅游品牌更好把握用户旅程提供了建议。旅行者看重的 App 功能由于响应速度和用户体验方面的优势，旅行者选择下载并使用 App 来搜索和预订旅行。35%的旅行者还喜欢接收推送通知来及时获取最新资讯，而近三分之一的旅行者使用 App 来享受旅行促销或折扣优惠。App 和网站旅游流程的渠道对比：在值机和使用登机牌方面，App 是最受欢迎的选择（63%），相比网页渠道的优势更加明显。在旅行搜索和预订方面，58%的旅行者更喜欢使用 App 来搜索机票，53%的旅行者使用 App 来搜索住宿。另一方面，网站是租车（54%）和目的地旅游预订（54%）的首选渠道。旅游推送通知主要通过本土 App 提供，移动端网站所提供的用户交互无法达到 App 和消费者的互动水平。

App 越来越被视为互动平台，因为 App 使旅游企业和消费者可以在整个旅游过程中进行互动，如提醒用户使用打折优惠价格来预订，通知用户航班延误或登机门变更、发送目的地关联场景信息，以及通过忠诚度计划更新来鼓励用户在预订后依然使用 App。旅行者未来将在 App 上花更多的时间和金钱。他们在进行搜索并预订旅行时、准备起飞时、到达目的地或返程时，都会期望获得快速、顺畅、有用的体验。

三、酒店销售渠道整合发展趋势

如果说新产品是酒店短期利润的增长点，那么旅游电子商务、连锁经营和渠道整合就是企业渠道增值以及长期持续发展的根本动力。销售渠道的变革受各种环境因素的影响，特别是经济因素对营销渠道系统结构的形成至关重要。酒店为寻求达到与环境变化的动态平衡，必须不断创新销售渠道系统，从传统渠道以成员各自为战、松散经营为主转变为注重共同利益、整合经营的渠道模式。

酒店企业通过建立战略伙伴关系，可以对有限资源进行合理配置，降低渠道总成本，提高渠道的经营绩效，使分散的渠道成员形成一个整合体系，追求双赢或多赢。国际上成功的旅游企业的基本模式是企业对旅游价值链的管理过程，从终端顾客资源出发，整合旅游资源要素，提供特色旅游产品和服务组合，强化客户关系管理，并运用信息技术解决需求个性化与经营规模化的矛盾，从而实现销售渠道高效、低成本以及顾客价值最大化的营销目标，提升整条旅游价值链的竞争力。

随着旅游者需求的多样化和个性化的变化，具备一定条件和实力的大型酒店供应商，通过建立直销渠道、特许和连锁经营、集团化经营等方式，特别是采取多元化经营策略，如投资于景区、酒店、旅游地产等产业链相关行业，形成生产、批发、零售一体化的直销优势，减少渠道中间环节和降低渠道成本，直接为终端客户服务，最大限度地满足顾客的个性化需求，从而增强企业产品和服务的市场营销能力和渠道的控制能力。

相对于供应商来说，以旅游批发商为主的中间商为了对抗供应商越过中介的直销趋势，则以计算机网络化为基础，采取垂直一体化的销售渠道模式，即由生产者、批发商、零售商形成的以产权为约束的统一联合体，以提升市场竞争力。这些以中间商为代表的旅游企业，采用反向一体化的方式，即通过购买、兼并、合作和联盟等方式建立与供应商的利益同盟；同时实行正向（前向）一体化，买进包括旅行代理商在内的国内外零售商来控制终端销售网络。正、反向一体化有效地扩大了中间商的经营规模，甚至成为垄断企业，实现渠道扁平化和增值的目标。

综上所述，旅游者需求的个性化趋势必然使酒店营销战略从传统的大规模、标准化转向定制化，同时也促使酒店销售渠道从单纯交易量取向向顾客的体验和感受的综合需求取向转变。因此，酒店必须建设基于价值链整合功能的合作伙伴型营销渠道，为顾客提供最大价值的产品和服务，从而提升整条价值链的竞争能力，实现营销战略目标。

引入案例解析

做大数据分析　提升整体营收

近几年来，在消费升级的大背景下，星级酒店成为各大平台争夺的焦点。阿里巴巴飞猪旅行以平台化经营的模式切入了酒店市场。虽然是后来者，但开元集团、金陵集团、碧桂园、万豪等酒店集团已将飞猪旅行当成了直销渠道，并给予会员同等权益。此外，其与在线旅行社（OTA）平台最大的不同还在于，飞猪旅行给酒店商家提供自运营套餐，商家可以同时出售餐饮、SPA、健身房季卡等酒店边缘性商品，从而带动整体酒店盈利。飞猪旅行大数据分析结果显示，中低端酒店的客房收入几乎是酒店全部的收入。但是，高星级酒店餐饮收入超过客房收入是普遍现象，客房收入只占酒店收入的一半，甚至连一半都不到。因此，高星级酒店关注的是整体营销，而不仅仅是客房。从团购切入酒店旅游业的美团旅行，也瞄准了这一商机。美团酒店预订服务与餐饮、门票等打通，提供更加全面的服务。

自建渠道是大势所趋

直销是非常重要的方式，它能培养忠实客户，保持比较稳定的客流量。尽管在线旅行社（OTA）的价格战早已不如以往激烈，但是酒店与在线旅行社（OTA）平台之间的博弈一直难以消解，价格依然是后来者挑战的利器。飞猪旅行也在通过未来酒店不断发力酒店渠道市场。目前，其未来酒店已经覆盖超过了10万家酒店，近4.2万家酒店与飞猪旅行打通数据。对于部分进驻飞猪旅行平台的酒店来说，看中的则是飞猪旅行提供的海量会员互通、信息直连。华住酒店自有渠道的订单量已经占到了近90%，只有10%左右的订单来自其他渠道。用户的时间变得碎片化，个性化的需求越来越多，酒店行业自建渠道已经是大势所趋。不过，酒店自建渠道也需要付出高昂的成本。

可以预见的是，酒店与预订渠道之间将继续保持依存和博弈的关系。如何建设更有竞争力的渠道获得更低成本的流量来源，是未来酒店转型的重要方向。

本章小结

酒店销售渠道是指酒店将产品和服务转移至最终消费者所经历的通道和途径，主要由参与、促进产品和服务转移、销售和消费的各种组织和个人组成。它是企业提高销售效率、增加经济效益、加强信息沟通和促进市场购买的重要营销环节。酒店销售渠道具有调研、购销、融资、储运和市场开发等多种职能，而且还具有一定的特殊性，包括：

（1）直接销售是酒店销售渠道的主要组成部分。

（2）酒店服务使用权的转移使酒店渠道时效性很强。

（3）选址是酒店销售渠道的重要方式。

根据酒店在流通环节中是否经历中间商，销售渠道可以分为直接销售渠道和间接销售渠道。根据渠道中所经中间环节的多少可以将渠道划分为零级、一级、二级、三级或多级渠道。不同类型的渠道各有特点和利弊，酒店必须进行综合评估。

销售渠道策略是指酒店在对相关影响因素分析的基础上，按照渠道原则，设计销售渠道结构和确定渠道成员（即中间商的选择），形成具体的渠道模式，并对渠道进行动态管理和调整创新，以保证企业营销目标的实现。销售渠道设计的基本原则是消费者导向和经济效益导向，前者体现渠道的便利性，后者强调渠道效益和效率的双赢。影响渠道模式选择的因素包括酒店产品特征、目标市场特征、酒店自身条件以及其他环境因素。

销售渠道结构策略主要涉及渠道长度、宽度和关联度的设计。随着互联网技术的发展和应用，旅游销售渠道显现出短宽特点的扁平化趋势。旅游企业中间商的类型主要有旅游经营商、代理商以及其他新兴中间机构。中间商的选择原则包括目标市场的一致性、经营规模和能力、偿付能力和信誉程度、合作意愿、成本费用、制约能力等。旅游销售渠道管理主要涉及中间商的考评、调整以及冲突管理。

随着经济和科技的发展，旅游市场呈现个性化和多样化趋势，网络技术改变了企业与市场的链接方式，渠道的变革与创新加速了从效率到增值、从传统到网络、从松散到联合、从长宽并重到扁平化的变革。

问题与讨论

1. 简述酒店销售渠道及其主要特点。

2. 简述直接销售渠道和间接销售渠道的主要区别及其优缺点，并说明酒店直接销售渠道的条件和意义。

3. 简述旅游中间商及其主要类型、酒店中间商选择的基本原则和影响因素。

4. 分析酒店销售渠道冲突的类型及其产生的原因。

5. 你认为互联网技术的发展对旅游业的销售渠道模式的影响是什么?

6. 简述酒店销售渠道的发展趋势。

7. 举例说明特许经营模式的主要特点及其对酒店拓展销售渠道的重要意义。

8. 网络销售渠道能完全取代传统渠道吗？为什么?

9. 讨论酒店预订系统的特点及其在销售渠道中是如何发挥作用的。选择一家可以进行直接网上预订的酒店网站，说明该网站的主要预订客人的类型、预订原因，并说明旅游企业网上预订服务中的主要问题和改进建议。

10. 讨论经济型酒店渠道现状及整合策略。

延伸阅读资料

9-1　单体酒店如何掌控客源

9-2　酒店直销渠道需要不断创新

9-3　“特许经营”如何走好未来之路

9-4　去哪儿网推出酒店智能搜索框

9-5　中青旅 O2O 模式——合作联盟

第十章 酒店促销策略

本章目标

了解酒店促销策略的基本概念和基本理论，掌握酒店促销策略的主要内容并了解前沿的理论、先进的实践及发展趋势。

引入案例

新媒体营销 旅游的局限与突破[①]

旅游业渐入“微”时代，营销方式开始出现变革，未来旅游业营销方式应是新媒体营销快速发展并与传统营销并存的局面。《2013 中国旅游业发展报告》显示，随着互联网的普及和信息技术的飞速发展，旅游网站的关注度持续升温，在线预订、秒杀、抽奖、免费派送优惠券、团购等新媒体营销模式纷纷登场。旅游景区游客关注方式以网络搜索为主流，微博、微信营销以及智能手机的普及带来的 App 引动广告也成为其中的亮点。

《2013 中国旅游业发展报告》认为，新媒体的快速发展极大地改变了人们的生活方式，也给旅游业的发展带来重要的机遇和挑战，新媒体营销对旅游业发展产生积极作用的同时，行业之间的竞争也会更加激烈。未来旅游业营销方式应是新媒体营销快速发展并与传统营销并存的局面。

新媒体具有精准对应某一类客源市场的明显优势，但未必能做到客源市场全覆盖；新媒体优势的充分发挥，受制于后台工作基础和实体服务的支撑，而后者则属于传统服务范畴。由此可见，企业在运用新媒体技术开展营销活动，应该清楚了解其所长和所短，才能在市场营销中赋予其适当地位。

思考：新媒体营销有哪些局限？企业应如何突破？

酒店企业不仅要开发满足市场需求的优质产品，制定具有竞争力的产品价格，还必须采取高效的促销策略，与目标顾客保持良好的沟通，引导顾客认同和接受产品品牌，最终产生购买行为。促销作为营销组合策略中重要的手段之一，对酒店企业品牌的有效传播发挥着重要的作用。

① 高舜礼. 新媒体营销 旅游的局限与突破[N]. 中国旅游报，2016-10-11.

第一节　酒店促销组合

酒店企业要取得良好的沟通效果，必须在明确促销目标的基础上，针对不同的目标市场，综合运用各种促销手段，发挥促销组合的整合功效，实现酒店营销目标。

一、促销与沟通

营销是组织实现自身与消费者之间价值交换的一系列活动。买卖双方之间的有效沟通则是促进销售和实现价值交换的重要环节。

促销是企业与市场沟通的过程，即在卖方和买方或渠道中其他成员之间进行信息传递与沟通，影响他们的态度及行为，以达成共识，实现价值交换的过程。对产品或服务品牌的促销是最常见的促销方式，主要包括人员推销和非人员推销。其中，非人员推销包括广告、公共关系、营业推广、有形展示以及直复营销等。

由此可见，促销的本质就是沟通。沟通是指人与人之间、人与群体之间思想与情感的传递和反馈的过程，以求双方达成共识。沟通的内容和方式是影响营销效果的关键因素。信息沟通原理是企业与市场有效沟通，实现预期目标的重要基础。

菲利普·科特勒以社会传播的一般模式为依据，总结了由九个要素组成的严格的营销沟通模式，即信息沟通过程是指信息从发送者到达接收者的过程，包括发送者、编码、信息（媒介）、译码、接收者、反应、反馈和噪声等要素[①]，如图 10-1 所示。

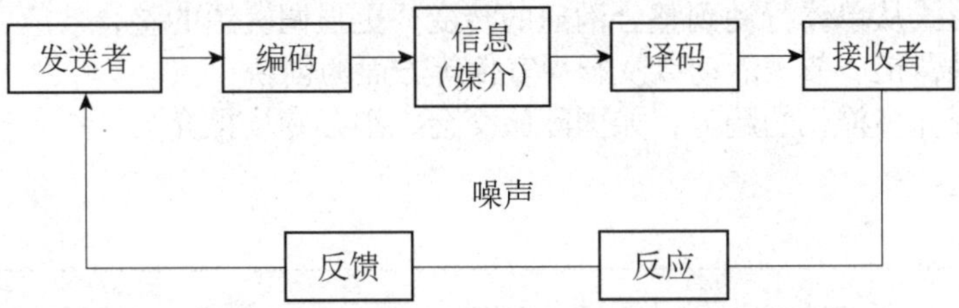

图 10-1　信息沟通原理图

（1）发送者是指输出信息的企业或个人。

（2）接收者是指信息的传播对象，包括顾客和公众等。

（3）编码是信息的发送者将所要传递的产品信息通过标识性的符号（如色彩、文字、声音、行动等），以生动、易理解、吸引人的方式设计和表现出来的过程。

（4）译码也称为解码，是信息接收者对发送过来的产品信息符号的理解过程。

（5）信息是发送者想要传递并希望能被接收者理解的产品或服务的内容及思想。

（6）媒介是传递信息的渠道。

（7）反应是接收者接触到信息后的态度和行为。

（8）反馈是信息接收者将反应返回发送者的信息部分。

（9）噪声是指各种影响信息有效传递的干扰因素，如信息不对称、语言沟通不恰当、非语言沟通的偏解、竞争性的广告冲突等，这些都可能引起信息的失真和偏离。

① 菲利普·科特勒，约翰·T. 鲍文，詹姆斯·C. 麦肯斯. 旅游市场营销[M]. 4 版. 谢彦君，译. 大连：东北财经大学出版社，2006.

从图 10-1 中可以看出，有效的信息沟通具有双向性。企业实现有效沟通的主要途径包括以下三种：

（1）信息的发送者必须明确传播对象是谁，将获得什么反应；

（2）必须考虑如何对信息编码，接收者是如何进行译码的，接收者能否按照发送者的意图完成预期的反应行为；

（3）采取何种方式获得有关接收者的反馈信息，及时调整存在偏离目标的情况。在各种类型的促销手段中，人员推销的面对面的沟通方式使信息源就是推销员，可以得到及时反馈的信息并给予调整。而大众推销，如广告和公共宣传等，则必须依靠营销调研或销售数据来获得反馈，这些都要花费很多时间和精力。

二、酒店促销及其特点

促销作为酒店沟通市场的重要手段之一，在提供酒店产品和服务信息、加强酒店与顾客联系、刺激和影响消费行为以及扩大销售等方面发挥着重要的作用。酒店产品服务性的特点，要求企业应结合行业特点明确酒店促销的整合性和互动性，才能进行有效的沟通。

酒店促销是通过人员或非人员的方式，与潜在的顾客进行有效沟通，传递产品和服务信息，激发顾客购买欲望，影响和促成顾客购买行为的活动总称。

传统的促销活动主要包括广告、销售促进、公共关系和人员推销等基本手段。随着市场环境的变化，特别是酒店企业与市场的链接模式的改变，现代促销方式体现出新的发展趋势，主要表现在以下几个方面：

（1）促销原则从单向传达向双向沟通的转变，更强调信息互动、分众、可控和效果的可测性，如分众传媒以及社会媒体等；

（2）促销形式从单体行动到整合沟通的转变，更强调资源的整合效应，如旅游目的地形象宣传、赞助营销、节庆活动以及影视宣传等方面的创新；

（3）促销媒介多样化的趋势，如国际旅交会、举办专场推介会、举行产品说明会和网络促销等。

【阅读链接 10-1】互联网时代的企业微营销①

中国互联网络信息中心发布的报告显示，截至 2017 年 3 月，我国网民规模达 7.31 亿，其中，手机网民规模达 6.95 亿，占比达 91%。互联网的普及和网络经济的快速发展，塑造了网民全新的生活形态，网民的消费特征发生了新的变化，更加注重参与和互动，注意力极大地分散，购买趋于理性化。所以，以单项传播为主要方式的企业传统营销模式已无法适应时代的发展，微营销成为企业营销的新方向。

随着新技术的发展，涌现出一批以网络为传播平台的新型营销模式，专门针对消费者的碎片时间，以微博、微信、微电影等微型营销方式展开推广，也就是通常说的微营销。所谓微营销，是基于微博、微信、微电影等自媒体传播平台，企业在其中即时进行产品信息发布、品牌形象展示、客户互动交流、社区主题活动等，引导顾客主动参与企业经营活动全过程，辅助营销目标实现的一种网络市场营销方式。其核心是注重媒体渠道的创新、体验内容的创新以及沟通方式的创新，强调虚拟与现实的互动。

微博平台

微博是一个基于用户关系的信息分享、传播以及获取平台，用户可以通过 Web、WAP

① 张蕾. 互联网时代的企业微营销[N]. 中国邮政报，2016-05-07.

以及各种客户端组建个人社区，通常是以140字左右的文字更新信息并实现即时分享。微博的操作简单，更新和传播速度快，有助于企业与用户之间的交流，为消费者主观能动性的施展提供平台，且营销成本较低，受众面广，受到许多企业的欢迎。

微信渠道

微信营销是网络经济时代企业营销模式的一种创新，是伴随着微信的火热而兴起的一种网络营销方式，是真正意义上的Face to Face（面对面）营销。微信营销的优势是营销成本低、潜在用户数量多、营销定位精准、信息传播有效性强、营销模式的选择多样等。

微电影传播

微电影（micro film），即微型电影，是短片的其中一个类型，指的是在电影和电视剧艺术的基础上衍生出来的小型影片，具有完整的故事情节和可观赏性。微电影虽然兴起时间短暂，发展却势如破竹，因其品质较高、互动性较强等特点，受到越来越多企业的关注。由于受到时间限制，微电影多以情节制胜，企业可以比较轻松而自然地将品牌信息融入故事情节中，通过故事主人公的“事与情”达到升华、突出表现、引发关注或情感共鸣等目的。

酒店作为服务性企业，服务过程和互动过程是体现顾客价值的重要环节，也是酒店促销活动能否实现有效沟通的关键。酒店促销的是一段服务经历，服务和互动过程与顾客感知相关，即与顾客对这些沟通的理解相关。因此，酒店针对服务中所发生的一切与品牌相关联的顾客接触所进行的宣传和沟通行为都将影响顾客的评价和行为。

酒店促销的特点表现在以下几个方面。

（1）服务品质是促销的前提。酒店顾客购买的是住店经历和体验，而不是实质性的商品所有权，因此，特色的、标准化和人性化的服务成为酒店宣传和承诺的基础。

（2）口碑是最好的宣传。由于服务质量差异性较大，酒店的信誉和市场形象就更为重要。顾客为降低购买风险，倾向于选择那些可信度更高的亲戚朋友的意见，以此作为购买决策的主要依据。因此，酒店必须在保证服务质量的基础上，通过良好的口碑宣传来树立信誉和良好形象。

（3）把握“真实瞬间”。在员工与顾客面对面交往和互动服务过程中，最有可能通过信息沟通对顾客的购买行为产生影响，在与顾客接触的友好和谐气氛中达到促销的目的。这也是酒店企业一种成本低、效率高且有效的促销方法。

（4）无形服务的“有形化”。酒店在促销中必须重视有形证据的提供，尽可能使无形服务具体化。例如，服务宣传册、酒店指南、房价表、菜单等内部促销资料的运用；展现酒店的外观、布局、环境氛围、设备设施；酒店品牌、CIS设计等。

（5）联合促销的整合作用。酒店是综合性的服务企业，酒店企业促销效果不仅取决于本身的宣传，更受一个国家、地区及当地旅游资源的形象宣传的影响。因此，酒店促销强调企业与目的地促销活动的协调统一，充分发挥联合促销的作用，提升酒店的地区影响力。

三、酒店促销组合与整合营销沟通

在企业营销活动中，各种促销手段得到综合运用，形成促销组合，以适应不同的市场环境。这些促销方式包括广告、互联网、直接营销、营业推广、专题活动、公共关系、人员推销和有形展示等。每种促销手段有其自身的特点以及应用的条件，通过发布广告传播有关产品的信息；通过各种营业推广活动传递短期刺激购买的有关信息；通过公共关系手段树立或改善自身在公众心目中的形象；通过派遣销售人员面对面地说服潜在购买者。

整合营销沟通概念在20世纪80年代由著名学者舒尔茨博士等人提出，是对传统促销组合概念的进一步创新和完善。整合营销沟通是一种研究开发和管理全面信息沟通的方法，该观点认为沟通不仅仅只是利用电视、印刷品和邮寄广告等可见的媒介来规划和实施，还在一切与顾客接触和互动活动中传递信息，甚至比传统媒介沟通更有效。整合营销沟通策略（integrated marketing communication，IMC）是通过各种营销信息沟通方式的选择、运用与有机组合的方法，在卖方与买方之间传播商品和服务信息，并以此影响其购买态度和行为的过程。①

今天的顾客可以通过更多的渠道获得酒店产品和服务的信息，包括：传统促销工具的宣传信息、产品设计与品牌信息；服务人员、系统和技术的功能以及传递服务场景的信息；参与服务互动的其他顾客或传递口碑的社会化媒介信息等。这些信息来源增加了酒店企业或品牌的信息类型和数量，也提高了信息的复杂程度。如果顾客通过不同渠道接收信息相互冲突，同时企业又缺乏清晰一致的形象，就会造成顾客价值感知的误差。

【阅读链接 10-2】酒店点评的口碑效应

建立在关系视角基础上的口碑沟通是基于顾客的长期体验和行为。顾客的口碑沟通反映了他们对商家的关系情节或服务接触的感知，同时还表明处于这种关系中的顾客愉悦的程度。口碑沟通意味着企业的组织情况、可信度、经营方式和服务等信息会从一个人传播到另一个人，甚至更多人，口碑沟通的乘数效应将直接影响企业市场的信誉度和影响力。这种顾客的推荐及参考行为表明：企业可以积极运用口碑所传播的正面信息进行营销，从而为企业带来更广泛的好评。

酒店向消费者提供的是一种体验式的服务。随着中国消费者的自主性加强、社会媒体传播形态的兴起，消费者对酒店的选择一方面来自亲身体验，另一方面则更注重其口碑形象。酒店顾客购买决策越来越依赖他人的经验分享，如酒店线上点评、社交媒体平台等，对他人 UGC（用户原创信息）的信任程度远远高于网络广告。

口碑营销对于酒店而言充满巨大的诱惑力，其交易成本低、覆盖面广、便于进行个性化展示，使消费能够在选择之前就全方位了解，增加消费者对酒店的信任度和忠诚度，而这也将逐渐成为酒店营销的一个新契机。

酒店整合营销沟通就是从整体沟通效果出发，以统一的方式运用促销工具的过程，将服务过程中一切与顾客接触的沟通因素进行整合的战略。酒店是高固定成本的服务产业，相对于有形产品的生产行业来说，有效的信息沟通和促销在一定意义上成为酒店企业经营制胜的关键。

目前，全球数据以惊人的速度呈爆炸式增长，它对营销传播的影响非常明显。在大数据背景下，营销传播面临更多机遇和挑战，酒店企业只有把握未来营销传播的变化趋势，精准获取信息、传播信息，才能做好品牌营销。

第二节　酒店促销组合策略

酒店促销组合策略是对促销对象、促销目标、促销投入、促销方式、促销效果进行科

① 舒尔茨. 整合营销沟通[M]. 孙斌艺，张丽君，译. 上海：上海人民出版社，2006.

学的选择、匹配、控制和评价的决策过程。

一、酒店促销组合决策程序

（一）分析促销环境

分析促销环境主要是对企业内部和外部环境的概括和分析，是企业制定促销策略的主要依据。酒店促销组合策略的确定也应对其环境进行分析，包括对市场需求、竞争对手促销策略、经济环境、法律环境等宏观因素的分析，以及对消费者需求的特征、购买特征等外部环境的分析，也包括对企业人力和财力的因素分析，使内外环境和条件协调平衡，从而实现经营目标。

（二）确定促销目标

正确的促销组合决策取决于组织要实现什么样的目标，即酒店必须明确对特定目标市场进行促销要达到的目的。首先要确定促销的目标对象，是潜在顾客还是现实顾客；是顾客购买过程的决策者还是影响者；是个人还是群体；是一般公众还是特殊公众；等等。酒店企业只有清楚地认识目标受众是谁，有针对性地进行信息编辑和传递，才能进行有效的沟通。

酒店促销目标就是把目标受众从目前对企业或产品较低的心理认知程度，推向更高层次的或直接达成购买行为的心理阶段。总体来看，促销沟通目标可分为两类：销售导向目标和传播导向目标。销售导向目标包括更大的市场占有率、销售额、利润和回购率等，这类目标有明确的时间限制，对顾客态度和行为的影响存在时滞效应；传播导向目标包括激发和培养潜在顾客好奇和偏好、提高酒店认知度和美誉度、改变顾客对品牌的态度和信念等内容。

【阅读链接 10-3】中国走向世界旅游大舞台中心①

近日，世界旅游及旅行理事会（World Travel & Tourism Council）新发布的一项数据被广泛关注：尽管目前中国公民只有5%持有护照，但中国游客的消费却占到全球出境游客消费的1/5，是美国游客的2倍。在2016年，中国出境游客的消费高达2 611亿美元，预计到2021年，这一数据将增至4 290亿美元。事实上，从2012年起，中国已连续多年成为世界第一大出境旅游消费国，对全球旅游收入的贡献年均超过13%。

中国“境外游”的崛起，还在悄然改变世界旅游版图。中国日益增大的出境游群体，正成为世界旅游目的地极力招揽的重要资源。各国为“讨好”中国游客，大兴基础设施建设，不断开发新的、更加新奇的旅游目的地；汉语走出国门，越来越多的中国元素遍布世界角落，这种影响和变革是全方位的，既彰显着中国软实力，也代表着中国带给整个世界的积极力量。

“我们已经开始在房间里放上煮水的茶壶，让中国游客在国外旅行时能泡上一杯钟爱的绿茶。”近两年，喜达屋酒店集团在其旗下的豪华酒店里推出了越来越多的为中国游客准备的“专属服务”，包括提供茶壶、拖鞋，以及米粥、面条，并大量雇用会讲汉语的接线员和现场翻译。该集团负责人说：“我们把10%的市场营销支出投入到网上，还开设了中文微博，直接与终端客户沟通，目前网上预订量跟线下的预订量基本持平。”希尔顿在全球数十家酒店推广针对服务中国客人的培训项目；万豪伯爵酒店还把带有“4”的房间号码改名，以照

① 马振涛. 中国走向世界旅游大舞台中心[N]. 中国旅游报，2018-02-26（001）.

顾中国人出门图吉利的心理。

心理学有关研究表明，促销信息对消费者的影响表现在推动从接触信息到购买的各阶段的心理演变过程。AIDA 模式和 L&S 模式被企业广泛使用。AIDA 模式认为消费者对促销信息的反应经历了认知（attention）、兴趣（interest）、欲望（desire）、行为（action）四个阶段。而 L&S 模式则认为消费者的信息反应经历了三个阶段，分别是认知（知晓、了解）、情感（喜爱、偏好）和行为（确信、购买）阶段。[①]这些反应模式显示，促销目标一般表现为告知、说服和提醒三种情况，这些都是通过提供更多的信息来影响购买行为的。具体体现在以下几个方面：告知目标——通过加强品牌建设，提升知晓度和知名度；说服目标——通过特色和差异化等竞争优势，改善购买态度和意愿；提醒目标——通过树立企业形象关系营销建立忠诚群体。

酒店在明确促销对象的基础上必须对目标市场进行市场调查，全面了解市场的潜在、现实群体及其影响者状况，掌握目标受众的需求、态度和偏好及其心理认知状态，确定促销目标，采取相应手段，促使和引导顾客完成购买行为。

（三）制定促销预算

由于企业促销的过程和效果都要受到很多因素的影响，酒店应根据自身经营特点、产品特点、经济实力以及市场需求状况精心策划、组织、安排各种促销方案，使之达到事半功倍的效果。

在诸多预算方法中，目标任务预算法是一种相对比较科学的方法，它是以将要实现的任务为基础进行预算，而不是简单地依靠历史数据推算。该方法首先要求决策者制定出详细、具体和可操作的促销目标，如“在两周内，使目标顾客了解本产品的比例从 2%增加到 3%”。其次，确定达成这些目标的途径和方法，如“两周内电视广告出现的时长和频率”。最后，估计达成促销目标所需费用，并得出总的促销预算额。这种预算方法可以从投入总额上加以控制，减少各环节预算的冲突，但是准确测量各项目标的费用有一定难度。此外，量力而行法、销售百分比法以及竞争均势法也是制定促销预算的常用方法。

（四）促销组合设计

促销组合设计的有效性直接影响营销活动的整体效应。酒店应遵循促销组合设计的基本原则：一是与营销组合中产品、价格、渠道等其他营销手段保持协调统一；二是企业的促销组合应随市场变化而及时进行调整，体现组合的动态适应性；三是充分发挥各种促销手段的优势，降低促销成本，获得最佳经济效益。

有两种基本的促销组合策略，即推动策略和拉引策略可供企业选择，如图 10-2 所示。在通常情况下，企业也可以把上述两种策略配合起来使用，在向中间商大力促销的同时，通过大量的广告刺激市场的需要。

推动策略是指酒店借助销售渠道，通过中间商将产品和服务信息传达给消费者的促销策略，以人员推销、公共关系和营业推广等方式为主。例如，度假酒店产品的季节性较强，其促销活动主要采取“推”式策略，通过旅行社进行产品促销，以此扩大市场销售。在酒店服务性企业中，该方式被应用于内部营销中，即通过内部员工向顾客传达促销信息以促

① 菲利普·科特勒，凯文·莱恩·凯勒. 营销管理[M]. 13 版. 卢泰宏，译. 北京：中国人民大学出版社，2009.

成交易和形成客户关系。Delta 航空公司的一些广告使用主题“我们喜欢飞行，它令我们如愿以偿”，该广告主要向顾客沟通，但也提醒了 Delta 的员工，他们提供的服务百分之百地决定了顾客是否满意。该方法也广泛应用于针对组织市场的促销活动中。

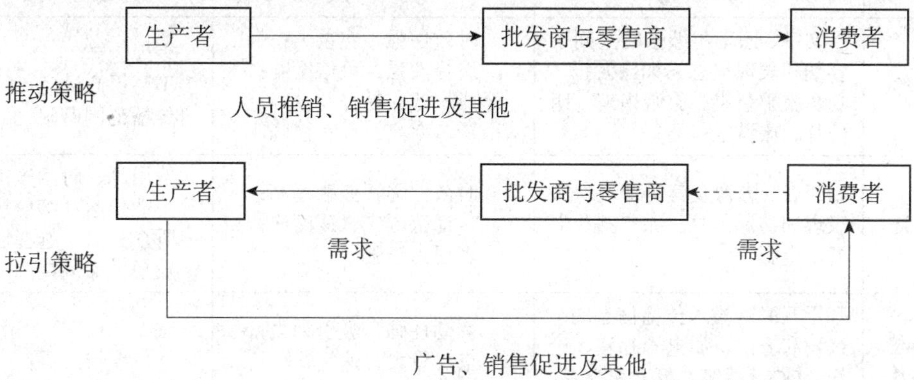

图 10-2 “推动”与“拉引”促销策略

拉引策略则是酒店通过以广告和销售促进为主的促销方式，直接将产品和服务信息传达到最终市场，诱导消费者的购买欲望，促使消费者购买欲望拉动渠道中间商的需求，以此扩大销量的促销方式。酒店直接针对末端顾客进行促销宣传，可以通过树立良好的形象扩大产品知名度和市场覆盖面，增强购买欲望和坚定购买信心。

（五）选择促销媒介

正确选择传播信息的媒体直接影响促销活动的沟通效果。信息时代，大众传媒日益多样化，不同媒体针对的受众和覆盖范围有所不同，酒店必须选择目标顾客关注的媒体作为沟通渠道才能取得较好的效果。现代酒店越来越重视人际传播渠道以及在现代通信技术支持下的一对一个性化沟通。电子沟通系统的发展已经突破了酒店与消费者沟通的时间和地点限制，而且可以帮助酒店细分、选择和吸引特定的沟通对象。

促销媒体一般可分为人员沟通和非人员沟通方式，而企业实践中往往将两者结合在一起使用，以此获得最佳效果。

人员沟通渠道是指两人或多人之间进行直接面对面的信息交流方式，包括两种途径：一是企业可直接控制的传播媒体，如人员推销；二是不受企业控制的媒体，以目标市场的相关群体的口碑效应为代表的“口头传播”。这些媒体具有双向沟通的互动功能，买卖双方可以及时了解对方的反应，做出调整和应对，特别是有利于旅游服务性产品促销的有效沟通。

非人员沟通渠道则是运用某种媒介物，如媒体、事件、气氛等非人员因素向受众传播特定信息的沟通方式，如企业发布的各种形式的广告、销售促进、公共关系等，可以快速传播信息，扩大受众市场覆盖面，但信息反馈效果差。随着科技的进步，信息传播媒体得到迅速发展。网络的出现不仅继承了传统印刷媒体（如报纸、杂志）和电子媒体（广播、电视）的优点，又弥补了它们单向告知特点所带来的不足，成为旅游促销的重要载体。以数字技术、网络技术、移动通信技术为基础的网络新媒体（互联网、数字电视、移动电视和手机、社区媒体等），向用户提供集成信息和娱乐服务的新的传播形式。每种媒体的传播功能各有利弊，旅游企业应该根据自身促销目标、企业产品特点及目标受众媒介接触习惯特征等因素选择相应媒体，如表 10-1 所示。

表 10-1　酒店宣传媒体的优劣比较

媒　体	特　点	优　点	缺　点
印刷类	以文字、图案与纸张的空间来容纳和表现信息。如旅游报刊、旅游杂志、旅游指南、明信片、旅游宣传册等	时效性强、容量大； 选择性强、可信度高； 成本低、易普及； 覆盖率高、针对性强	表现力差； 不易引起注意； 传播范围有限
电子类	以声音、影像及其情节设计来表现和传递信息。如广播、电视、电影等	时效性强、接触率高； 传播范围广、速度快； 表现力较强	费用高、时间短； 不能传达详细信息； 听众分散，选择性差； 较短生命周期
网络类	基于互联网技术传播信息的过程和方法。如电子邮箱、论坛、QQ、博客、搜索引擎、微博、微信、视频、社交空间等	互动性强、吸引力大； 信息量大、速度快； 传播快捷、选择性强； 表现力强、互动性强	可信度待加强； 维护技术要求高

【阅读链接 10-4】品牌传播如何应对市场“碎片化”的挑战[①]

相对于电视广告、海报等传统品牌传播手段，在互联网时代下的品牌传播呈现出平台性、互动性、快速性和传播与购买相容性特征，消费者受众则呈现出高度“碎片化”的特征，主要表现在媒介形态碎片化、受众选择碎片化、信息离散碎片化、受众需求碎片化等。

当前，新媒体平台支撑下的传播媒介众多，如微博、微信、视频网站、App 等，消费者可以通过这些社交载体与品牌零距离接触并获得立体的品牌体验。同时，通过移动互联的思维，可以把线上和线下完美地结合在一起，并最终使品牌传播直接带来购买。

可以说，正是由于互联网的存在，企业的品牌能够更迅捷地被消费者感知和触摸，并因此具有更大的生命力。因此，针对互联网下的企业品牌传播，我们提倡传播内容的真实性和正能量，在传播质量和能力的同时注重传播内容的情感性、社会性和社会责任。切忌只关注博人眼球而忽视了内容的积极性，避免采用不当的事件炒作或过度侵入社交平台进行品牌宣传，引起消费者的反感。

同时，企业还要针对消费者“碎片化”的特征，进行消费者的市场细分、需求细分、产品细分等，采用聚合性品牌传播来应对这种“碎片化”。

例如，可以制定出统一凝练的品牌定位作为聚合性信息内核，以统一的内容向外传播，最终通过多种形式的多媒体公共平台传送到单个消费者。信息虽然呈现“碎片化”，但消费者可以通过网络互动感知到碎片化信息背后的企业品牌内核。

（六）评价促销效果

衡量和评价促销效果的目的在于取得反馈信息，据此决定下一步的信息沟通方案，并管理和协调促销沟通过程。促销效果是指受众对信息传播之后产生直接和间接的反应。它可以分为两类：一是传播效果，即对目标受众心理的影响，如是否认识和识别了所发信息内容、品牌，是否由此产生购买意向，是否形成对企业或产品有利的态度；二是销售效果，

① 胡畔. 树立品牌战略思维 应对“碎片化”挑战[N]. 中国经济时报，2016-12-20.

即沟通活动促进商品销售在销售量、利润、市场份额等方面的变化情况。酒店根据评估结果，应该及时完善和调整促销组合，保证营销组合的整体效应。

二、影响促销组合决策的主要因素

在制定促销组合策略时需要考虑许多因素，包括企业目标、产品和服务、目标市场及其他影响因素。

（一）企业目标

来自企业方面的影响因素包括酒店企业的促销目标及促销组合方式。一方面，酒店不同时期、不同市场条件下有不同的具体的促销目标，促销组合也会有所差异。例如，如果某酒店在某一特定市场的目标是迅速增加销售量，扩大市场份额，则促销组合应注重广告和销售促进，强调短期效益；如果目标是树立企业形象、提高知名度和信誉度，则促销组合应注重公关宣传、节事活动及赞助营销等方式，获得长期效益。另一方面，企业采取推动还是拉引的策略，直接影响促销组合的各个手段的选择和运用侧重。因此，很多新产品上市时，如果中间商往往过高估计市场风险而不愿意经销，企业可以采用拉引策略，以此带动中间商的购买趋向。反之，中间商与企业有较高双方愿意合作的情况下，则采取推动策略，即以人员推销为主要方式的促销方式，可以降低市场风险，缩短销售周期。

（二）产品和服务

酒店提供各种产品和服务以满足不同类型的目标市场需求，其促销策略各有不同。例如，饭店针对商务散客、度假或会议团体旅游市场所做的促销方式是不同的，前者多采用广告和营业推广方面投入较多，而在人员推销方面投入较少；而后者则相反，在人员推销、公共关系及酒店形象宣传方面投入较多，其中人员推销更多地用于价格和风险较高的产品。

促销策略因产品生命周期的不同阶段而有所变化。在引入期，促销的重点是提高旅游产品的知名度，应采用以广告为主的组合方式促销；在成长期，旅游广告仍是重要的促销形式，同时还要配合人员推销和公共宣传；在成熟期，采取营业推广、说服性广告以及其他营销手段的综合运用，促进现实购买；在衰退期，多采用提醒式促销信息，尽量延长周期。

（三）目标市场

酒店促销的目标受众对企业促销信息的反应差异主要受其人口特征、社会背景、知识层次、心理特征以及生活方式等因素的影响。一方面，目标受众地域范围广，应多采用酒店广告进行促销；在小规模的本地市场销售，则应以人员推销为主。另一方面，在消费者购买心理准备的不同阶段，促销工具的效果是不同的。广告与公共关系一起在认知和熟悉阶段扮演着重要角色；在消费者的喜爱、偏好和信赖阶段，以广告相辅助的人员推销效果显著；消费者决定购买主要归功于推销人员的沟通和营业推广。

（四）其他影响因素

酒店还应考虑经济前景、政策法律以及新技术应用等方面的变化，及时调整促销组合。例如，在通货膨胀时期，顾客对价格十分敏感，酒店可加大销售促进力度，委派销售人员及时提供信息咨询服务，帮助顾客明智地挑选物有所值的产品；在网络技术快速发展的今天，酒店应该充分利用网络媒介的资源和优势进行促销组合设计，实现酒店与市场的有效沟通，如微电影营销。

此外，面对激烈的市场竞争，酒店企业在利用促销组合策略吸引顾客，获得更多利润的同时，必须关注营销道德的问题。一些企业为了追求利润最大化，甚至不惜牺牲社会公众的利益，使用价格欺诈、虚假广告、强行推销等不道德的促销手段，甚至触犯法律，严重影响了企业信誉和形象。政府、社会公众、行业组织等外部因素构成了酒店营销道德的他律力量，酒店促销活动应树立社会营销观念，遵循相关法律原则，自觉自主地符合道德规范要求，加强企业内部文化建设和道德建设，认真履行企业的社会责任。

第三节 酒店广告

广告是酒店促销组合中主要的信息传递系统之一。尽管因酒店产品的特殊性对广告的应用效果有一定局限性，但是广告优势功能是其他促销手段无法替代的。因此，酒店只有了解酒店广告宣传的特点与方法，利用现代化的科技手段，有针对性地进行广告决策，才能与目标市场进行有效沟通。

一、酒店广告概述

（一）酒店广告及其特点

1. 广告

市场营销学将广告定义为：组织或个人以付费的形式，借助各种媒体工具有意识地影响目标人群的观念和行为，从而达到营销目的的非人员促销方式。广告在企业促销活动中应用最为广泛，主要用于影响和塑造目标受众观念和行为，树立产品或企业形象，获取经济效益。广告不仅包括以营利为主的商业性广告，还包括由各类社会组织、慈善机构、专业团体和政府部门等非营利性的公益广告。

从定义中看出，广告有以下特点：

（1）大众化。广告是一种高度公开的大众化的信息沟通方式，其信息覆盖面相当大，可以使企业及其产品信息在短时间内迅速扩散，同时，这种公开性能够减轻顾客对于品牌诚信所产生的疑虑。

（2）告知性。广告向顾客提供的是告知性信息，其主要目的是提高市场知晓率，具有单向通知和多次重复的特性。

（3）艺术性。广告可以利用声音、色彩、影像等艺术和技术手段，具有很强的表现力和吸引力。

（4）非人员促销。由于广告是通过传媒间接向大众进行宣传，不能及时获得相应的反馈，因此，广告属于非人员促销方式，且有一定滞后性。

（5）有偿性。广告主需要向媒体支付相应费用，以此实现信息的传递和预期的目标。

2. 酒店广告

从广告的特点看，它更适合于具有标准化特点的制造业有形商品的促销，可以利用短时段、高重复频率等特点突出产品特点，强化受众记忆，是促销组合中最重要的因素。而在服务特点突出的酒店产品促销活动中却存在很多局限性。如何在形象地表现酒店产品的同时突出隐含的无形服务的价值，展现特色文化的内涵，发挥广告在酒店促销中的作用等问题，是酒店企业关注的焦点。

酒店广告是酒店通过各种传播媒介，以付费的方式向目标市场的公众传递有关酒店信息，以此影响顾客行为，树立酒店形象，促进销售的一种促销形式。广告不仅仅是传媒中付费的版面和时间，也包括酒店标志、手册、宣传册和传单、卡片，一系列印有酒店名称的商品和赠品，以及标有酒店名称和标志的物品，如毛巾、亚麻制品、陶瓷和玻璃器皿，甚至服务人员的工装等。任何能将酒店名称或有关酒店信息传递给大众的方式都可称为酒店广告。

在实践中，酒店营销者必须把广告和其他各种促销方式结合起来才能达到宣传促销的理想效果。互联网、数据库技术、公共关系以及人员推销等手段都会增加广告的有效性。这些手段的重点是分享和管理顾客信息，以便有效地定位沟通。

由于酒店服务特点使顾客购买行为影响因素更为复杂，如评价和选择酒店的标准多样、需求价格弹性较大、主观情感因素更强、受相关群体口碑影响更强等，因此，酒店可以利用广告的告知性强、覆盖面广的特点，提高顾客认知和知晓度，从而在酒店促销组合活动中发挥重要的作用。

酒店广告除了一般广告的基本特点之外，还有其特殊性，主要表现如下[①]。

（1）沟通的互动性。互动的本质是双向沟通。酒店的产品是关于顾客体验的，体验的无形性给了广告塑造顾客体验的机会。广告可以通过改变顾客对酒店服务接触的感知、体验或回忆来对顾客产生潜移默化的影响。酒店服务使顾客难以明确和判断产品的预期利益，而广告可以提升期望，或引起会被体验所证实的假设。酒店广告应克服一般广告单向告知的局限，加强信息诉求点的情感与理性统一的设计原则，提供高互动性的网络交流平台，运用服务氛围因素进行体验场景设计，向顾客传递关于特色、优势和效益的各种信息，加深产品认知和记忆，从而做出正确判断，满足顾客体验需求。

（2）信息的立体化。酒店产品的综合性特点，其内容包括硬件条件及环境，也包括接待设施为载体的无形服务，同时还涉及旅游地相关机构、企业和服务人员等影响因素。因此，酒店必须多渠道、多途径地向旅游者提供完整、立体化的产品信息，包括旅游地文化、环境、景区、餐饮住宿、购物服务等直接产品信息，也包括帮助旅游者提高消费预期的旅游常识、文化特色、审美鉴赏以及辅助性服务的间接信息，引导旅游者消费愿望和行为，从而更有效地推广酒店产品和形象。

（3）内容的个性化。随着新媒体技术的应用，“定制”营销活动得以快速发展，基于市场细分基础上的酒店广告信息的个性化和针对性将更加鲜明，广告制作与发布也将更加向“个性定制”发展。在竞争日益激烈的市场环境下，服务的差异正逐步缩小，企业品牌则成为顾客区分差别的显著标志。因此，酒店在做广告宣传时不能只说“利益、形象”，更要说“个性”，即标志和图案来表现品牌的特定个性，是指独具一格、经久不衰。酒店广告应该有鲜明的主题，体现产品的情感刺激和与众不同的特色诉求，增强促销活动的吸引力。

（4）主体多元化。酒店促销主体包括目的地政府机构、酒店企业以及服务人员等，呈现多元化特征。因此，酒店广告除了单项产品和服务广告、酒店活动宣传、季节营业推广等，还有包括与目的地联合促销的广告、酒店形象宣传广告等。

在互联网迅速发展的今天，酒店应该结合酒店广告的特点，采用各种传播媒体，不断创新广告的沟通模式，有效发挥广告在酒店促销中的重要作用。

---

① 杨晓佳. 旅游广告的特点[N]. 中国旅游报，2004-08-02；托斯滕·洛克. 旅游广告使用手册[M]. 尹倩，译. 北京：东方出版社，2008；陈晓惠. 旅游广告：日本广告设计[M]. 杭州：浙江人民美术出版社，2001.

（二）酒店广告的主要类型

从不同角度酒店广告可以划分为不同的类型，具体如下。

（1）按照内容，酒店广告可以分为产品型广告和组织型广告[1]。

产品型广告，也称为销售型广告，是指酒店针对最终用户或渠道成员推销产品或服务，以求促进销售的广告类型。而组织型广告，也称为概念型广告，是指酒店或目的地组织为提高酒店的形象、声誉或推广其理念，而不是推销特定产品的广告类型。在旅游业中，此类广告的使用范围更加广泛，其目标是提高商誉或改进组织同各种群体的关系，这些群体不仅指顾客，也包括现有和潜在的渠道成员、供应商、股东、雇员以及一般公众。

（2）按照促销目标，酒店广告可分为告知性广告、劝说性广告和提醒性广告。

告知性广告是指向目标受众传达新产品信息，建立初始需求，以此传播品牌观念的广告类型。这类广告一般被使用在产品生命周期的早期阶段，引导潜在顾客的消费愿望和预期观念的形成，促使其向现实市场的转化。劝说性广告，也称为竞争性广告，是为特定产品品牌建立选择性的需求，以抵御竞争者的同类产品的市场争夺。比较性广告属于该种类型，是针对竞争对手，将产品的特性加以比较，突出本企业产品优点的一种方式。比较性广告是备受国外众多针锋相对的竞争对手青睐的广告策略之一，但是在中国，企业必须符合《广告法》相关规定，在不贬低其他生产经营者的商品或者服务的前提下合理使用。提醒性广告是将产品名称持续地展现给公众，提醒目标受众的重复购买的意向。当产品已经赢得了品牌偏好或品牌持久性时，这种广告可能在市场成熟期和衰退期有着更明显的作用。例如，假日饭店的品牌知名度已经很高，主要依赖提醒性广告，利用诸如航空类报纸、旅游专业杂志等媒体持续宣传饭店，提出“我们一直在努力为您做好每一件事”的口号，在目标受众中形成很高的品牌认同。

除此之外，酒店广告还包括教育广告和宣传广告。教育广告是向一个特定的细分市场宣传饭店的优势或它的某项产品，或提供特定服务项目的观念引导和消费指引，具有一定的公益效应，如鼓励顾客减少客房六小件使用、保护环境的酒店宣传和广告等，以中期效应为目标。宣传广告是以塑造和提升酒店形象和格调为出发点，对其经营理念和企业文化进行宣传的广告方式。

随着网络技术的快速发展，旅游企业广告模式也在不断完善和创新，许多企业采取垂直型协作广告、合作型广告以及联合促销等方式，对旅游地、企业和产品进行整合传播，以此赢得更广泛的市场。

二、酒店广告决策过程

如何有效发挥酒店广告的作用，取决于酒店对广告科学决策及有效管理的过程。酒店广告的决策过程就是在企业营销战略目标的基础上，确定广告目标，进行广告预算，并制定信息和媒体的设计和选择，最后对广告效果进行评价和调整的动态管理过程，如图 10-3 所示。

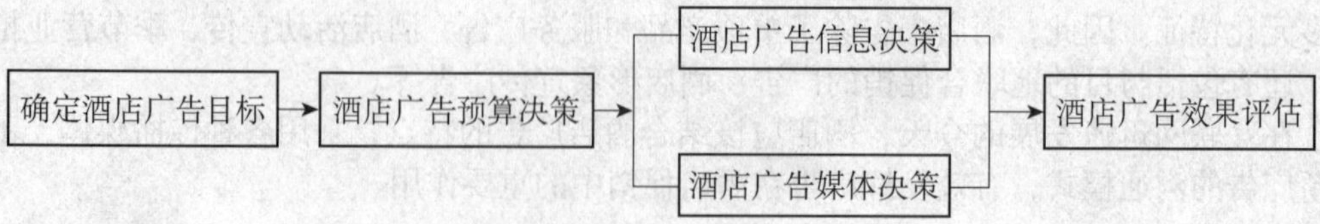

图 10-3　酒店广告决策过程

① PERREAULT W D，McCARTHY E J. 营销精要[M]. 张红霞，译. 北京：北京大学出版社，2004.

（一）确定酒店广告目标

广告目标是指在一个特定时期对特定观众所要完成的特定的传播任务。广告目标必须与企业整体战略目标、目标市场、营销组合策略以及竞争形势相统一，市场定位和组合策略决定了广告在整个营销计划中的地位和作用。

结合酒店广告的特点，酒店必须在明确目标受众的基础上，确定广告的促销目标。酒店广告目标应该包括两个层次：一是传播目标，即前述的教育性和宣传性广告，是面向公众和潜在市场的概念型广告的传播效果，注重吸引和引导受众持续关注某酒店产品，传达有关产品的品牌观念和树立市场形象，以此衡量广告在创意、制作等方面的市场认知度。二是销售目标，即直接面向目标消费者和中间商以增加销售为目的，衡量广告的经济效果，包括目标市场覆盖率、广告到达率、销售额、利润、重复购买率以及市场成长性等指标。在企业实践中，以上两种目标应该综合运用，既要关注短期的销售目标，也要重视广告的传播目标，实现市场的稳定和长期发展，

（二）酒店广告预算决策

广告的高额成本是酒店使用广告促销方式所面临的一个难题。如何有效控制广告成本、进行科学的预算管理直接影响酒店促销效果的好坏。广告预算决策主要是要权衡广告费用的投入量与由此而带来的广告效益。对于需要进行普通的形象宣传或者逐渐创立品牌的促销目标来说，选择投入长期广告，即概念型广告；而对于针对酒店季节或竞争对手而增加销售的促销目标来说，则选择短期广告，即销售型广告。销售型广告是实现企业促销目标、获得收益的重要手段。无论哪种类型，酒店都要结合自身具体情况，综合运用长期和短期广告，从广告载体、手段及信息等方面确定广告投入。

（三）酒店广告信息决策

广告信息设计是影响酒店促销活动成败的关键环节。广告信息决策，即信息的编码过程，是企业按照目标受众的需要、社会背景和文化程度等因素，构思、设计并发送他们能够理解和接受的产品和服务的广告信息。在信息爆炸的时代，企业要想争取和保持消费者的注意力，广告信息的设计必须具有独创性、艺术性和吸引力，才能迅速得到目标受众的注意和接受。

一个成功的广告信息应该是诉求和形式两方面的有机结合，体现广告的创意性。

（1）信息的诉求策略。广告的诉求，也称为主题、创意、独特的销售主张等，是说服受众对广告主的观念或思想做出有利反应的一种手段。酒店在确定广告诉求时，必须结合情感号召与理性介绍，一方面考虑顾客需求是什么，通过互动、情感性信息的编辑来设计广告内容；另一方面，向顾客提供理性的立体化的信息，消除购买的疑虑和担忧，应对突发问题，找到产品和服务与顾客之间的感情契合点。当诉求与顾客的心智产生共鸣时，顾客才能有积极的反应。信息诉求包括理性诉求和情感诉求两种。

理性诉求是从顾客需求出发，强调产品或服务的特性，拥有或使用该产品所能带给消费者的利益。理性诉求立足于顾客的切身利益，在旅游者出行决策的过程中起着不可替代的作用，尤其是购买阶段。

情感诉求是通过直接作用于目标受众的情绪、情感等，形成或改变旅游者的品牌态度。这类广告不会直接宣传产品或服务带来的好处，而是渲染一种气氛，表现某种情感，从而引起受众共鸣。

【阅读链接 10-5】香格里拉酒店集团隆重推出全新品牌形象广告[①]

2010 年夏天，香格里拉酒店集团在全球隆重推出其全新制作的品牌形象电视广告。广告主题为“至善盛情，源自天性”，创意大胆，风格前卫，一改普通酒店广告不厌其烦地介绍酒店豪华设施的陈旧套路，在不呈现任何酒店场景镜头的情况下，传达了香格里拉酒店集团独特的服务理念，将酒店想要表达的价值观以及定位“间接”传达给受众。这支广告传达了香格里拉酒店集团在过去 40 年里所恪守的独特服务理念，证明香格里拉酒店集团成为亚太地区最佳豪华酒店集团实至名归。

由奥美和国际知名商业导演布鲁诺 Aveillan 设计创意，该广告将观众的视线带入极端的自然环境地区，只为传达一个简单而普遍的真理——至善真诚，莫过于对陌生人送上无微不至的关怀。广告外景选在积雪覆顶的雪山上，故事由一个迷路的旅行者在寒冷的暴风雪中苦苦寻找一个落脚点展开。同时推出的还有展现蓝色海洋中人与海豚嬉戏和一只美丽的天鹅沉浸在神秘奢华世界里的场景，将观众带入一种自然和谐的意境。

香格里拉酒店集团这种独辟蹊径的品牌理念将打破人们对酒店行业的固有认知，为香格里拉酒店集团在全球范围内提升品牌价值起到关键作用。

（2）信息的形式策略。信息内容是诉求策略要解决“说什么”，而信息形式则侧重于“怎么说”，也就是信息的结构和表现形式。广告的最终目的是通过某种方式来赢得目标市场的注意和兴趣。因此，酒店或广告代理商必须结合所利用的信息媒体特点，寻找一种有效的信息表达方式，完成促销目标。广告设计就是创作广告画面来表现广告主题思想、勾画广告意境、展现广告文案的过程。酒店广告信息侧重利用生活片段、生活方式、虚拟幻境、环境与氛围、专家名人效应以及多感官刺激等表达方式。此外，酒店广告文案作为广告设计中举足轻重的组成部分，其结构主要包括标题、广告语、正文和附文四个部分。其中，广告语作为对酒店产品和服务价值的简洁凝练、生动形象的信息设计，在促销中发挥着重要的作用。

（四）酒店广告媒体决策

无论是多么富有创意的广告信息，都必须有效地传递给目标受众，才可能实现广告目标。广告信息的传递者——广告媒体，是广告宣传目的和结果之间的重要桥梁，也称为“广告载体”。酒店广告媒体决策是指通过具体分析评价各类媒体的特点及局限性，找出适合广告目标和目标受众要求的媒体，是提高广告传播效果的物质技术保证。

1. 酒店广告媒体选择的影响因素

有效的广告媒体选择是由受众的习惯和文化程度、商品的性能和使用范围、媒体的性质和传播效果、广告的制作和成本费用以及目标市场现状和趋势等因素所决定的。

（1）目标受众的媒体视听习惯。受众的生活习惯、职业、年龄、文化程度、收入水平、宗教信仰等都存在一定的差异，习惯不同，文化程度不同，其接触媒体的习惯也不一样。因此，企业选择媒体时必须要分析目标受众的习惯和文化程度等各种情况。例如，高端商务旅游者、普通退休观光客对媒体的偏好程度就有所不同。

（2）酒店产品的特殊性。企业必须结合酒店产品的特点、功能要求，适当选择广告媒体。例如，旅游团队项目广告媒体适合采用专业杂志，而散客则适合大众报纸、电视等媒体；酒店广告宣传适合选择户外广告、机场广告以及专业杂志广告等，而景观则适合选择

① 胡美东. 香格里拉酒店集团隆重推出全新品牌形象广告[N]. 中国日报，2010-06-06.

杂志彩页和电视做广告。

（3）广告媒体的性质和传播效果。酒店产品具有时效强、受众分散以及体验性等特点，酒店广告则比较适合采用报纸、杂志、电视、户外广告、直邮广告以及网络广告等方式进行信息传播。

（4）广告媒体的成本水平。媒体成本构成广告成本的大部分，是广告媒体选择的重要因素。广告媒体成本费用是按照受众的数量而设定的。酒店应结合广告预算情况，选择适合目标受众、成本较低、覆盖率高的广告媒体，以求最佳广告效益。因此，酒店选择媒体可采取分散式和集中式选择媒体。集中式投放是指企业广告预算较少，则将全部媒体费用集中投放到一种或较少几种媒体的组合上，这样可以使广告信息集中对特定受众产生显著影响。而分散式则适合预算充盈的企业，采用多种媒体组合来接触目标受众，可以实现分众传播的效果，有利于企业差异化经营，提高信息的覆盖率和到达率。在考虑媒体成本时，不但要考虑受众数量因素，还要想到媒体受众的总体消费水平及购买力情况，以取得较好的广告经济效益。

2. 酒店广告媒体的类型及发展趋势

酒店广告媒体有三类，分别是印刷类、电子类和网络类，主要包括印刷传播媒体、电子传播媒体、邮政媒体、户外传播媒体、销售现场传播媒体、实物传播媒体等。每种广告媒体在提高酒店知名度、推销酒店产品和服务、开拓新的市场等方面都能起到一定作用，但各有其优点和局限性。酒店必须了解各媒体在触及面、频率和影响等方面所具备的能力，才能选择广告媒体的类型，评估并选择具体媒体，进行科学的决策。前面已经提到这三类媒体的优劣势比较，此处简要介绍酒店广告媒体的发展趋势。

随着市场环境的改变，酒店广告媒体的选择也呈现多样化、整合化和网络化的趋势。

（1）电视媒体模式的创新。作为大众媒体的电视在传统消费品的宣传活动中是最有效的传播方式。但是，由于旅游服务的特殊性和旅游者对媒体的偏好，电视不能满足目标受众对立体化信息的要求，也不能保证在高成本、短时间的时段将旅游产品和服务进行详细介绍，因此，电视媒体在酒店广告宣传中并不占主导地位。面对电视媒体的旅游市场份额逐年减少的状况，酒店企业应如何整合电视媒体资源、提升沟通效果成为关注的焦点。

植入式广告是电视媒体创新模式之一，是指将酒店产品或品牌及其代表性的视觉符号甚至服务内容策略性融入电影、电视剧或电视节目中，通过场景的再现，让观众留下对产品及品牌的印象，达到营销的目的。植入式广告注重建立电视台与酒店广告主之间的深度合作关系，强调广告与节目的融合，节目的个性及在观众中的影响力可以直接投射到企业品牌身上，而且广告的收视率完全等同于节目的收视率，并更容易实现与消费者的深度沟通，可以降低甚至消除观众对广告的心理抵触。

（2）社会媒体的关注度明显。社会媒体是一种给予用户极大参与空间的新型在线媒体，如博客、微博、微信、论坛、社交类网站、内容社区、BBS（bulletin board systerm，电子公告牌系统）等依托 Web 2.0 的网络沟通平台和工具而构建的在线平台。一项针对 2011 年的旅游市场战略的研究显示，旅游企业会将更多预算投放于社会媒体，其营销预算将首次超过邮件营销。在线旅行社和酒店均表示社会媒体方面的预算将占总预算的 8%，旅行社则将在社会媒体上投放 6%的预算[①]。当前，社会媒体用户群增长迅速，特别是名人代言或评论的市场效应十分明显，酒店只有在深入了解社会媒体对于广告效果的影响的基础上，才能更好地运用这个新兴的平台与消费者互动。例如，如何有效运用社会媒体渠道提高用户忠诚度、获得更多商业线索、高效推动电子商务拓展等。

---

① 旅游业 2011 年社会媒体广告投放额将首超邮件营销[EB/OL].（2010-12-17）[2018-03-28]. http://www.traveldaily.cn/.

（3）媒体的整合效应提升。旅游业是相互依附性很强的产业，酒店的生存和发展离不开各行各业的帮助和支持，因此加强与外部合作，开展“联合促销”尤为重要。目前，旅游广告媒体的整合包括媒体间整合和产业链间的一体化整合。前者表现为强势媒体强强联合，弱势媒体也纷纷加入联盟或合作组织以求获得竞争优势和规模效益，如中国西南五省、自治区（四川、贵州、重庆、云南、广西）卫视合力打造西南媒体平台——“合力联盟”，通过规模效应提升媒体价值。后者则通过向上下游整合，实现产业升级。迪士尼携谷歌进军中国移动户外广告市场，欲花1亿美元收购国内公交广告传媒公司巴士在线，成就另一个“分众传媒”。[①]另外，跨界超媒体的发展，即有线电视网、互联网、电信网的“三网”融合，将带来一场新的媒体革命，为实现跨媒体平台线上线下的整合营销沟通奠定了重要基础。

【阅读链接10-6】移动互联网环境下广告媒体组合策略研究[②]

第五媒体，也叫移动网络媒体或者手机媒体，是一种个性化的即时信息传播载体，其传播目标是分众，传播效果是定向，传播应用为互动。第五媒体的崛起，打破了传播者与广告受众之间的界限，原有的广告媒体组合面临了新的挑战。

随着智能手机的普及，移动互联网广告凭借较高的到达率、准确度以及互动性，迎来了爆发式的增长，已成为大部分广告主首要媒体选择。例如，大部分App迭代周期为30天，小米手机发布更新包的时间仅需7天。而传统媒体市场格局发生巨大变化，“渠道霸权”时代已经终结。广告代理公司以往使用的媒体组合方法也受到了严峻挑战，亟待与时俱进推出新方法。

成功的公司通常会运用多渠道营销（multichannel marketing），即采用两个或者两个以上的营销渠道接近目标受众，根据移动互联网广告不同媒体主要的计费方式、广告形式、优势和局限性，进行优化组合。需要考虑的主要因素有客户预算、传播目标、受众类型、受众数量、竞争者活动、投放时间、媒体覆盖面、媒体限制、媒体发行范围、传播信息的有效期、国家法令的规定等。详细分析广告量化效果，严格把控广告预算，实现广告收益最大化。表10-2所示为移动媒体利弊分析。

表10-2　移动媒体利弊分析

媒体类型	名　称	计费方式	广告形式	优　点	缺　点
短信SMS	短信群发平台	按条计费	纯文本	发布费用低廉；传播速度快，用户可立即接收到广告信息；具有强制阅读性，阅读率高	信息承载量小；对用户干扰大，易遭遇用户举报
手机门户网站	手机腾讯网等	CPC（每次点击付费）	文字链、banner等	广告形式丰富，可选择投放方式、投放周期较多；具有一定的权威性	用户数量减少，大部分用户通过社交网络、搜索引擎等方法获取信息，门户网站已沦为传统媒体
手机搜索引擎	百度搜索等	CPC	关键词竞价等	用户通过关键字搜索，广告具有针对性；可跟踪投放效果；受众广泛	无效点击多；广告内容与自然检索结果可能对用户想获取的信息产生误导，点击费用不断上涨

① 迪士尼进军移动广告1亿美元购巴士在线[N]. 北京商报，2010-02-27.

② 王智阳. 移动互联网环境下广告媒体组合策略研究[J]. 新媒体研究，2018（5）.

续表

媒体类型	名　称	计费方式	广告形式	优　点	缺　点
App 垂直媒体	汽车之家 App 等	CPD（按天收费）、CPC、CPM（千人成本）	图片、banner 等	准确率高、到达率高，用户兴趣与广告关联度大，针对性强	流量相对较小，用户容易把广告信息与 App 内容混淆，信息真假难辨
⋮	⋮	⋮	⋮	⋮	⋮

（五）酒店广告效果评估

广告效果的评估是指运用科学的方法来鉴定所做广告的效益。广告效果包括三方面：一是销售效果，即广告的经济效益，指广告促进商品或服务销售的程度和企业的产值、利税等经济指标增长的程度；二是沟通效果，即广告的心理效益，指消费者对所做广告的心理认同程度和购买意向、购买频率；三是广告的社会效果，指广告是否符合社会公德、是否寓教于销。

第四节　酒店营业推广

营业推广是传统促销组合要素之一，其主要功能表现为销售导向性的短期促销活动，对促进买卖双方达成交易，实现购买行为方面有明显作用。酒店应该结合酒店产品的特点，正确使用营业推广手段，有效实现预期销售目标。

一、酒店营业推广概述

（一）酒店营业推广及其特点

营业推广，也称销售促进，是指各种短期的、用于鼓励购买或销售产品和服务的促销手段。它与其他促销手段不同，广告、公关、人员推销等手段具有常规性、连续性和周期性特点，而营业推广则是临时的、短暂的、非周期的及奖励性的促销方法，并且强调其对象不只局限于消费者，还延伸至分销网络和销售队伍。

旅游产品的易损性特点意味着企业营销者必须跟踪市场，进行需求管理，以应对市场的波动。营业推广的方法特别适合于这种短期的需求调节，因而是大多数旅游产品营销的重要手段。酒店营业推广的特点主要表现在以下几方面。

（1）销售导向。如果说广告、公关从战略角度创造了企业及产品的形象感知，那么营业推广则从战术上，以销售为导向的优惠价格为主，将顾客感知与态度转化为实际的购买，实现短期内销售量最大。因此，在酒店促销组合中，营业推广与其他促销手段必须协调运用才能发挥组合各种手段的互补优势。

（2）针对性强。酒店营业推广根据特定目标顾客心理和营销环境，采取针对性很强的促销方法，向消费者提供特殊的购买机会，因而具有强烈的吸引力和诱惑力，立即促成购买行为，收到立竿见影的功效。

（3）可测量性。由于营业推广是针对特定时期、特定的目标市场所采取的各种短期性促销方式，预期目标和预算投入明确，因此，营业推广的活动效果易于测量和评估，便于企业跟踪管理。而其他促销方式，如广告、公共关系有效性测量则相对困难。

尽管营业推广有其他促销手段不可替代的功效，但它的方法多属于价格竞争手段，过度使用则导致恶性价格竞争，降低忠诚顾客的价值预期，从而影响企业形象和信誉。因此，酒店应该正确选择营业推广手段的应用时机和条件，与企业促销目标相匹配，才能有效发挥其作用。一般来说，旅游营业推广的使用条件包括：新产品和服务的推广；非高峰期销量的提高；重大事件、节假日促销；销售代表和中介的各种激励等。

（二）酒店营业推广的类型

酒店的营业推广对象有三种：旅游者、旅游中间商和旅游产品的销售人员。

1. 针对旅游者的营业推广

以旅游者为促销目标的营业推广是通过提供特殊的奖励或诱惑，促使其在特定时间购买特定产品的促销活动，包括吸引新顾客、奖励忠诚顾客以及促进额外购买等。其主要方式有以下几种。

（1）赠送。通过报纸、直邮、杂志或销售点向特定旅游者发放免费赠券，如酒店免费早餐券、新品试用券以及航空公司的奖励机票等。

（2）优惠券。针对特定顾客，对某些产品或服务以优惠价格进行促销的方式。

（3）奖励。鼓励顾客的重复购买或额外购买的促销方式，如各种抽奖也属此类。

（4）现场演示。销售点的示范表演可以提高顾客感性认知和体验愿望，有效提高深度购买和额外购买的销售效果。

2. 针对旅游中间商的营业推广

这种营业推广也被称为贸易促销，通过对中间商提供优惠和鼓励政策来增加销售量，扩大与顾客之间的沟通渠道。其可以采用的主要方式有以下几种。

（1）对中间商的折让。旅游产品生产者通常给予中间商价格上的优惠，某些优惠政策甚至已成为行业惯例。例如，酒店通常给予有业务往来的旅行社以一定比例的价格折扣，对 20 人以上的旅行团免收 2 人房费。

（2）给予推广津贴。旅游零售商在为某条新线路赢得一批顾客后，在佣金之外还能得到一定比例的补贴，激励中间商更好地推广新产品。

（3）开展销售竞赛。根据中间商实绩，给优胜者以不同的奖励，如现金、实物奖和免费旅游度假等。

（4）工商联营。酒店分担一定的市场营销费用，如广告费用、摊位费用，建立稳定的购销关系。

（5）举办贸易展览会、交易会或博览会、业务会议等，进行旅游促销。

3. 针对销售人员的营业推广

这种营业推广主要是针对酒店内部的销售人员，鼓励他们积极推销产品或处理某些老产品，或促使他们积极开拓新市场。一般可采用的形式有销售竞赛、免费提供人员培训、技术指导、销售集会等。

酒店在使用以上营业推广手段时，应注意各种方法的各种条件，不能无选择地过分注重短期效益，失去顾客对企业的信任和忠诚，而应根据企业经营环境的现状，适当使用和调整推广方案，使其给企业带来有效的市场增长态势。

二、酒店营业推广策划程序

（1）确定营业推广目标和主题。首先，企业必须明确营业推广的目标受众，才能有针对性地制订具体的推广方案；其次，根据特定顾客确定具体推广目标，如推广新产品和服务、扩大短期销量、提高忠诚度等；最后，设计营业推广的主题，体现准确、新颖、创意的特点，有效提升内部员工的工作士气，促成顾客购买行为。

（2）选择营业推广工具。根据不同目标受众和推广目标，综合分析选择推广工具。酒店常用的营业推广的工具包括价格折扣（包价促销）、免费赠送、积分奖励、赠券、竞赛与抽奖等，此外还有联合促销、会员制促销及顾客忠诚计划等。

（3）营业推广方案设计。该环节的主要工作是制订推广计划和预算。设计内容包括阶段性目标、促销组织手段的协调与配合、推广时机和期限、预算及执行时间表等。

（4）评定营业推广效果。营业推广的效果是即刻和短期的，因此，企业紧密跟踪，及时调整更加重要。评估方法主要是对促销前后销售情况进行对比，结合市场份额的变化，分析促销的效果，也可以通过顾客购买认知和行为的改变了解推广活动的影响效果。

第五节 酒店公共关系

对于酒店服务企业来说，公共关系作为一种促销工具更为重要。公共关系与广告一样都属于大众宣传类促销，但也有其自身的特殊性和应用价值。因此，酒店必须在了解酒店公共关系的基本内涵的基础上，有效发挥公共关系在酒店促销中的作用。

一、酒店公共关系概述

（一）酒店公共关系的含义及特点

“公共关系”一词来源于英文“public relation”，其定义有很多，核心思想是指组织机构与公众环境之间的沟通与传播关系。

旅游业具有极强的综合性特征，旅游组织经营活动中要与各种各样的团体和个人接触和交流，需要全社会各方面的配合和良好的合作关系做支持。同时，酒店产品的无形服务特征使市场的“口碑传播”效应更为重要，其销售更易受广告和公共宣传的影响，使酒店员工的服务能力更为重要，其服务效果易受酒店和谐的内部关系和积极的企业文化的影响。因此，酒店面对内部、外部公众，建立和维护社会公众关系、树立良好的形象是实现促销目标的重要保证。

酒店公共关系是酒店利用传播手段，发展企业与社会、公众之间的良好关系，建立、维护、改善企业形象，营造有利于企业发展的管理活动。这个定义反映了公共关系是一种传播活动，也是一种管理职能。

酒店公共关系的特点主要表现在以下四个方面。

（1）主体的全员性。酒店公关活动不仅是公关部门的工作，还有赖于酒店各个部门、各个阶层和全体员工的整体协作与配合。酒店员工作为公关的内部公众和酒店对外公关的主体，对其公关意识的灌输和培养尤为重要。

（2）对象的复杂性。酒店公关对象不仅包括与酒店息息相关的内部公众，如员工、股东，还包括外部公众，如顾客、媒体、供应商、经销商、政府、社区、竞争对手等。酒店公关活动针对这些广泛而复杂的公众关系进行协调和管理，以实现宣传目标。

（3）传播的人际性。酒店是情感密集型行业，广泛的社会关系网络需要人际交往的建立和维护，其作用不可忽视。酒店公关专题活动多以采用人际传播手段为主，酒店举办各种招待会、座谈会、冷餐会、茶话会等都有很强的人际沟通的特色。酒店公关还涉及顾客投诉和客户管理，要求相关人员具有良好的人际沟通能力，给予客人满意的答复，维护酒店的良好形象。

（4）目的的营利性。酒店公关活动也是营销战略的组成部分，其根本目的是通过酒店形象的塑造来增加酒店的利润，实现酒店经营目标。

（二）酒店公共关系的作用

酒店公共关系的目的就是为酒店组织营造一种良好、有序、协调的社会公众关系，为企业持续发展提供保证。酒店公共关系的作用主要表现在以下两方面。

（1）形象维护功能。公共关系在酒店营销活动中的作用有两面性，即正面推动作用和反面抵制作用。前者的主要表现是为企业保持积极的正面"公众"形象，即塑造旅游地、企业及其产品的公众形象，提高企业知名度和美誉度等促销活动；而后者则是面对不利信息的负面影响时，公共关系则表现为反向抵制的应变抵御功能，以此扭转危机局面，维护企业形象等活动。

（2）整体协调功能。酒店公共关系作为促销组合的要素之一，发挥着重要的整体协调作用。有效的社会公众关系可以增强顾客的信任度和依赖度，使客户更容易接受企业的促销信息，这样就为广告、销售促进、交易展示以及人员促销等销售性促销的有效进行奠定了重要的基础。另外，公共关系作为一种特殊的促销手段，通过向全体员工灌输组织共同的价值观念、追求目标和利益宗旨，在增强员工的归属感、自豪感、凝聚力方面同样也发挥着重要的作用。

二、酒店公共关系决策

公共关系是一个与企业营销策略相结合的决策过程，主要涉及评估社会公众的态度，确认与公众利益相符合的个人或组织的政策与程序，拟订并执行各种行动方案，以争取社会公众的理解与接受。

（一）酒店公共关系的原则

酒店公关必须坚持两个原则：以诚取信的真实性和利益协调的一致性。否则，企业在公关促销中所做的一切努力非但达不到预期效果，反而使企业的经营状况陷入自己也无法控制的局面。

1. 以诚取信的原则

企业要在公众心目中树立良好的形象，关键在于真实和诚实，只有真诚才能获得公众信任的回报。酒店保证向公众宣传真实的信息，用事实说话，否则必然失去公众的信任。

2. 利益协调的原则

酒店的生存和发展不能离开社会公众的支持，因此，企业必须通过公关活动将公众利益与企业利益结合起来，坚持互惠互利的原则，才能使企业更长久地得益于公众。

（二）酒店公共关系过程

酒店公共关系活动的程序可分为以下四个阶段。

1. 建立公关沟通目标

酒店在制订公关方案之前，必须理解本企业的使命、目标、战略和文化；了解自我期望的公众形象及实际公众形象、社会公众舆论、公共关系活动内外环境等方面的状况，进行全面的市场调查。酒店在正确判断目前形势的基础上，应该确定公关活动的目标受众和宣传目标：一是有效的公关活动必须识别被影响的公众群体，并选择适当媒体及公共主题，这对于公共关系的成功非常关键。二是公共关系是一种“柔性”的促销形式，旨在提高一个组织的形象，其主要目标包括培育市场知名度、建立信誉、激励推销队伍及中间商、降低促销成本等。在目标的设定中，应注意目标的可测量性，以便于控制和评估。

2. 策划公关活动

酒店常用的公关工具包括出版物、活动、赞助、新闻、演讲、公共服务、内部公关、辨识媒体和互联网等。一般来说，酒店的公共关系活动由企业的公关部来完成，其主要工作包括两个方面：一方面，公关人员通过各种沟通方式与企业内外公众——股东、雇员、相关机构及社区公众保持良好的关系；另一方面，利用公关手段为实现企业产品营销目标提供支持。酒店公共关系包括针对新闻媒体的公关活动和针对企业公众的公关活动两大类。

1）针对新闻媒体的公共关系活动

公关的主要任务就是构思和创意对企业及其产品有利的新闻。新闻宣传就是以非付费的、新闻特写的形式发布所欲推广的信息，但是企业不能控制新闻的内容与发布时间。运用该种方法的载体包括新闻稿、特约文章、标题照片、记者招待会或新闻发布会、网络新闻传播（博客、微博、QQ、论坛）等。酒店必须重视新闻的宣传功能和宣传效果，通过新闻媒介向社会公众传播企业信息，不仅可以节约广告费用，而且由于新闻媒介的权威性和广泛性，它比广告效果更为有效。

2）针对企业公众的公共关系活动

根据不同对象，针对企业公众的公共关系活动可具体分为针对企业相关组织、旅游者、内部员工、目的地政府机构及社区公众等各方面的公关活动。这类公关活动主要包括以下几种形式。

（1）对顾客的公关活动。酒店的顾客包括现有顾客和潜在顾客。在个性化需求日益明显的市场条件下，顾客对酒店及其产品服务质量的认同、接受以及依附关系对成功营销起着决定性作用。酒店针对顾客的公关活动的主要渠道包括：通过公关广告介绍宣传企业，包括致意性广告、倡导性广告、解释性广告，树立企业形象；通过维系型公关保持长期稳定的客户关系，如定期赠送或邮购时事通讯、新闻报纸和公司杂志等方式，与顾客保持不间断的联系和沟通；通过防御型公关扭转和维护企业形象，减少企业的负面影响，如有效利用媒体、权威机构的信息发布等方式，帮助企业摆脱被动等；通过服务型公关吸引目标顾客的购买意愿和提高忠诚度，如酒店提供个性化、定制化的产品和整体服务解决方案，以争取形成稳固的客户关系，获取顾客的信任和支持等。

（2）对企业内部公众的公关活动。酒店服务性企业中，内部公共关系的协调在企业整体公关活动中起着至关重要的作用，但是许多企业公关仍停留在媒体公关的层面上。酒店公关部直属最高决策层，处于经营管理的中枢地位，是纵向传播和横向传播的综合。酒店各部门的营销活动，无论策划还是实施阶段，都需要公关部门的参与和配合。同时公共关系是一种“内求团结，外求发展”的经营管理艺术。酒店在自身完善的基础上，用各种信息传播手段，通过有计划而持久的努力，协调和改善人事环境和氛围，创建良好的员工关系，谋求公众对酒店的理解、信任、好感和合作，在双方互利中共同发展。

（3）对相关公众的公关活动。与政府机构、社会团体以及供货商、经销商等建立公开的信息联系，争取他们的理解和支持，以提升企业及其产品的信誉和形象。例如，定期赠送企业产品或服务项目的介绍和说明、企业经营和财务状况资料等；通过宴会、座谈会、招待会、联欢会或电话沟通等社团交际或人际交往等沟通方式，建立和维护组织间的合作关系。

（4）对一般公众的公关活动。酒店的一般公众主要是指与企业不发生直接关系的社会大众群体，包括目的地社区公众、间接相关组织和机构等。对酒店来说，来自一般公众的支持态度和社会舆论都影响着酒店的市场认知和渗透程度，必须给予足够重视。针对一般公众的公关活动主要包括：第一，专题型公关活动，即通过举办各种专题活动，如各种庆祝活动、庆典活动、竞赛活动等，扩大企业的影响。第二，社会活动型公关活动，是以组织的名义发起或参与社会性的活动，在公益、慈善、环保、文化、体育、教育等社会活动中充当主角或热心参与者，协调企业与社会公众关系，在支持社会事业的同时，扩大组织的整体影响。第三，征询型公关活动，主要运用收集信息、社会调查、民意测验、舆论分析等信息反馈手段，了解舆情民意，把握时势动态，监测组织环境，为决策提供咨询。

3. 实施公关计划

在确定目标、媒体及活动方式的基础上，酒店公关者必须慎重审查和认真执行公关计划，并能够在实施中及时调整和应变，保证公关活动的有效性。

4. 评估公关效果

公共关系评估就是根据特定的目标，对公关计划、实施及效果进行检查、评价，以判断其优劣的过程。衡量和评估旅游公关宣传的效果，可以了解顾客和社区社会公众的态度、企业或产品知名度的变化、销售和利润情况的变化等，在整个公关计划实施过程中都具有重要作用。但是，由于酒店公关活动一般都是同其他促销活动同时进行，其效果评估应该尽量剔除其他促销效果的影响，保证其准确性。

三、酒店危机管理

危机是会对企业造成危害的一些主要的、不可预测的事件。公共关系管理中对于处理危机的负面影响是必不可少的。危机公关专家游昌乔[①]提出了 5S 原则，分别是承担责任原则、真诚沟通原则、速度第一原则、系统运行原则、权威证实原则。可以看出，企业要取得危机公关的成功，必须要做到积极主动、快速反应、实事求是、诚恳真诚、关注情感、系统运作。

酒店危机管理，就是酒店为应对各种危机情境所进行的规划决策、动态调整、化解处理及员工培训等活动过程，目的在于消除或降低危机所带来的威胁和损失。危机管理的目的表现为两个方面：一是“居安思危”。建立一套全方位的危机管理预案，可以帮助酒店在危机发生时非常迅速有效地应对和处理。二是“转危为机”，在发生问题后，酒店真诚、诚恳和积极配合的态度是做好危机处理工作的前提，去重新赢得公众的认可，从而保护酒店形象不受损害，将不利事件的破坏力减至最低点。同时，酒店要利用各方力量建立渠道，力挽狂澜，使危机成为酒店进一步发展的转折点、新起点。

【阅读链接 10-7】“和颐酒店女子遇袭”事件危机公关评析[②]

“和颐酒店女子遇袭”事件（简称遇袭事件）是我国 2016 年的重大公共舆论事件，这个事件再一次说明了在信息时代，在自媒体的加持下，危机传播呈现出高速性、全民性、广域性、互动性等特征，危机的危害性、破坏性被成倍放大。因此，酒店业在日常管理中必须慎重处理顾客投诉，在发生危机事件时必须积极主动采取公关措施，做到快速响应、积极主动、真诚沟通、承担责任、系统运作。而纵观遇袭事件中的如家酒店的危机公关行为，却与这些原则背道而驰，导致事态逐步失控，企业形象破坏殆尽。

酒店在这次事件处理中危机意识淡薄，数次错过公关黄金 24 小时，忽视情感沟通，酒店方的态度始终都是消极被动的，没有正视危机，没有采取主动沟通行为，反而企图通过

① 游昌乔. 危机公关：中国危机公关典型案例回放及点评[M]. 北京：北京大学出版社，2006.

② 李菲菲. 酒店业突发事件的危机公关处理：以“和颐酒店女子遇袭”事件为例[J]. 中国商论，2017-01-18.

拖延、隐瞒等传统方式解决问题。酒店方缺乏诚意，新闻发布会不理想，酒店内部也出现了自相矛盾的声音，一边向当事人和公众道歉，一边却声称是当事人炒作等。

第六节　酒店人员促销

促销是企业与潜在顾客进行沟通的过程，人员促销通常是进行沟通的最佳途径。酒店服务的特殊性决定了人在旅游企业促销中的重要作用，即销售人员与顾客之间的接触、互动和沟通的效果，直接影响顾客的购买意向和行为。因此，酒店应该正确运用人员促销手段，充分发挥人员促销在促销组合中的主导作用，实现有效沟通。

一、酒店人员促销概述

根据服务营销沟通三角形原理来分析旅游沟通过程，可以看出，酒店产品的同时性决定了顾客是两类沟通方式的目标：一是来自企业对于顾客进行的外部沟通，主要采取非人员沟通方式，如广告、营业推广和公共关系等，其目的是树立形象和增强认知；二是来自员工与顾客之间的交互沟通，采用以人员促销为主的沟通方式，以此达成最终的购买意向和行为。在促销活动中，企业形象传播固然重要，但促销最终目标是使交易生成，人员促销是促成购买行为的重要方式。

（一）酒店人员促销的含义及特点

人员促销是通过销售人员与顾客面对面直接沟通的方式来达成预期促销目标的活动过程。相对于广告、营业推广、公共关系等非人员促销来说，人员促销具有针对性强、机动灵活、反馈及时、双向沟通等特点。

尽管这种促销方式成本较高，但是在一些条件下，人员推销效果非常明显。例如，消费者购买心理反应层次的某些阶段，如从偏爱、信任发展到购买行为的阶段，人员促销是最有效的促销手段；对于具有无形性、同时性以及质量多变等特点的服务性产品，以及顾客在购买前或购买中需要销售人员详细解释和说明的过程性和体验性产品而言，人员推销更不失为一种行之有效的推销方式。例如，价格较高的远程旅游、饭店产品（会议设施、多功能厅、宴会厅）等。

酒店产品的服务性与人员推销的特点有本质的契合性，都是在员工与顾客互动中，面对面的产品和服务的交付沟通过程。酒店人员促销除了具有人员促销的基本特征，还有其自身的特殊性，主要表现在以下三个方面。

（1）全员参与促销。酒店人员促销的主体不仅局限于营销部的专职销售人员，还包括直接与顾客接触的一线服务人员以及各部门的协作，他们更应该是优秀的促销员。前者通过市场调查和研究，掌握市场需求和行为特征，帮助顾客实现对产品从了解到偏好过程的过渡，形成购买意向；而后者则通过服务交付过程，与顾客进行良好的互动，并形成忠诚群体。因此，酒店人员促销体现全员性特点。

（2）服务交付沟通。与一般沟通不同，酒店人员促销具有服务交付功能，即在服务人员提供服务的互动过程中，顾客因服务接触、服务场景及员工服务态度和技能的影响，可能产生主动沟通的意向，从而发挥服务交付的沟通作用，扩大其他相关业务的销售。

（3）客户关系维护。酒店人员促销除了销售导向的沟通功能，他们还可以通过理解顾客需要和展示产品的优缺点尽力帮助顾客购买，令顾客愉悦并重复购买，从而与顾客维持长期的合作关系，进而形成竞争优势，特别是对那些以中间商等旅游组织市场为促销对象的旅游企业，酒店人员促销更为重要。

酒店人员促销的特点也体现了它具有其他促销方式不可替代的作用，包括双向沟通、促成交易、建立关系等方面。但是酒店也应注意人员促销在具体运用中的一些问题：首先，相对于其他促销方式，人员促销时效长、投入大、成本高、决策风险较大；其次，人员促销针对性强，但市场覆盖面较低，一般适用于选择性和试点性促销类型；最后，人员促销沟通质量取决于高素质的销售队伍和科学的管理机制，影响人力资源管理的变数很多。因此，人员促销效果不易控制。

（二）酒店人员促销的基本形式

根据促销目标不同，酒店人员促销可分为以下三种形式。

（1）专业人员促销方式，也称为外部推销或派员推销，其主要任务是获取订单。它是指酒店选拔掌握专业技巧的销售人员，利用相关酒店产品介绍、宣传资料和相关材料走访客户进行推销的方式。这种方式主要针对酒店重要客户、中间商和组织购买者，其目的是开发新的客源市场以及建立长期稳定的客户关系。电话促销属于非面对面的专业人员促销，即使用电话拜访顾客，其最大的优点是节省时间和费用。

（2）营业推销方式，也称为内部推销或现场推销，主要任务是挖掘购买潜力。它是指酒店内部的各个服务环节的员工，在与顾客接触和互动的过程中，借助各种设施设备、环境场景以及员工素质等内部资源进行促销的方式。这种方式主要针对来店客人，其目的是引导顾客主动选择其他相关服务或额外项目进行深度消费，在满足顾客需求的基础上扩大销售。

（3）团队销售，是指为满足某个目标客户需求，选派业务纯熟、具有某种特定知识的人员进行合作，围绕共同的销售目标，通过周密的规划和充分协调来开展销售工作的方式。这种方式针对复杂的、综合性的组织需求以及非营利性目标等特定任务，如旅行代表团、各种会议、大型活动、慈善促销等，主要目的是提供整体服务方案，树立企业形象。团队销售与关系营销和战略联盟的结合成为未来竞争的发展趋势。

二、酒店人员促销策略

（一）酒店人员促销的过程

销售人员的促销工作实际上是在执行一个沟通过程。酒店人员促销过程包括探查并选择目标顾客、销售模式策划、销售人员准备、销售模式执行以及跟进措施。

1. 探查并选择目标顾客

酒店销售人员可根据目标市场的购买特点，利用各种机会和方法，发现和抓住市场机会。例如，关注顾客及其相关群体的各种信息和咨询，利用相关群体中的意见领袖和会员组织的顾客资源，向潜在顾客邮寄相关促销材料等方法，识别和确认潜在顾客。

2. 销售模式策划

选择目标顾客后，销售人员必须根据不同的促销目标进行销售模式的策划，即确定推销过程或为顾客解决问题的过程，为销售活动做好准备。一般来说，销售模式包括预先准备法、顾问式销售法和公式化销售法等模式。

（1）预先准备法。这种模式是采用“刺激-反应”原理，由销售人员根据经验或研究顾客心理，特别设计交流中的规定性问题和顺序，即“一稿多用”，以期引起顾客对促销刺激的预期反应。这种方法较适合新人入行时使用，却忽略了消费者需求的差异性。

（2）顾问式销售法。它也被称为“问题-解决型”“需求-满足型”模式，是指销售人员在充分掌握顾客需求信息的基础上，承担帮助顾客确认、发现和解决问题的顾问角色，提供个性化的整体服务方案，通过顾客和销售人员的合作最终满足顾客需求。这种模式易建立信任而形成长期合作关系。

（3）公式化销售法。这种模式是以顾客心理反应模式——AIDA 模式为基础的一种程式化模式，销售人员在了解目标顾客需求及其所处的心理反应层次的基础上，采取预定好的销售程序和方法进行促销，从而促进顾客从较低向较高层次转变，最后实现购买行为的模式。

3. 销售人员准备

无论采取什么接触方式，销售人员都必须做好事前计划和准备，包括：根据促销对象确定销售人员在资金、时间方面的分配目标，以及沟通效果目标；对目标市场、产品和服务与竞争对手的相关知识和信息的了解和掌握；选择最佳接触方式和实践；制订相应的销售计划。

4. 销售模式执行

当销售人员与顾客正式接触时，销售计划开始执行，主要涉及产品销售演示和人际交流沟通的过程，其中人际沟通效果是影响销售结果的重要因素。

一方面，产品销售演示是销售人员通过对酒店产品和服务的介绍和展示，向顾客提供可以满足需求的产品和方案利益，以求促成交易的过程。在这个过程中，销售人员将产品特征转化为顾客利益，提供有针对性的个性化服务方案对促成交易有着极其重要的作用。同时，销售人员应充分利用有形展示方法，如酒店宣传小册子、图表、多媒体等辅助工具，增强销售演示效果。

另一方面，人员促销过程中，销售人员的人际沟通能力对交易成功更为重要。销售是一门与人打交道的学问，或者说是一门艺术。因此，良好的沟通技巧是成为一个优秀促销人员的基本素质。销售人员在与顾客面对面接触过程中，应该注意礼貌礼仪、举止言谈、穿着修饰方面的职业化素质，留下良好的印象；尊重对方，善于倾听，取得顾客的理解和信任；诚实守信，真诚相待；擅于引导和控制交流进程，以获得良好的沟通效果。

5. 跟进措施

销售人员对与顾客沟通进展的跟踪和调整同样十分重要。销售人员在确定订单后，必须认真执行相关条约，保证产品和服务质量。销售人员通过跟进措施，了解顾客满意状况，并及时进行调整和完善，建立持久的客户关系。

（二）酒店人员促销活动中的诚信问题

同其他营销沟通一样，销售人员的诚信问题也是影响人员促销的有效性的重要因素。在酒店促销中，当销售人员必须在如何平衡公司利益、顾客利益和个人利益上做出伦理决策时，应该以顾客和企业利益为重，正确处理相关事宜。例如，销售人员个人利益（包括代理、佣金收入）或企业利润建立在对顾客销售额增加的基础上时，伦理冲突发生的可能性就会加大。

因此，酒店必须科学制定营销战略及其组合策略目标，加强销售队伍管理，提供适合目标市场需求的差异化产品和服务，以与顾客建立长期利益关系和最大价值为经营目标，才能减少各种交易冲突，提高市场的认同度和忠诚度。

三、酒店销售队伍管理

销售人员的素质是影响沟通效果的关键因素。一项调查表明，27%的顶尖销售代表带来超过 50%的销售额，而比销售效率差距更大的是雇用错误人员的巨大浪费[①]。

（一）酒店销售人员的基本素质

销售人员作为酒店形象的代表，同时又是顾客购物的建议者和顾问，因而必须具备同时兼顾顾客和企业利益的专业能力，以及机智果断、善于应对危机事件的沟通能力，才能创造更多的营销机会。

（1）思想素养。销售人员必须具备优秀的个人品质和勇于挑战的敬业精神。成功的销售人员应该是一个诚实、忠诚、可靠、知识渊博及乐于助人的人；他们应该是敢于冒险、具有很强使命感和谨慎的计划者；他们应该是能够设身处地为顾客着想的"神入者"；他们更是以"事业达成"为推销的目的，而非仅以赚钱为着眼点的自我激励者，他们具有强烈的"非达成这笔交易不可"的内在热情和动力。

（2）业务素养。业务能力是推销人员业务素养的体现。销售人员的业务能力主要体现在八个方面：观察能力、综合判断能力、决策能力、应变能力、创新能力、公关能力、理解他人的能力和说服他人的能力。销售人员必须具备各方面的知识，包括社会、政治、经济、法律、文化等知识，市场营销学、消费者行为、企业管理等知识；掌握企业的历史渊源、发展状况、产品的结构以及研究开发情况；了解竞争者的相关信息等，同时注意在实践中不断积累经验，具有干练的作风和较强的对客服务能力，与客户建立良好的业务关系，在企业促销活动中发挥重要作用。

（3）个人修养。推销人员的行为举止与企业形象密切相关，应该做到行为举止端庄，外表修饰得体，谈吐文雅，平易近人，机智灵敏，善于接近各种类型的顾客，处理各种类型的事件。同时，推销人员也应该掌握沟通技巧，善于合作，具有良好的沟通能力。

【阅读链接 10-8】微信营销与朋友圈经济[②]

随着智能手机的普及应用，微信作为一款必备的手机社交软件，已经成为商家开展营销活动的重要平台，对带动朋友圈经济发展起到了不可忽视的作用。暴力刷屏现象频发。在微信营销方式广泛普及的趋势下，微商的素质参差不齐，他们对微信营销缺乏理性认知，错误地认为只要疯狂地在朋友圈刷广告就会赢得更多的潜在客户，提高自己的销售业绩。但是，这种暴力刷屏的方式不但会引起消费者的视觉疲劳和心理反感，更可能会迫使消费者屏蔽微商的信息发布。微信营销是一种全新的营销模式，在这种模式当中，消费者对微商的信息知之甚少。由于微信公众号并不需要进行实名认证，从而给交易带来一定的风险，微商欺诈消费者的案例时有发生，这说明微信营销的诚信严重缺失。

（二）酒店销售人员管理

1. 招聘和培训

成功的销售队伍管理可以为企业选拔优秀的销售人员。酒店应该结合优秀推销人员基本素质的要求，选拔具有潜质的人员加入销售队伍。除此之外，企业还应考虑应聘人员是否与本企业文化和目标相一致，为队伍建设打下重要的基础。

酒店培训工作是传播企业文化、营销观念以及职业道德的重要环节；是通过程序化学

① 菲利普·科特勒，约翰·T. 鲍文，詹姆斯·C. 麦肯斯. 旅游市场营销[M]. 4 版. 谢彦君，译. 大连：东北财经大学出版社，2006.

② 薛滨. 略述微信营销与朋友圈经济[J]. 现代商业，2018（2）.

习、角色扮演、团队合作以及推销术训练等方式，使销售人员了解企业、产品、目标顾客及竞争对手的特点，提高员工业务素质的重要途径；是通过情境示范、案例分析等方式进行沟通技巧、人际关系和敏感性训练的主要方式。

酒店销售人员的培训应该根据不同人员层次设定培训目标和计划，包括企业内部培训和外部培训、短期培训和长期培训、日常业务培训和特定业务培训、政策程序培训和推销技能培训等，为有效推销奠定基础。

2. *考评*

酒店对销售人员的考评，应该全面地反映销售人员的专业能力和沟通能力的综合质量，主要包括两个方面：专业沟通能力和人际沟通质量。

（1）专业沟通能力，即销售业绩的评价，主要关注以业务熟练程度和对净利润所做的贡献为依据的综合评价，它包括每天平均访问次数、每次访问的平均费用、每百次访问增加的销售量、单位推销费用所获得的销售量等指标。

（2）人际沟通质量，即指“神入”或“移情”性，如促销中的诚信度和开放性、倾听顾客的心声（员工沟通时的仪容和姿态）以及应变能力等。

3. *激励*

公平合理的奖励是对销售人员辛勤劳动的补偿，也是激励销售人员努力工作实现销售目标的最有效工具之一，更是建设高素质销售团队的重要保证。酒店对销售人员的奖励是对其促销工作成绩的肯定和利益回报，主要包括销售定额管理、提供良好的组织环境和积极的鼓励等。

销售定额管理使销售人员的报酬随工作绩效上下浮动，企业对于表现突出的优秀推销员应给予充分的物质和精神奖励；良好的组织环境是指重视销售人员的工作，给他们提供晋升的机会，并建立授权制度和激励机制，赋予他们在特定条件下独立处理问题的权利，以此提高员工工作的积极性。

第七节 酒店服务的有形展示

无形性是酒店服务最为明显的一个特征，顾客很难在购买前对产品或服务做出评估和选择，对具体产品的服务质量难以把握，无法预期到消费的结果，使购买过程存在很大风险，从而制约了顾客的服务购买决策。因此，酒店在经营管理中必须有效地克服服务无形性所带来的负面影响，通过酒店品牌、服务环境、员工等顾客可见的实体线索进行有形展示，为顾客提供整体的服务感受，增强顾客对旅游产品的理解和认识，帮助顾客做出正确的判断，实现购买预期。

一、酒店服务有形展示概述

（一）有形展示的含义及基本要素

有形展示（physical evidence）的概念是 20 世纪 70 年代初作为营销工具提出来的（菲利普·科特勒），是指“设计一种环境空间，以对顾客施加影响”。美国学者瓦拉瑞尔·A. 泽丝曼尔等人将有形展示定义为进行服务传递、公司与顾客进行服务接触时所处的环境以及有利于服务传递或者交流的任何有形实物。

在服务营销管理的范畴内，酒店有形展示是一切可以传达服务特色及优点、暗示企业提供服务的能力、可让顾客产生期待或记忆的有形组成部分。一般产品的有形展示就是产品本身，而酒店服务有形展示的内容则包括从环境到所有用以帮助服务传递的一切载体，如品牌标志、物质产品、设施设备以及人员等。另外，利用互联网展示的服务场景是有形展示的新形式。酒店有形展示的基本要素如表 10-3 所示。

表 10-3　酒店有形展示的基本要素

周边环境	空间功能	其他有形物	形象展示
建筑设计 外部标志 停车场 周围景色 周围环境 ⋮	空间布局 服务设备、设施 家具布草 店内指示、标志 主题设计 空气质量 温度湿度 菜食饮品 ⋮	名片 价目表 办公用品 账单 报告 员工仪容仪表 制服 宣传册 网页 虚拟场景 ⋮	品牌 标志 人工制品 装潢风格 ⋮

这些有形展示，若善于管理和利用，则可让顾客直观感觉酒店服务特点，提高服务体验，促进顾客忠诚；反之，有形展示若给顾客传达错误信息，则会误导顾客做出错误期望和判断，进而影响酒店形象。

（二）有形展示的作用

有形展示作为服务企业实现无形服务有形化的一种手段，在酒店服务营销组合中占有重要的地位，主要表现在以下几个方面。

1. 提高顾客对酒店服务质量的感知度

一般情况下，顾客会根据多种服务特质判断服务质量的高低，“可感知”是其中一个重要特质，而有形展示恰恰实现了酒店服务的“可感知”。在服务过程中，不仅服务人员的表现会影响顾客对服务质量的认知和判断，与服务过程相关的每个有形展示，如酒店大堂的布局、氛围等，都会影响顾客所感知的服务质量。因此，酒店科学运用有形展示，从每个影响服务价值的细微环节入手进行展示，将有效提高顾客感知，增强顾客的购买信心。

2. 使顾客产生合理的旅游期望

由于酒店顾客购买行为发生之前，难于对酒店服务品质做出理性的评价，因此往往产生过高或过低的期望，易导致不满意的结果，形成对企业的负面口碑效应。酒店运用恰当的有形展示则可以让顾客在使用服务前能够具体地把握服务的特征和功能，引导顾客对服务产生合理的期望，以避免由于顾客期望值过高而实际难以满足所造成的负担。

3. 可使顾客产生信任感

酒店在营销活动中，为消费者提供各种有形展示，需要注意有形展示“表里如一”，既要提供有形线索，又要保证核心服务质量，使消费者更多了解本企业的服务情况，增强消费者的信任感，达到预期效果。

4. 塑造良好的市场形象

有形展示是酒店服务的一部分，同时也是传递酒店形象的工具，使顾客更容易地将企业和竞争者相互区别。一方面，在市场沟通中，巧妙地使用各种有形展示，可增强或改变酒店的市场形象。例如，四川成都的京川宾馆，近年来根据市场的需要，向市场推出了三国文化主题酒店，向外地旅游者整体展现四川的三国文化，从建筑内部装饰、室内的布衣、饮食文化、员工服饰和说唱艺术等具体、生动、形象、明显的有形展示，有效地向消费者展现了该宾馆独特的市场形象。另一方面，差异化也能通过使用有形展示在顾客眼中对企业重新定位。因此，有形展示除了指硬件设施外，还有环境、员工、顾客、价格等，要通过对有形展示组合进行有效的管理来实现差异化。

【阅读链接 10-9】从 CIS 设计入手　塑造主题酒店立体形象①

尽管主题酒店因其鲜明的个性和特色具有较高的辨识度，但是如何向消费者持续不断地传递自身良好的形象，逐渐树立市场认可的品牌并做好品牌开发和推广呢？

主题酒店形象是集各种有形和无形的要素为一体，通过从内在精神到外在行为及视觉传达的过程，将主题酒店的主题文化、价值理念、精神坐标、口碑信誉等无形形象与主题酒店的主题标识、主题元素等有形形象结合起来，给消费者带来一种从感觉到视觉的深刻的精神冲击，从而在消费者头脑里留下不可磨灭的总体印象。

企业 CIS 设计是一个系统工程，其英文是 corporate identity system，直译为企业形象识别系统。其定义是：将企业经营理念与精神文化，运用整体传达系统传达给企业内部与公众，并使其对企业产生一致的认同感或价值观，从而形成良好的企业形象和促销产品及服务的设计系统。企业形象识别系统包括理念识别系统（mind identity system，MIS）、企业行为识别系统（behavior identity system，BIS）和企业视觉识别系统（visual identity system，VIS）三部分。

主题酒店的企业特点注定了其在进行 CIS 设计的时候，要充分考虑到除视觉以外的听觉、嗅觉、味觉和触觉，这就要求我们设计一个专属于主题酒店的 CIS。主题酒店 CIS 设计的原则有：符合主题酒店的战略规划；整体统一；具有独特性、创新性、审美性、易识性；市场扩大原则。

北京皇家驿栈酒店属于 SLH（small luxury hotels of the world）酒店管理集团成员，由德国著名设计公司 GRAFT 设计，坐落于世界文化遗产——故宫东侧北池子大街上。其周围古树列道，古屋环绕，于喧闹的都市中独享宁静，其目标市场定位于欧美游客。“皇家文化”“中国传统”等概念是皇家驿栈酒店的主题设计理念。用现代设计诠释中国文化，酒店的各层分别以金、绿、蓝、灰等为主题色，设计灵感来自德国设计师大胆的改造，充满了现代感。皇家驿栈酒店用本土礼遇呈现中国式接待，酒店的大堂没有柜台、没有行李员、没有推车，也没有各个时区的标准钟挂在墙上，只有体贴周到的服务人员和舒适放松的办理入住的环境，这里正是用最直观的方式向客人介绍了中国传统的“家”文化。

二、酒店产品有形展示的类型

对有形展示可以从不同的角度来进行分类。不同类型的有形展示对顾客的心理及其判断服务质量的过程有不同程度的影响。

（一）根据顾客拥有程度划分为边缘展示和核心展示

边缘展示是指顾客在购买过程中能够实际拥有的展示，是核心服务的辅助和补充。例如，酒店菜食、宣传册、饭店客房里的旅游指南、服务指南以及笔、纸之类，属于边缘展

① 肖晓. 如何从 CIS 设计入手　塑造主题酒店立体形象[J]. 饭店业，2017-09-01.

示。这些代表服务的实体设计，应该以顾客的需要为出发点来提供和展示，特别是一些酒店礼品的纪念功能设计和开发。

核心展示是指在购买享用服务的过程中不能为顾客所拥有，但却可以为顾客所感知的各种展示。核心展示是影响顾客购买决策的关键性因素，如酒店的品牌、特色、品质、档次以及人员等。

（二）根据构成要素划分为物质环境展示、信息沟通展示和价格展示

1. 物质环境展示

物质环境展示包括周围因素、设计因素、社会因素。这几种类型的展示各有其功能，也相互衔接。

周围因素通常被顾客认为是构成服务产品内涵的必要组成部分，如气温、湿度、气味、声音等。这类因素是不易引起人们重视的背景条件，它们的存在并不会使消费者感到格外兴奋或惊喜。但是，一旦这些因素不具备或令人不快，就会削弱顾客对服务的信心。

设计因素是使服务产品有形化的重要因素。设计因素被用于改善服务产品的包装，使产品的功能更加明显和突出，以建立有形的、赏心悦目的产品形象来刺激消费者的视觉，帮助消费者选择服务产品。这类因素主要包括服务场所的设计、企业形象标识等，对促成顾客好奇、意愿及行动方面有着积极的作用。

社会因素是指在服务场所一切参与及影响服务生产和传递的人，包括员工、顾客和其他相关或非相关的人。他们的言行举止皆可影响顾客对服务质量的期望与判断。这就意味着要通过加强对员工和顾客的管理来提高有形展示的效果。

2. 信息沟通展示

信息沟通是另一种重要的服务展示形式，信息主要来自酒店品牌宣传、相关群体的口碑以及社会公众的评价。信息通过不同媒介传播，展示服务形象，影响顾客选择。

（1）服务有形化。让服务更加实实在在而不那么抽象的办法之一，就是在企业和顾客的信息交流过程中强调服务的有形展示，充分利用与服务相关的各种有形要素有效传递服务信息，促成顾客的最终购买行为。

（2）信息有形化。酒店需要通过自身的营销努力提供顾客满意的产品和服务，维护良好的社会和生态环境，以此获得有利于酒店发展的正向口碑和舆论，通过信息沟通实现营销目标。

3. 价格展示

价格是有形展示中最直接的因素。特别是当顾客对酒店服务不了解的情况下，价格成为购买决策的首选参考要素。但是，价格展示对于酒店来说不易操作，操作不当反而会起到负面的作用，如顾客期望过高或过低，易降低酒店的可信度。因此，制定正确的价格不仅能获得稳定的收益，而且能传送适当的信息，直接影响企业在消费者心目中的形象。

三、酒店有形展示的设计和实施

酒店顾客在服务环境、信息沟通以及服务人员中寻求服务的有形线索，因此，酒店服务营销活动的关键是管理与无形服务相关的有形因素，善于利用有形元素，通过无形服务有形化，向顾客传达相关线索和证据，突出旅游产品的特色，提高顾客感知价值。

（一）酒店有形展示设计的原则

酒店服务有形化的设计除了要考虑成本因素外，更重要的是必须具备人性化，以人体工程学和环境心理学为理论依据。一方面，酒店服务环境的设计要遵循员工工作环境和顾

客消费环境协同统一的原则，考虑服务设备设施及服务环境对服务人员和顾客行为的影响，使设计更便于服务提供和给顾客带来更满意的感受和体验。另一方面，根据环境心理学理论，顾客利用感官对有形物体的感知及由此获得的印象将作用于购买态度，并将直接影响到顾客对服务产品质量及酒店形象的认识和评价。一定意义上，顾客可以靠物质环境的信号判断服务预期，这些信号包括酒店服务能力、服务特点及其效果等，酒店应该充分重视服务环境中的信息对顾客的心理影响。

酒店有形展示的设计原则包括：其一，符合目标市场需要，保证顾客价值最大化；其二，具有本酒店特色，与酒店品牌、定位、形象和服务等保持一致；其三，传递真实信息，树立正确的市场期望和感知；其四，各种有形展示手段要协调一致，避免顾客感知冲突；其五，结合服务的特点进行特色设计，如文化主题展示等。

（二）酒店有形展示的实施

根据以上原则，酒店有形展示活动的具体实施应该从以下几个方面展开。

1. 酒店服务环境展示

所谓服务环境是指酒店向顾客提供服务的场所，不仅包括酒店内部有形建筑、设备设施、装潢装饰、照明音像、室内温湿度、指示标记以及卫生安全状况等，还包括酒店外部的地理位置、交通便利、周边环境、停车场等有形要素。这些要素在服务互动过程中将对顾客质量感知和体验产生多重影响，包括视觉、味觉、听觉、嗅觉和触觉效果等，特别是对那些敏感的顾客，环境要素更为重要。

酒店服务环境设计就是环境氛围设计，是一种“有意的空间设计”，主要引起顾客的情感反应。酒店应该结合顾客需求特点，以保证客人身体、财产和隐私的安全为基本原则，以柔性的设计营造一种形式统一、主题突出的酒店氛围，提供顾客满意的服务，使之成为酒店独特的竞争优势。

地理位置对于酒店来说是最为直接的有形展示要素。由于酒店空间位置的不可转移性，消费者要购买住宿产品必须来到服务现场，地理位置所连带的是可接近性、要花费的金钱和时间等诸多成本的投入，直接影响顾客价值评价的结果，因此，地点是影响消费者决策的一个很重要的因素。对一些特定市场而言，地理位置好的酒店，交通便利成为顾客选择酒店的首选要素，使该要素本身就成为有效的展示工具；反之，酒店应该积极利用企业优势条件，或改善交通状况，或通过营销活动引导顾客关注其他利益要素，发挥有形展示的整合效应。

2. 酒店服务人员展示

员工是有形展示组合中一个重要组成部分。酒店的核心产品是服务，是服务人员与顾客面对面的接触与互动过程，属于人际服务，顾客通过服务传递过程感受和评价服务和产品，乃至整个酒店。因此，从战略上讲，酒店员工的敬业态度、沟通能力及技能水平是体现酒店产品差异化的重要来源。

人员展示是通过员工形象与举止的适当表现来提供给顾客评价服务感受的有形线索。很多研究表明，服务接触中最重要的因素是与顾客接触的员工的行为，因此，酒店服务人员的表现，即行为展示，对酒店形象的建立和维护起着关键的作用。

酒店服务人员展示主要涉及以下内容：

（1）仪容仪表。人的外表因素形成首因效应，代表个人，更代表酒店形象，体现服务的品质，从而影响顾客对服务质量的判断。

（2）专业能力。员工所展示出的专业技能和技巧体现了员工队伍的基本素质，向顾客传递着高品质服务的承诺，坚定顾客购买和消费的信心，有力地促进现实购买。

（3）沟通能力。酒店服务主要是通过员工的表现来维持和发展与顾客的关系，员工对于传达和实现组织的营销目标方面的作用更为明显，因此，酒店应该重视企业文化的传播和渗透，注重员工沟通能力的培养，以及采用合理的授权机制，以保证顾客的满意。

3. 酒店信息沟通展示

信息沟通展示包括服务有形化和信息有形化。

一方面，服务有形化，酒店通过实物向顾客传达特定服务信息，包括品牌、标志、指示等。酒店应该设置人性化的指示标识，如路径导向指示、安全运行指示、消费指南和行为告知等，使顾客更多地了解相关服务内容及程序，提供更多便利；合理安排相关象征标志，如路口、安全出口、公共卫生间、灭火器、烟感器、禁烟告示、小心路滑等安全性标志等，以此规范顾客行为，保护消费者权益。另外，酒店还可以通过提供特色的纪念品，如赠品、图书杂志光盘、欢迎卡、绣有客人名字的浴袍和拖鞋等，为留住忠诚顾客打下基础。

另一方面，信息有形化，酒店通过各种促销手段的组合运用来展示产品和服务信息，包括品牌定位、广告宣传、营业推广、公共关系以及人员促销、网络营销等，也包括名人效应、市场口碑等方式。对于酒店服务的不可感知性，品牌形象至关重要，是影响顾客购买意向的关键因素。酒店应该利用直接或间接的载体对品牌进行有形化设计，直接载体是图形、标志等，间接载体是与品牌相关的价格、品质等信息。在实际应用中，酒店应注意多种促销手段诉求点的一致性，提升酒店整体形象。

4. 顾客

在酒店服务过程中，顾客的价值感知不但受到实体环境、服务人员以及沟通信息等要素的影响，还受到在场的其他顾客的影响，并且其他顾客比员工更能直接、真实地传达酒店服务的信息，如餐馆的排队等座现象向人们传达高品质、高满意度的信号，促使顾客快速购买。另外，酒店服务环境中，顾客作为服务产品的组成部分，也是服务的有形展示，顾客之间的互动关系也直接影响服务效果。一般来说，酒店顾客愿意光顾与自我形象、身份和品位相匹配的服务环境，如果酒店市场定位混乱，发生顾客角色冲突，就会降低服务质量感知。

酒店顾客展示的关键任务就是做好顾客组合定位工作，即明确目标市场以及特色服务定位，满足特定目标市场的需要。事实上，通过只满足特定目标市场而不是其他顾客的需求就可以做到这一点。例如，高端商务酒店不会有大众旅游团队入住，一个商务旅游饭店不会有婴儿床或儿童娱乐设施，一个家庭旅馆不会有会议室，麦当劳不提供酒水，如此等等。

引入案例解析

第一，确立新媒体在营销中的恰当地位。新媒体具有诸多优势，如快捷传播、即时传送；资讯生动、形象、多彩；信息量大，没有发布刊期限制等。目前，很多旅游目的地、大景区、大企业，都积极运用新媒体开展宣传、营销和服务，某些环节处在国际领先水平。例如，我国景区入门的手机刷票，就超过了一些发达国家。

第二，研究新媒体在当地的传播特点和规律。新媒体有诸多的传播优势，但具体到某一类旅游要素、某一类客源群体上，营销效果是有较大差异的。以微信为例，每天定时发送的“订阅号”，与每月 4 次发送的“服务号”，所对应的受众群体是有区别的；作为旅游目的地、旅行社、景区等，理想的推送内容和传播节奏也不相同；对于亿万手机客户来说，兴趣和喜好更是千差万别，有的喜欢抢红包，有的喜欢猎奇新闻，有的喜欢深度文化，有的喜欢价格资讯；国内外游客对新媒体也有不同选择，国内游客普遍使用微信，而外国游客更喜欢推特、脸书等。

第三，给予新媒体优势发挥必要的条件。例如，电影《阿凡达》《非诚勿扰 2》播出以后，作为外景地的张家界景区、三亚阳光鸟巢酒店一下子火了，一个重要原因是新媒体巧妙地对传统媒体进行了接力传播，不仅让人知道了实景地在哪儿，还把游客实地的旅游体验不断传播出去。把新媒体的渠道作用发挥好，原创性的高品质内容至关重要。

第四，强化新媒体与实体服务的无缝对接。新媒体的优势不仅在于快捷传播，还在于供需互动、异地销售等。我国多数 5A 级旅游景区已在网络平台售票，但由于中间环节较多，也出现了旅游网购投诉的不少案例，主要原因是与实体服务未很好地对接。此外，旅游者实地进行食宿游消费时，也经常遇到与营销宣传不相符的各类问题，有的是由于旅游资讯和服务信息未及时更新，有的则是夸大性、过分性渲染所致，这对旅游目的地是一种反宣传，其口碑性伤害将是后续的。

在媒体业竞争日益激烈的形势下，统筹运用各类媒体搞好营销推介，既是旅游管理部门思考的问题，也是旅游企业十分关注的，需要全行业和跨行业共同去探讨和破解。

本章小结

促销策略是市场营销组合的基本策略之一。促销就是在卖方和潜在买方或渠道中其他成员之间，进行信息沟通以影响其态度及行为，并建立共识以达成价值交换的过程。主要促销方式有人员推销、广告、公共关系和营业推广等。

酒店促销组合是指各种促销手段的综合运用所形成的组合，也被称为整合营销沟通。组合中各方面必须协调一致，优势互补，形成合力，以求最好的沟通效果。酒店产品的服务性、综合性、相关性及对地方乃至国家整体资源的依赖性等特点，使酒店促销方式具有一定的特殊性。

酒店促销组合是对促销对象、促销目标、促销投入、促销方式、促销效果进行科学的选择、匹配、控制和评价的决策过程。促销组合设计的有效性直接影响营销活动的整体效应。旅游企业促销组合有两种，即推动策略和拉引策略可供企业选择。促销媒体一般可分为人员沟通和非人员沟通方式，实践中两者应结合在一起使用，以此获得最佳效果。在制定促销组合策略时需要考虑许多因素，包括企业目标、产品和服务、目标市场以及其他方面的因素等。

广告通过各种媒体，如报纸、杂志、电视、广播、直投邮件、户外广告、互联网等媒体，开展促销活动，是最为常用的促销手段。人员推销是重要的促销手段，可以得到及时的信息反馈，达到双向沟通的效果。营业推广是企业为实现短期保本或利润目标而采取的一种快速见效的促销手段，但不能给企业带来长期的效益。公共关系是指通过信息沟通，发展企业与社会、公众之间的良好关系，建立、维护、改善或改变企业的产品的形象，营造有利于企业的经营环境和经营态势的一系列措施和行动。这些都是促销组合策略中重要的组成部分，旅游企业必须在充分考虑各种影响因素的基础上，制定相应的促销组合策略，以达到有效的沟通。

问题与讨论

1. 与一般促销相比，酒店促销有什么不同？请举例说明。

2. 简述酒店促销组合及其意义，并说明其影响因素。

3. 举例说明推动策略以及该策略的适用范围。

4. 为什么大型饭店集团要将其促销预算的主要部分用于人员推销？

5. 与非人员推销相比，酒店人员推销有什么明显的优势？成功的销售人员应该具备哪些素质？如何提高旅游销售人员的诚信？

6. 简述酒店营业推广的对象及其促销方式，并说明使用营业推广时应该注意的问题。

7. 公众的含义是什么？酒店的公众有哪些？酒店公共关系相对于广告、人员促销和营业推广这三种策略最大的优势是什么？

8. 选择一家酒店的营业推广活动，说明该营业推广目标及主要方式，并做简单分析。

9. 选择一家酒店，讨论并分析当突发事件发生时该组织是如何减少不利影响维护自身形象的。

10. 选择一家你熟悉的餐馆，说明该店是如何运用有形展示进行营销的，并分析其优缺点，提出改进措施。

延伸阅读资料

10-1　营销传播趋向数据化、网络化

10-2　酒店各类目标市场

10-3　微电影营销

10-4　世界著名酒店广告语

10-5　在线旅游纷纷试水“节目+电商”促销模式

第十一章　酒店营销发展与创新

本章目标

了解酒店营销发展趋势；重点掌握顾客价值创新思想以及营销创新方式。

引入案例

人工智能给酒店带来多少想象空间①

《新一代人工智能发展规划》的出台给人工智能带来新的发展机遇。出于提高客人入住体验、降低人工成本、提高工作效率的考虑，现在已有不少酒店张开双臂拥抱人工智能。但人工智能可以给酒店带来的想象空间不止这些，它还可以帮助酒店节能降耗、进行精细化管理，乃至产品创新等。

魅力显现

机器人已成为人工智能的代言人。希尔顿酒店在 2016 年和 IBM Watson 合作测试了机器人前台；喜达屋旗下的 Aloft 品牌已开始用机器人 Botlr 为客房递东西；洲际旗下的皇冠假日酒店也有类似功能的机器人。海航酒店集团旗下有 7 家酒店开始使用智能机器人开展服务，而且这位智能机器人的服务更加全面，它可以为客人的房间运送物品，如浴巾、吹风机、儿童用品、客房用餐等。机器人可以和客人简单聊天，日常问好，讨论天气，引领有需要的宾客前往公共区域如卫生间、会议室、健身房等场所。此外，机器人还能顺路插播一下酒店的各种活动和促销。据介绍，这个机器人有望在该集团旗下所有酒店全面部署。

业内人士表示，酒店行业人员流失率高，培训成本也高，人工智能在酒店行业是必然趋势。“全国已经有 200 多家酒店在使用机器人服务，已经超越世界上任何一个国家的应用数量。”专家介绍，随着服务型机器人和人工智能技术的不断突破与应用，酒店行业作为服务业劳动力较密集的代表领域，将成为服务型机器人进军的重点行业。现阶段服务型机器人进入酒店主要是为酒店增添亮点，为客人带来新鲜的体验感。

服务型机器人目前能够应用在酒店领域的主要包括迎宾引导机器人、自助入住机器人、客房情感机器人、自主运送物品机器人、安防巡更机器人、商品售卖机器人、自助行李存取机器人、餐厅服务机器人等十余个工作岗位的机器人。每款机器人都有着独特的工作技能来胜任不同的工作岗位需求。

---

① 郭旗. 人工智能给酒店带来多少想象空间[N]. 中国旅游报，2017-09-07（A01）.

在线旅游企业也在推进人工智能与酒店业的结合。前不久，携程宣布，其客服机器人能在平均一秒到两秒时间内回复消费者提出来的关于酒店预订等方面的“入门问题”，已累计服务超过 1 亿人次。人工客服也从重复性咨询中解放出来，进而能够为消费者提供更加高质量的服务。

前景广阔

对酒店业来说，人工智能并不限于服务机器人。在第十四届中国饭店集团化发展论坛上，信息技术公司负责人介绍，该公司已经尝试在酒店收益管理方面运用人工智能，让酒店收获最佳收益决策。人工智能将通过最精准的运算能力和平台优势，帮助酒店实现精准决策、精准服务、精准营销、精准管理，将成为传统收益管理的核心技术支撑或者重新谱写收益管理的方法论。

在华美酒店顾问机构首席知识官赵焕焱看来，人工智能在软件方面也发挥着不小的作用。它可以帮助酒店实施差异化、个性化服务，降低 60%～80%的人力成本，提高运营效率；它可以提高服务质量，提高宾客满意度；它可以使酒店管理更加科学化、精细化，通过对客源进行类比分析，推动产品创新。

人工智能发展速度惊人，但在酒店业中的广泛应用仍有较多限制，酒店如何将技术与服务、运营相融合，发挥其积极的作用，是摆在管理者面前的一个重要课题。

信息时代，不断变化中的消费者需求、新兴的社交媒体、数字化变革的推进、科技创新的应用等都在倒逼相对传统的酒店行业重新思考自身的价值定位，在做好核心服务的同时，营销观念和营销方式的变革和创新成为酒店提升竞争力、持续盈利的根本动力。

第一节　顾客价值创新

顾客价值理论（20/80）是基于市场竞争被引入旅游研究的，供给过剩情况下可以增强旅游企业竞争优势，可以提高旅游地的顾客满意度、培育忠诚顾客等。伴随社会进步和产品更新速度加快，顾客的需求也已经发生了很大的变化，除了产品的价格和质量之外，人们开始密切关注能够从产品和服务中所获得的精神价值。顾客需求也从基本的产品功能需求向多样化、个性化、人性化产品需求转变。顾客价值认知的变化要求企业进行顾客价值创新。企业家们必须面对环境的变化，明确地理解和界定顾客价值需求，才能保持企业价值的持续增长。

随着旅游业的快速发展，酒店市场逐步成熟和多样化，顾客已不是产品和服务的被动接受者，他们比以往掌握更多的知识、信息与技能，在日趋宽泛的产品选择中享有主动权。酒店顾客需求及期望值越来越高，其中虚拟价值预期有增高趋势。顾客开始追求在消费中所获得的满足感，心理上的愉悦度成为一个重要的衡量标准，感知价值不仅仅从使用价值方面衡量，虚拟价值的比重越来越大。价格已不能作为购买决策的首要因素，顾客会对产品能否满足需求做出整体性的评估，考虑更多的是通过购买获得的利益和价值。因此，酒店企业进行顾客价值创新、调整营销战略成为必然趋势。酒店只有在设计、生产和提供产品时，以顾客价值为导向，为顾客提供超越竞争对手的价值，才能够获得顾客，维系顾客，才能够获取持久的竞争优势，在激烈的市场竞争中立于不败之地。

营销的本质是创造顾客价值。彼得·德鲁克提出，企业存在的真正意义和价值是为顾客创造价值。根据顾客价值理论，酒店顾客价值就是住店顾客对其所得利益（包括住宿体验、愉悦情绪以及餐饮美食等）与所付成本（包括精力、体力和时间等）进行比较的结果。顾客价值导向就是向顾客提供超越顾客心理期望值的、超越竞争对手的全方位服务，通过增加顾客价值来创造出新的竞争优势。

一、顾客需求是最大化顾客价值的根本

旅游酒店作为一种体验型消费，酒店顾客价值是顾客对住店体验和经历的个人感知和评价，带有很强的主观性。不同酒店的顾客需求差异很大，其评价标准和关注因素各有不同，消费者毫无疑问会追求给他们带来更多利益的高价值产品。因此，要求酒店营销者必须了解服务对象，明确目标市场，提供合适的酒店产品和服务，保证顾客利益和价值最大化。例如，中端酒店和生活方式酒店之所以能够受到市场青睐，关键是满足了顾客的个性化和多样化需求，顾客价值感知较高。

【阅读链接 11-1】生活方式酒店①

在顾客需求变化与新兴技术的双重推动下，大住宿业的新业态、新物种不断出现。随着千禧一代对品质消费的需求提升，投资商和品牌管理方对生活方式酒店的跑马圈地已进入白热化阶段。除了环境机遇和品牌扩张的需要，生活方式酒店因其基于住宿场景的叠加消费，在酒店收益疲软的当下，成为酒店管理公司提高坪效、差异化竞争的“法宝”。

跨国酒店集团纷纷集中精力开发自身品牌的“生活方式”内涵，以高端和奢华品牌为主。这种新的酒店运营模式致力于为酒店客人提供独特的体验，强调个性的革新和强有力的营销。这些品牌分别为新时代商旅人士而设，以健康生活、迎合千禧一代、强调社交功能为卖点，给自己贴上了各种各样的标签，定位为生活方式酒店。

喜达屋目前正在酝酿推出全新的酒店品牌“Aloft”，阐释新酒店时代的“生活方式”品牌。以洲际为例，继高端生活方式类品牌英迪格酒店（Hotel Indigo）2010 年进入中国后，2017 年宣布将引入豪华品牌金普顿酒店和餐厅（Kimpton Hotels & Restaurants）及高端品牌逸衡酒店（EVEN Hotels）两个生活方式品牌。本土酒店集团多数以经济型起家，在品牌扩张时倾向于向上延伸，主打中端市场。例如华住的漫心、CitiGO，锦江的康铂、锦江都城，如家的 YUNIK 等。

金普顿设计酒店时，为了让客房更有家的感觉，酒店用家居设计师取代了酒店设计师，负责客房内软硬装修的设计；希望个性化的餐饮对客人更有吸引力，酒店餐厅请来名厨掌管菜品并以此为招牌；有些酒店深谙客人的喜好，还把当地最受欢迎的休闲娱乐内容也加入酒店里。在此之后，北美其他的酒店从业者纷纷效仿，而且他们改变了欧洲小型酒店主受主观理念和空间场地客观制约的酒店经营方式，把原本的有限服务式酒店做成了全服务式酒店。经过这样一番精心设计，又从时尚圈借用了“精品（Boutique）”一词来包装，精品酒店就此正式诞生。

坐落于福建省泉州市安溪县的悦泉行馆就是这么一个只有 17 套庭院别墅的精品度假酒店，它是全球奢华精品酒店在中国仅有的 11 个联盟成员酒店中的一员。悦泉行馆隐匿于山环水抱之间，拥有独具特色的徽派及闽南建筑及日式庭院，同时因为处于茶乡，酒店还处处可见别出心裁的茶元素，也给住客设计了别开生面的茶文化探索内容。

① 徐维维. 生活方式酒店、特许经营模式在中国依然有强劲需求[N]. 21 世纪经济报道，2018-04-10.

二、酒店顾客价值层次的递进

顾客价值是顾客感知价值，从产品属性、属性效用、期望价值到目标实现，具有层次性。对酒店顾客价值进行层次分析，有助于酒店营销活动中精准、有效地传递顾客价值，实现预期目标。顾客住店体验和经历的感知是酒店顾客价值的核心，主要体现为两个层次：过程价值（如何传递和提供酒店产品和服务）和结果价值（顾客体验和感受）。过程价值是酒店的提供物及其传递过程，包括产品价值（硬件环境、实物产品、服务项目及其标准等）；结果价值是酒店顾客价值的核心，即顾客在接触或者使用产品后获得的个人体验价值，包括服务价值（特色服务、附加服务等）、人员价值（业务能力、综合素质、应变沟通能力等）、形象价值（企业文化、战略目标、品牌效应等）和关系价值（主客互动、客户关系管理、社会网络覆盖等）。

研究表明，享乐价值和社会价值也是顾客关注的重要方面。其中，顾客价值的重要维度也是最具代表性的维度，包括对旅游活动中愉悦、美感及新奇感等方面的认知和评价。社会价值体现在旅游活动中表现为慈善、公益等有利于他人和社会的行为，如公益旅游、旅游责任等旅游道德行为。

三、酒店顾客忠诚与关系营销

顾客价值导向的核心思想是企业在保证顾客价值最大化的基础上持续盈利。在市场多变和科技进步的今天，酒店不仅要开发新顾客，更要关注忠诚顾客的长期价值。对企业产生依赖、认可及信任的忠诚顾客是关键和重点客户，是酒店长期稳定盈利的重要保证。因此，酒店必须充分了解客源群体，识别和培养忠诚顾客，寻求建立顾客关系的途径，实施关系营销。

关系营销是建立、维持和发展与各种利益集团的紧密联系的企业活动，包括对顾客、股东、供应商、经销商及其他相关群体的关系管理。酒店关系价值就是通过关系营销创造和提升的。关系价值是酒店在与顾客长期往来中获取收益和顾客从酒店得到的增值服务，以建立起互利互惠的伙伴关系，不仅提升了顾客对企业的信任和忠诚，同时能够为顾客提供更加个性化的服务，增加情感价值和心理价值，从而获得更高的顾客价值。因此，顾客价值导向的酒店必须实施客户关系管理（CRM）战略，建立顾客资料数据库，注重服务营销和关系营销的有效结合，同时审视自己的经营流程，为顾客提供增值服务，从而将顾客满意转化为顾客忠诚，实现企业战略目标。

四、酒店“顾客”的重新认识

传统营销认为，顾客就是购买和使用企业产品或服务的消费者。顾客满意是企业的生存和发展的根本保证。与制造企业不同，酒店服务具有生产和消费同时性特点，顾客感知的体验和经历主要是通过员工服务过程以及主客间互动关系而获得的，员工在服务中的技能、态度、情绪以及沟通互动能力等因素都直接影响顾客价值感知，员工在顾客价值传递中扮演着非常重要的角色。酒店必须认识到只有满意的员工才有满意的顾客。因此，酒店的“顾客”不仅仅指消费者，即外部顾客，还包括服务传递过程中的各种群体，如员工、供应商、经销商等，即内部顾客。

著名管理专家科特勒说：“在这个新的变化的世界里，企业唯一可以持续的竞争优势是它与消费者、商业伙伴及公司员工保持良好关系。”在激烈竞争的酒店市场中，真正体现酒店差异的是服务中人的因素，即高素质的员工队伍。内部营销（贝里，1992）则是针对酒店内部顾客，即员工的营销，就是使工作满足员工的需求，并使员工满意，以此吸引、获得、激励并留住合格的员工，从而影响外部顾客获得利润。内部营销是企业以人为本，在保证员工了解企业的整体目标以及对于外部顾客所采取的服务定位的基础上，激励员工以顾客价值为导向，发挥员工的创造性与开拓精神，以“内部顾客”素质提升赢得更多的“外部顾客”。酒店企业在运行机制上重视“内部顾客”，创造更加良好的环境，不断提升员工的满意度；创建特色企业文化，吸引和留住优秀员工，为酒店顾客提供持续稳定的优质服务，树立良好的市场形象；使酒店内部形成良好的人际关系，犹如给一台高速运转的机器上了“润滑剂”，有利于提高员工士气和发挥员工潜能，从根本上提高企业的核心竞争力。

【阅读链接 11-2】员工创新行为与顾客价值共创[①]

创新对于组织长期发展具有重要意义，服务开放系统中企业的创新往往需要一线员工的积极参与。在服务接触三元系统中，员工创新行为的激发有赖于组织的互动导向、顾客价值共创程度和员工个人顾客需求知识水平的提升。

员工感知的组织互动导向和顾客的价值共创程度会提高一线员工的顾客需求知识水平；较高的一线员工顾客需求知识水平有助于促进员工的创新行为；而互动导向也会对员工创新行为产生直接的驱动作用。

顾客不再只是价值的被动接受者，他们是服务过程中服务生产的合作者，是顾客价值的共同创造者。互联网等新技术发展的今天，企业必须注重与顾客的互动，在满足其个性、动态的需求的过程中，搭建以信息技术为支持的交易和客户关系管理平台，为一线员工的服务提供支持系统，提高员工的顾客需求知识水平，促进员工的创新行为，提升顾客感知价值，增强企业竞争力。

第二节　酒店营销方式的新发展

21世纪以来，环境瞬息万变，科学技术的迅猛发展和应用，改变了商业方式和生活习惯，新常态下的供需格局带来了消费升级的新浪潮。消费市场呈现自媒体爆发、碎片消费、个性化和多元化的态势。酒店服务业同样面临时代变革和挑战，如何整合资源、创新营销模式，成为持续发展的重要保证。

一、新技术环境下酒店营销创新

新技术改变了传统的生产方式和沟通方式，企业与市场连接要素已经扩展到顾客交互链及其网络、社群和终端三个空间，营销功能将从顾客认知、交易和关系的一体化效果表现出来。在激烈的竞争中，酒店将越来越多地采用新技术为客人创造独一无二的体验，最大限度地提高客户体验，为酒店降低成本而获得更高收益，成为必然趋势。酒店企业能否与消费者、合作伙伴有效互动将决定其是否能成功。

① 谢礼珊，赵强生，关新华. 服务一线员工创新行为：企业互动导向和顾客价值共创的驱动作用[N]. 中山大学学报，2017-03-15.

传统营销将技术看作提高生产力的手段，新技术对酒店业的影响不仅在于技术本身，而且在于创造性地利用新技术，把它们当作独特、实用的战略资源，从而进行网络营销。网络营销是以互联网等新技术为媒体，以新的方式、方法和理念实施营销活动，利用信息技术去创造、宣传、传递客户价值，并且针对客户关系进行管理，以实现企业预期目标。多样化的合作网络和客户关系网的发展使传统的高情感化的酒店交流概念越来越高科技化。尽管互联网已经成为酒店与顾客交流沟通的最有效的手段，但是与传统交流方式比，缺乏人情味。因此，为保证个性化特点，酒店在提供服务时，应该兼顾“高情感”与“高科技”策略，才能保证网络营销的有效开展。

（一）定制营销

互联网定制营销的重大变革，改变了人们的生活方式和消费行为，也改变了消费者市场与企业之间的互动关系。传统的营销模式已经无法满足顾客的需求，酒店需要根据不同目标市场的需求，充分利用互联网技术和平台，提供个性化产品和服务以及加强顾客关系管理，进行定制营销。

定制营销是指市场细分到顾客个人，企业根据旅游者要求与偏好设计旅游营销组合，提供个性化的旅游方案，满足每位顾客的个性化需求，即“一对一营销”。与传统营销方式不同，定制营销是一种以顾客需求为中心的服务营销模式。定制营销中，酒店鼓励顾客充分参与并设计产品，体现个性化的愿望；同时，营销部门更注重为顾客提供整体的服务方案，而不是单一的产品或服务，并有效传递。互联网为定制化酒店营销提供了有利的条件，客户关系管理、客户档案数据库、营销信息系统以及新媒体技术手段的不断发展，为酒店企业和顾客提供了越来越多的进行“一对一”互动沟通的选择。因此，定制营销是一种以互联网技术为平台，将定制营销观念和互联网技术结合起来，满足旅游者个性化需求的现代营销方式。

（二）新媒体营销

随着新技术的广泛应用，传统的电视、报纸、杂志等媒体的地位正被全新的媒体环境和消费决策方式改变，媒体将从大众媒体发展到智能媒体的新阶段。智能媒体，即新媒体，是利用互联网、移动电视、手机短信等一系列在高新科技承载下展现出来的媒体形态，具有明显的社交属性，也称为社会化媒体。新媒体为酒店企业使命营销、企业文化宣传、客户服务和管理提供了新的渠道和平台，同时也为各种消费经历和体验的感知价值交流、互动、分享与散发提供了场所，有效进行口碑营销和精准营销。新媒体营销已经逐渐成为现代营销模式中最重要的部分。

新媒体营销是基于特定产品的概念诉求与问题分析，对消费者进行针对性心理引导的一种营销模式，从本质上来说，它是企业软性渗透的商业策略在新媒体形式上的实现，通常借助媒体表达与舆论传播使消费者认同某种概念、观点和分析思路，从而达到企业品牌宣传、产品销售的目的。新媒体营销的渠道主要包括门户、搜索引擎、微博、SNS、博客、BBS、RSS（简易信息聚合）、WIKI（维基）、手机、移动设备、App 等。新媒体营销并不是单一地通过上面的渠道中的一种进行营销，而是需要多种渠道整合营销，甚至在营销资金充裕的情况下，可以与传统媒介营销相结合，形成全方位立体式营销。新媒体营销的跨时空性、多媒体性、交互性、整合性等多种特点使得消费者可以直接参与企业活动，压缩了流通环节，使网上直销成为可能，从而提供更大的顾客价值。

【阅读链接 11-3】近 600 岁故宫变“网红”[①]

近年来，故宫博物院不断提升数字化建设，努力通过“互联网+”，把故宫文化以更加丰富多样的形式传递到公众身边，同时为公众提供更优质、便捷的服务。

● 故宫官方旗舰店上线天猫

2016 年故宫博物院与阿里巴巴（中国）有限公司签署战略合作协议，故宫官方旗舰店正式上线阿里巴巴。这一协议的签署，标志着古老的故宫进一步通过互联网体系创新思路、拓展渠道、提升传播力和影响力。故宫博物院官方旗舰店包括票务、文创、出版三个板块。官网提供网上预售、电子门票预订系统，通过二维码、二代身份证等凭证即可快速检票入院。

“故宫文创”着力打造文化礼品、创意生活用品、设计产品的展示销售平台，让故宫博物院的文化、艺术、历史通过创意设计手法，与当代产业技术结合，融入当代生活。“故宫出版”分别从收藏、学术研究、故宫文化普及等角度甄选历年出版物中的精品，分门别类陈列在旗舰店中。作为中国领先、世界知名的电子商务企业，阿里巴巴具有强大的电子商务营销能力与用户基础，能够为文化产业发展提供广阔的平台与丰富的资源，满足公众文化需求，实现把“故宫文化带回家”。

● VR 技术助故宫文化资源“活起来”

通过与故宫合作，VR 技术在旅游和文创领域找到了新的商业应用。“朱棣建造紫禁城”的 VR 4D 沉浸式项目，头戴“头盔式”360° 的 VR 佩戴设备，坐在动感座椅上，一场文化盛宴就可以开启了。宏伟的三维动画场景让记者如临其境地感受到了紫禁城历史的点点滴滴——在体验中，建造紫禁城的各种依据，星象、礼制、风水、五行等学说通过 VR 生动而充分地传播给了每个体验者。放眼全球，各大博物馆在 VR 技术的应用上都处于起步阶段，而故宫文创推出的 VR 4D 沉浸式体验馆项目，在博物馆系统还属于新的尝试。

“文物必须活起来，他才有尊严。”故宫博物院院长单霁翔表示，以多种方式来展现中华文化的魅力，让文物活起来，才能有助于观众融入其中。近年来，故宫已通过手机客户端、网络展览等形式进行数字化尝试，社会反响强烈，可见新技术正在改变游客传统的参观形式和体验感。故宫已经研发了“智慧故宫”，三年以后，故宫的文化传播、安防等各个方面将更加强大。“相信这也是全世界最好的数字博物馆，不在于技术先进，关键在于原创，故宫有 1 200 座建筑，通过数字地图可以看任何一座建筑的信息。”

故宫正计划建立“互联网+VR”虚拟购物体验店，戴上 VR 头盔，就能立刻进入故宫文创的虚拟商店，通过浸入式的视觉体验，可 360° 观看各种文创产品的细节，获取文创产品视频、详细介绍等信息，也可以与导购机器人交流，确定后，直接在线支付购买。

二、人文精神时代的酒店体验营销

现代营销之父菲利普·科特勒认为，不同于以产品为核心的 1.0 时代和以消费者为核心的营销 2.0 时代，营销 3.0 时代更加注重人文层面、情感层面的需求满足，是人文精神驱动的价值营销时代。消费者需要更具合作性、文化性和精神性的营销方式，营销者不再把顾客仅仅视为消费的人，而是把他们看作具有独立思想、心灵和精神的完整的人类个体。因此，营销 3.0 时代把体验营销、情感营销和人文精神营销很好地结合到了一起。

① 单霁翔. 把故宫文化带回家[N]. 中国文化报，2016-04-25.；闫磊. VR 技术助故宫文化资源“活起来”[N]. 经济参考报，2017-11-29.

体验营销是伴随着体验经济发展而产生的新营销方式。随着信息技术迅速发展和物质日益丰富，消费者在企业营销模式中的角色已经变被动为主动（生产型消费者），渴望的不仅仅是产品有形要素的功能配置，而更关注整体产品感知和体验，开始追求人生意义、快乐和精神的实现，更希望发现一种可以满足内心需要和体验的商业模式。[①]酒店企业面对新的市场挑战，必须改变传统的营销模式，采取体验营销策略，创造更大的顾客价值。所谓体验营销，就是企业以满足消费者追求美好体验的需求为目标，以服务产品为舞台，以有形产品为载体，为他们提供高质体验产品的一切活动的总称。

酒店企业出售的是“完整的经历”，即从酒店产品设计、组合、销售到售后服务，它所提供的是顾客消费前、消费中和消费后的全面顾客体验。因此，酒店产品价值的评价是基于顾客对酒店服务过程的感受和体验。酒店体验营销观念的核心就是“体验”设计，让消费者获得完美的体验从而留下美好的回忆，正符合酒店行业运行的特点及要求。可以说，体验营销是酒店营销未来发展的主要趋势。

酒店应在把握旅游者需求的基础上，制定相应的体验营销策略，并通过多种途径向顾客提供体验。第一，明确酒店市场需求特征，建立完善的顾客体验数据库，深入分析影响体验需求的因素，为体验主题设计奠定基础；第二，利用酒店优势资源，创建特色的主题文化和体验模式，并设计酒店主题服务流程和服务情境，通过影响顾客感受来介入其行为过程，塑造感官体验及思维认同，形成良性互动，从而影响其消费决策；第三，通过立体化媒体渠道传播酒店体验，充分利用互联网的即时性、交互性以及传播速度快等条件，让顾客体验和感受“口碑相传”。

三、竞合导向的酒店合作营销

面对消费者需求的日益多样化，行业融合和跨界合作是企业参与竞争的必然趋势。对企业来说，跨界合作的优势不仅仅在于打破了传统的产品开发模式，其最大的优势是通过与其他行业合作，拓宽了合作领域，更好地实现了资源共享。

旅游业是一个跨地区的综合性产业，是由各种旅游企业和部门构成的相互关联、依托和协调的统一体。酒店是旅游产业链中的支柱企业，与其他行业及部门之间关联性极强，这些特性决定了酒店通过合作营销实现目标具有天然的优势。随着网络技术的快速发展和酒店市场竞争的加剧，资源的稀缺性和顾客价值导向促使酒店必须转变营销观念，从“竞争”到“竞合”，企业资源互补和协作，通过合作联盟取得竞争优势，降低竞争风险。在这一市场背景下，合作营销逐渐进入酒店的营销战略视野，并成为酒店增强市场竞争能力、拓展市场份额的重要手段。

合作营销理论起源于 19 世纪 20 年代，其研究主要集中于成员关系、组织问题、价格政策以及合作广告等方面的论题。1966 年艾德勒（Adler）在《哈佛商业评论》上发表了题为《共生营销》一文，并界定为“由两个或两个以上的品牌或企业，共同开发一个营销机会”，被认为开创了合作营销之先河。20 世纪 80 年代以后，合作营销研究领域进一步得到扩展，从横向、纵向营销中的成员关系分析到基于供应链管理的合作营销机制问题的研究，使该理论得到不断完善。合作营销，也称为联合营销、协同营销，是两个或两个以上的企业为整合资源优势，增强市场开拓、渗透与竞争能力，联合起来，通过共同分担营销费用，协同进行营销传播、品牌建设、产品促销等方面的营销活动，共同开发和利用市场机会，实现营销战略目标的营销行为。合作营销是以“竞争-合作”为基本指导原则，既突破了传统营销活动孤立化的桎梏，又符合现代市场竞争的特点，充分整合相关企业优势资源，达

① 吉尔摩. 体验经济[M]. 2 版. 鲁炜，夏业良，译. 北京：机械工业出版社，2008.

到“双赢”的效果，是对传统营销模式的革命。

合作营销是酒店企业提高市场竞争力的有效方式。合作营销，有利于酒店建立长期稳定的合作关系，使其从传统营销中对立型竞争转变为利益共享的合作型竞争；有利于巩固已有市场地位，增强企业核心竞争力；有效降低营销成本，扩大企业宣传效果，创造“1+1>2”的整合效应；避免为争夺客源不断升级的价格战，减少无益的竞争；有利于进入新市场，规避经营风险，更好地适应不断变化的外部环境。

酒店需要依据自身的实际情况选择合适的合作营销策略与具体的实现形式，依据酒店与合作方在产品及营销活动中的关系，酒店可以采取以下几种合作营销策略：

（1）横向合作营销，是酒店与处于同一行业的竞争对手进行合作，可以是同区域内，也可以是跨区域的联合。酒店联盟是横向合作营销的主要方式，是以产品为纽带的一种紧密合作型的企业联合体，它通过成员间订立合同来建立协作关系，在市场上统一品牌和管理模式，共享客源，借助规模化优势，短期内能够迅速降低成本、扩大市场占有率。酒店联盟不仅能提高企业的知名度、拓宽销售渠道，而且还可以增强企业抗风险能力，是中小型酒店企业提高生存能力和市场竞争力的有效途径。

（2）纵向合作营销，是旅游产业内部不同类型的旅游企业间的合作，如酒店与旅行社、景区、航空公司等交通等行业之间的合作。纵向联合的维系纽带是产业链上下游之间的承接关系，这种联合可以建立起企业稳定的协作关系，相互保证供给客源和提供产品，共同致力于市场的开发和拓展。

（3）交叉合作营销，是酒店与政府、主管部门以及其他行业或企业间的合作。交叉合作营销策略需要酒店与相关组织双方主动创建合作关系，主要方式有两种：一种是基于宣传关系的交叉合作营销。酒店与目的地政府、相关媒体等非相关企业或组织建立交叉型的合作宣传关系，提升顾客消费的情感和社会价值，实现客户群的交叉兼容，提升双方品牌的知名度与影响力。特别是地方政府或旅游协会所承办的区域间旅游资源和精品线路的联合推广活动，旨在提升目的地整体形象，需要旅游企业的跟进和配合。另一种是基于客户资源共享的交叉合作营销。酒店借助其他企业所拥有的客户、技术及信息资源等优势，展开合作营销，提升整体竞争力，是较为常见的酒店合作营销模式。如酒店与银行、网络公司以及相关旅游协会的联合，一方面能够为宾客提供更加完善的服务，另一方面可以充分发挥酒店有限资源的优势，从而形成合作优势。

【阅读链接 11-4】“酒店+X”跨界合作营销①

跨界合作是指两个不同领域、不同文化的品牌通过各自产品属性的融合，创造出一个新风格的产品模式，这种独特性可以是产品形式或者是产品功能上的创新。这种创新，能带来全新的用户体验，也能为企业带来新的发展空间。互联网时代的酒店业要发展，跨界合作是必然趋势。

● 知名品牌涉足：带来全新体验

2013 年 3 月，全球最大酒店集团万豪酒店集团宣布将与瑞典家具巨头宜家的房地产部门联手，在欧洲推出一个新的经济型酒店品牌——Moxy，首家门店将于 2014 年在米兰开张，并在十年内在全欧洲开设 150 家连锁店。万豪与宜家的联手，看重的正是联合的优势。在宜家，客人可以亲自体验感受所有的家具。“亲身体验可以真实而完整地表现出产品特点，

① 尹婕. 跨界合作给酒店业带来新契机[N]. 人民日报（海外版），2013-07-09（007）；胡敏. IP 化与品牌建设[N]. 东方烟草报，2018-02-12.

顾客可以成为品牌的传播者。"宜家的这一服务理念契合了酒店的服务宗旨。对于酒店而言，引入知名品牌的跨界合作，可以在提升酒店硬件品质的同时，满足客人在一个空间下体验两种或以上不同品牌、文化融合所带来的全新感受。此外，菲拉格慕、阿玛尼、范思哲等全球知名品牌都已涉足酒店业。

● 酒店+地产：相互影响推动

中国旅游业正由观光型向休闲度假型转变，催生了度假型酒店的蓬勃发展。与此同时，兼具投资、度假、文化养生三大属性的旅游地产也广受市场追捧。许多旅游地产在开发时都选择引入酒店，这种"酒店+地产"的发展模式，能以更快捷的方式帮助旅游地产打造品牌知名度和受众认知度。例如，享誉世界的旅游品牌项目美国佛罗里达的PGA国家度假村、华盛顿的伯克湖公园、俄勒冈州的太阳河度假村、日本长崎的豪斯登堡、新加坡的克拉码头等。

● 联姻新媒体：网络时代的精准营销

当前，网络营销技术已经从平台营销进入移动互联网营销时代，这种信息技术给酒店业经营方式带来的改变是不可逆转的。在大数据环境下，把新媒体新渠道应用到酒店业的精准营销中，进行资源整合，将能实现酒店业信息化和市场化的深度融合。

根据中国互联网信息中心发布的报告，截至 2017 年年底，中国手机网民的数量达到 7.53 亿，使用手机上网人群的占比 97.5%。移动互联网的迅猛发展，给酒店业实现利润增长带来了新机遇。"扫一扫微信二维码，关注酒店的公众平台，就可以随时收到酒店的各种资讯，还能参加很多有意思的活动。"目前，很多连锁酒店都开发了各种订房应用软件，供智能手机平台下载和使用，方便消费者预订。此外，微信、微博、二维码、社交网络等移动互联网带来的新技术都被酒店业应用到营销当中。有些酒店的微信订房，直接接入预订系统，并能根据地理位置进行精准营销，受到消费者的欢迎。

● 酒店品牌建设 IP 化

IP 是指一种知识产权，它可以表达出来作为买卖的对象。企业的 IP 要由故事、形象、产品和文化四个部分构成。故事孵化形象，形象是 IP 的载体，可以广泛商业化。如迪士尼里所有形象的设计将来都要转化成商品，将各要素结合，形成了 IP，即企业的品牌。但是，由于主流消费者的位移，IP 会面临失灵的风险，所以要不断进行 IP 的更迭孵化，保证 IP 的持续生命力。如"杜拉拉"IP 是为"80 后"设计的，对"90 后""00 后"的受众，就需要转化，避免失灵。

随着消费者个性化需求的增加、酒店同质化现象严重以及中端酒店的竞争不断加强，"另辟蹊径"发展 IP 酒店，运用 IP 主题增加酒店流量和提高酒店入住率似乎成为酒店应对变化的不二之选。亚朵与网易严选、知乎、网易云音乐等联手打造的酒店成为主题酒店中的进击者，新零售、生活方式品牌酒店如 MUJI HOTEL 也在尝新，东呈也宣布推出电影艺术酒店"殿影酒店"，还将与摩登天空发布合作设计酒店。更多 IP 主题酒店涌现，百花齐放，掘金酒店场景。

与此同时，IP 主题酒店不仅受到酒店业的追捧，也同时得到了资本的青睐，未来同样面临着规模扩张和高校运营的双重考验。IP 酒店如何在众多同类型选手中脱颖而出，还需不断创新以满足消费者的需求，同时，也要兼顾"内功"的修炼。

第三节　酒店企业社会责任营销

酒店和旅游业快速发展的同时，也带来一系列的社会问题，如诚信缺失、虚假宣传、网络欺诈和侵权、生态失衡和环境恶化等，严重影响社会的可持续发展和人类的和谐进步，社会责任日益成为企业和公众关注的焦点。伴随着消费者对企业社会责任和诚信道德需求的不断增长，社会责任被迅速列入酒店和旅游企业的重要议程。酒店和旅游业与自然、社会环境之间的不可避免的互动和联系表明，其生存和发展不仅要追求利益最大化，而且要保证对环境和社会负面影响最小化，从而提升顾客价值，实现酒店和旅游业可持续发展。因此，减少负面影响，自觉担当社会责任，是增强酒店企业核心竞争力、提升企业形象和信誉度的迫切要求。

企业社会责任（corporate social responsibility，CSR）是指企业在创造利润、对股东利益负责的同时，还要承担起对企业利益相关者的责任，保护其权益，以获得在经济、社会、环境等多个领域的可持续发展能力。企业社会责任必须超越唯利润目标的传统观念，强调对人的价值的关注，强调对消费者、员工、环境、社会等利益相关者的社会责任。企业品牌的创建和营销与企业社会责任已密不可分。

在国际社会越来越强调企业社会责任的过程中，企业的营销观念也在发生相应的变化。西方对社会责任营销的研究始于20世纪60年代，80年代后成为受到关注的学术热点，并取得了显著的成果。菲利普·科特勒在《企业的社会责任》（2005）中将营销的疆界从商界扩大到了一个新的责任领域，战略目标从盈利增长扩张到社会责任的研究范畴，从而为企业的市场营销战略及活动指出了新的方向——社会责任营销。他在《营销革命3.0——从产品到顾客，再到人文精神》（2007）中指出营销3.0时代的实质是人文精神驱动的价值营销，企业的盈利能力和社会责任感息息相关。

【阅读链接11-5】菲利普·科特勒：营销3.0时代——价值观营销[①]

基于对全球社会发展趋势的洞察，科特勒先生给出了营销3.0时代的价值观驱动模型。对于企业来讲，以前在产品与服务上能够有效地把握住客户需求，传递出客户满意，能建立起客户利益的比较优势，就可以赢得市场。而在新的时代里，企业必须要更多地关注：不论是自己，还是企业面对社会的可持续发展能力，在营销中加入更多的社会人文关怀，强调在组织价值观层面的差异化，并主动承担更多的社会责任。在转型期的中国，各种社会矛盾和利益交织，一个缺乏安全感的社会消费者更加寻求心灵安定。企业的社会责任与人文关怀在这个转型时期显得异常珍贵。

酒店企业开展社会责任营销，实现企业的价值主张，对企业的生存和发展有着重要的战略意义。酒店社会责任营销是酒店将履行社会责任作为宣传推介自身的营销资源，在承担和履行一定的社会责任（法律道德、伦理规则、环境保护、慈善捐赠、关爱公平等）的同时，借助新闻舆论影响和广告宣传，以改善酒店的市场形象，提升品牌知名度，提高顾客忠诚度，最终实现预期的战略目标的营销形式。因此，社会责任营销的核心就是信任营销，强调在产品生产及流通的各环节，履行社会责任，更好地建立和维护与各种利益相关者的信任关系，增强酒店抵抗风险的能力，获取社会资本，从而增强酒店的竞争能力。

一、基于消费者权益的酒店营销道德

消费者对于企业来说，是最直接、最关键的利益相关者，所以企业尊重和保护消费者权益、承担消费者的社会责任也是极其重要的。区别于制造企业，酒店的服务性特点使得

① 菲利普·科特勒. 营销革命3.0[M]. 北京：机械工业出版社，2012.

企业、员工和顾客三个主体都可能成为营销不道德的因素。因此，酒店营销活动更易出现违反法律、道德缺失的问题，涉及酒店市场调研、市场分析、营销组合手段的利用和实施等诸方面，包括酒店企业利用信息不对称区别对待顾客、进行虚假广告促销和宣传、提供问题产品和缩水服务、设置霸王条款和价格陷阱、泄露个人隐私等现象；也包括消费者方面非理性购买所引发的不道德行为，如不能真实客观地提供市场调研相关信息、不能公正地评价和反馈服务质量以及违反社会公德等表现。这些道德失范行为都严重影响到酒店行业的社会公信力，也极大地损害了顾客的消费信心和权益，因此，酒店企业研究适应行业特点的营销道德标准更为重要。

酒店企业应该从以下几个方面加强营销道德建设：第一，强化行业自律。一方面是对国家和行业内部法律法规政策的贯彻和遵守，另一方面是企业主动承担社会责任，自我约束经营行为。第二，建立企业“诚信”文化。企业应树立社会市场营销观念，从市场、企业和社会三方利益出发，营造以“诚实守信”为导向的企业文化，构建营销道德标准。酒店应该以 ISO26000 提出的消费者责任标准为参考依据，积极参与社会责任方面的审核和认证，以此规范产品开发和经营行为。第三，正确引导理性消费。酒店要进行合理的市场细分，有效满足顾客差异化需求，提高顾客满意度和忠诚度；科学合理地制定产品价格，引导和约束消费观念、消费预期和消费行为；酒店应保证服务信息公开透明，保证顾客的知情权和消费权，避免误导和欺骗等现象的发生；完善规范购买合同，合理维护消费者权益。第四，加强政府及相关组织的指导和监管。加强政府的调控作用，建立和完善相关道德规范体系，通过竞争机制过滤和规范企业的非道德营销行为；发挥地方旅游组织和压力集团的约束和监督作用，促进道德环境的建设；通过全社会的舆论宣传，提升公民的道德意识，完善信息服务体系，增强消费者的维权意识和抵制不良营销行为的能力，以此约束企业行为。

【阅读链接 11-6】品一杯有“社会责任”的咖啡①

在社会责任被企业主动分担之后，社会中的每一位成员都将从中受益，其中包括企业自身和企业产品的消费者。而消费者因此对企业产品产生的认同感和忠诚度，则是对企业承担社会责任的最好回馈。

星巴克就是一个真正把社会责任深入公司 DNA 的品牌。从众多资料和数据里我们发现企业的社会责任几乎遍布星巴克的各个角落。在西雅图，星巴克通过提供全程的经济支援来鼓励小农场主种植更多的优质咖啡（如有机咖啡和黑咖啡等）。曾经在世界咖啡豆市场价格下滑至每磅（1 磅=0.453 6 千克）50 美分时，仍旧按照每磅 1.2 美元的价格从农民手中大量收购，为的是确保咖啡农收入稳定、咖啡质量不下降。并且，星巴克还与国际环境组织合作，鼓励人们种植“绿色”咖啡，并为此向咖啡农们做出了价格上的承诺。

在中国，星巴克拥有一个 500 万美元的教育基金来帮助那些贫困的孩子获得基础教育。截至目前，星巴克已经为中国宋庆龄基金捐赠了 200 万美元，用来帮助农村地区的教师培训和奖学金发放以及中国师范院校中的贫困学生。星巴克为中国妇联捐献了 60 万美元用于对中国干旱地区妇女的节约用水教育上。这种良好的营销活动为星巴克带来的品牌价值是难以估量的。它的信誉、声誉这类无形资产将是企业竞争优势的源泉，是其他企业难以模仿的。

当人们走进如今已几乎遍布世界各大城市的星巴克品尝咖啡时，心中或许会油然而生一种共同分担社会责任的满足。而此时，咖啡愈显香醇，更能沁人心脾。

① 徐瑾. 如何以社会责任营销出强势品牌[N]. 企业家日报，2013-05-06.；叶健. 品一杯“有社会责任的咖啡”[N]. 辽宁日报，2007-05-08（003）.

二、低碳经济环境下的酒店绿色营销

低碳经济是高效能、低能耗、低污染的可持续发展的绿色经济。低碳经济的发展模式促使消费者更加倾向于适度、无污染和保护环境的消费模式，绿色需求与消费意愿逐渐形成，成为绿色营销产生和发展的主要驱动力。绿色营销是基于可持续发展思想的新型营销观念，也是现代企业社会责任感的具体表现。酒店行业营销方式向低碳绿色营销模式转换，既是顺应时代发展的需要，也是出于外在经济环境压力和产业自身发展诉求的必然结果。低碳条件下的绿色营销模式要求酒店在营销观念、营销内容以及营销方式上发生相应的转变，实现酒店同社会资源、环境的和谐发展。

20 世纪 60 年代末，绿色营销观念萌发于社会对可持续发展观念和责任伦理的普遍认同，以及市场绿色消费意识和企业营销思想的驱动。70 年代，社会市场营销观念逐步形成并付诸实践，开始明确提出绿色营销和可持续发展观念。90 年代以后，绿色营销理论研究已经成为营销学理论研究的重要方向，被称为 21 世纪营销的主流。绿色营销就是以社会市场营销观念为基础，以可持续发展观为导向，企业将社会责任和环境友好的经营理念纳入整体营销活动中，引导消费者绿色生活方式和消费行为，以此促进旅游经济和生态环境的协调发展，实现企业利益、消费者利益、社会及生态环境利益的统一新型营销观念。

酒店绿色营销的核心是为宾客提供舒适、安全、有利于人体健康要求的绿色客房、餐饮产品及其服务，并且在生产经营过程中加强对环境的保护和资源的合理利用。酒店绿色营销主要包括以下几个方面：一是企业要在理念上引导消费者转变消费观念，通过促销宣传各种途径培养人们的绿色意识，倡导消费者崇尚自然、追求健康、选择未被污染或有助于公众健康的绿色产品；引导消费者注重环保、节能减排环境保护意识和行为。二是企业在生产过程中根据消费者的绿色需求，严格管理与控制，确保产品的安全、卫生和方便，保证产品和服务的质量；注意废弃物排放和处置，减少环境污染，优化服务环境。三是加强产品的绿色审核。绿色审核主要是指对绿色酒店环境的监测、酒店服务人员及顾客行为调查、酒店服务组合各要素的绿色评价、建立“绿色供应链”等，以确保酒店产品及其服务的绿色化程度。目前，酒店绿色营销活动中还存在一些问题，如企业因绿色管理投入大、成本高、见效慢等，各地出现面子和形象工程的现象，缺乏深入研究和实践。绿色营销策略是一项长期、全方位、全人员、全过程的旅游业系统工程建筑，需要各部门、各行业、各层次人员的配合和支持，特别是应充分发挥政府的推动和支持作用，才能保证旅游业的持续发展。

引入案例解析

数据与知识是发展人工智能的基础要素，依托于智能设备、物联网、移动互联网、云计算等基础应用所建立的多维度大数据知识平台，将使酒店人工智能变得越来越强大，具有感知、认知能力的酒店服务运营将变得更加精准、更具智慧。

但是，目前，酒店自身数据是非常有限的，甚至大部分酒店集团都没有大数据技术积累，即使有数据技术积累的酒店集团，数据维度和数据结构都缺少战略性的规划，充其量是字节性数据和策略性数据。单从这一点来看，传统酒店企业就很难与第三方平台相抗衡。酒店企业缺少有战略思维、未来技术思维综合能力的领导团队和人才，酒店人工智能还有很长的路要走。

从技术水平上看，目前还处于弱人工智能阶段，能够实现的功能价值比较有限，让人工智能来帮助酒店决策与运营还有一段路要走。例如，目前让智能服务型机器人替代人工打扫房间是最难的，除非未来酒店客房配套设施及装修结构发生改变；前台办理自助入住的机器人虽然比人工办理业务技术更加精准、便捷、高效，但在我国还存在一定的应用门槛，无法完全替代人工。这取决于机器人技术服务企业的技术突破、行业应用经验积累，同样也取决于用户的使用习惯、应用创新。

观念陈旧会制约酒店对人工智能的应用，很多酒店还没有认识到人工智能的革命性。国内四星级以下的酒店、单体酒店还是相对滞后。尽管这需要较大投资，但长远看酒店是受益的。

人工智能是不能完全替代人的。在酒店环境中那些带来亲和力的细致入微的服务与感情的付出是机器人所不能及的。赵焕焱认为，人工智能在服务业中处于辅助地位，因为服务业中人的意识不可或缺。大数据是人工智能发挥作用的基础，感情色彩只能由员工传递。

本章小结

随着旅游业的发展和现代科学技术的应用，酒店市场营销理论得到不断的创新和完善，如定制营销、新媒体营销、绿色营销、体验营销、营销道德等方面。

问题与讨论

1. 酒店业应用绿色营销前景如何？请举例说明。
2. 新技术环境下，智慧酒店建设的主要内容及意义有哪些？
3. 酒店社会责任营销的内涵是什么？举例分析目前酒店社会责任营销的现状和问题。
4. 谈谈人工智能在酒店服务和管理中应用的利弊。
5. 酒店如何利用新媒体技术完善客户关系管理？
6. 简述体验营销的内涵及特点，说明酒店如何针对市场个性化需求进行产品和服务的体验设计。

延伸阅读资料

11-1 旅游需求个性化呼唤旅游市场细分终极化和定制营销

案11-1

11-2 “住宿+休闲”——酒店体验升级

案11-2

11-3 在费尔蒙，请深呼吸

案11-3

参 考 文 献

[1] 菲利普・科特勒. 营销管理[M]. 15 版. 卢泰宏，译. 上海：格致出版社，2016.

[2] 菲利普・科特勒，鲍文，麦肯斯. 旅游市场营销[M]. 6 版. 谢彦君，李淼，郭英，译. 北京：清华大学出版社，2017.

[3] 克里斯托弗・洛夫洛克. 服务营销[M]. 3 版. 卢雄文，译. 北京：中国人民大学出版社，2001.

[4] 瓦拉瑞尔・A. 泽丝曼尔，玛丽・乔・比特纳，德韦恩・D. 格兰姆勒. 服务营销[M]. 6 版. 张金成，译. 北京：机械工业出版社，2015.

[5] 霍金斯，马瑟斯博，贝斯特. 消费者行为学[M]. 10 版. 符国群，译. 北京：机械工业出版社，2007.

[6] 斯沃布鲁克，霍纳. 旅游消费者行为学[M]. 俞慧君，张鸥，漆小燕，译. 北京：电子工业出版社，2004.

[7] 密德尔敦. 旅游营销学[M]. 向萍，译. 北京：中国旅游出版社，2001.

[8] 吴晓云. 服务营销管理[M]. 天津：天津大学出版社，2006.

[9] 谢彦君. 基础旅游学 [M]. 4 版. 北京：商务印书馆，2015.

[10] 王文慧. 酒店营销新视野[M]. 北京：企业管理出版社，2012.

[11] 贺学良. 酒店营销原理与实务[M]. 上海：上海人民出版社，2012.

[12] 陈觉. 服务产品设计[M]. 沈阳：辽宁科学技术出版社，2003.

[13] ABRAHAM PIZAM. 饭店业市场营销[M]. 天津：南开大学出版社，2011.

[14] 张宏梅，杨钊，陆林. 旅游管理研究的实证方法[M]. 北京：科学出版社，2018.

[15] 里斯，特劳特. 定位系列・营销革命[M]. 北京：机械工业出版社，2017.